中国社会科学院创新工程学术出版资助项目

U0666903

金融衍生工具与资本市场译库
DERIVATIVES AND CAPITAL MARKETS SERIES

金融衍生工具与投资管理计量模型

Practical Quantitative Investment Management with Derivatives

[英] 弗朗西丝·考埃尔（Frances Cowell）◎著

赵志义 王 勇 李增垠◎译

经济管理出版社
ECONOMY & MANAGEMENT PUBLISHING HOUSE

北京市版权局著作权合同登记：图字：01-2003-1875 号

Practical Quantitative Investment Management with Derivatives ©Frances Cowell 2002.
First Published 2002 by PALGRAVE.
Chinese translation copyright ©2004 by Economic Management Publishing House.
The Edition is Published by arrangement with Palgrave Macmillan.
All right reserved.

图书在版编目（CIP）数据

金融衍生工具与投资管理计量模型/（英）弗朗西丝·考埃尔著；赵志义等译 . —北京：经济管理出版社，2021. 8
ISBN 978-7-5096-8151-0

Ⅰ. ①金…　Ⅱ. ①弗… ②赵…　Ⅲ. ①金融衍生产品 ②投资—经济管理—经济模型
Ⅳ. ①F830. 95 ②F830. 59

中国版本图书馆 CIP 数据核字（2021）第 145202 号

组稿编辑：范美琴
责任编辑：范美琴　张玉珠
责任印制：黄章平
责任校对：董杉珊

出版发行：经济管理出版社
　　　　　（北京市海淀区北蜂窝 8 号中雅大厦 A 座 11 层　　100038）
网　　　址：www. E-mp. com. cn
电　　　话：（010）51915602
印　　　刷：唐山昊达印刷有限公司
经　　　销：新华书店
开　　　本：787mm×1092mm /16
印　　　张：26. 25
字　　　数：545 千字
版　　　次：2021 年 9 月第 1 版　　　2021 年 9 月第 1 次印刷
书　　　号：ISBN 978-7-5096-8151-0
定　　　价：98. 00 元

重印说明

　　《金融衍生工具与资本市场译库》系列丛书自 2005 年起陆续出版，得到学者和社会各界的认可。此套丛书对相关学者研究金融领域的问题具有较高的学术价值，对于我国开展金融监管、防控金融风险具有重要的理论和实践意义。为了能够重印，我社特申请了中国社会科学院创新工程学术出版资助。

　　这套著作的翻译、出版得到了中国社会科学院以及金融领域的许多专家学者的支持和协助，对于所有参与翻译、编写，提供帮助的研究机构与研究人员，谨在此一并表示衷心的感谢。

　　限于时间和水平，书中难免存在一些不足，希望读者批评指正。

致　谢

　　我首先将此书献给我的母亲，她一直关注着此书的写作进程；感谢凯特和欧菲利亚，她们对此书进行了校对；感谢简-彼艾尔，她为整理此书而付出了艰辛的努力；感谢迪伯斯，他对我的写作始终充满着信心；还要感谢凡德贝尔特和魏伦威，他们为我打印出全部的书稿。

前 言

preface

著书原因

个人账户的日益重要以及养老金固定缴款计划的不断普及，需要人们对长期投资进行决策，以前这是由政府或保险统计员来做的。

同时，信息处理能力的提高突破了原有的投资理论模式，并开始应用在日常投资管理方面，这又反过来促使人们运用更加复杂的投资工具，如衍生工具等，结果导致了信息的爆炸和大量的术语出现。前者对普通民众乃至许多投资专家的认知能力都是一种挑战，而后者则有利于理解复杂的问题。

大多数从事投资管理业务的人员所从事的工作与投资管理一样复杂，然而他们却发现理解投资管理程序以及应用的方法实非易事，并且其专业术语也较难解释。这引发了人们要求阅读一些易于理解、语言通俗的有关基础投资管理程序、基本原理以及专业术语的书籍。

写作目的

本书力求以浅显的语言阐释专业术语，解释投资管理中使用的投资工具和方法；同时还参照这些方法所应用的背景，来讨论每种方法的优势与潜在缺陷，从而达到帮助读者的目的。

为此，本书从实用的角度出发，论述一些目前为投资管理人所使用的复杂的投资管理方法，以便读者可以向投资专业人员就投资策略、投资组合的创建以及预期的收益提出具体问题。通过解释投资技术所依据的原则以及投资管理人经常使用的专业术语，作者希望本书能够使读者理解和评价本书给予的解释说明。

写作范围

本书的目的并非向读者提供有关投资、产品甚至投资策略方面的建议，而是使读者对上述方面具有足够的了解。为此，本书第一部分从基金结构、投资策略定义到投资管理人的投资选择以及对投资效果的评估方面探讨了投资管理过程。接下来本书探讨了传统的投资方法以及计量投资方法的基本原理。第二部分逐一地解说投资过程的具体步骤：首先，分析资产配置，继之分析每一种投资组合模型。在每一个步骤中，把基础理论和操作过程放在情境当中进行解说。其次，探讨一些个别问题，包括每一种方法的优缺点及其应用。最后，说明投资的实施过程、经营、估价、收益率评估以及会出现的问题。在个案研究中将进一步举例说明一些重要的问题。第三部分讨论在大部分投资管理过程中会出现的一些常见问题以及那些与企业总体有关的问题，并探讨传统方法和投资管理计量方法如何能够相互适应的途径。

投资管理从业人员的称谓与角色

从事投资管理的人员的头衔与角色在非投资专业人员看来十分相似，并且角色和头衔经常相互重叠。为了避免由此引起的混乱不清，本书中提到的各种从业人员的头衔如下：

顾问，就投资种类、结构和管理向投资人提出建议的个人或公司。

基金管理人，主管监督养老基金、共同基金或其他合营基金的投资运作的个人或公司。

投资管理人，由基金管理人指定的公司，从事日常的投资管理。

投资者，被投资资金的所有权人。

投资组合管理人，由投资管理人聘用的人员，管理投资组合的具体门类或方面。

传统和计量的重叠

在投资管理方面使用"计量"一词可能使人误以为传统的投资管理方法几乎废弃不用了。事实上，传统的"非计量"投资管理人会发现本书的大部分内容与传统投资管理十分相似，因为双方都声称投资分析中的许多方法属于己方。许多计量方法，尤其是收益率预测，实际上在实践中很少具有"精确"的形式，只是"计量"了传统投资管理人长期使用的直觉式分析过程。令人吃惊的是，很少有"计量"投资方法属于创新内容。

案例研究

本书大多数论述具体投资过程的章节都带有案例研究。案例研究的目的是举例说明该章所探讨的原理。根据现实中的真实事件，本书对一些具体的细节进行了改动，以便简化例证并扩大其论述的范围。因此，这些案例与事件的真实顺序有所出入。

鸣 谢

如果没有我的雇主 Vestek-Quantec，即托马斯金融公司的子公司，是不可能完成本书的，是他们给予了我切实的帮助和鼓励。他们从纯粹的鼓励到允许我使用他们的投资分析软件和数据，确保在可能的情况下向我提供最好的财力、物力支持。当然，在我未能如期交稿时，他们表现出了足够的耐心。我尤其要感谢我的同事蒂姆·马休斯（Tim Matthews）和克莱尔·罗宾逊（Claire Robinson）给予我的很多帮助，包括在我准备手稿时帮助我处理日常工作。同时也要感谢托克斯·奥索克亚（Toks Osokoya），他提供的数据对我来说十分珍贵。同时，也感谢斯克特·道格拉斯（Scott Douglas）的热心鼓励，我的笔记本电脑在允诺的交稿期之前被盗走了，他和艾莱克斯·山尼基（Alex Senicki）尽快地为我重新配置了笔记本电脑。

我的同事大卫·欧内特（David Vemest）应用他的编程天赋将光盘内容进行改进，使其变得更易于理解，从而对增强本书的综合效果做出了极具价值的贡献。

我也要感谢杰森·麦昆（Jason MacQueen）——昆泰克有限责任公司的缔造者。他的一句格言被用作全书的起首句。

因斯克普（Inscape）的詹姆斯·贝文（James Beven）向我提供了十分有价值的帮助和支持，尤其是用日常用语为我解释投资管理上一些只有内行人才明白的概念。

我也要感谢我的老朋友和以前的同事们。我十分感谢萨蒂亚吉特·达斯（Satyajit Das），他使我想到写作此书。他在我开始写作时，给予我帮助并对本书的内容和格式提出了宝贵的建议。当我向保尔·西格（Paul Seager）求助时，他在最短的时间内寄来了我所需要的资料。我也感谢过去和现在的几十位同事和朋友，他们在案例分析方面给予我启发，并提供了必要的资料。

我也十分感激阿德瓦克编辑部的工作人员，他们的耐心难以言表，是常人无法想象的。我感谢他们给予我鼓励的话语以及有益的评论，这对本书的可读性至关重要。我还感谢英国帕尔格雷夫麦克米伦出版社（Palgrove）的安德拉·哈蒂尔（Andrea Hartill），他给了我大量的鼓励和安慰。

我的数据来源于托马斯财务数据程序、富时指数（FTSE）、MSCI 指数、萨罗门史密斯–巴尼公司的研究报告以及道琼斯 STOXX 指数。我还利用了昆泰克风险管理和投资组合分析系统分析数据。如有错误，一切责任在我。

如果没有简·彼艾尔，著作此书对我是十分困难且毫无乐趣的。她将我著书之外的生活管理得井井有条，包括帮助我在新城市中安顿下来。

出版商为找到所有的版权所有者尽了全力，但如果有被无意中漏掉的，出版商将不辞劳苦在第一时间内与版权所有者取得必要的联系。

目 录

catalogue

第一部分

引 言

第一章 引言

投资管理的演进

投资管理是为数不多的高酬金但无需正式资格认证的职业之一。不过，很少有人认为投资管理人所担负的责任微不足道。甚至评价他们的工作内容是复杂难懂的，需要投资管理人有相当的分析能力。

对大多数人来说，投资管理的方法似乎在近一二十年内发生了惊人的变化。那些谨慎、诚实、贤明的投资管理人已成为过去，他们曾深受孤寡者的信赖，通过购买绩优企业的股票和债券，确保这些作为委托人的孤寡者的存款得以保值，并获得稳定可靠的收入。现在这些投资管理人被一些戴着红背带、三十多岁、坐在银行电脑显示器前的人们所取代。这些人将他人大笔的资金在遥远的异地进行着复杂的超出常人认知的交易。

但是投资管理确实发生了如此巨大的变化吗？某些变化甚至可能比实际情况还要更加明显一些。

比起过去，投资市场似乎更加变幻莫测。不过它从始至终就没有一帆风顺过，原因很简单，因为人们不可能不犯错误。正确的判断总是服从于妥协，例如，炼丹术曾经被认为是可靠的主流科学。在电报发明之前，投资市场在战争期间经常受谣言的影响而剧烈地波动。投资者不时地表现出非理性，从而引发了投资泡沫，但泡沫终究是要破灭的，这是常见的事情。应当提醒人们注意郁金香狂热（郁金香泡沫）的发生，以便使他们意识到非理性的投资和投资泡沫绝非只发生在现代。许多人至今仍然记得在 1966 年的波塞冬经济繁荣（Poseidon Boom）中，有人欢乐有人愁。①

许多人将现代投资市场的复杂性与衍生工具的广泛使用联系在一起。然而，类似的衍生工具在古代的中东、16 世纪和 17 世纪鹿特丹的投资市场及 20 世纪 30 年代的美国都曾使用过。由于得不到必要的信息以及投资市场缺乏应有的监管和规章，

---

① 查理·迈凯伊在 1996 年纽约威利出版的《流行的非常错觉与大众的疯狂》里对此有过相当全面的描述；另见费尔南·布罗代尔的《15 至 18 世纪的物质文明、经济和资本主义》。

这些早期投资所承担的许多风险在今天是不可想象的。

在诸如南美洲以及东南亚这样的新兴投资市场，大量资本流入和流出给人以这样的印象：投资在近几十年当中已成为日益国际化的商业活动。在这种交易环境下，货币似乎变得更加具有不确定性。的确，今天的国际资本流动比20世纪初期更加频繁，在当时，大多数国家受制于国际资本的流动控制以及高昂的交易成本，但货币的波动并未有所减轻。对货币的控制并没有起到稳定货币的作用，只不过延迟了它的发生。结果，一旦出现汇率变动，其影响是十分剧烈的。在引入货币控制之前，国际投资是旧世界经济的一个主要的财富来源。南海公司、荷兰的东印度公司以及随后的英国投资公司就是这样的例子。哥伦布航海的真正目的是在东亚寻求新的市场和投资机会。罗马人在本土以外进行巨额的投资，在非洲和东南亚等遥远的地方进行交易。的确，与过去相比，如今货币在世界范围的流动更加迅速，货物和人也是如此。

最重要的是，投资比十几年前更加广泛。在大多数西方国家中，投资者的背景不尽相同。"二战"后，在发达国家成长起来的人，不管是贫穷还是富有，都从自己的企业里或公司里，或政府资助的养老基金中，或合作基金与托拉斯基金中，或其他地方积累了大笔的个人存款。投资不再为绅士、贵族或特权阶层所独享。由于这些投资对大多数投资者来说将有一天成为他们主要的收入来源，风险控制以及投资责任比以往更为重要。普通投资者对投资亏损的承受力要小得多；由于为数众多的具有选举权的人们在进行投资，政府出于自身利益的考虑不愿意看到投资市场上一片萧条的景象。这种投资管理的"民主化"使得投资的责任和风险控制更为必要。

现在与前几十年的不同之处在于技术的进步增加了获取信息的数量以及改变了信息的使用方式。人们对大量数据的分析需求激发了新应用方法的开发，这些应用方法的开发有利于洞察投资行为。这样，我们看到许多以高等数学为基础的典型性的投资方法不断增加，但令许多投资者马上掌握这些新的投资方法尚有困难。事实上，大多数投资方法是常识性的，本质上与传统投资方法并无多少差别。在许多情况下，这些方法的主要作用是对以难以控制而著称的投资管理过程进行规范。这种趋势部分地是对投资责任的一种回应，部分地得益于对一些有力的分析工具的使用。在近一二十年中，投资的结构和过程因此变得更为程式化，通常取代了传统上对直觉的依赖，或者依靠有天分的人进行投资的选择。"科学的投资管理"已开始减少了投资管理的任意性。

典型的投资管理过程大致如表 1-1 所示。

表 1-1　典型的投资管理过程

步骤	内容
明确基金结构	规定利益/分摊
	开放式联营基金/封闭式联营基金
	付款地点以及税款情况
顾问选择	研究性数据库
	酬金结构
	偏爱的方法
选择投资策略	风险承受
	基准
	投资经理人的数量
	专家经理人/平衡经理人
	投资全域
	许可投资
	货币管理
委托书设计	规定基准
	规定风险承受力
	积极承受风险/消极承受风险
	传统的承受风险/定量的承受风险
	规定收益目标
投资经理人选择	资格与经验
	服务水平
	可行性过程
	酬金
投资管理人评估	优、劣业绩审查

投资基金的结构界定

个人投资者可能愿意选择自行投资，为自己购买股票和债券，或者根据股票经纪人的建议来购买股票。但如果税务或其他法律上的规定使得投资环境复杂化，那么他们就会选择聘用制定财务计划的专家或税务专家。与之相对应，有的投资者将存款委托给专业的投资管理人进行管理。这些专业的投资管理人通常是庞大的机构投资者，如共同基金、养老基金或保险公司。他们一般独自进行研究，自行设计投资策略，雇用自己的税务和其他法律专家，因此，很少采纳外界的建议。

另有为数不少的投资者既不亲自进行投资，也不委托机构来投资，而是投资于中小规模的养老基金以及其他的联合基金。这些基金利用来自内部或外部的信息来进行税务和经济分析。由于不同的投资基金受制于不同受托人和税务的要求与限制，投资者通常可以充分选择投资基金，以确保合理地适应自己的投资要求。

对养老基金、共同基金、托拉斯基金以及其他的联合基金而言，大多数投资者的目标和限制决定了基金的投资结构。当投资者为基金设计投资结构时，需要考虑下述的问题：

- 投资时限的预期长度。
- 现金流动及其他流动性的需求。
- 付款地点以及税务状况。
- 所需的最低投资限额。
- 特殊的道德或法律约束。

就收益要求而言，一方面，投资水平应反映基金中大多数投资者的要求。例如，基金的结构应当适应那些要求稳定投资收益的投资者。另一方面，并不要求很快得到收益的投资者总是希望资本增值。获得收益还是资本增值，这个问题通常和基金的税务状况紧密相连，反过来这也影响了付款地点的选择。

许多基金对初期投资和后期的投资与撤资规定了最小投资限额。这一限制主要是为了降低管理成本：管理 1000 美元投资额的成本与管理 100 万美元投资额的成本相同，但由于通常以投资额的比率向投资者征收管理费用，因此，对于基金来说，前者比后者的成本要高。

道德基金在近一二十年中逐渐受到投资者的青睐。投资者可以避免向军火商、烟草公司以及业务活动会引发环境问题的公司提供经费。有时，法律也会对基金施以限制，例如，禁止许多公司式养老基金在本公司内拥有大量的股权。

基金可以按照下述方式予以构建：

- 固定收益或者固定贡献率。
- 开放式或封闭式。

固定收益基金保证投资者在投资期结束时获得固定的一次性支付或一年一次的金额支付。投资者对基金的贡献率可以因时而异，因为基金的总价值根据不同的投资收益率而波动。固定收益基金的管理人通常会拿出部分基金作为**储备金**以平衡从基金中撤资带来的影响。储备金的额度水平一定要认真管理。如果储备金的额度水平降得太低，那么部分成员的收益就会少于预期的数值，而储备金增加过快，又会剥夺部分成员实际上和法律规定所拥有的资产。

当储备金确实过高时，基金管理人会宣布开始**"贡献率假期"**，在此期间投资者的贡献率比平时要少，或者完全免除，直到储备金达到可接受的水平。这种做法可能会给人这样一种印象：它对部分投资成员不公，同时又使其他人发意外之财。它还会给人这样一种印象：基金受到无法接受的波动性的支配，这样一来就降低了基金投资成员对运作正确性的信心以及对管理人和经营管理的信赖。为了避免出现这种复杂的局面，一些固定收益基金在投资策略中建立了资本或者最小收益的担保制度。

其他主要的养老基金种类称为固定贡献率基金。**固定贡献率基金**要求投资者每星期、每个月或者每年支付固定的金额。在从基金中撤资时，投资者可拿到本金以及投资收益。这种基金的费用和成本都较少。

固定贡献率基金无须维持储备金，因此，操作起来相对容易一些。每个投资者账户的资金增减等于贡献率加上或减去投资收益。当然，实际上并非如此简单，因为每一位成员对风险的不同喜好取决于年龄、是否有其他不动产和债务等风险因素。当为固定贡献率基金设计投资策略时，基金管理人试图考虑到大多数成员的风险偏好，因此，具有特别风险承受能力的成员就有可能由于风险和回报之间这种不适当的平衡状况而遭受损失。对基金管理人来说，固定贡献率基金可能面临一些困难，而在固定收益基金那里，即使存在这样的困难，也是很少见的。每个成员的账户实际上都是独立的，这类似于共同基金中的情况，出于这个缘故，投资者往往拿他们自己基金的回报与其他基金的回报进行比较，并且可能要求管理部门对任何令人不满的结果承担责任。这种比较经常是不合理的，因为具有明显可比性的基金在进行经营管理时可能有不同的规范，这种规范上的差异可能来自不同的限制，也可能由于它们的平均成员资格较老或者较为年轻，这样一来，这些可比的基金就有了不同的风险与收益平衡。

开放式基金允许投资者在任何时候都可以注入或提取资金，其方法是向基金管理人申请新的基金股份或者告知管理人打算卖出基金股份。基金股份以基金的当前市值发行和赎回。基金的市值是基金持有股份的市场价值的总和。

封闭式基金不允许按需要随时发行和赎回基金股份。所有基金股份在基金始创之时就已确定，在封闭式基金创立之后投资者以市场供需关系决定的价格买卖基金股份。封闭式基金通常在证券交易所上市，与其他股票一样进行交易。理论上讲，封闭式基金的市场价值应当总是接近于它们持有基金股份的市值总和。但封闭式基金在理论上的价格和其在市场上的价格表现出惊人的背离现象。这一背离现象的原因可能是，投资者认为基金中缺乏基金股份，或者预测市场上基金资产将急剧下降。这种价格背离现象也可以反映基金的基础资产的交易成本。

投资顾问的作用

通常情况下，对任何种类的联合投资基金来说，首先要做的是指定一个投资顾问。投资顾问的作用是提供投资建议以及若干其他的业务。对个人投资者而言，投资顾问帮助他们协调有关退休积蓄、保险及税务方面的各项决定。对于养老基金和其他联合基金，投资顾问可以提供管理、处置资产与债务种类的必要的专门意见，并指导个人投资者关于投资基金业务和行政管理方面复杂的法律诉讼程序。投资顾问的另一项重要工作是对可能发生增资和撤资的时间进行评估，进而预测基金的总体成长情况，并理智地维持资产和债务之间的平衡。对固定收益基金来说，这是最合适的一项策略。许多投资顾问还帮助基金选择广泛的投资组合、起草投资管理委托书、挑选投资管理人并监测他们当下的业绩表现。

通过提供独立分析和专门意见，投资顾问帮助养老金计划管理人和托管人处理联合基金所具有的风险和责任。管理人和托管人可以依据专家在养老基金和资产方面的建议解决潜在的难题，并采取可行的步骤确保基金的收益。

大多数投资顾问在精算研究或财务管理方面接受过培训。许多人都有专业的背景、很强的计算能力，并且在现代投资管理方法方面具有分析和解释复杂问题的能力。大多数顾问公司亦在贡献率和支出规模上为固定收益基金提出大量的专门意见，并且在其他方面也有专长，例如为基于成员资格中的基金评估可能的储备金标准、评估当前的资产以及可能的投资回报。他们对免税代码也非常在行，把它们熟练地运用于资产协调和债务管理，从而取得令人满意的效果。

投资顾问极强的分析能力通常和数量惊人的调查数据结合在一起，这些数据包括广泛的经济数据以及个人投资管理人和基金过去的业绩数据、偏好的投资程序及其优缺点等信息。

投资顾问的局限性在于他们缺乏投资管理的实践经验，因此，尽管他们是理论方面的专家，但是理论与实践的差别导致他们可能做出错误的判断。通常情况下，这个缺陷开始时还有点微不足道，因为绝大多数基金都采用了历史悠久的策略，而且人们熟知理论与实践的关系。不过，如果一位投资管理人使用一项投资顾问不熟悉的策略，投资顾问的局限性就有可能会表现出来。在这种情况下，缺乏直接的投资经验会阻碍投资顾问迅速理解这一策略的广泛含义，如在交易成本、动态管理以及风险分析方面。

与投资管理人不同，许多投资顾问因不能适当地接触最先进的投资工具和业务而受到限制，例如在在线交易和证券分析、风险管理模式、交易成本分析以及操作评估等方面。在某些典型的事例上，投资顾问提供他们最熟悉的并自认为最合适的投资方案，但在实际上，这些工具并不是可行的最佳方案。

投资顾问的许多优势来自于他们的独立性，这是他们刻意要维护的。例如，虽然许多顾问公司也是投资公司的拥有者，但这两个实体的关系一般都保持相当的距离。我们很难想象一位有着一定信誉的投资顾问推介的一项养老金方案有利于他自己的投资管理人，而不利于具有实力的竞争对手。不过，真正的独立性十分难以维持。例如，某顾问喜好某种特别的投资方法，这是可以理解的，因为他或许对此十分熟悉。无论投资顾问与投资管理人之间是否存在普遍的关系，如果这一喜好使他推介某种策略而不用其他更合适的策略，那么他就丧失了部分的独立性。某些顾问喜欢计量分析法，而另外一些偏爱传统投资组合的构成和管理方法。对托管人或基金管理人而言，这意味着投资方案之所以采纳某种投资策略，其部分原因是聘用了某个投资顾问，而不是由于某个投资策略能够获得更好的投资效果。

一般情况下，投资顾问的酬金标准各不相同，但许多顾问，就像律师和管理顾问一样，是按小时计酬的，而有些人则像医生一样，领取固定的酬金。两种付酬方法都有其优势和劣势。固定酬金可以鼓励顾问推介一些非常规的业务项目。它的有利之处在于投资顾问可以通过扩大业务范围来提高业务质量和增加个人收入，因此，他们的革新受到鼓励。严格按小时计酬的投资顾问一般应投资者的要求进行业务活动，但这使得投资顾问很少有时间和动力去探求和研究有利于投资者的新的思路和方法。结果，投资顾问有时指导投资者选择自己熟悉的方法而忽视了那些更为适合的方法。

一旦投资者指定了某个投资顾问便轻易不进行更换。如果出于连续性方面的考虑，这是可以理解的。投资顾问和基金管理人的关系是建立在相当的信心和信赖之上的。尽管投资者和顾问需要信心和信赖来成功地建立起关系，但这依然不够。考虑到投资管理各个方面的责任与风险控制日益重要，因此从理论上讲，投资者会提出三个问题：

第一，对于投资基金提出的具体目标和要求，投资顾问给出最适当的建议了吗？

第二，就投资收益和风险控制而言，投资顾问使得资产投资增值了多少？

第三，投资顾问对不良后果负有多大程度的责任？

前两个问题非常难以回答，因为如果随后又发生了另外一件事情，那么很难说它的结果会是什么。一个解决办法就是检查使用同一个顾问的其他基金的业绩。这无疑是一个好主意，但深入下去就会发现它的局限性：

■ 进行比较的基金不一定具有相同的投资目标和限制，因此它们之间很少有或者根本没有进行比较的有效基础。

■ 其他基金不愿意泄露它们认为属于机密内容的信息。

■ 进行比较的基金所获得的业绩可能是出于侥幸而不是经营。这两者之间几乎不可能加以区别。

考虑到投资顾问在基金管理中起到的重要作用，许多基金管理人都会通过某些途径，使顾问对基金的投资成功负起一定的责任。

为了达到这一目的，一些基金设法聘用一些独立的顾问来评估投资顾问的业绩，所谓的独立顾问就是评估投资顾问的顾问。这种做法有可能凸显出投资顾问的某些特别的优缺点，但要对投资顾问的业绩做出精确的评估几乎是不可能的。由于很难恰如其分地评估顾问的工作投入程度，因此也很难使其负起责任来。

投资策略

在评估完当前和未来基金的贡献率和债务之后，投资顾问就可以帮助投资者确定投资目标，这一目标与经济预测相结合，就形成了投资策略。

制定投资策略是一项棘手的工作，其复杂性远非言语所及。其中最重要的因素是设定适合于基金的风险水平，也称**风险偏好**。

风险也许是投资中最易产生误解的一个方面。尽管人们易于将风险看成失败，但将其看成不确定状态或者看成实现投资目标可能出现的失误则更加合理。风险和**无风险资产**的组合决定了基金的风险。正如人们认为的那样，基金中风险资产相较于无风险资产的比率越高，基金的风险则就越高。**风险资产**一般有股票、长期债务和不动产，而由政府或主要银行支持的短期利率证券通常被看成是无风险资产。

基金的风险水平应考虑基金的预期债务。实际上这意味着将基金的风险定在与预计需求同步的水平上。一般情况下，投资期限较短的投资者比那些能够忍受低收益期、目标是获取高效的长期利益的投资者更不喜欢风险。例如，一对年近退休的夫妻用一笔意外得到的遗产进行投资时，他们与一个二十多岁的人相比有着明显不同的风险要求。

投资策略是一些长期资产结合的产物，它被用来作为建构投资组合和评估基金业绩的**基准**。**长期基准**构成了基金结构的主脉。如果不能很好地指定基准，那么基金就有可能得不到足够的收益来偿还债务和完成目标，或者对基金成员的利益承担过多的风险。对于固定收益基金方案，长期基准对维持适当的储备金水平至关重要。

基准反映基金的重要目标和责任，这一点十分重要。理论上，基准应当具有六个特征：

- **效率性**：基准应有平衡风险和收益的作用。
- **可投资性**：基准应仅包括基金可以购买的资产。
- **可测定性**：基准的总体收益任何时候都可以得到。
- **低成本性**：管理成本具有合理性。
- **适当的广泛性**：基准应广泛面对企业、部门和国家。
- **代表性**：基准应代表与投资者相关的资产体系。

对于固定贡献率基金来说，现实情况经常会引发另外的考虑。投资者定期检查基金的收益率并习惯于与其他基金的收益率进行比较。这样，固定贡献率基金几乎总是受到另外一个基准的影响，而对于这个另外的基准，投资者没有任何控制能力可言。其他的基金变成基准。投资者几乎总是把自己的基金与业绩最好或者中等的基金进行比较。对于这个问题，除了向基金成员解释基金长期投资策略背后的理由，并无其他方法可言。

有些基金选择同龄基金作为正式的基准。这样做有着明显的吸引力，因为这可以使事实上的安排正式化。与模型或假设资产配置相对照，养老基金资产配置如果用于组对基准，也可以确保基准回报既具有可投资性又容易得到。

使用同龄基金作为基准的明显好处在于它可以把相对于其竞争对手业绩较差的

基金管理人的风险最小化。这并不一定对投资者有所帮助，因为它建立在流行的投资偏好的基础之上，从而最小化了获得高收益的机会。它还可能采纳最近阶段流行的资产配置方法，把基础建立在偏好上。

与风险承受和基准投资组合紧密相关的是选择短期**技术性资产配置**。**短期技术性资产配置**的设计目的通常是开发短期的预期收益，它不同于长期的预期结果。

短期资产配置最为重要的方面也许是它与长期基准在多大程度上有所不同。应当认真考虑所允许的差异，因为它对基金的业绩影响很大。如果允许基金资产配置与长期基准存在很大的差别，那么基金就要承担收益不同于基准的风险，这有可能影响实现投资目标的能力。此外，过分的抑制会妨碍基金从潜在产生高收益率的短期资产收益预测中获利。

除了提高收益率以外，短期资产配置在控制风险方面是十分有效的。一种提高收益率的方法是保证最小收益率，可以通过使用衍生工具来获得预期结果，或者利用精心设计的决策规则顺序来达到控制风险的目的。只要将最小收益率确定在占据主流地位的短期存款收益率之下，那么从理论上讲，两种方法就可以获得不受限制的收益。受到担保的最小收益投资组合所得到的收益总是比未受到担保的类似投资组合少得多。这种差别反映了担保人的风险。

对于不能承受任何资本折耗的投资者，**资本担保**是必要的，实际上这只是一种担保最小收益率策略的特例。在这个特例中，无论在名义上还是在实际上，最小收益率都设定在零位。

聘用多少投资管理人主要取决于该基金在资产上有多大规模。拥有数个投资管理人的好处在于它可以分散**管理人风险**。管理人风险是这样的风险：管理人未按规定进行投资操作，或在其他方面严重地违反指令或违背了投资者的期待。例如，如果某基金聘用 10 名管理人，其中有一人工作失误，那么基金的总体损失是有限的。如果某基金只聘用一个管理人进行投资，并且发生了失误，那么损失就无法挽回了。许多养老基金聘用数十名乃至数百名投资管理人，这样做同样可以引发严重的风险，使基金管理业务陷入停顿。过多的管理人也可使基金精心制定的策略失去功用，导致投资成本增加，收益率降低，从而不能实现投资目标。

通常，相对规模较小的基金也聘用两至三个具有普通委托书的管理人来进行投资管理。这种方法有益于比较各个管理人的业绩，通过这种方法，基金管理人可以对各个管理人提出同样的问题，因此凭借观察不同管理人的反应，尽可能地了解他们操作投资基金的情况。例如，两个拥有相同委托书的投资组合管理人可能经常地出现相似的操作偏误。这表明，除非承担无法接受的风险或者违反委托书限制，否则就不可能获得目标收益率。另外一种有用的方法是，比较不同的投资组合管理人在进行相似的投资组合操作时所形成的交易成本。利用这一方法，投资者可以判断投资管理人的业务水平是否与所得报酬相匹配。

相对于专家投资组合，中小基金经常将平衡投资组合列在投资管理中。**平衡委托书**规定同一投资管理人既决定短期资产配置，又管理个人资产种类投资组合。与之相对照，专家管理人管理个人资产，如股票、国内债券、国内不动产、国际债券以及国际股票。

平衡投资管理委托书在某些方面是最为简单的，因为只有一个结果需要评估：投资组合业绩是否好于基准。现金流动管理是一件相当容易的工作：资金流转的建议送交投资管理人之后，投资管理人根据基金的当前资产配置进行金额投资。基金管理人只需确保投资管理委托书的条款得到遵守。

不过，这种简单化有时候会让人产生错觉，因为人们经常很难确定投资管理人在何处表现良好，在何处表现欠佳。评估投资收益以确定投资管理人各方面的业绩优劣的过程被称为**定性分析**。

平衡委托书的主要优点在于，对同等规模的基金来说，平衡委托书比专家委托书所付酬金要低。对于中小型基金来讲，酬金差异意义十分重大。如果投资者愿意与他人联合进行基金投资，那么就可以取得更好的经济效益。但只有当在基准资产配置和联营工具的风险范围与基金的风险范围相同或者十分相似时，这种策略才会起作用。当然，有必要进行彻底的检查以弄清情况是否如此。当资产配置不能与基金的要求十分吻合时，就可以利用衍生工具来弥补这一差距。

大多数大中规模的基金都聘请投资管理人来管理资产配置和单个资产种类。这样做有如下好处：

■ 基金管理人可以选择投资管理人。这些投资管理人在资产配置和股票、债券等单个资产种类的管理方面具有特定的专门知识，这样做加大了提高总体收益率的可能性。

■ 由于单个管理人不能对基金的投资结果施加重大的影响，从而降低了管理人的风险水平。

■ 由于委托书不尽相同，管理人所赋予的价值不太可能抵消其他管理人的价值。

■ 通过把资产配置和专业的资产种类管理人分散开来，可使定性分析变得简单容易。

■ 基金可以调整积极的和消极的管理，以及实物资产的计量和传统管理等的组合。

对于聘用资产种类专门管理人的基金，基金管理人的选择变成了是在顾问的帮助下自己进行短期资产配置，还是规定一项资产配置委托书并雇用在资产配置方面有着专门知识的专家管理人。

资产配置管理人通常不管理基金的实物资产，而只是决定每一资产种类的投资额。资产配置一般按季节进行检查，每季度检查一次。如果遇到重大的经济和政治事件，要进行特别的中期检查。这样做出的资产配置通常要结合每一资产种类下一季度、下一年度以及两三年内的收益率预测。一旦确定下来最佳的资产种类组合，那么单个资产种类管理人将得到需要投资或者撤资的数额通知，以便实施短期资产配置。

另一种方法是给每个资产种类管理人固定的投资额度，一般在长期基准资产配置的水平上，并且使用衍生工具来执行短期技术性资产配置的决定。这种方法有利于大幅度降低买、卖实物资产的数额，明显地降低基金的定期交易成本，并且有助于提高基金的业绩。表1-2总结了单个和多项投资管理人以及平衡投资委托书和专家投资委托书的优点和缺点。

表1-2　投资经理人的数量

投资委托书	优点	缺点
平衡委托书——一名经理人	可最小化管理薪酬 简化业务管理	最大化经理人风险 收益率难以评估和分析 有限的资产种类选择
平衡委托书——多名经理人	可控制经理人风险 可比较投资者业绩	经理人风格相互抵消的潜在因素 收益率难以评估和分析
专家投资委托书	可分散资产配置和证券选择 资产配置可由基金经理或专家资产配置管理人实施 便于业绩评估和定性分析 投资经理人风格不易相互抵消 资产种类选择最大化和具有灵活性	高成本，尤其是中小额投资的管理 业务管理更加复杂化

投资策略还应当详细说明得到许可的投资种类。得到许可的投资范围有时被称为**投资全域**。简言之，投资全域包括一切简单的资产名称目录。这种方法的局限性在于新的资产时刻都在产生，这个目录不久就会过时，无意对投资组合形成限制。

投资全域通常被解释为某些资产标准，例如，在公认的证券交易所上市，或者成为指定的指数成员。它也可施加限制，如最小化规格。

许可投资工具的规格与投资全域关系紧密。它通常详列基金中哪些衍生工具可被包括进来以及其目的为何，例如是为了风险控制还是动态管理。

如果基金在本土以外投资，那么投资策略应当说明如何对货币进行处理。主要的选择有：

■ 将外汇风险作为资产种类的一部分来进行管理。

■ 将所有货币对冲为基本货币。

■ 将外汇作为独立的资产种类进行管理。

投资管理委托书

在为基金制定了主要策略之后，基金管理人就开始设计投资管理委托书。这种设计工作通常是在投资顾问的协助下进行的，而基金管理人制定基金策略的标准则是资产的增值和收益可以满足人们可能对基金提出的催付债款的要求，以及风险水平达到可以接受的程度。

投资管理委托书是描述投资管理人任务的文件。委托书对投资全域、基准、风险范围以及收益率目标、预期的投资过程和酬金进行详细说明。委托书构成了基金与投资管理人之间所订合同的基础。

制定投资委托书十分重要。这样做可以使委托书与基金的策略相一致，并且可以解决在履行策略时出现的错误。无论投资委托书的制定是为了平衡投资组合还是为了专家资产种类，大多数基金管理人通常以规定基准作为开始。

对于平衡委托书和纯粹资产配置委托书来说，基准通常指的是基金的长期基准。就专家资产种类委托书而言，它在某种意义上是某个资产种类的代表，例如一个公认的股票价格指数，如标准普尔 500 指数。尽管从理论上讲，可以产出收益率的任何东西都能被当成基准，但是在实践中，基准对专家资产委托书的重要意义表明，它应当尽可能具有如下特征：

■ 基准应满足基金的投资目标。这通常意味着它必须广泛覆盖所要投资的市场。在某些场合下，可能需要设计定制的基准。

■ 具有可投资性。换句话说，组成基准的证券应在公认的证券交易所自由交易。

■ 衍生工具起到重要作用。为了进行动态管理和定期资产种类重新加权，选择一种可以对期货合约进行交易的基准是很有好处的。不过，即使对国内证券投资组合来说，这种可能性也并不总是有的，但它仍是一个让人感兴趣的特征。

■ 公开报价降低了模糊性。虽然最好的方式是选择公开报价的基准，但是对于定制的或者非广泛公认的基准，如果它们的成分得到公开的报价，也可以发挥很好的作用。这使得投资者、投资管理人和托管人能够对基准业绩进行独立的核算。因此可以避免对投资组合的相对业绩感到迷惑。

下一步是详细指明某些收益率目标和风险水平。收益和风险两者是相对的术语，即 x% 的目标收益率高于基准收益率，或者相对于基准，目标风险为 y%。委托书也可以在指定的时期内设定可接受的最大化的相对风险水平以及可接受的最小收益率。例如，在连续的三年内，最大化的相对风险为 3%，同时在基准之下，可接受的最低业绩为 3%。

投资管理人总是将自己的工作业绩与他人相比较。在考虑其他管理人如何获得奖励时，他的这种做法是很自然的。举例来说，假设一个管理人对某个资产或者一组资产的前景具有很深刻的见解，为了运用他的观点，他需要运作一只与基准头寸和其他基金头寸不同的投资组合。如果结果证明他的观点是对的，那么很多投资者会对他大加赞扬。如果业绩一直保持下去，那么作为回报，投资管理人一定会得到更多的投资者。但他首先必须向投资者或市场证明自己的业绩是出自理智的判断，而非运气使然，并且证明他取得这些高收益率时并没有承受令人无法承受的风险代价。一个自信的投资管理人取得这样的成绩应当不会有太大的麻烦，但如果该投资组合非传统的特征过于强烈，那么成功就只能依赖良好的交际技巧了。此外，如果这只非传统的投资组合业绩不佳，那么即使是短时间的，这个投资管理人所付出的代价也会是惨重的，因为只有他一人业绩不佳。因此，谨慎的管理人会避开这样的投资组合，转而坚持虽然有别于基准，但是和其他投资管理人并没有重大差别的资产配置。这样一来，大家要么一起成功，要么一起失败。于是，投资管理人遭遇失败的严重后果就被大大缓和了。

另外，如果投资管理人对高收益率没有信心，那么他就会让投资组合中的资产和基准中的资产密切相符，从而避免产生令人失望的回报。出于这个原因，许多基金管理人在投资委托书中规定了最大的和最小的风险限度。

在完成这些之后，基金管理人必须为资产配置和资产种类管理选择积极的或者消极的（或者称为指数化的）经营方式。积极的管理结合资产收益率预测来选择高于一般收益率的资产，而投资管理委托书通常的特征是具有相当进取心的相对收益率目标和相对较大的风险限度。

承担风险的投资管理人应使用量化方法还是传统方法呢？目前还没有公认的原则可以说明一种方法优于另一种方法。或许决策的制定取决于候选投资管理人掌握哪种投资方法以及基金管理人对哪种方法感到更满意。

在制定专家资产种类委托书时，最好保证每一委托书与其他的委托书存在明显的差别。要做到这一点，最好的办法是只聘请一名投资管理人，尽管这样做会引发其他的问题。如果基金管理人聘用若干投资管理人对相同的资产种类进行操作，那么应注意确保委托书的条款清晰明确，不会发生交叉重叠。内容相似的委托书存在这样的风险：某一管理人正在使用的高收益率来源会被其他管理人的投资组合构成所淡化甚至被抵消。

在制定投资策略的某个阶段，基金管理人及其顾问会形成一种策略，以便确定在什么时候以什么方式应用有关担保收益率和投资组合保护的策略。如果决定在负收益率时提供担保，基金管理人必须认真地考虑哪种担保最为适合。具体细节将在第五章进行探讨，但首先要考虑的事情是，联营的平衡方法是不是足以解决问题——依据此方法，同一管理人要对单个资产种类负起保险和管理的责任；或者是否需要制定专家委托书以补充其余的基金。基本上，适于平衡专家的标准在这里也同样适合。例如，联营工具适合基金目标吗？专家委托书的体制适合基金的体制吗？管理人风险的问题需要具有单独的委托书吗？投资组合保险需要多长时间？

当新的资金被配置到基金中，并且依靠这笔资金获得了红利及其他收益的时候，几乎每个投资管理委托书都允许以流动资产的方式持有投资组合的某个部分。这一限度应保持在很低的水平上，以便确保低收益货币市场工具的意外水平不会危及基金的资产配置策略。

管理人的选择

下一步是选择和聘用投资管理人。大多数投资顾问将进行大量的准备工作，例如对投资管理人应聘者的资料库进行研究。通过这种方式，基金管理人就拿到了一份经过筛选、适合投资管理工作的投资管理人名单。

在此过程中经常提出的问题有：

- 投资管理人当前正在经营多少其他相似的委托？
- 这些投资组合的业绩如何？
- 投资管理人可以提供什么样的业务？
- 投资管理人的酬金如何？

基金管理人通常也有兴趣了解受雇于投资管理人的人员的情况，如他们的总体资历水平，已经为该投资管理人工作了多长时间，在请假或生病时得到什么样的后援支持等。

基金管理人易于注意投资管理人以前的业绩。如此获得的信息比许多人想象的要少得多，因为投资管理人的过去业绩一般不能说明以后的业绩。

出于多种原因，投资管理人的业绩经常发生变化，具体描述如下：

- 由于技术熟练的工作人员的离职以及优缺点都异于前者的人员的补替，公司的优缺点也会相应地有所改变。这样的事情经常发生。当出现这种变化时，投资管理人的方法也会发生相应的变化，以便适应新的业务技巧。
- 当高级投资管理人员离开公司时，人员顶替几乎总是引起投资管理过程的某些变动。即使仅是侧重点的改变也会影响投资的收益率。
- 投资管理人还会改变他们选择资产的方法，改变这些方法或者是为了应对改变了的市场或经济形势，或者是因为旧的策略不再起作用。
- 尽管现在的方法仍能产生可以接受的收益，但是投资管理人可以简单地决定对其进行修正和改进。
- 无论是在绝对条件下还是相对于基准，即使不改变创建投资组合和选择投资的方法，也很少有投资组合能够在所有的经济环境中产生持续的业绩。

在会见投资管理人时，投资者最想提出的问题有：投资管理人的业绩在多大程度上出自运气，在多大程度上出自管理？对于这个问题，人们无法得到确切的回答。切记，在如此非确定的情况下，很容易使正确的原因听起来像是错误的，错误的原因听起来像是正确的。因此，重要的是投资管理人对资产选择方法的描述要合乎情理。评判投资管理人能力的最好方法也许要看他们在解释如何选择和管理投资时所使用的语言是否简洁、思维是否连贯以及是否具有常识。

投资组合评估

投资者不仅需要了解投资管理人是否按照要求进行业务活动，还需要了解投资策略在定性上是否真正保证了设定的风险和收益率范围。这意味着投资者需要预先考虑收益率评估和定性分析这样的问题。定性分析在投资期结束时进行，其目的是检查投资收益主要归因于运气，还是归因于管理，尤其是鉴定哪些决策对总体收益率有所贡献，哪些决策妨碍了总体收益率。

许多投资者不对优良的投资业绩进行细查，而只将注意力集中于基金业绩不佳的时期。这种做法是错误的。对收益率进行仔细检查尽管有时很困难，但这一努力通常会得到报偿。投资管理人在工作中出现的严重失误经常会被优良的总体收益所掩盖，例如，投资收益率可能是某一资产种类的异常结果使然，而所有其他的资产种类甚至是整个资产配置都有可能跟着遭受损失。如果像经常发生的那样，收益是出于运气的缘故，那么当运气不再光顾时，其结果必然如此，整体基金的业绩势必由高度令人满意走向万分的不景气。因此，问"基金的表现为什么如此的好"这样的问题与问"它为什么表现不佳"的问题同样重要。

表1-3给出了投资组合评估的简单案例。在此表中，短期（技术性的）资产配置的贡献率得以量化。做到这一点是通过短期资产种类组合所获得的收益与长期资产配置所获得的收益之间进行比较。方法之一是将收益率在指定期内放到每一资产种类当中，然后用长期策略基准权数计算其加权平均价。如果加权计算的总收益率低于实际收益率，那么技术性资产配置对基金有利。

表1-3 短期资产配置价值评估　　　　　　　　　　　　　　　　单位:%

资产种类	所获得的收益率	长期配置	短期配置
国内股票	13.00	30.00	50.00
国内债券	6.00	25.00	15.00
国际股票	18.00	20.00	25.00
国际债券	3.50	20.00	5.00
国内资金	5.50	5.00	5.00
合计		100.00	100.00
所获总体收益率		9.98	12.35

在此案例中，管理人成功地预测到国内和国际证券市场的强势表现，并且利用这一预测给基金的收益率增值了 2.37%（12.35%-9.98%）。

托管机构的作用

投资管理过程中另外一个重要的参与者是托管机构。通常托管机构都是大型银行的辅助机构。如果基金计划在本国以外的市场上进行投资（出于很好的理由，大多数基金都会这样做），基金管理人将会寻求世界性托管机构的服务。这个机构会配置复杂的计算机系统来处理国际投资管理和基金流量。托管机构起到若干重要的作用：

■ 认可买卖资产时的付款与收款以及随后在正确的银行账户之间进行的资金转账。

■ 提供投资组合中资产每月、每季、每年的银行结算单、交易报告，货币的暴露情况、衍生工具的暴露情况以及基金管理人要求的税务报告。

■ 提供基金管理人要求的投资组合估价。

■ 保管证明基金所拥有资产的全部文献，例如股权证明。

■ 提供每一投资组合所需的收益报告书。有些托管机构还提供收益率定性分析服务，但它的分析通常是相当粗略的。

■ 以电子化的方式提供此类服务，根据各个团体的需要把部分服务制成电子表格。

在选择托管机构时，要确保在世界范围内和服务的可得性这两个方面满足基金的要求，这一点非常重要。定期报告采用何种格式，这个问题听上去可能无足轻重，但是按月进行的投资组合报告却重如千钧。因此，有能力提供、分析和编辑电子表格的托管机构可使投资者、顾问和投资管理人每月节省很多的管理时间。

更换托管机构十分麻烦，而且花费十分巨大。只有在万不得已的情况下才这样做，所以在进行选择之前要对托管机构彻底评估一番，这将是值得的。设立托管业务并非易事，因为全球化综合服务的提供依赖于复杂而昂贵的计算机计算和基金转账系统。这意味着可供选择的全球托管机构相对较少，这是需要仔细挑选托管机构的另一原因。

托管机构的酬金通常依交易的数量和种类而定，有些交易的要价要远远高于其他交易。由于对特定投资策略、工具和投资所在地的偏爱，托管酬金可能会对投资类投资组合的回报产生重要的影响。

多数大型的托管机构还提供股票租借服务。从事股票借出活动的是那些渴望长期持有核心资产的基金，以及希望通过出租股权证明或者其他所有权证明以及实物资产所有权证明的方式，以便增加其投资收益的基金。投资者和管理人可能会需要大量的股票证书。有时候投资者需要借入股权证明，以便对衍生工具头寸提供担保，或者他们可能会代表那些已经售出这些股票而缺乏必要文件的客户进行借入，以便完成在指定的时间内交割资产的法律义务。如果投资者售出了自己不曾持有的资产，那么他们就经常需要租借股权证明，他们之所以售出自己不曾持有的资产，可能是因为他们觉得股票价格将要下跌，并且可以低价回购。

由于受供求关系以及当前短期收益率的影响，出租的股权证明所带来的收益会有所波动。在收取租金的同时，出租方承担着所需之时借方不能返还的风险，因此租金通常也要将这一点考虑进去。中间人通常将出租方和借方召集在一起，起草租借合同，通过这一服务收取小额的费用。

作为股票租借中间人的托管机构有着明显的优势：他们十分清楚在哪里能找到大量可长期持有的股票，因此对于可能的借入人来说，他们是自然的首选中间人。股票出租会给长期投资者带来丰厚的利润，第十七章将对此进行详细的论述。股票借出可以同几乎所有的投资策略联系在一起，给股票增加相对较低风险的收益率，这一点十分重要。

第二章 传统的投资方法

投资管理的学问可以划分成很多方面，传统的投资管理人试图让自己在某些方面具有专长。投资管理人可能精于管理特别是精于资产种类管理，如债券或国内股票。他们在选择平衡投资组合的资产种类上具有优势，例如，股票管理人会力求精通特别的经济门类，如信息技术和通信，因为它们的引人之处在于未来的收益率。有的投资管理人偏爱不太引人注意的门类，如矿产和能源，或者反周期性波动的证券，它们在一般经济走势时期有着相当好的业绩。有的投资管理人专于小额股本的股票，目的在于发掘未来的新星。投资管理人之间的这些特点随投资者喜好的变化而变化。"自下而上"和"自上而下"是最为普遍的两种管理理论，两者都可以和大多数其他投资风格结合在一起。

自下而上的投资管理基于这样的前提：投资只可在投资管理人熟悉的资产上进行；投资管理人认为在预测的投资期限内，该投资会优于大多数其他投资的业绩。在某种程度上，这是最纯粹的股票选择形式，里面有很大的主观成分。它的基本特征是追求每一投资的利润率。投资管理人积累了详尽的信息，这些信息涉及该公司所有的商务活动、竞争对手大致的商务活动和他们投资的市场或门类。投资管理人也熟悉公司的总体金融地位，包括计划的现金流量、股息以及任何其他即将进行的活动，如向股东配售新股、发送红利等。

投资管理人需要谙熟资产种类，以便确保投资在可能获得高收益率的情况下进行。如果公司出现某一可能降低收益率的事件，那么由于此类密切的联系，自下而上的投资管理人将是第一个知情人，并且将相应地降低基金的投资。

人们知道的是，甚至在较长的时期内，自下而上选择股票的投资组合会取得特别的结果。投资管理人通常专营一种资产种类，如国内股票、小额股本门类、新兴市场基金或者风险资本基金。出于这一原因，养老基金管理人经常把它们结合在其他部门管理人的投资组合中。

自下而上的股票选择方式通常没有将宏观经济中的变量考虑在内。投资管理人只考虑那些直接与所进行的证券投资有关的因素，例如，当为一家设计和生产医疗设备的公司进行调查时，投资管理人只考虑该设备可能的市场，例如，有可能是心脏病患者。人口统计的数据大致上决定着需求量。在关注人口统计数据的同时，这项调查还有可能关注此类设备的规范调整。但是即使收益率预测、通货膨胀率和汇率之间具有间接性的重要影响，这项调查对它们感兴趣的可能性也会很小。

严格地说，在使用自下而上方法配置一个投资组合时，企业和部门的重要性并不是重要的考虑事项。但在实施投资组合之前，一些管理人的确会对其加以检查，以便了解哪些门类会从证券选择中取得重要成果。因此，管理人会问诸如"投资组合在收益率敏感的证券中占有多少比率"和"投资组合对石油价格的变化有什么样的敏感性"这样的问题。

当然这种方法也可能产生问题。这种管理风格依靠的是相当有效的研究能力，并且需要结合投资管理人和分析师作为个人的非同寻常的直觉反应。甚至是即使当这两种品质结合在一起时，自下而上的股票选择方法还是面临着大量潜在的缺陷：

■ 由于局限于小范围的股票，所以可能会丧失许多投资机会。

■ 如果投资组合是以普通指数为基准的，那么根据基准，该投资组合就其未予投资的股票而言，是不符合标准的。由于管理人不知道或者未考虑到那些股票，因此这种不合标准可能会是没有正当理由的。

■ 投资管理人可能会对少数几个优秀的分析师或者投资经理产生危险的依赖关系，而这些分析师或者投资经理则有离开本公司甚至会去创立新的公司与之竞争的可能。

■ 管理人的专业知识可能高度集中在几个产业或地区里，因此基金可能会缺乏一定数量的多元化。

自下而上的投资方法具有大量的优点。其中重要的一点是，它鼓励非常积极的股票选择。一个自下而上的管理人囿于基准的危险要更小。这里囿于基准的意思是说，让投资组合太过密切地仿照基准，以至于不太可能产生超出平均水平的重要业绩。

管理大规模资金的投资管理人都依靠自下而上的选股策略。他们的规模以及后续研究能力使其一次就可以涵盖范围较广的资产种类，因此很少失去有利可图的投资机会，并且具有足够的分散性。这些管理人需要赚取高额的利润收入，以便支付固定的高额研究费用。这些管理人所要求的酬金收入或者是根据最低酬金标准，或者根据管理之下的巨额资金数目，或者同时兼顾两者。由于投资者真正感兴趣的只是支付酬金后的收益率，所以如果投资管理人索要的酬金高于一般水平，那么就会使自己处于明显不利的地位。如果经营管理的资金数额过大，还有可能引发其他问题。自下而上管理巨额资金的投资管理人不难发现，相对于被投资证券的正常市场周转，即使是投资组合构成上微小的变化，也将是巨大的。这可能会使得所需的变化很难实现，因为市场难以提供合适的交易量。巨大的经营数额还有可能给持有某些证券的主要投资者带来问题，以及随大股东地位而来的责任。

像自下而上的选股者一样，**自上而下**的投资管理人一般十分依赖基于基本证券信息的调查研究。这些投资管理人也非常了解他们的投资目标，在决策过程中通常进行综合性的调查研究，而这种调查研究能够得到雄厚的资金支持。他们的分析师也在自己的研究领域内不断修正从每家上市公司得到的预期收益率，提出购买、出售、轻仓或重仓持有各种证券的建议。

两种投资方法之间的区别在于，自上而下的管理人从宏观经济环境以及投资组合的总体结构方面去考虑问题。投资管理人像关心每一证券可能的收益一样关心相对于某一特别基准的投资组合的资产构成。

自上而下的投资管理人通常聘用专门的经济学家。这些经济学家研究国内外由中央银行和世界各国的财政部发布的经济数据，经常出席央行行长的简况介绍会，并尽可能地寻求会见相关的政府官员。经济学家提出报告，对所有主要经济成分进行预测，包括货币、收益率、价格、生产者和消费者、通货膨胀等。因此，一般来说，管理人可以预测到货币市场、收益率、通货膨胀、石油及其他商品价格在各种时间段内可能的表现，这种预期期限通常可以长达 3 年。这一研究结果显示，在预测期内哪些经济部门和地区的表现相对较好些，哪些表现相对较差些。

对自上而下的投资管理人来说，证券选择是一个多阶段多等级的过程。就平衡委托书而言，等级的上层是资产种类配置，继之以国家、地区、企业集团的配置，最后是单个证券。对于专家资产种类管理人来说，投资始于国家或企业集团的配置，向下至单个证券。

资产种类配置

掌握了这些信息之后，一个平衡投资组合的投资管理人就会启动资产配置决策程序。并非总是必须把相同的结构用于所有管理中的投资组合。例如，风险承受能力较低的投资组合经常被称为保守型投资组合，相对于计划获得更大回报的投资组合，它在风险投资中持有的份额较少。获得更大回报的投资组合经常被称为进取型投资组合，在风险投资中占有较大的比重。投资者的风险偏好经常作为限制条件被纳入资产配置过程中，例如，股票的最大风险率不得超过投资组合的 50%，或者国际资产投资的风险率不得超过 30%。

许多投资管理人引入事态分析这一概念。在这种方法里，投资管理人先是鉴别出大量的事态，然后确定每种事态的概率，这些概率的总和为 100% 或 1.00。每一种事态代表一系列可能同时发生的事件，如股票的高收益率、低收益率以及某个贬值的货币，从高成长率到经济消亡可以存在五种事态，如表 2-1 所示。

表 2-1 事态分析

资产	当前资产组合权重（%）	事态 1 10%	事态 2 15%	事态 3 50%	事态 4 20%	事态 5 5%	平均数 100%
国内股票	35	45.00	22.00	13.00	5.00	-20.00	14.30
国内债券	20	4.00	8.00	6.00	-2.00	-12.00	3.60
国际股票	25	12.00	20.00	18.00	25.00	-10.00	16.20
国际债券	15	-3.00	4.00	3.50	4.50	-4.00	2.75
国内现金	5	3.00	5.00	5.50	6.50	12.00	5.70
总数	100	19.25	15.15	11.05	8.60	-11.90	10.85

事态分析显示，最可能出现的结果是事态 3，它有 50%的概率。该投资组合的预期加权平均收益率为 11.05%，而事态的加权平均结果为 10.85%的收益率。在这一事例中，通过牺牲国内股票的权重，提高国际股票的权重，可以最大限度地提高可能的收益率，但是反过来，如果结果证明事态 1 或事态 2 是更为精确的预测，那么上述做法的回报就会减少。

在实践中，与表 2-1 相比，大多数事态分析具有更多的事态，因为投资组合通常包括更多的资产种类，事态分析通常对若干货币组合、通货膨胀、货物价格、长短期收益率进行预测。通常要有一个以上的表格来提供短期、中期和长期预测以及提供持有股票的限制条件。

事态分析易于出现错误，因为它们需要大量的估计和猜测。在实践中，对每种事态的界定是非常困难的，因为它不仅需要对每一种投资种类进行收益率预测，而且还需要把关于资产收益率的预测结合在一起，如长期收益率暴涨时股票的可能表现。依靠直觉甚至即使是依靠计量经济学分析来精确预测这些关系都是极其困难的。一个典型的事态分析所包含的此类关系就算没有几百种，也有几十种。另一件重要的输入项是要为每一事态确定概率，这种概率确定通常是十分主观的，很难对其合理性进行检验。

如果投资委托书包括资产配置，那么它几乎总是委员会的责任。这个委员会一般由**信息主管**（Chief Information Officer，CIO）担任主席，并且包括至少一名经济学家以及每一资产种类管理组的一名代表。

人们之所以倾向于赞同委员会制度，是因为大多数平衡投资委托的管理人都有这样的共识：由于能够对总体投资组合业绩造成极大的冲击，资产配置决策非常重要，不能由一个人独行其是。由于委员会广泛听取专家的意见和看法，因此做出决策时比一个人单独行动更为深谋远虑，并且它还分散对这一重大决策的责任。

委员会一般定期举行会议，通常是每月一次，目的是总结前一时期每一投资组合的业绩，并且决定是否对目前的资产配置进行改变。在正常情况下，这样的会议对投资组合配置进行综合性总结。对投资组合很少重新进行平衡，一般一个季度一次，或者在收益率变动、货币重新组合以及意外选举这样重大的政治或经济事件之后进行。

资产种类收益率预测对委员会的审议具有重大的影响。具有世界视野的经济学家完全有能力提供资产种类收益率的预测，但实际上这一预测经常受到负责单个资产种类的投资管理人的影响。其原因是这些进行资产种类投资的人消息极为灵通，因此被委以重任，从而提出精确的预测。

单个资产种类投资管理人的观点，无疑是具有价值的。大多数的总投资官员发现很难忽视这些人，因为他们取得了相对于基准的极佳的业绩，或者负责某一目前业绩十分突出的资产种类。此外，大多数总投资官员不愿意专断，因为这不符合委员会的初衷。

另一个措施是建立一个具有奉献精神的资产配置小组，由它进行详细的事态和风险程度分析，并根据这一分析向委员会阐述和推荐投资组合的配置方案，求得委员会的批准。这样做给予了投资小组其他成员就结果发表言论的机会，但包含了个人资产种类投资管理人的影响。总投资官员通常有否决权来保证某种控制的方法，大致上是某些风险控制。不过，成功主要取决于专家资产配置小组的分析能力。

资产配置小组一般将经济学家的经济预测和分析作为主要的参考依据，并对某一致性和合理性进行检查。各种的投资组合配置依靠事态分析来确定一只在各种经济条件下具有最佳收益率的股票。这样投资组合结构的可行性得以评估，确保了执行投资组合配置时不会导致过多的交易成本。

资产种类内的证券选择

如何在资产种类内选择证券，这取决于正在讨论中的资产种类。

对于**国内股票**来说，挑选投资组合的证券全域是经过分类的，它的分类标准通常是产业集团，但是也有可能是资产的规模，或者投资管理人进行预测时比较擅长的任何基础。举例来说，擅长预测小额股本股票何时会比大额股本股票业绩更好的投资管理人，喜欢以规模大小来确定证券投资，并且在此基础上管理这一投资组合。

投资管理人首先利用经济研究成果来判断哪种证券将有良好的表现，哪种证券将走势不佳，经常预测出每个种类的股票的收益率。其次根据基准确定每个种类在投资组合中所占的比例。作为对比，除非最小化配置为零，否则无条件配置很少受到详细的检查（在大多数情况下，但并非在全部情况下，投资组合不能出售自己不拥有的资产）。这样，投资管理人会认为金融板块股票将走势良好，其理由可能是长期收益率有可能比短期收益率上涨得更多。投资组合因此比基准持有更多的金融资产。同时，投资管理人会预测石油价格将上涨，因此对运输类股票要轻仓持有。

在决定了证券种类的配置之后，下一步就要确定相对于基准的单个证券的配置。这就是对单个资产进行研究的目的。对于自下而上投资管理人，这一研究是其能力的核心所在。自上而下投资管理人尽管较少依赖对单个证券的研究，但通常依然要花费很大的气力研究。投资管理人个人的研究通常由同样具有研究能力的股票经纪人应用于实践中，并对其加以印证。投资管理人因此具备足够的信息作为依据来选择单个证券，例如，在决定了向金融类股票增仓之后，投资管理人会选择重仓持有劳埃德信托储蓄银行（Lloyds TSB）股票，而轻仓持有巴克莱银行（Barclays）股票，或者刚好相反。

对于**国际股票**来说，主要分类通常是依据证券所在的国别，因此，国际投资组合实际上完全就是另外一国国内投资组合的总和。投资管理人可以选择将每一国家的投资组合细分为产业集团、股票规模或一些其他种类，按照同样于国内股票投资组合的方式选择单个证券。国际与国内股票管理的最主要区别在于货币管理和不同的税款事项。货币管理是最大的挑战，例如，投资管理人可能准确地预测出某一特定国家的股票收益率，但如果对货币的影响判断失误，仍不会有良好的业绩。但更为复杂的是，国内股票市场及其记账货币的变动有时会紧密地联系在一起。这样，区分预期资产收益率和货币收益率就显得极为重要。

对于**国内定息**来说，单个证券选择的过程是靠不同的投入驱动的。在美国以外的大多数国家，政府和半政府债券主导着定息证券的上市。在这种情况下，证券之间的主要区别在于它们的成熟度和收入形式。由经济学家组成的队伍通常提供纯粹的收益率预测，这一预测首先被用来确定资产种类间如何进行投资配置，通常也可显示长期债券和短期债券之间收益率的差别有多大，因此，可以帮助投资管理人确定定息投资组合的结构。

收益率预测绝非易事。经济学家的预测通常主导这一过程，因为这需要将广泛的宏观经济和政治因素考虑进去。这些因素在资本市场或货币十分规范的国家内显得更为微妙，因为投资管理人需要考虑中央银行和财政部可能的行动。

定息投资管理人利用经济学家的预测来确定什么样的短、长期到期债券组合最有利。一般来说，如果收益率有可能上升，那么就需要轻仓持有债券，而当收益率下降，债券的高风险就提高了投资组合的收益率。假如其他因素不变，长期债券比短期债券对收益率的变化更为敏感。因此，如果预测长期收益率的上涨高于短期收益率的上涨，那么投资组合将以牺牲长期债券为代价，以提高短期到期债券的持仓量。

如果投资组合要持有公司债券，即公司发行的债券，那么定息管理人还必须考虑信贷风险的问题。**信贷风险**又被称为信贷资产质量，它指的是借方或发行债券的公司在贷款方面违约的可能性。信贷风险越高，债券特定的成熟收益率就会越高。信贷风险很难估计，通常由专门的债券评定机构如**穆迪氏**（Moody's）和**标准普尔**

（Standard & Poor's）进行评定，有助于在借方之间进行区分，但这些评定绝非是保险的。

定息管理人因此需要考虑收益率和信贷价差可能出现的情况。**信贷价差**是公司债券和同期的政府债券收益率之间的差距。两者通常是相互联系的，例如，AA 和 AAA 之间的差距变化取决于收益率是否在 5%~6% 或者在 12%~13% 波动。较高的收益率通常预示信贷种类间更为变化不定的差距。

国际定息管理人需要考虑国内定息管理人以及货币流向和税务结构等所有的相关因素。货币流向甚至更为重要，因为定息市场与货币流向之间的联系比股票市场更为紧密。当信贷价差扩展到新兴的市场时会变得十分有意思，之所以如此是因为它们与货币变化的联系非常密切，这里所指的货币不只是记账货币，还包括新兴国家的货币。

传统方法的局限性

传统的投资管理方法依赖于大量的研究，范围从宏观经济研究到单个证券知识的研究。这一研究要与经验、判断和投资管理人的技巧相结合，以便形成投资组合的结构，从而获得最佳的预期收益率。

判断和分析的这一结合经常被看成是艺术和科学的结合。由于判断具有不确切性，艺术和科学的界限通常变得模糊不清，有时候模糊的程度很大，导致向投资管理过程输入的有价值的分析信息出现分布错误或者完全丢失。

判断与训练很难协调一致。如果把它们的作用混淆在一起，那么最初深思熟虑的投资过程和策略也就可能变得混淆起来，出现投资者不愿看到的结果。

以判断为基础所做出的决策经常与详细检查和客观评估相悖。当假设不能清楚地表示出来时，就很难判断在哪一方面做出的决策不再适用，结果是好的见解也成了糟糕的想法。没有经过详查的推断暗藏着不期而至的风险。

传统投资方法经常把注意力集中在证券收益率和投资组合收益率上，而不太关注风险分析和管理。这是可以理解的，因为风险很难预测，尤其是使用传统的预测方法。一些传统投资管理人十分反对将风险分析用于传统类投资组合，他们辩称风险分析与投资不具有相关性。

对风险分析和投资组合中其他风险进行控制，这是传统投资管理中最难的方面。只有在对风险进行量化时才有可能做到有效的风险控制。这意味着要对投资组合结构将得到预期结果的可能性进行量化；意味着要完全知晓投资组合结果不佳的可能性有多大；意味着要对这样的可能性进行量化，即资产收益率预测具有可行性并且保持内在的一致性。这个预测是一个超出大多数传统投资方法的过程。

有一个办法可以保证一致性和控制，那就是尽可能严谨地界定投资管理的过程，给总体决策过程和构成总体决策过程的单个决策制定时间表。但是，注重过程的方法可能会给分析人员带来问题，即为僵化的限制所累。很多人发现在此环境下工作十分困难，尤其是当工作本身具有高创造性和判断性因素的时候。他们会试图改变过程中阻碍他们发挥作用的限制条件，或者离开工作岗位去找一个较为自由的工作环境。无论哪一种情况，他们的注意力都会从投资管理的主要工作上被分散。这一问题会对采用传统方式和计量方式的投资管理人产生影响。但对于传统投资管理人，"艺术"与"科学"的冲突会更加激烈，这是由于创造性投入中需要更高份额的缘故。

严重依赖单个投资管理人判断能力的投资组合构建方法总是会承担无法一致应用管理标准的风险。出于基金外部的个人和职业原因，个人的管理风格会有所不同。人们有时会生病，精力不集中，离开岗位去他处工作，或者根本不做任何工作。任何工作如果依赖于具有以上情况的人，那么就不会按规程进行。

传统投资管理的趋势

由于受到追求更高收益率的驱使，投资管理人不断地进行实验，在投资管理中使用不同的方法。这种追求可能朝着两个方向发展：其一是冒险进入新的市场，这些新的市场可能会不太成熟，因此有很高的收益率；其二是在现存的市场中寻求新的方法。

在新的市场中寻求高收益率的投资管理人不可避免地会在另类投资上寻找机会。顾名思义，另类投资是不能融入主流种类的投资，包括异地的上市股票投资。虽然许多投资者都同意新兴市场的股票和债券已进入主流市场这样的说法，但它仍属于另类投资。其他的另类投资包括原始资本、风险资本、新兴国家基础建设项目和对冲基金。

许多这类投资都不负厚望，其丰厚的回报给人们留下了深刻的印象。不过，往往在一段时期惊人的高收益之后，随之而来的是剧烈的波动和负收益率，表明这些高收益率远远不能代表优良的投资价值，而只是对与之共来的高风险的补偿。

对有着分散化投资眼光的投资管理人或投资者来说，收益率的忽大忽小并不是一个阻碍，因为这种波动性可以通过聪明的分散化予以化解。如果这种分散化得到了很好的执行，那么投资者一定会在主流以外的风险投资中获得利润。

有时候投资者寻求另一种方法以便提高传统投资的收益率。这种方法为主流投资寻找新的方法。一个显著的例子是**核心—外围投资组合**的方法，这是管理风险资产种类的一种方法，此类资产包括股票等。这种方法是将投资分成一个低风险的内核和一个或多个高风险的**辅助投资**。换句话说，将投资组合分解为低风险或**消极投资**部分，将其和规模较小但风险很高的辅助部分混合在一起。后者可以包含一个或几个资产管理委托书，并且完全可以包括一些另类投资。

支持这一方法的人辩称，低风险、消极管理的**核心投资组合**提供了一个抵御辅助投资组合收益率波动的缓冲器。通过这种方法，总体投资组合有机会获得潜在的高投资收益率，同时又可以防止与这一投资相关的最坏的不确定因素的发生。这种方法具有若干优点，包括低成本。

核心—外围投资组合可以使大型的投资者降低交易成本，因为积极进行管理和交易的投资组合比传统的投资组合小得多，从而减少了投资组合的周转。

资产种类的核心—外围方法也受到量化投资管理人的欢迎，因为它提供了一个调节基金内传统与计量投资管理的良好方法。

第三章　投资管理理论

效率市场假说（EMH）

计量投资最基本的原理也许就是效率市场假设，即 EMH（Efficient Markets Hypothesis）。这一原理认为，资产价格结合了所有当前的已知信息。不同的资产具有不同的预期收益率，这一现象只是反映了这样一个事实：某些资产的风险大于其他资产，一个要求较高预期回报的投资者就是在要求风险资产而不是安全资产。如果一份资产的价格过低，那么就意味着在它的风险水平上会有高收益率，于是投资者就会争相购买该资产而将价格哄抬到"效率收益"的水平上。如果资产价格过高，那么投资者又会争相出售该资产，从而使其风险和收益与其他资产相一致。因此，效率市场理论认为，资产总是在均价或在合理的价格上进行交易。

如果市场是有效率的，那么所有资产的风险与收益率之间的关系就是可以计量的。随着风险的提高，收益率也会以一种可预测的、非线性的方式有所提高，如图 3-1 所示。

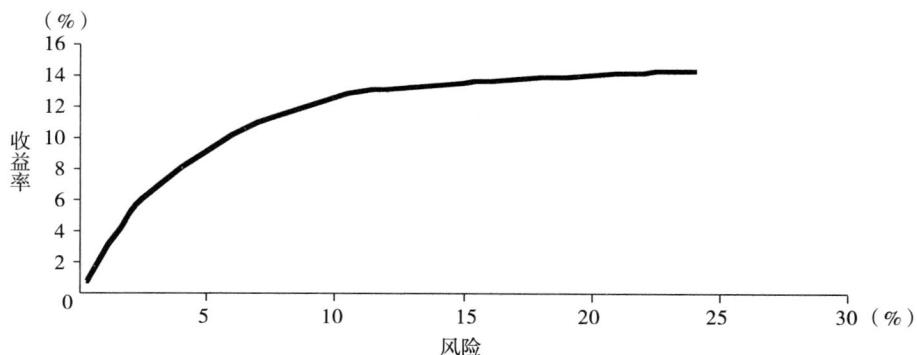

图 3-1　效率限界

图 3-1 中的曲线称为**效率限界**，它表示的是经过有效定价的资产在风险与收益率之间存在的关系。Y 轴表本收益率，X 轴表示风险。效率限界总是呈斜坡状，表示由于收益率的提高与风险的提高相关联，曲线从左向右升起。但实际的曲线取决

于资产分析所依赖的市场，低收益率和低风险一端几乎总是十分倾斜的。这说明对于低风险资产来说，甚至是些微的风险增长都会引发大的收益率增长。当资产升向高风险和高收益率区域时，相对于风险的边际收益率减小了增长幅度。

如果资产被定价过高，那么资产会出现在效率限界之下的区域，因为相对于其风险而言，它的收益率太低。如果资产出现在曲线之上的区域，那么从理论上讲，资产的定价过低。当匆匆忙忙在此类资产上投下赌注之前，先花些时间研究一下某些数据很有必要。很可能实际上受到低估的是风险而不是资产的定价，因此资产的正确位置完全应当是在效率限界的上面或者下面更远的地方。

关于效率市场理论的激烈争论引出了一些折中的解释，最著名的是关于效率市场的三种观点：强势说、半强势说和弱势说。

强势说认为，当前的证券价格反映出与公司相关的所有信息，包括只有内部人士才能了解的信息。这种说法的意思是，即使利用了内幕信息，投资者也不能在没有风险的情况下从证券交易中获取利润。其原因是，私下了解这一信息的人可能已经进行了交易，而价格也相应地发生了变化。

半强势说认为，所有可以通过公开渠道获得的关于一份证券的信息都在现价上有所反映。职业的投资者已经利用公司的各种账目进行过基本分析，而且价格已相应地有所变化。根据这一说法，只有利用内部信息才能获得无风险收益率。

弱势说认为，证券价格反映了所有这样的信息：这些信息可能源自对交易数据的分析，如价格记录、交易量或卖空量。弱势说还认为趋势分析不会产生什么结果，其理由是每个人都可以随意获得这些数据，而且这种获得以及对它进行的分析实际上不需要付出代价，但是基本分析和内部交易可以产出无风险的收益。

市场有效率可言吗？大多数观点都有证据支持。一个经常被引用的有关市场无效率性的说法源自于这样的事实：不同的投资者具有不同的税收待遇，并且要服从于不同的管理机构。因此，即使他们恰巧对某一资产的前景有所共识，但他们仍会根据自己的观点对其赋予不同的价值。

表3-1显示了国内、国际投资者在税收待遇上的差别如何影响投资者赋予单个证券的价值。国内投资者享受的税款减免（课税扣除）相当于国内公司的税率，而国际投资者享受的退税相当于扣除应付税率。两者都依照适用于税款减免的股息比率来进行调整。在一些管辖区内，税款减免低于100%，这取决于发放股息的公司的税务数额。国内投资者的股息税款减免额以及因此而来的证券额要高一些，可以享受35%的退税，而国际投资者的退税则低一些，只有15%。

表 3-1　国内、国际投资者股息税信誉值

	国内	国际
股票价格（美元）	50.00	
每股股息（美元）	1.75	
股息收入率（%）	3.5	
国内投资者公司税务率（%）	35	
国际投资者扣留税金率（%）	15	
税款减免（%）	100	
股息税款减免值（美元）	0.61	0.26
红利股权值（美元）	52.36	52.01

效率市场假说刚提出时就引起了争议，因为它认为研究以前的资产收益率并不能为未来的收益率提供有关的任何线索。金融经济学家现在似乎同意交由实践来解决，因为支持和反对效率市场理论三种说法的人都有各自的依据。

资本资产定价模型（CAPM）

效率市场假说为其他基于计量投资的理论制定了一个框架，即资本资产定价模型（Capital Asset Pricing Model，CAPM）。投资管理中存在一种最为顽固的误解，这种误解假定，由于资本资产定价模型不能精确地描述金融资产的表现，所以它毫无价值，应予以摒弃。该模型肯定有不完美的方面，尤其是无法解释像市场泡沫和市场恐慌这样的现象，但对于预见力并不完美的我们来说，效率市场假说和资本资产定价模型的确提供了一个可以用来思考资产和投资组合风险以及收益率的框架。鉴于目前还没有一个更为完美的模型，投资管理人必须勉强运用资本资产定价模型。

资本资产定价模型开发于 20 世纪 50 年代，从那时起，它经受了广泛的考验，这些考验突出了它的局限性，甚至证明了它的错误性。然而它至今仍被广泛使用，这是一个事实，这可以说明该模型有着某些优点，而且它的大多数缺点得到了普遍的理解。

很久以来人们就明白，获得高收益率的投资通常承担着高风险。"安全"投资是那些所获微薄但收益稳定的投资。资本资产定价模型给投资理论增添了重要的认识，即只要额外风险不被分散掉，那么额外的收益率就是可以实现的。承担不必要的（可分散掉的）风险并不能改变投资收益率。

资本资产定价模型是用来分析相关风险和收益率的，因此它可应用于与其他资产相关的单个资产、投资组合内的一组资产或者与指定基准相关的投资组合。基准是资本资产定价模型的基础：在理论上，基准可以是任何资产或任何资产组合，包

括零收益率和零风险的资产，但必须是存在的资产。

尽管资本资产定价模型可应用于任何资产或资产组合，但经常是被应用于国内股票投资组合。选定的基准可以是地方股票市场、全球化市场的某种尺度，也可以是资产的一个独立的投资组合，即一个另类的投资组合。资本资产定价模型将收益率和风险分为三个组成部分，分别为 α、β 和 e。资产或投资组合的收益率 i（r_i）被表示如下：

$$r_i = \alpha_i + \beta_i (r_m - r_f) + e_i \tag{3-1}$$

其中，α_i 表示有意的或积极的资产或投资组合风险，β_i 表示资产或投资组合市场之间的关系，r_m 表示市场收益率，r_f 表示无风险收益率，e_i 表示资产或投资组合的意外风险。

过去的收益率不予考虑。资本资产定价模型认同效率市场假说的观点，即资产的未来收益率不能依据过去的收益率。由于资本资产定价模型假定当前价格是有效的，所以如果当前价格恰好不是有效的话，那么资本资产定价理论将得出错误的结果。资本资产定价模型并不考虑交易成本和其他市场摩擦。

α 是市场对资产或者投资组合收益率的额度。这是量化投资者所追求的目标，即为了获得收益优势。α 为正值的资产是定价过低的资产（在效率限界之上），可以预期它将获得相对于其风险的高收益率。通过增加 α 系数较大的资产来增加投资组合的预期 α 系数，这种方法可以提高预期收益率。如果资产或投资组合定价合理，那么 α 系数为零。

β 是资产或投资组合 i 在基准或市场中对各种措施产生的敏感度，也称为**协方差**。与市场变化完全一致的资产或投资组合的 β 为 1.0。例如，β 为 1.2 的资产或投资组合超过市场涨跌幅度的 20%，而 β 为 0.9 的资产或投资组合仅相当于涨跌幅度的 90%。完全由短期的流动性工具组成的投资组合，其 β 为零。一个投资组合相对于一个市场的 β 系数为该投资组合中的各种资产所在市场的 β 加权值。

由于 β 系数与市场收益率相关联，所以分散化在排除 β 系数的同时也就排除了投资组合的市场收益。提高投资组合的 β 系数将提高风险和收益率。

r_m 是市场内进行投资的投资组合的收益率，如国内股票市场。投资组合的目的通常是获得市场回报以及某个 α 系数。在实际中，"市场"就是整体市场的某种代表，如美国股票的标准普尔 500 指数。

r_f 是"无风险"的利率，这是一个理论上的比率，因为在现实中真正的无风险利率是绝无仅有的。期限很短的政府债券或银行债券利率不在此列。

e_i 是一个随机变量，即不被 α 或 β 所解释的那部分资产收益率。e_i 具有分散性，因此一个时期内的资产组合的剩余价值平均为零，正像长时间内单个资产的剩余回报那样。给投资组合增加**剩余风险**无助于提高预期收益率，因此投资管理人非常希望通过分散化摆脱这一风险。

α和剩余风险只与该资产或投资组合有关，而市场风险及其系数，即β，被称为系统风险，因为它们在市场中或系统中与其他的资产分担此风险。

积极管理人追求正的α，而消极或指数化投资组合力求获得α为零的投资组合，双方都追求尽可能接近于零的剩余资产。

图3-2显示为期15个月的投资组合与其基准在业绩上的差别。市场线下面的区域为市场回报，投资组合的业绩与市场业绩之间的差距是特别的回报。

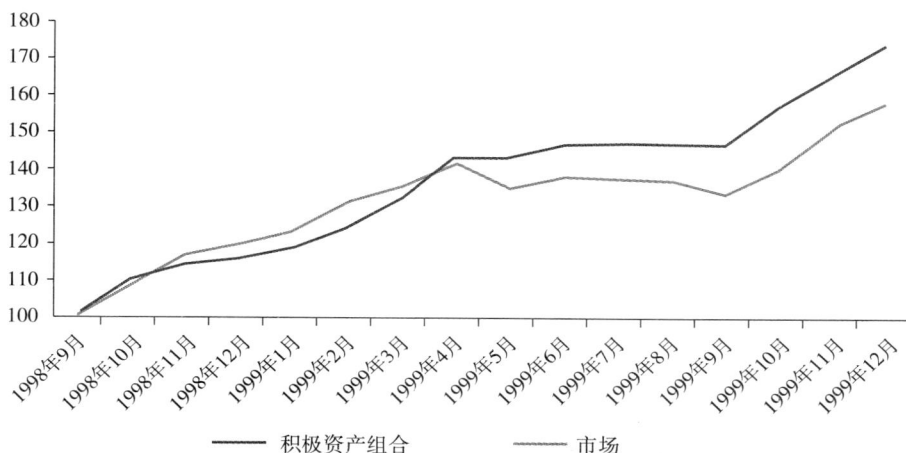

图3-2 积极投资组合与市场收益率

优化投资组合及投资组合的优化

市场效率假说在投资组合层面上比在单个股票的层面上要有力得多，其原因是投资组合允许分散化，这样可降低只增加风险但不增加收益率的令人讨厌的剩余资产。

通过分散风险从而提高投资组合的总体收益率，这种做法并不新鲜，但资本资产定价模型通过计算投资组合内资产间的关系，并使用这一关系实行**投资组合优化**，从而对风险的分散和收益率的提高进行了量化。结果是投资组合处于效率边界的上方或附近。换句话说，投资组合在指定的风险水平上获得最大的预期收益，或者对指定的预期收益承担最低的风险，即**效率投资组合**。这意味着投资者可以选择精确的分散化，以便满足风险要求和收益率目标。

虽然这一理论产生于20世纪50年代，却到20世纪70年代和20世纪80年代初期才为投资管理人所钟爱，他们发现使用这一方法的优化投资组合需要大量的数据和相当的计算处理能力。随着笔记本电脑和电子数据处理的广泛应用，这些资源可以以合理的成本得以利用。

表3-2显示了单个投资组合的分散化是如何进行量化的。投资者预测预期收益

率，而风险的计量则是通过资产的波动性。30%的波动率表示该资产的收益率在2/3 的时间内收益率为±30%。

表 3-2   计量多样化：两种股票资产组合   单位:%

	预期收益率	波动性	加权平均数
微软	26.00	33.27	50.00
英特尔	24.00	37.96	50.00
投资组合	25.00	32.16	100.00

表 3-2 是只有两种股票的投资组合，该投资组合的收益率是其各组成部分收益率的简单加权，而风险则并非如此。将英特尔股票预期收益率加到微软股票上，该投资组合的预期收益率从 26% 降至 25%，尽管被加入股票的风险率较高，但是投资组合的风险率却从 33.27% 下降到了 32.16%。现在加入第三只股票，如表 3-3 所示。

表 3-3   对分散化的计量：三种股票的投资组合   单位:%

	预期收益率	波动性	加权平均数
微软	26.00	33.27	30.00
英特尔	24.00	37.96	30.00
圣斯布瑞	17.50	24.80	40.00
资产组合	22.00	22.90	100.00

表 3-3 表明，收益率虽略有不同，投资组合风险率却出现了戏剧性的下降。要了解其原因，可查看表 3-4 所显示的单个股票之间的关联。**关联**是 [-1, 1] 之间的值，表示两者之间的关系。相互关系为 1 时，表示两者为最佳关联；相互关系为 0 时，表示两者毫不相关；相互关系为-1 时，表示两者为最佳负关联。关联与协方差联系紧密，事实上知道其中之一也就可以直接推断出另外一个。

表 3-4   对分散化的计量：资产关联

	圣斯布瑞	英特尔	微软
圣斯布瑞	1.00	—	—
英特尔	0.09	1.00	—
微软	0.17	0.63	1.00

英特尔对微软相对微弱的分散化影响是由于它们有 0.63 的正相关关联，这一点并不奇怪，因为它们是关联产业。加入圣斯布瑞股票大大降低了该投资组合的风险

率，因为它与微软和英特尔有着很低的关联（分别为 0.09 和 0.17）。

投资组合的优化是利用单个资产的预期收益率和它们之间的关联来发现处在效率限界上方或附近的各种资产的组合，意味着要找到根据不同的风险水平提供最高预期收益率的投资组合，而这些风险水平是相对于指定的基准而言的。这是一个重复的过程，换句话说，要按照与表 3-2 和表 3-3 十分相似的步骤，每一次都在投资组合中加入或者减去数量很小的资产，并且选择具有优化风险率和收益率的投资组合。在每次重复的过程中，投资组合的风险率和预期收益率会受到测量。当对投资组合风险率和收益率的边际影响变小时，优化程序显示投资组合达到了最佳状态，从而结束重复的过程。要特别注意的是，优化问题不存在任何独特的解决办法。由于优化程序是通过增量发挥作用的，所以最后的结果取决于初始投资组合的构成，这一构成可以是现金、现有的投资组合，也可以是一个基准投资组合。

优化有时被称为**均值—方差优化**。"**均值**"是指资产或投资组合的平均收益率。这是预期的收益率，之所以被称为"均值"，是因为它是资产或投资组合的平均可能收益率。"**方差**"是投资组合或资产风险的另一种说法，它指的是实际收益和均值收益或者预期收益之间可能存在的差异。

优化方案需要预先弄清楚每一份资产在其投资全域中的预期收益率。投资管理人通常投入大量的资源，以便预测资产种类收益率和单个证券收益率，并且将其看成是投资管理过程中的核心部分。由于对收益率预测的方法各不相同，所以这个主题将分别在第四、第八、第九、第十二和第十三章进行详述。这些章节主要是讲述资产配置和股票选择的。

优化还需要弄清楚资产间的关联和协方差。协方差和关联是相似的量度，凭此量度，协方差既考虑资产的波动性，也考虑资产之间的关联。值域可以从负无穷大延展到正无穷大，其中的一个价值代表着完美的关系。正像不可能确切地预测资产收益率一样，要预测关联和协方差的精确值域也是不可能的。因此，投资管理人在把关联和协方差应用于投资组合优化过程时不得不进行一些假设。在正常情况下，管理人聘用的分析师们提供预期的收益率。协方差矩阵也可能出自这些分析师，但一般是根据某资产过去的收益率数据计算出来的。

利用过去的收益率数据估计未来的关联，这当然暗示着资产间的未来关系如同过去的关系一样。在大多数情况下，这种估计具有合理性，但有时也并非如此。之所以利用历史数据估计未来的关联，主要有两个原因：第一，关联矩阵通常十分稳定，这使得估计有其合理性；第二，从零开始设计并完成一个关联矩阵是十分困难的。因此，预测出的关联矩阵在精确度上很可能不如依据历史数据设计的矩阵。关联或协方差矩阵是优化过程的中心，因此，这一问题不可轻视。

表 3-5 举例说明了关联矩阵从一个 10 年期转至下一个 10 年期的过程。尽管单个数值的等级评定相对稳定，但是这些数值还是发生了明显的变化。例如，英国固

定利息和英镑的关联虽然有所不同，但是它们高于其他组值在两个时期内的关联。

表 3-5　随时间变化的关联矩阵

	英国固定利息	美国固定利息	英国股票	美国股票	英国英镑
1984 年 1 月至 1993 年 12 月					
英国固定利息	1.000				
美国固定利息	0.289	1.000			
英国股票	0.569	0.191	1.000		
美国股票	-0.012	0.274	0.612	1.000	
英国英镑	0.875	0.151	0.474	-0.105	1.000
1985 年 1 月至 1994 年 12 月					
英国固定利息	1.000				
美国固定利息	0.327	1.000			
英国股票	0.545	0.213	1.000		
美国股票	0.030	0.278	0.672	1.000	
英国英镑	0.838	0.105	0.410	-0.099	1.000

资料来源：Thomson Financial Datastream，Salomon Smith Barney，QUANTEC，FTSE。

不幸的是，决定使用历史关联矩阵并不能使问题得以简化。投资者必须对历史数据有所选择。使用太短的时间段会因忽略了资产间的长期关系而得出一个错误的结论。使用太长的时间段会使资产关系中重要但是时间较近的结构变化模糊不清。

因此，需要认真选择时间段，以便能够在这个时间段里发现最佳的关联矩阵。许多投资管理人赞同这样的说法：最近的数据也许是最佳的未来指南。一些人进一步辩解说，如果情况如此，那么通过赋予最近的数据以最重的权数，关联矩阵可以得以改进。这样，较早的收益率数据会变得越来越不重要，直至消失。

这一问题尚没有清晰、正确的答案。考虑到解决问题的整体目标，最佳的办法是按照每种情况的特殊性来进行评估。对于协方差模型，在选择历史数据时需要考虑如下事项：

■ 持有投资组合的时间长度。例如，时间十分短暂的历史数据最适合短时间的投资组合，如一至两年。

■ 如果投资者认为当前经济和市场环境与过去某个可以识别的时间相像，那么协方差可以使用那个时间的数据。

■ 投资组合资产的数量很重要。在其他状况相同的情形下，资产数量越多，得出有意义的协方差矩阵所需的时间就会越长。

优化为若干投资组合计算资产配置，每一个投资组合处于效率限界的上方或附近。对于每一效率投资组合，优化程序计算下述各项内容：

■ **绝对意义的预期收益率**。这是投资组合中资产收益率预测的加权平均值。

■ **相对于基准的预期收益率**。这是投资组合的绝对预期收益率减去基准的绝对预期收益率。

■ **绝对意义上的预期风险**。它又被称为投资组合收益率的**标准偏差**，或被称为投资组合的波动性。它显示了投资组合在 68% 的时间内将会产出的收益率范围。举例来说，一个 15% 的波动性显示的是投资组合在 68% 的时间内会发生 ±15% 的收益率。这是基于投资组合与基准中单个资产的协方差矩阵和波动性。

■ **相对于基准的预期风险**。这是投资组合收益率偏差偏离于基准的标准偏差，或被称为**循迹误差**。它显示的是投资组合在 68% 的时间内所产生的偏离于基准的收益率偏差范围。例如，3% 的循迹误差表示，投资组合在 68% 的时间内会产生 ±3% 的基准收益率。它也是建立在协方差矩阵和波动性的基础之上。

■ **夏普比率**。夏普比率是由预期的相对收益率除以循迹误差，它表示的是投资组合中相对于风险的收益率。

■ **拉姆达（λ）**。拉姆达是效率投资组合在效率限界上的点的斜率，它是投资组合中相对于风险的收益率增量的量度。

■ **走低风险**。这个概念可以被表述为一种指定结果的可能性，例如负收益率，也可以是发生概率为 95% 的回报。

预期的以及测定的收益率与风险

比较投资组合的预测收益率和实际收益率是相当简单的，两者都是资产成分（构成）收益率的加权平均额度。预期风险的计算基于协方差矩阵，而测定风险或是对循迹误差的计算，则要简单一些。在通常情况下，测定风险的计算基于月收益率。投资组合与基准之间每个月的**收益率方差**都会被记录下来。将该数字进行平方运算，目的是消除它的负号。把自乘后的方差累加到一起，然后除以进行测量的月份总数，从而得出投资组合的**方差**。将得到的投资组合的方差开平方根，得到每月的循迹误差，其结果就逆转了较早进行的月收益率差异的自乘计算。然后，用月标准误差乘以 12 的平方根，从而得出年度循迹误差。如果这些观测数据以季度为单位，那么这一数字就要乘上 2（4 的平方根）。

表 3-6 给出如下循迹误差的计算：

■ 经过自乘的方差总数是 0.1270%。

■ 0.1270% 除以观测月份数 12，结果等于 0.0106%。

■ 0.0106% 的平方根为 1.03%，这就是每月的循迹误差。

■ 年度循迹误差为 1.03% 乘以 12 的平方根，结果等于 3.56%。

表 3-6　测算到的循迹误差

日期	资产组合值	基准值	资产组合收益率（%）	基准收益率（%）	方差（%）	自乘的方差（%）
1998-12-31	100.00	100.00				
1999-01-31	101.87	101.59	1.87	1.59	0.28	0.0008
1999-02-28	98.93	99.37	-2.89	-2.19	-0.70	0.0049
1999-03-31	101.81	103.21	2.90	3.86	-0.96	0.0092
1999-04-30	105.85	106.12	3.98	2.82	1.15	0.0133
1999-05-31	101.82	103.12	-3.81	-2.83	-0.99	0.0097
1999-06-30	106.02	106.74	4.13	3.51	0.62	0.0038
1999-07-31	105.23	107.47	-0.75	0.68	-1.42	0.0203
1999-08-31	105.39	107.83	0.15	0.34	-0.18	0.0003
1999-09-30	104.13	107.77	-1.19	-0.05	-1.14	0.0130
1999-10-31	108.93	111.70	4.60	3.64	0.96	0.0092
1999-11-30	111.20	114.32	2.08	2.35	-0.27	0.0007
1999-12-31	118.19	119.17	6.29	4.24	2.05	0.0418
总计			18.19	19.17		0.1270

　　特别值得注意的是，这一循迹误差测算考虑到了投资组合相对于基准的所有方差，包括积极收益或者 α 系数。这样的结果是，在预期收益率和循迹误差之间造成了相当的混乱。实际上，即使是在事后对两者进行清晰的区分也是很难的。

　　为了使优化变得有用，投资者需要知道自己想让投资组合处在效率限界的什么位置上。这实际上意味着投资者需要决定投资组合的预期收益率，或者能够承受多大的风险。有很多方法可以做到这一点。

　　一种方法是提出一个目标收益率，这个目标收益可以是绝对意义上的，例如每年 8%，也可以是短期流动性工具的利润，例如现金另加 5%。另外，目标收益率还可以表示为相对于指定基准的某种收益率，如标准普尔 500 另加 3%。对这一方法的使用暗示着投资者绝对接受收益率所要求的任何风险。由于有些市场自身就比其他的市场更具风险性，并且风险和收益率之间的关系在经济周期内经常发生变化，所以这一方法存在许多的不确定因素。预期收益率可能使得投资组合遭受无法接受的损失。

　　另一种方法是将注意力主要集中在风险上，让投资组合优化过程验证这一风险可能的最佳收益率。对于除进取型投资者以外的所有投资者来说，这种方法也许是最合适的。当然，问题在于如何测量和评估风险。标准的量度是循迹误差，或者是特定时间段内相对于基准收益率方差的标准偏差。这是测量投资风险最常用的方法，但并非毫无争议。标准偏差是统计学上的一种量度，它用于描述发生概率为68%的事件。预期收益率为10%以及预期循迹误差为3%的投资组合被说成是在12个月的时间内产生7%~13%的收益率的可能性为68%。两种标准偏差很方便地涵盖了发生概率为95%的结果。

这个关于风险的界定存在一个问题：它把积极结果和消极结果的概率设定为相等的。换句话说，收益率为7%的概率和收益率为13%的概率是一样的，但是实际情况可能完全不是这样的，因为资产价格下跌往往比它们上涨快得多。不过，很多投资者已经习惯于把循迹误差用于对风险的计量。举例来说，如果投资者很容易受到资产价格下跌的打击，那么了解到这样的情况会让他感到高兴：在接下来的一年里，收益率低于7%的机会只有16%[（100−68）/2]，而高于13%的机会也是16%。或许更加有用的是，投资者可以认真考虑这样的想法：投资组合收益率低于4%（10−2×3）的可能性只有2.5%[（100−95）/2]的收益率。之所以说更加有用是因为它的概率很小，2.5%只相当于1/40。

另外一个潜在的限制因素是，由于预测的循迹误差得自于均值—方差优化程序内的协方差矩阵，所以它对协方差的计算方法十分敏感。不精确的协方差会导致风险的误认，从而导致有效的投资组合风险管理化为泡影。

风险值（VAR）

最初提出风险值的概念是为了计量和帮助处理全球化银行基金运作中的隔夜风险。对于投资管理人来说，风险值还是一个有用的选择，投资管理人可以把它用于风险分析。风险值分析包括多种方法，其中的大多数方法都被用来鉴定某种最坏的事态，并计算出现这种事态时给总体投资组合带来的损失。因此，风险值类似于传统的事态分析。投资管理人运用风险值对投资组合中的每一资产进行收益率预测，这一预测反映估计的最差情况。这一悲观的事态被应用于当前的投资组合配置以确定在该事态下投资组合最大的损失程度。风险值最大的好处在于它可以被应用在所有投资组合，调节定息和期权，这是均值—方差优化做不到的。由于概念十分简单，风险值可以容易地为投资者和其他感兴趣的团体所学习并掌握。

风险值的局限在于它是一个短期的量度，只涵盖实际产生资产收益率的时期，因此，风险值适于分析投资组合对风险的迅即反应，但不适合分析长期投资目标。风险值不能区分和额外收益有关的国际风险与意外的可分散风险之间的差别。它的另外一个缺点是最差的事态完全是主观性的。糟糕的事态或者不精确的收益率预测很容易误导人们对投资组合风险的印象，如表3-7所示。

表 3-7 风险值 单位:%

资产	当前资产组合权重（%）	事态 1 10%	事态 2 15%	事态 3 50%	事态 4 20%	事态 5 4%	事态 6 1%
国内股票	35	45.00	22.00	13.00	5.00	−20.00	−25.00
国内债券	20	4.00	8.00	6.00	−2.00	−12.00	−20.00
国际股票	25	12.00	20.00	18.00	25.00	−10.00	−35.00
国际债券	15	−3.00	4.00	3.50	4.50	−4.00	−15.00
国内现金	5	3.00	5.00	5.50	6.50	12.00	−20.00
总数	100	19.25	15.15	11.05	8.60	−11.90	−24.75

在对这一点了然于胸的情况下，当在指定的时间段内对最差情况进行概率化时，如一天之内出现的可能性为 1%，风险值分析会更为有用。这种说法认可了最坏事态的任意性，以及它还有可能更加糟糕的事实。

风险预算

在实行优化时，将注意力集中于风险有一个好处，即它有助于风险预算。风险预算用于规定基金总额的风险水平，将这一风险分配到可充分"消化"风险的投资上，此类投资包括每一额外风险份额带来的高增值预期收益率的投资，或者投资管理人最有信心获得额外收益率的投资。这样一来，投资管理人就可以实施一项进取型的资产配置方案，同时维持低风险资产种类的投资组合，这反映出投资者十分确定资产配置风险中的潜在收益。另外，如果投资管理人认为某个时间段比其他时间段更有机会获得收益，那么这一时间段就有可能承担较大的风险。基金的总体风险可定义为指定的相反结果概率，如零收益率。风险预算的一个优点是它可以涵盖期权，包括投资组合保护；另一个优点是它具有直觉上的吸引力。但不足的是，它会使人们误解为风险是附加的，换句话说，让人误解为投资组合风险是投资组合各组成部分风险的总和。当单独使用的时候，风险预算可以将整个投资组合配置给风险收益比值最高的资产或者投资组合。这样做潜在地忽略了协方差的重要意义，如微软、英特尔和圣斯布瑞股票之间的相关性，因此可能会导致误解以及随之而来的投资组合错误配置。

逆向优化

优化有一个重要的局限性，即由优化产生的投资组合配置可能会随着模型中假设的细微变化而发生剧烈的变动。这个问题部分地出于这样的事实：假设本身不精确。预期收益率和协方差矩阵的值只是些估测值。大多数投资者不用精确的数字去确定预期收益率，而将它看成一个范围，例如，10%的预期收益率可能出自8%～12%的范围。对于某些资产种类来说，预期收益率的范围可大到5%～40%，这种现象并不罕见。但是优化程序不考虑范围，它只需要数字，因此投资者取其中间估计值，并且希望得到最佳的结果。然后，优化程序使用这些数字和同样属于假设的协方差估计值，制定出恰好到小数点后两位的投资组合配置。有时候，结果看起来很奇怪或不稳定，这一点也不足为奇。

处理这一问题的方法之一是，将优化程序当成毫不连贯的胡言乱语，将其彻底抛弃。尽管是因噎废食，但是也胜过盲目听从专家们的"黑箱"理论。

另一个方法是将过程颠倒。在输入优化程序的所有估计值中，预测收益率几乎总是最令人迷惑的，因此如果投资组合有效的话，为什么不从当前投资组合的配置开始，把这些输入当成是输出值，根据优化程序查看一下这些配置对每一项资产都意味着什么样的收益率呢？如果资产收益率看起来合理的话，那么当前的配置也许值得保留。作为对比，如果隐含的收益率高于投资者的预期值，那么就说明当前的配置应当降低。

这一方法的优点在于投资者可以从他感到满意的投资组合配置开始，然后查看是否它们与似乎合理的预期收益率相一致。这一方法还有助于对投资组合进行独立审查，因为局外人一眼就能看出投资组合配置是否反映了投资管理人的预期值。

利率

利率是货币的价格体现，它反映人们现在而不是以后购买商品的意愿，例如，现在的100美元在一年后的价值会超过100美元。一年后100美元的真实价值要受到通货膨胀的影响。此外，持有现金意味着必须推迟某种消费，而这是需要付出代价的。因此，即使十分确信一年后可以获得100美元，但是如果马上获得它，那么其价值还是要低于它应有的价值，其间的差额就是利率。如果不能十分确定是不是能够获得这笔资金，不能确定是否可以取出这笔钱，那么投资者则会要求得到高一些的利率。

在正常的宏观经济环境下，长期利率要高于短期利率，这通常是因为投资者长时期将现金存放起来，希望得到较高的收益。但其他的因素也很重要。例如，尽管通货膨胀率在短期内十分稳定，但在较长的时间内它可能会发生变化。利率的走势经常被描述为"常态"或者"正向斜线"的**收益率曲线**。

图3-3是一般收益率水平变化前、变化后的**常态利率曲线**。这是定息市场上最简单的曲线变化。但是有可能出现更为复杂的情况，例如，长期利率增长的幅度大于短期利率上涨的幅度，或者长期利率下降时短期利率却在上涨。如果这一影响十

分严重，那么就有可能出现"负收益率曲线"。负收益率曲线经常预示着经济衰退，原因是对资金的远期需求低于当前的需求。其他可以引发负收益率曲线的因素是限制某些短期贷款的银根紧缩政策。

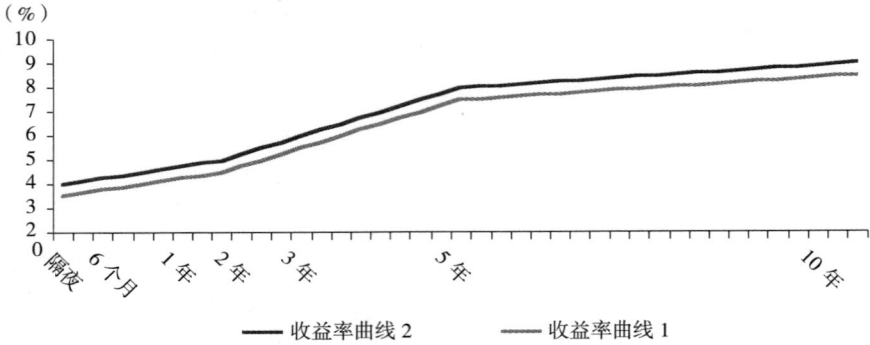

图 3-3　收益率曲线

利率和利率投资将在第十二章详细论述。利率证券定价则在附录 1 中加以说明。

第二部分

投资组合的创建

第四章 资产配置计量模型

应用

资产配置决定了各种资产种类中应当在投资组合中占多大的比例，这些资产种类如国内与国际股票、国内与国际定息、不动产、商品、流动资产以及任何其他资产种类等。

资产配置过程分为两个阶段：

■ 规定长期的策略性资产配置，这一配置通常与基准配置相同，它的目的是让具有可接受风险的基金实现它的总体利润率目标。

■ 短期的战术性资产配置，其目的是当短期收益率预测与长期收益率预测不同时，充分利用单个资产种类的短期收益率预测。

长期资产配置通常需要得到基金管理人的同意并征求专家顾问的意见，它通常还需要将基金的结构问题考虑在内，如它是固定受益的还是固定缴款的。如果是固定受益的，那么储备金的要求是什么？如果是固定缴款的，那么成员们的投资时限是多少？在确定基金是否能够实现目标时，投资的结构是最为重要的。

基金管理人或投资管理人可以决定短期的战术性资产配置，许多基金聘用专门的资产配置管理人。此外，它还可以在一个平衡委托中和资产种类管理结合在一起。

量化的资产配置过程不同于传统的资产配置方法，因为前者更加强调用于投资组合刽建过程的收益率和风险模型，并且用预定的决策标准代替创建和维持投资组合配置时的判断。

典型的做法是，在从资产种类中选择证券之前进行资产配置。由于它在传统投资过程中很常见，因此在基金中可以结合使用两种方法。这样一来，量化和传统资产种类管理的任何混用既可以补充量化资产配置，也可以补助传统资产配置。

资产配置可把主要注意力集中于预测收益率或者风险控制上。可以通过两种方法进行风险控制：第一种是使用以期权为基础的方法来限制基金最坏的结果；第二种是依靠精确测定的分散化来控制令人失望的结果的可能性，这种分散化依靠投资组合优化加以实现。

如果基金必须在给定的投资期间内获得某种最低限度的投资收益，例如满足储备金条件，那么需要简单解释一下以期权为基础的策略。这些策略放弃某种预期收益率，以便交换这样一种确定性：无论市场环境如何，基金将总是获得高于预定的最低限度收益率。它们往往仅被用于有限的时间期限内，很少被纳入长期资产配置中。基于期权的策略被称为投资组合保险或投资组合保护，有关内容将在第五章予以论述。

大多数投资者倾向通过分散他们的投资组合来控制风险。在大多数情况下，这种方法比使用期权更为有效，因为从长远来看，分散化的投资组合所获得的收益率总是高于加以保护的类似投资组合。

理论

要想使受到控制的投资组合分散化，最有效的方法是进行优化。所有基于优化程序的资产配置模式都依赖于资本资产定价模型。优化的目标是把具有可接受风险的投资组合预期收益率最大化，这要受制于投资者可能提出的限制条件。优化利用资产种类的预测收益率以及它们之间的关系，以便找到可以在任何指定的整体风险水平上产生最佳预期收益率的投资组合。优化既可以用来为一只基金规定长期的资产配置，也可以规定短期的资产配置，或者同时为一只基金规定长期的和短期的资产配置。

界定基准的主要方法有两种，均值—方差优化就是其中之一，另外一种方法是使用对照组基准。对照组基准由类似的基金所应用的实际资产配置组成，也可以由虚拟或模拟配置组成。对照组基准的主要优势在于它们有助于在各基金之间进行比较，而且如果实际配置形成了基准，那么就可以假定基准实际上是可以进行投资的。对照组基准还可以通过采取平均对照组资产配置，从而避免波动性过大的问题。对照组基准的缺陷是，它的特性决定了它只能获得平均收益率，而且由于对照组基准总是基于以前的资产配置，所以它们只能复制出以前的业绩。

经过优化的资产配置可以提供一个更为严密的解决方法，凭借这一解决方法，投资者完全可以控制这一解决方法所依据的假设，选择一个适当的长期资产配置：可以预期这个资产配置产出长期的收益率，而它的风险则处于可以接受的水平上。

长期资产配置

长期资产配置具有两个目标：

（1）获得满足基金要求的长期收益率。

（2）为短期配置和基金实际收益率两者的评估充当一个基准。

为了识别经过优化的长期资产配置，需要下列的输入项：

■ **投资全域**。投资全域是基金可以投资的资产种类的目录。规定一般意义上的投资全域而非简单地罗列明确的资产，这一点是很重要的。举例来说，全域可以包括一个指定的指数所包含的所有证券，或者在一个公认的交易所上市的所有证券。这样一来，就不必为了吸收新建的资产而不断地更新目录。

■ **投资全域中每一资产种类的收益率预测**。通过长期资产种类预测收益率的方法有很多，它们从简单的历史收益率推算到结合有经济计量模型和数据的复杂的综合技术，不一而足。本章稍后将对这些技术的某些种类予以论述。

■ **外汇处理**。这一方法可以是消极的，也可以是积极的，前者对基础货币进行全额对冲，后者则对货币暴露进行积极经营。

■ **风险预测**。风险预测是预测投资全域中资产种类组之间的关系或关联。风险预测通常根据过去的资产种类收益率来进行计算。

■ **限制条件**。限制条件描述的是，投资者需要遵从的任何法定的和基于信托的要求，如对外国资产的最大限度的暴露，或者对普通股票的最大限度的暴露。大多数基金都有明确的外汇管制政策，而这种管制政策可以被看成是对优化的限制条件。

■ **预期收益率或可接受风险**。预期收益率或可接受风险反映出基金的投资目标和偏好，如所要求的长期收益率和最大限度的损失承受。

投资领域

投资有两大形式：债务和股票。债务是一种以利率形式支付预定收入的投资。股票则按照固定的份额分享企业的利润、承受企业的损失。债务和股票两者都有许多不同的次种类，大多数投资者按照独立的资产种类统一对待它们。例如，尽管不动产实际上只是另外一种形式的股票投资，但是它通常被看成是不同于股票的资产种类。

在通常情况下，投资者会在投资全域中尽可能多地从资产种类上获益。这使得投资者最大可能地分享各资产种类所获得的高收益率，也使得投资者获得有效的分散化。对于大多数投资者而言，资产种类包括：

■ 国内股票。

■ 国际股票。

■ 国内定息。

■ 国际定息。

■ 房地产。

■ 非传统投资。

■ **现金**。

■ 外汇。

所包括的资产种类数量以及资产种类内容取决于下述方面：

■ 基金的规模。

■ 每一资产种类的交易成本。

- 投资者的税收体制。
- 法律上的任何限制。

大型基金进行投资的资产种类范围往往大于小型基金的范围。这主要是由于最小配置的绝对规模需要为买入资产种类所需的成本提供合理说明。例如，基金配给25个资产种类，最小的配给额度定在1%。对于10亿美元的基金来说，这表示1%的投资额为1000万美元，在大多数资产种类中，这都足以创建一个结构很好的投资组合，但对于500万美元的基金来说，1%的投资额仅为5万美元，通常情况下这不大实际。

像不动产这样具有高交易成本的资产种类经常使中型、小型基金畏首畏尾，尽管成本可以由于较长的投资时间跨度而得以减少。例如，一个交易成本为3%的资产种类，它的持有时间需要长于交易成本为1%的资产种类，以便证明其交易成本的合理性。不同的投资者可能会受到不同资产种类各种成本的支配。例如，一些公共养老金计划在国内资产购买和销售上是免于政府税收的。一些证券交易所对外籍投资者收取差别费用，甚至强加给交易规章制度。

投资者的税收体制，如投资者的股息税减免权利，可能会影响投资者对资产种类的选择。在正常情况下，这一权利的全部利益要保留给有权享受全额课税免除的国内投资者。大多数投资者因此往往偏爱国内资产投资，即使境外投资可以提供较高的风险收益率。

法律限制经常施加影响，如直到最近，富裕国家的投资者还在受到外汇转移的限制。政府发布命令，要求某些投资者在他们的投资组合中包含最低限量比例的政府债券。

与投资全域没有关联的事项包括下述内容：

- 来自每一资产种类的预期收益率。
- 每一资产种类的历史收益率。
- 每一资产种类被认识到的风险。

预期收益影响资产种类的配置，但不会影响它被包括在投资全域中的这一事实。历史收益率没有任何重要意义。每一资产种类被认识的风险本身并不重要，尽管资产种类间的关联在决定资产配置时具有重要性。

收益率预测

在预测资产种类的收益率时，通常有三种计量方法，它们一般以某种组合的形式予以运用。这三种方法分别是：

- 根据历史收益进行推断。
- 根据资产种类计算未来收入的总价值。
- 宏观经济分析或基础分析。

第四种计量法是合意预测的应用。这种方法简单地将其他投资者的预测集合在一起。

考虑到长期资产配置对基金的业绩具有重要意义，并且考虑到预测收益率对优化结果的影响，用于优化投资组合的收益率预测应当尽可能具备较高的质量，这一点是非常重要的。

根据历史数据进行推断

根据历史数据进行推断非常简单，这就好像是说美国债券上年的收益率为 5%，因此今年的债券收益率也将是 5%。一个更为先进的方法是将**实际收益率**与通货膨胀分开，例如，如果通货膨胀率为 2%，那么基金的实际收益率则为 3%。那么如果今年的通货膨胀率预期为 1.5%，我们便可以预期其实际收益率为 3.5%。从过去不同的时间段中可以推断出差异很大的结果，因此选择时间段特别重要。

如果孤立使用这一方法对收益率进行预测，那么它会具有某些十分明显的限制，至少这一方法违背了效率市场假说的弱势说（效率市场假说认为分析证券的价格记录毫无用处）。人们只需要检查资产种类的历史数据表就可以知道收益率在历史上很少出现重复。

标准普尔 500 指数提供了很好的例证。图 4-1 显示了名义上的标准普尔 500 指数、通货膨胀率以及实际上的标准普尔 500 指数，它表明简单的推断确实非常危险。

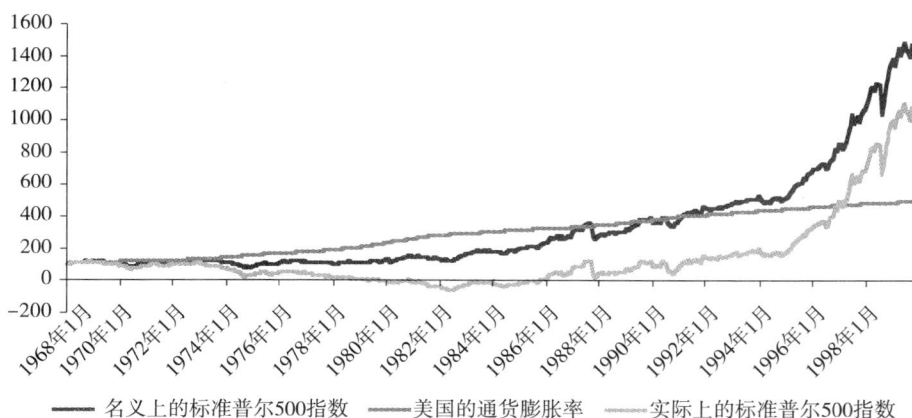

图 4-1　收益率趋势

从一个时间段到另一个时间段的简单的趋势推断，很少能够给出一个可靠的收益率预测。例如，结束于 1989 年和 1999 年的两个 10 年期间从名义收益率上看似乎很相似，但实际收益率则差别明显。至于 1997 年、1998 年和 1999 年的 1 年期收益率在名义收益率和实际收益率方面是相似的，但在此之前的收益率则毫无相似之处。但是，当与其他的分析形式结合起来使用时，历史数据可以向人们提供有用的见解，如表 4-1 所示。

表 4-1　收益率与通货膨胀率的历史数据　　　　　　　单位:%

时期		标准普尔 500 指数 名义收益率	美国通货膨胀率	标准普尔 500 指数 实际收益率
1987-01-01	1987-12-31	2.03	4.40	-2.37
1988-01-01	1988-12-31	12.40	4.48	7.92
1989-01-01	1989-12-31	27.25	4.54	22.71
1990-01-01	1990-12-31	-6.56	6.27	-12.83
1991-01-01	1991-12-31	26.31	3.06	23.24
1992-01-01	1992-12-31	4.46	2.86	1.60
1993-01-01	1993-12-31	7.06	2.89	4.16
1994-01-01	1994-12-31	-1.54	2.60	-4.14
1995-01-01	1995-12-31	34.11	2.54	31.58
1996-01-01	1996-12-31	20.26	3.26	17.00
1997-01-01	1997-12-31	31.01	1.72	29.28
1998-01-01	1998-12-31	26.67	1.60	25.07
1999-01-01	1999-12-31	31.34	1.82	29.52
5 年期				
1970-01-01	1974-12-31	-5.72	6.66	-12.39
1975-01-01	1979-12-31	9.50	8.17	1.33
1980-01-01	1984-12-31	9.48	6.73	2.75
1985-01-01	1989-12-31	16.14	3.68	12.46
1990-01-01	1994-12-31	5.38	3.53	1.85
1995-01-01	1999-12-31	25.24	2.37	22.87
10 年期				
1970-01-01	1979-12-31	1.60	7.41	-5.81
1980-01-01	1989-12-31	12.58	5.08	7.51
1990-01-01	1999-12-31	14.71	2.96	11.75
20 年		13.85	4.11	9.74
30 年		9.20	5.15	4.05

资料来源: Thomson Financial Datastream。

　　当然,还有更加复杂的方法可以用来根据过去的收益率推测未来的收益率。实际上,大多数计量模式寻求利用历史数据,以便检验资产价格和驱动资产价格的事物之间的长久的关系,例如,历史数据可被用来检验货币流动、收益率变化或者商品价格等对股票指数的影响。这些分析经常与宏观经验和其他预测模式相结合。

股息折算

股息折算基于这样的前提:资产收益率是该资产所有未来收益的函数总额。未来获得的收入其价值低于现今获得收入的价值，其差额就是利率。计算未来收益的当前价值的过程被称为**现金流量折算**，它给出该数额在目前的价值。一份资产当前的价值是未来所有支付的总额，把这个总额进行折算，以便反映其目前价值。为折算未来支付的金额以反映其目前价值，可以应用式（4-1）：

目前价值＝FP/[（1+r）$^{(d-t)/365}$]　　　　　　　　　　　　　　　　　　　（4-1）

其中，FP 表示未来支付的金额，r 表示利率，d 表示未来收入的获得日期，t 表示当前日期。

折算率是一种利率，有时也称为折算因子，它反映的是货币的时间价值和未来支付低于现今价值的风险。

如果资产所有未来支付的金额被折算为目前价值后等于其当前市场价格，那么我们就可以说它定价合理，并可以预期它能获得与折算率相等的收益率。如果市场价格低于计算出来的价值，那么该资产会获得较高的收益率。

表 4-2 说明了这一原理。未来股息的目前价值 ＝ $\dfrac{每一股息名义价值}{1+折算率}$。计算结果以复利方式进行并显示未来股息的发放时间。

表 4-2　计算股息的当前价值

当前日期	2002-01-01
当前资产价格（美元）	29.27
利率（%）	3.5
当前股息（美元）	0.50
年息（美元）	2
年股息增长率（%）	0.5
股息当前价值（美元）	31.56
内含报酬率（%）	9.76

股息日期	股息量 （美元）	复利折扣要素 （%）	目前股息值 （美元）
2002-01-07	0.50	1.73	0.49
2003-01-01	0.50	3.50	0.48
2003-01-07	0.50	5.30	0.47
2004-01-01	0.50	7.12	0.47
2004-01-07	0.50	8.98	0.46
2005-01-01	0.50	10.87	0.45
2005-01-07	0.50	12.80	0.44
2006-01-01	0.51	14.75	0.44
2006-01-07	0.51	16.74	0.44

在未来，股息发放的时间离现今越远，其当前价值就越低，最终会趋向于零。股息折算加上所有非零的当前价值，等于资产或资产种类的总价值。如果在将来的任何时候出售资产，那么其公允的价格是未来股息的折算后价值，因此从理论上讲，这种方法考虑到未来的资产出售以及资产的长期持有。在这一例中，资产所有未来股息的当前价值是 31.56 美元。如果资产的市场价格也是 31.56 美元，那么资产的预期收益率就等于折算率。在此情况下，市场价格低一些，因此内含报酬率要高一些。

从理论上讲，某一资产种类的收益率是资产种类中所有资产的收益率总和。对于股票来说，可以这样获得它的合计结果：为市场上所有股票，如为标准普尔 500 种股票预测总股息收益率，并且应用成长率和折算因子来估算该股票的当前价格。

这一方法的局限性是预测资产收入十分困难，尤其是在很长的时间范围内。类似的情况，如预测折算因子或收益率也很容易出错。

宏观经济、基础以及经济计量模型

宏观经济、基础以及经济计量模型将宏观经济变量，如货币量、通货膨胀率和商品价格等的预测与这些变量影响证券收益率的预测结合在一起以形成资产种类预测，它经常包含了对**股票风险溢价**的预测。股票风险溢价用于测量股票和债券的理论收益率差距。

（1）货币预测。

广泛应用的汇率模型有两种，它们都对投资者非常有吸引力。第一种称为**利率平价**，该模型认为两种货币的差别是这些货币收益率之间差别的函数。第二种称为**购买力平价**（Purchasing Power Parity，PPP），该模型认为，在对运输成本和税务进行调整之后，汇率应等于不同货币下相同商品的价格。

利率平价模型经常被用于远期汇率的合理价格估算，但是在预测短期货币变动时也很有用，如表 4-3 所示。

表 4-3　利率平价

美元兑英镑即期汇率（英镑）	0.6500
英镑 90 天利息（%）	6.50
美元 90 天利息（%）	5.00
到期时间（天）	90
美元兑英镑远期汇率（英镑）	0.6524

表 4-3 中，英镑对美元 3 个月汇率的计算使用了两国 3 个月的利率。应用公式为：

$$FX = SX \times (1 + rUK \times d/365) / (1 + rUS \times d/365) \tag{4-2}$$

其中，FX 表示远期汇率，SX 表示现期或即期汇率，rUK 表示英国利率，rUS

表示美国利率，d 表示即期和远期结算之间的天数。

$$FX = 0.6500 \times (1 + 0.065 \times 90 \div 365) / (1 + 0.050 \times 90 \div 365)$$
$$= 0.6524 \text{（英镑）}$$

作为一种预测工具，利率平价理论的主要局限性是，利率在预测期内会发生变化，而且影响货币的因素有很多，不只是利率差异。

购买力平价理论认为，在把税务和运输成本考虑进去之后，各地的商品价格应当是相同的。购买力平价理论最为著名的应用可能就是大麦克指数了。自 1986 年以来，《经济学家》杂志定期引用大麦克指数。这一指数对不同国家大麦克汉堡的成本进行比较，其前提是从莫斯科到墨尔本再到曼哈顿，大麦克汉堡质量几乎没有什么差别，因此，任何价格差别都反映了货币的定价过低或定价过高。这一指数虽然给人一种略微半开玩笑的印象，但却很好地说明了购买力平价的概念，有时候能够对有关货币的估价提供一些有趣的见解。

表 4-4 显示的是一个假设产品的理论价格。在这个例子中，该理论价格是产地（这里指美国）成本、运输成本、税务和汇率的函数。根据这个例子，除了加拿大元以外，美元对几乎所有的货币都定价过高。在加拿大，假设产品的理论成本和实际成本都是 1.45 美元，而在法国，实际价格低于理论价格。

表 4-4　购买力平价

货币	汇率	当地货币产品的原始成本	运输成本	税金差别	当地货币产品的理论成本（美元）
美元	1.0000	1.00	0.00	0.00	1.00
澳元	0.6378	1.57	15.00	0.00	1.80
奥地利先令	0.0711	14.06	5.00	2.50	15.12
比利时法郎	0.0243	41.23	5.00	2.50	44.32
加拿大元	0.6902	1.45	0.00	0.00	1.45
丹麦克朗	0.1315	7.61	5.00	2.50	8.18
德国马克	0.5002	2.00	5.00	2.50	2.15
荷兰盾	0.4440	2.25	5.00	2.50	2.42
欧元	0.9784	1.02	5.00	2.50	1.10
芬兰马克	0.1646	6.08	5.00	2.50	6.53
法国法郎	0.1492	6.70	5.00	2.50	7.21
港元	0.1285	7.78	7.50	2.50	8.56
爱尔兰镑	1.2423	0.80	5.00	2.50	0.87
意大利里拉	0.0005	1979.02	5.00	2.50	2127.45
日元	0.0093	107.04	7.50	2.50	117.75

货币	汇率	当地货币产品的原始成本	运输成本	税金差别	当地货币产品的理论成本（美元）
卢森堡法郎	0.0243	41.23	5.00	2.50	44.32
新西兰元	0.4952	2.02	15.00	0.00	2.23
挪威克朗	0.1209	8.27	5.00	2.50	8.89
新加坡元	0.5881	1.70	7.50	2.50	1.87
西班牙比塞塔	0.0059	170.06	5.00	2.50	182.82
瑞典克朗	0.1137	8.79	5.00	2.50	9.45
瑞士法郎	0.6084	1.64	5.00	2.50	1.77
英镑	1.6209	0.62	5.00	2.50	0.66

两种模型都有局限性，即汇率并非如此简单，因为它受到各种广泛的影响，如每个国家中预期的通货膨胀率、经济增长率与生产力水平。

实际上，大多数预测者按照某种方式把这两种模型结合起来加以运用，同时还结合对经济增长率、通货膨胀率、国际贸易和投资活动等的预测。

（2）通货膨胀率预测。

通货膨胀率经常考虑预期的货币流向、中央银行的货币政策、预期的经济增长率、生产力的提高、生产能力的利用以及商品价格。许多中央银行都会发布官方的通货膨胀率预测和目标，这很有帮助。此外，还有许多商业团体以及经济顾问发布关于未来本国市场通货膨胀率的独立预测。

（3）商品价格。

商品价格和其他"生产商价格"预测有助于对通货膨胀率的评估，并因此有助于对利率和货币的预测。由于其有助于预测公司成本结构上的变化，所以它们可以显示公司收益率趋势，并且有助于对股票收益率的预测。

股权风险溢价

股权风险溢价是投资者对额外风险要求的收益率差额，这种额外风险与同债券进行比较的股票有关。股权风险溢价的基本前提是，如果股票价格过高，那么内含报酬率就会降到投资者认为没有特别的收益率可以弥补特别风险的点位，因此投资者将投资转向风险较低的债券。举例来说，如果长期债券每年有望获得10%的收益率，同时不太可能出现收益率变动或损失，尤其是如果股票的预期收益率只有11%或12%，并极有可能大大低于这些数字，那么投资者就有可能把投资组合的相当部分投向债券。

股权风险溢价是有争议的，因为它隐含着对股票未来收益能力的精确估算。这在实际中是很难做到的。一些经济学家甚至断言股权风险溢价是虚幻的，他们指出，股票的收益并不总是比债券多，而且债券的风险也并不总是比股票低。

合意预测

合意预测是将其他投资者和分析家的收益率预测集中在一起。合意预测的主要优点是：它吸引了各种预测方法中大量的智慧和长处；它可以根据不同股票经纪人的研究进行编辑，而且大部分的这类研究都可以免费得到，或者从专家研究机构购买到。这一方法的缺点是，它将所有的预测编辑在一起，包括那些不可靠的研究。在通常情况下，合意预测人是将信息集合在一起，给出一个与当前资产价格相同的结果，这一结果仅是信息的汇总。出于这两个方面的原因，股票经纪人的预测可能含有相当大的偏见在内：首先，股票经纪人差不多总是发布过于乐观的收益率预测；其次，如果股票经纪人所属公司的财务部门向该公司提出建议，那么十之八九它不会透露对公司前景不利的消息，更不用说危及自己的有利可图的咨询角色了。

货币管理

基金管理人一般在顾问的帮助下制定有关货币管理的政策。这一政策通常用于长期和短期的资产配置。有三大策略可以用于货币处理：

- 中性的或消极的策略。
- 完全对冲的策略。
- 积极管理的策略，将货币看成资产种类。

许多投资者采取一种**中立的货币立场**。它的意思是说，投资组合持有足够的外汇，以便购买以该货币记账的资产。举例来说，如果投资组合有 1 亿美元的瑞士股票和 5000 万美元的债券，那么基金就应有价值 15000 万美元的瑞士法郎。

许多投资者有意选择中立的或者消极的方法对货币进行管理，其前提是货币变动在整个时间内不断地进行修正。可是情况并非如此！还记得 1985 年 1 美元兑换 250 日元的事情吗？随便问问哪个 20 世纪 80 年代前期持有外汇资产的英国投资者吧。表 4-5 和图 4-2 说明了根据美元和英镑投资者的意见所总结的 MSCI（摩根士丹利）股票指数的收益率。它显示了中立货币策略在这个时期使英镑投资者每年损失将近 10%。几乎任何积极的策略都会产出某些价值。当然，就像 1985 年初那样，1 美元可以兑换到 0.88 英镑也仍然是有可能的，但是只有最具耐心的投资者才愿意等待，并能看到它的结果。

表 4-5　股票指数的收益率
单位：%

期限：1985 年 1 月 31 日至 1990 年 12 月 31 日	以美元记账的 MSCI	以英镑记账的 MSCI	差异率
期限内收益率	134.21	37.30	-96.91
年度收益率	15.47	5.50	-9.97

资料来源：MSCI。

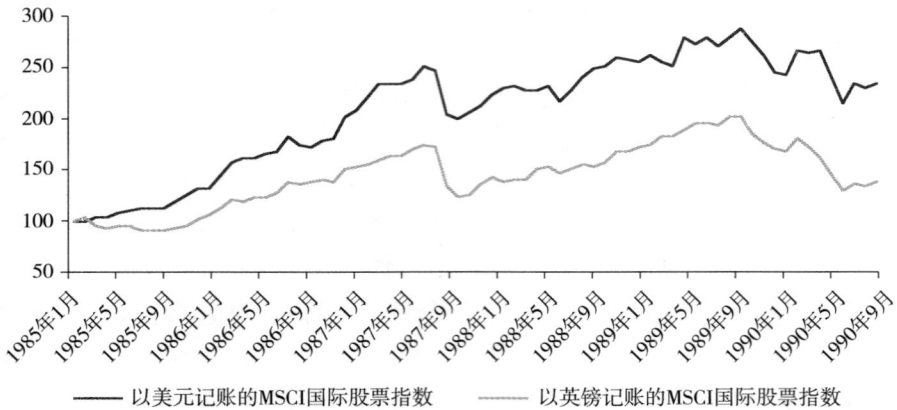

图 4-2　货币波动

　　另一个十分流行的选择是**基础货币套期保值**。这一做法是买入外国资产而不承担任何持有外汇的风险。当然有必要买入外汇，如买入瑞士法郎，以便购买瑞士股票和债券，但是当完成这些购买时，投资管理人卖出远期瑞士法郎，买进基础货币。在表 4-6 中，管理人已买入价值一亿五千万美元的瑞士法郎现货（为了立即清账），并且卖出相同面值的瑞士法郎期货（为了在 12 个月之内清账），从而固定了汇率，并依此汇率在 12 个月之内卖出瑞士法郎，摆脱了由于这一汇率的波动所带来的收益率不稳定。

表 4-6　基础货币的简单套期保值

即期卡内基英雄基金兑美元	1.1000	
美元利率（%）	7.50	
卡内基英雄基金利率（%）	4.50	
套期保值额度（千美元）	−150000	
远期卡内基英雄基金兑美元	1.1316	
现今	**美元**	**卡内基英雄基金**
卖出即期美元和买入即期瑞士法郎	−150000	165000
卖出瑞士证券		−165000
卖出 12 月远期瑞士法郎	145814	−165000
瑞士证券增值率（%）	15.00	
12 月期内		
卖出瑞士证券		189750
差额	−4186	24750

　　正像所发生的那样，套期保值的成本为 4186 美元，反映出英国和美国利率上的不同。在 12 个月期限结束的时候，投资者按市场价卖出股票。在此情况下，瑞士股

票上的损益为 16500 瑞士法郎，它们被兑换成美元。

还有一种方法是**积极管理货币暴露**，把货币当成一个独立的资产种类进行有效的处理。这一方法要求对货币收益率及其关联进行预测，这样可以大大提高获得额外收益的机会。积极管理货币重要的优势在于，它可以从货币的风险中获得额外收益，这样就可以用有意识的风险取代意外的风险。

风险预测

虽然投资组合的预期收益率仅是投资组合内资产种类收益率的加权平均总额，但是投资组合风险应当考虑资产种类收益率之间的关系。这种关系可表示为关联或协方差。

预测关联矩阵比预测收益率更难，这一点并不奇怪。因此，投资管理人往往利用历史收益率的某些样例，以便生成预测协方差模型。关联矩阵的应用有其局限性，最明显的是过去的样例不一定对未来发生的情况具有很好的指导意义。虽然在预测关联矩阵上所做的努力远远不如预测收益率那样具有实际效果，但随着时间的推移，关联往往比资产收益率的变化缓慢得多，所以利用过去的样例来估测未来的情况为投资者提供了一个尽管并不完美，但却合理、实用的解决办法。

"何种历史"便是需要考虑的问题。由于关联的确随着时间的推移而发生变化，所以投资管理人需要为关联评估选定一个最能代表预测期的时间段。时间段太短会低估资产种类之间一些重要的、经久的关系，而选择太多的历史样例则需要冒另外一种危险：所涵盖的关系非常重要，但是现在已经过时了。所选择的时间长度既要突出重要关系，又要排除不相关的或者已经过时的关系。除了这个原则之外，最佳的数学规则是，投资全域中包括的资产种类越多，生成一个有意义的关联矩阵所需的历史跨度就会越长。

表 4-7 说明了关联是如何随着时间推移而发生变化的。尽管大多数资产种类呈现出稳定的关系，但不时地会出现较大的变化。正像成熟的市场股票与国内债券以及成熟的市场股票与新兴市场股票之间的关联那样，国内政府债券和皇家债券之间的关系已经发生了重大的变化。

表 4-7　关联矩阵的比较

5 年期关联矩阵	波动率（%）	1	2	3	4	5	6	7	8	9	10
1. 美国固定利息	4.06	1.00									
2. 国际政府债务	20.31	0.01	1.00								
3. 美国公司债务	4.59	0.93	0.27	1.00							

5年期关联矩阵	波动率（%）	1	2	3	4	5	6	7	8	9	10
4. 美国股票	14.43	0.15	0.68	0.38	1.00						
5. 发达市场股票	13.34	-0.01	0.67	0.21	0.92	1.00					
6. 新兴市场股票	26.49	-0.23	0.79	0.01	0.70	0.75	1.00				
7. 房地产	16.53	0.05	0.47	0.22	0.56	0.48	0.48	1.00			
8. 英镑	6.92	0.11	-0.27	0.03	-0.15	-0.08	-0.25	-0.01	1.00		
9. 欧元	8.36	0.06	-0.24	-0.03	-0.21	-0.11	-0.26	0.17	0.57	1.00	
10. 日元	14.58	-0.02	-0.08	-0.10	0.10	0.26	0.05	-0.14	0.25	0.47	1.00
10年期关联矩阵	波动率（%）	1	2	3	4	5	6	7	8	9	10
1. 美国固定利息	4.16	1.00									
2. 国际政府债务	17.67	0.14	1.00								
3. 美国公司债务	4.54	0.95	0.32	1.00							
4. 美国股票	12.87	0.27	0.60	0.41	1.00						
5. 发达市场股票	12.75	0.17	0.56	0.30	0.84	1.00					
6. 新兴市场股票	23.94	-0.12	0.72	0.06	0.62	0.62	1.00				
7. 房地产	17.13	0.17	0.43	0.28	0.59	0.52	0.50	1.00			
8. 英镑	10.11	0.18	-0.11	0.10	0.00	0.19	-0.18	-0.06	1.00		
9. 欧元	10.16	0.17	-0.20	0.08	-0.08	0.11	-0.23	-0.12	0.77	1.00	
10. 日元	12.25	0.04	-0.13	-0.03	0.04	0.25	-0.02	-0.11	0.27	0.44	1.00

资料来源：Thomson Financial Datastream，Salomon Smith Barney，QUANTEC，MSCI。

　　投资管理人还可以决定调整较为陈旧的收益率数据所带来的影响，这些数据可能会引导出不必要的关系，有损于最后的结果。如果较多地重视现今的观察，并且较少地使用较陈旧的数据，那么就可以很容易地做到这一点。有多种方法可以把差别权数用在收益率上。最简单的方法是等量降低每一连续观测的重要性，这被称为"线性权数"。或者可以使用更为具有进取性的指数衰减函数方法。这样一来，新近的数据在权数上就比以前的观测大大地加重了。

　　与表4-7的相等权数不同，表4-8利用资产种类收益率的**线性权数**和**指数权数**，10年期内的关联矩阵进行了比较。

表 4-8 线性与指数的加权关联

线性加权	波动率（%）	1	2	3	4	5	6	7	8	9	10
1. 美国固定利息	4.30	1.00									
2. 国际政府债务	21.83	0.00	1.00								
3. 美国公司债务	4.79	0.92	0.27	1.00							
4. 美国股票	15.71	0.15	0.68	0.37	1.00						
5. 发达市场股票	14.84	0.02	0.67	0.24	0.91	1.00					
6. 新兴市场股票	29.48	−0.23	0.79	0.01	0.67	0.71	1.00				
7. 房地产	18.58	0.09	0.49	0.25	0.54	0.47	0.49	1.00			
8. 英镑	8.30	0.16	−0.19	0.07	−0.11	−0.01	−0.23	−0.06	1.00		
9. 欧元	9.28	0.12	−0.20	0.02	−0.16	−0.06	−0.24	−0.17	0.62	1.00	
10. 日元	14.74	−0.01	−0.07	−0.10	0.09	0.24	0.03	−0.16	0.21	0.43	1.00

指数加权	波动率（%）	1	2	3	4	5	6	7	8	9	10
1. 美国固定利息	4.98	1.00									
2. 国际政府债务	28.38	−0.14	1.00								
3. 美国公司债务	5.50	0.88	0.21	1.00							
4. 美国股票	21.69	0.00	0.71	0.29	1.00						
5. 发达市场股票	20.69	−0.13	0.72	0.16	0.94	1.00					
6. 新兴市场股票	39.74	−0.38	0.80	−0.08	0.69	0.73	1.00				
7. 房地产	25.28	0.05	0.46	0.23	0.47	0.38	0.45	1.00			
8. 英镑	8.56	0.26	−0.21	0.12	−0.20	−0.14	−0.29	−0.09	1.00		
9. 欧元	10.81	0.28	−0.12	0.15	−0.12	−0.07	−0.27	−0.16	0.57	1.00	
10. 日元	19.27	0.00	0.01	−0.11	0.15	0.27	0.04	0.24	0.17	0.41	1.00

资料来源：Thomson Financial Datastream，Salomon Smith Barney，QUANTEC，MSCI。

限制条件

大多数基金都受到某些限制条件的影响。有的限制条件简单地要求短期流动性工具的头寸不得超过 5% 或者不得低于 10%。有的限制条件要求必须在国内资产中持有一定比例的基金，或者完全避免某些其他的资产。尽管每一个限制条件都会给优化带来代价，结果导致投资组合收益预测的风险劣于由非限定优化产生的投资组合，但是大多数优化程序项目都可能会对这些限制条件进行调整。如果施以太多的或者相互矛盾的限制条件，那么优化程序就不能产生出任何合理的投资组合。

长期资产配置的优化

如果有了长期收益率预测以及关于各资产种类可能的长期关联的合理预计，那么投资者就会处于构建长期资产配置的有利地位。尽管这通常只是假设的投资组合,但却十分重要,因为它形成了评估实际投资组合的基准。长期资产配置必须产出足够的收益率,以便满足基金所担负的义务,因此,它在风险和收益不稳定的情况下寻求最佳的绝对收益率。

表 4-9、图 4-3 和表 4-10 显示了限制条件的引入是如何对可行的有效投资组合的范围进行限制的。从优化取得的重要成果是有效投资组合的范围,每一投资组合在以波动性表示的额外风险水平上获得最高的预期收益率。在图 4-3 中,有限制条件和无限制条件的优化范围是用曲线表示的。给投资组合加以限制条件,这限制了可能产生结果的范围,通常仅被用于风险控制的测量。不过在这一情况中,限制条件不但没有限制投资组合的风险,而且还通过限制可能的分散化增加了这种风险。举例来说,对于低风险、低收益率的投资组合,不仅波动性明显增大,而且获得负收益率的可能性也增大了。

表 4-9   长期配置的优化:限制的与非限制的   单位:%

资产种类	预期收益率	最小持有率	最大持有率
美国固定利息	8.00	0	30
美国股票	2.00	10	50
英国股票	17.60	0	20
欧洲股票	21.00	0	20
日本股票	22.40	0	15
美元	0.00	5	5
英镑	5.00	2	2
欧元	10.00	2	2
日元	2.00	1	1

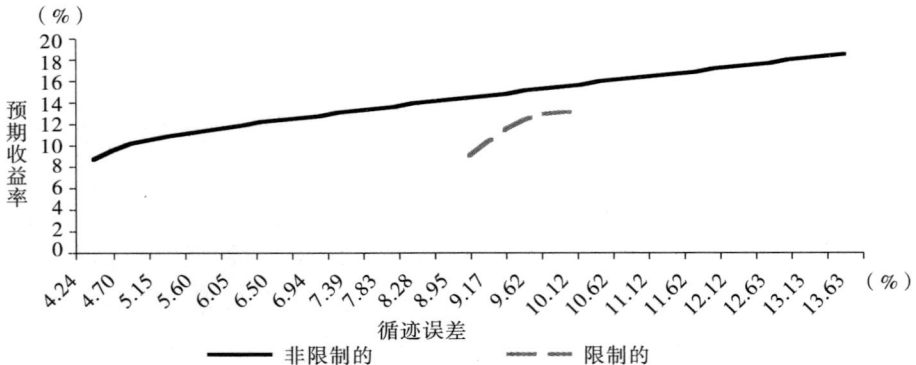

图 4-3   限制的和非限制的优化范围

表 4-10 限制的和非限制的优化

优化概要	有效的投资组合				
	最低限度的风险（%）		最大限度的风险（%）		
非限制的优化					
绝对收益率	8.80	12.20	15.60	19.00	22.40
循迹误差	4.24	6.05	9.62	13.63	24.94
概率为 95% 的最低限度收益率	1.82	2.25	-0.22	-3.42	-18.63
负收益率的概率	1.91	2.19	5.24	8.16	18.45
限制的优化					
绝对收益率	9.29	10.37	11.44	12.52	13.60
循迹误差	8.95	8.98	9.08	9.26	10.18
概率为 95% 的最低限度收益率	-5.43	-4.40	-3.49	-2.72	-3.15
负收益率的概率	14.96	12.41	10.37	8.87	9.08

资料来源：Thomson Financial Datastream，Salomon Smith Barney，QUANTEC。

逆向优化

假如投资组合优化所依据的输入值具有不确定的性质，并且这种优化对长期资产配置具有重要意义，那么就有必要对如此获得的投资组合配置的健全性进行检测。大多数管理人改变有关资产种类预期收益率和协方差的假设，从而进行某种敏感分析，以便了解投资组合预期收益率的变化情况。一个可以起到补充作用的程序是把优化过程颠倒过来。根据这一程序，投资者偏爱的投资组合配置被输入优化程序中，以便查看会有什么样的长期收益率。将显示出来的结果与资产种类预期收益率进行比较，就会测量出收益率预测和与投资组合创建相符的程度。逆向优化将在本章后面和第十章详细叙述。

短期资产配置

短期资产配置是为了利用人们对短期市场变动的认识。如果投资者相信一种或更多资产种类的短期收益率将明显有异于长期的结果，那么对投资组合的配置进行相应调整就是有意义的。基金可能是在储备金很少的情况下进行运作，其结果是，它对近期消极结果的忍耐限度特别低下。在这种情况下，就可以采用一种防御性的短期资产配置，从而选择一种组合配置。这样，就可以在指定的投资时段中防止逆向结果的发生。可以仅通过优化的方法，对防御性资产配置策略施以影响，以便选择一个低风险低收益率的投资组合，或者也可以结合一些保护性策略，以便获得有保障的最低限度结果。有保障的最低限度结果将在第五章详述。

为了产生经过优化的短期资产配置，需要输入下述各项内容：

■ **基准资产配置**。基准资产配置通常是长期资产配置，但也可以是另类的资产配置。它由基准中许多资产种类以及每一资产种类中基准持有的比率所组成。

■ **投资全域**。投资全域是基金可以进行投资的若干资产种类的总称。在通常情况下，投资全域和用于选择资产配置的全域相同，但不一定被限定在基准的资产中。

■ **投资全域中每一资产种类的收益率预测**。每一位投资管理人在预期资产配置收益率时都有自己偏爱的方法，其范围从简单的历史收益率域外评价法到更为复杂的结合了经济计量模型和基本收益模型的方法，不一而足。为短期资产配置进行的收益率预测应包括时间范围，通常是 3~6 个月，以便使收益率得以实现，并且保证某些目标收益率和最大允许限度的损失。

■ **风险预测**。风险预测是投资全域中每一对资产的预测协方差或关联矩阵。

■ **限制条件**。它描述的是任何法定的或者基于信托的要求，如向外国资产的最大暴露，或者向股票或外汇的最大暴露，投资者可能会受到这些要求的影响。在通常情况下，它同于优化长期资产配置时应用的限制条件，但也可能包括对长期配置的最大限度的偏离。

■ **所需收益率或可接受风险**。所需收益率通常被表示为基金预测长期收益率的利润，这是大于通货膨胀率的一种固定收益率，或者称为绝对收益率。可接受风险可以被表示为相对于长期资产配置的循迹误差、令人失望的结果或者某种最低限度的可接受收益率的概率，这种概率或者是无条件的，或者是相对于长期资产配置的。值得注意的是，整个投资组合范围内的风险不仅是资产种类和资产配置风险的总和。根据相应的资产种类协方差，有关资产配置的预期风险和资产种类风险结合在一起，构成了整个投资组合范围内的风险。

■ **当前投资组合配置**。如果投资组合已经确立，那么投资组合优化程序就会把这一投资组合当成它的起始点；如果还没有确立，那么创建中的投资组合就可能是现金，或是长期资产配置。这一点很重要，原因是优化程序是通过增值进行运作的。因此，创建中的投资组合的构成将会影响优化投资组合的成本。

短期资产配置的优化

一旦确定了优化过程的输入项，那么优化程序就可以自动分析现有投资组合的收益和风险，并且不断地对其进行修正，直到形成优化的投资组合。

逆向优化

如果已经检查过资产收益率预测和投资组合创建之间的一致性，那么逆向优化就可以应用于长期和短期的资产配置。

在表 4-11 中，投资者将 15% 的资产配置到国内定息上。如果这一投资组合非常有效的话，那么就暗示着该资产有约 5.3% 的预测收益率。由于投资者已经提出了小于零的预期收益率，因此或者需要减少持有量，或者需要对预测收益率进行修正。

表 4-11 逆向优化

单位:%

资产种类	资产组合持有比率	隐含基数收益率	预期基数收益率
美国政府债券	15	5.341	-0.050
新兴市场债券	5	8.120	1.500
美国公司债券	10	5.550	-2.500
美国股票	30	8.035	15.000
全球股票	10	7.773	12.000
新兴市场股票	5	9.315	18.000
美国上市资产	15	8.347	5.000
英镑	2	5.090	-5.636
欧元	2	4.889	-11.584
日元	1	5.115	9.536
资产组合价值	100	7.168	7.168

资料来源：Thomson Financial Datastream，，Salomon Smith Barney，QUANTEC，MSCI。

风险管理

风险分析和管理的主要目的是量化风险并了解风险的构成因素。由于不必要的风险无助于投资组合收益率的获得，所以消除意外风险十分重要。为了消除意外风险，必须对其来源有所认识。

表 4-12 是对一个投资组合方差的典型分析，它显示了每一份资产的长期和短期配置以及每一种状态影响投资组合风险的情况。主要的促成因素是美国股票，因为在该投资组合中，这个具有波动性的资产种类比重过大。如果这一持有量与预期的高收益率有关，那么这一风险是合理的。如果预测的结果是美国股票的表现不会强劲，那么就应当减少头寸。

表 4-12　对投资组合方差的贡献率　　　　　　单位：%

资产种类	短期资产配置	长期资产配置	资产组合方差分摊	对资产组合方差的贡献率
美国固定利息	10.00	25.00	0.80	0.55
美国股票	45.00	35.00	80.81	55.63
英国股票	15.00	10.00	24.86	17.12
欧洲股票	15.00	10.00	24.00	16.52
日本股票	10.00	15.00	14.78	10.18
现金	5.00	5.00	0.00	0.00
总计	100.00	100.00	145.25	100.00

资料来源：Thomson Financial Datastream，Salomon Smith Barney，QUANTEC。

　　基金可以承受的风险量度受到其储备金和投资水平的影响。较高的投资水平通常预示着较高的风险。投资组合风险可以通过多种方法予以表示，如长期资产配置的循迹误差、负收益率的可能性，或者基金有95%的把握获得收益。举例来说，储备金较少的基金管理人选择的风险预测会产生这样的结果：收益率高于通货膨胀率的机会为95%。

　　投资者如何将收益管理和风险控制结合起来，这在很大程度上是由投资管理人之间分配投资收益率管理任务时的方式所决定的，如通过平衡委托书或专家委托书以及货币管理是被委托给专家管理人还是被并入投资组合本身。对于平衡委托书来说，投资者只需根据优化程序的结果对投资组合范围内的循迹误差进行预测。假如资产配置重叠委托管理人拥有单个资产种类投资组合构成以及任何货币重叠委托投资组合，那么他们也可以提供循迹误差估计。尽管不可能完全将债券投资组合和未上市的资产投资组合与基于均值—方差的风险预测结合起来，但是一般可以通过一些上市代理人对这些资产种类进行粗略估计。对于债券，它可以是接近于实际投资组合的债券指数，而利用债券和股票混合体的直接不动产也可以被包括进来。结果虽不十分完美，但要强于略去所有的资产种类，或者更糟糕的是，回避风险预测过程。

　　回避风险预测的危险在于：如果没有对投资组合风险进行量化和分析，那么投资者就不能确定投资组合中的所有风险都是意料中的，并且因此不能与额外收益联系起来。非意料风险只促使投资组合处于不稳定状态。在经过计量之后，必须通过对冲的方式对风险加以管理，或者予以消除。

短期资产配置的实施

　　短期资产配置有时被称为战术资产配置，它的制定是为了充分利用短期资产收益率的预测，以便获得高于基准的长期收益率，在典型的情况下，期限是 3~6 个月。

该投资组合的实施方式取决于资产配置是以何种形式进行，是专家行为、重叠委托书还是部分平衡委托书。

在确定短期资产配置后，**专家资产配置管理人**把资产配置的改变以及变更的时间告知托管人以及每一位专家资产种类管理人。让每一位管理人充分了解所需交易的规模大小、相关的市场流动性以及清算期限，这是十分必要的。

就**平衡委托书**而言，投资管理人先是决定短期组合，然后通知他的部门管理人相应地调整每一部分投资组合的规模。平衡委托管理人虽受相同的流动性和清算条件的支配，但可以容易地协调资产种类管理人的工作成果。因此，交易的细节在很大程度上不为投资者所知。

在通常情况下，每一个部门管理人决定实施所需买入和卖出的最佳方法。对于相关的流动工具，如债券、股票以及货币市场工具，这一过程相当简单，很快就可以完成。流动性不大的工具，如房地产和非上市的股票，会引发一些问题。这些资产种类的大多数专家管理人维持一种动态的资产平衡以方便资产配置的实施，但是资产配置方面如有大的变动，则需要清理资产。

对于**重叠委托书**，这一过程十分简单，仅需要在衍生工具中进行某些交易。而在实物资产中，在长期配置中投资的实物投资组合通常保持不变。实物资产种类管理人可能并不知道已经做出短期资产配置的决定。

重叠委托管理人一般持有基金大部分的**摩擦性流动资产**，通常为基金总值的10%左右。摩擦性流动资产是所有投资组合在短期存款和其他流动工具中持有的现金数额，它的用途是应付无法预知的现金需求，如小额的资金偿还以及其他多方面的现金需求。重叠委托管理人使用这笔现金来应对衍生工具头寸上的储备金需求。

对具有固定期货市场的资产种类来说，如债券和股票等，为满足短期资产配置计划而进行的重叠委托书创建相对简单，但是对于不动产和直接股票，其问题要复杂一些。在这些情况中，重叠委托管理人的选择就是寻求某种柜台交易衍生工具，如远期协议或资产掉期，或者尽量利用外汇交易和衍生工具的组合来综合所需的资产。例如，不动产风险经常使用股票和债券组合进行综合。这种方法并非十分理想，因为获得的收益充其量是不动产投资组合收益率的估算，但是大多数投资组合都可以获得可接受的收益。

甚至对"相对简单"的资产种类来说，**基础风险**也可使其复杂化。基础风险是这样的风险：选定的衍生工具不会获得与它意欲复制的实物资产相同的收益。例如，大多数股票期货合同基于股份的高度分散化和假设投资组合（指数）。如果实际投资组合与假设的投资组合不完全一致，那么重叠委托管理人的工作可能就是在南辕北辙。不存在简单的解决方法。在所有的资产种类中，有一种方法是规定那些与假设的投资组合或者指数化投资组合相近的委托书。这一解决办法明显不合适，因为它出现在这些额外收益之前。还有一种方法可以部分地解决问题，即指示部门管理人告知重叠委托管理人实物投资组合的内容，然后，重叠委托管理人可以推断什么样的衍生工具合同组合可以最大限度地缩小不可避免的基础风险。这类似于上面提到的在不使用期货合同的情况下复制资产种类的办法。

表 4-13、表 4-14 和表 4-15 中内容是一些经过简化的例子，它显示的是期货合同可以用来实现 5 个月期限的短期资产配置转换。实物资产存在于长期配置之中，这一长期配置与预期的短期配置一起在示例中得到了显示。并非所有的资产种类基准都具有流动性的期货合同，因此需要有一些替代的东西：

■ FTSE100 合约用来代表 FTSE All Share。

■ DAX 合约用来代表欧元 STOXX。

■ 日经 225 指数是一种比 TOPIX 更为实用和更具流动性的合约，尽管对于日本股票来说，后者作为基础广泛的基准更为合适一些。

表 4-13　运用期货合约与远期合约的短期配置转换　　　　单位:%

资产种类	资产种类基准	长期资产配置	短期资产配置	所需的交易
美国固定利息	美国国库券	25	10	卖出 15
美国股票	标准普尔 500 指数	35	45	买入 10
英国股票	FTSE ALL Share	10	15	买入 5
欧洲股票	欧元 STOXX	10	15	买入 5
日本股票	TOPIX	15	10	卖出 5
现金	现金	5	5	卖出 0
总计		100	100	40

资料来源：Thomson Financial Datastream, FTSE, Salomon Smith Barney, IDC。

基于 10 亿美元的投资组合价值以及维持相当于每一种货币中所持期货的票面价值的外汇暴露，即一种货币的中性头寸，实现短期资产配置转变的交易如表 4-14 所示。

表 4-14　交易摘要（期初）

		数量	面值（美元）
买入 5 个月期的期货	标准普尔 500 指数	151	110318360
	FTSE100	198	49972547
	DAX（德国）	118	50132508

续表

		数量	面值（美元）
买入即期货币	英镑/美元		49972547
	欧元/美元		50132508
卖出 5 个月期的期货	美国国库券	1506	150041156
	日经指数 225	642	49962156
卖出即期货币	日元/美元		49952156
净期货买入或卖出		420103	

资料来源：Thomson Financial Datastream，FTSE，IDC，Salomon Smith Barney。

　　购买与售出期货的面值是以进行交易的资产种类的面值来估算的，并对每一种期货的面价、期货的点价值和汇率进行调整。例如，富时 100 期货合约的所需数目计算如下：

合约数目＝PV×UKE×GBP/（FT100×pv）　　　　　　　　　　　　　　　（4-3）

　　其中，PV 表示投资组合价值，UKE 表示英国股票的比率配置，GBP 表示英镑与美元的汇率，FT100 表示当前的 FT100 现货指数，pv 表示 FT100 期货点价值。

合约数目＝1000000000×5%×0.6173/（6231.93×25）

　　　　　＝30865000/155798.25

　　　　　＝198.11

　　由于只有整体合约可以进行交易，合约数目的整数答案为 198。如果逆向计算的话，那么进行交易的 UKE 为：

UKE＝198×25×6231.93/0.6173/1000000000

　　　＝49972547/1000000000

　　　＝4.9973%

　　有效面值的配置比率为 4.9973%，它有异于 5% 的目标。当对实现短期资产配置的方法进行评估时，尤其是当处理数额相对较小的价值时，这一问题是不可避免的并且必须予以考虑。在许多资产种类被包括进来的情况下，差异通常互相抵消，即便如此，仍然应该对其进行计量，因为这种差异会引发令人讨厌的收益率波动。

　　应当注意的是，为了维持货币中立，进行交易的外汇需要与进行交易的期货的面值相同，这样一来，4.9973% 的英国资产在配置上的改变就会伴以英镑的等价交易。

　　为了恢复到长期配置，管理人可以颠倒上述的交易，如表 4-15 所示。

表 4-15　交易摘要（期末）

		数量	面值（美元）
卖出 5 个月期的期货	标准普尔 500 指数	151	110928375
	FTSE100	198	55285238
	DAX（德国）	118	63977242
卖出即期货币	英镑/美元		49714823
	欧元/美元		46946780
买入 5 个月期的期货	美国国库券	1506	143743507
	日经指数 225	642	59377913
买入即期货币	日元/美元		56014625
净期货买入或卖出			27069435

资料来源：Thomson Financial Datastream，FTSE，IDC，Salomon Smith Barney。

需要注意的是，此次交易的货币面值并不完全与购买和出售的期货面值一致。这是因为货币价值的变化与期货合约价值的变化并不一样。投资管理人正在逆转以前尚未结清的头寸，因此进行交易的期货合约的数目与以前交易的期货合约完全一致，而外汇交易的数额同于已经交易的外汇数额。这样一来，期货和外汇都只剩下零结合，所有的损益都是以基础货币记账的。

衍生工具的使用

在某种情况下，用衍生工具替代所有的实物资产具有若干优点。在这些替代事项中，投资组合自身的管理同于资产配置重叠委托，而该投资组合中实物资产的持有方式是现金，而不是长期配置的投资组合。这种方法具有如下优点：

■ 可使成本支出十分有效，节省了资产重新配置和资产种类内的交易成本，可以免除单个资产种类的管理费用。由于交易活动较少，托管人酬金也可以大大减少。

■ 根据基准对资产配置的重新设置符合从一个到期月份到另一个到期月份的期货滚动头寸，从而进一步降低了交易成本。

■ 由于业绩表现差于基准的单个资产种类风险实际上得以消除，管理人风险因此得到控制，其原因是每一个资产种类是作为指数化投资组合得到有效管理的。

■ 由于期货市场比实物资产市场更加具有流动性，资产配置的改变很容易得以实现。

这一方法的主要缺点是，资产种类的选择局限于具有可行期货市场的资产种类。这样一来就排除了一些更为有利的资产种类，如直接股票、小型资本化股票和新兴市场股票。这个缺点还导致丧失了在资产种类内进行证券选择的额外收益。

对于资产配置重叠委托来说，一定要注意确保不造成资产种类和外汇的意外风险。如果需要对基础货币进行套期保值，这就显得尤为重要，因为所有外国资产种类的损益都用这些货币记账，而经过对冲的额度仍旧十分稳定。

即时控制

即时控制过程取决于委托的种类和对实际投资组合权重以及目标配置误差的容忍度。由于基金中不同的资产以不同速率成长或萎缩，所以实际配置可能会很快地与目标配置产生背离。

平衡委托一般明确规定当实际配置和目标配置之间的差异超过某一预定限度时，如5%或10%，资产种类就需要重新加以平衡。投资管理人定期检查资产配置，以便确保这一指标得到实现，并且在必要时进行调整。另外，委托书可以明确规定在预定的时间间隔内恢复目标资产配置，如3~6个月，投资管理人在指定的日期自动修正资产配置，以便使目标得以实现。

当平衡委托管理人出售和购买实物资产以便重新安排资产配置时，允许实际配置和目标配置之间存有合理的公差以及一定长度的时间间隔，这一点十分重要。这有助于通过允许投资管理人协调某些规定的交易与自然的现金流动来降低资产种类重新配置的成本。自然的现金流动包括基金新的投资、偿还债务以及应计股息和息票收益。

如果根据专家委托书进行资产配置，那么资产配置管理人需要将资产重新配置的情况告知每一个部门管理人。之后，每一个资产种类管理人通过购入或者卖出实物资产来投资或者抛出资产配置管理人指定的数额。考虑到每一市场的清偿能力和结算时间，需要保留足够的时间，以便有条不紊地进行交易。虽然期货可以经常用于处理资产配置发生变化期间的资产种类暴露，但并不能完全填补其间的差距，因此，必须考虑到进行资产配置时的潜在问题。

重叠委托管理人的工作要简单一些，因为实物资产通常以长期配置的形式保持不变，而所有短期的调整是通过衍生工具得以进行的。委托书一般规定实际配置和目标配置之间最大限度的差别，或者规定重新安排目标配置的时间间隔。在此期间内，管理人自动处理重要的衍生工具。余下的问题是确保始终拥有足够的现金以便应付保证金的催付以及处理期货合同到期时出现的损益情况给现金平衡带来的问题，并且确保未结清期货合同和择期交易合同匹配重叠委托的规范。

当投资新的资金以及清理基金的债务偿还和资产重新配置的情况时，问题在于实现资产配置的改变。除非得到其他指示，否则投资管理人将按照当前投资组合持有量的比例买入和卖出资产。同样，重叠委托管理人必须绝对按照当前持有比率更改衍生工具头寸，以便确保当前的基金配置不被意外地改变。

业务管理

对于平衡委托书和专家委托书，管理十分简单，因为其资产几乎都是实物证券的形式。资产配置管理只是单个资产种类的总体管理。

资产配置重叠委托书呈现出某种有趣的复杂性，其原因是由衍生工具生成的现金流动带来的波动性。这种波动性产生于这样一个事实：衍生工具合约按时到期，并且需要续订。续订衍生工具合约的方式是用下一个月到期的同样数额的头寸替代，这种交易被称为"期货展期"。这一过程将未兑现的损益转变为经过兑现的损益，而经过兑现的损益采用现金的形式，这笔现金可能需要遣返或者再投资。

评估

就业务管理而言，以资产配置为目的的评价对平衡管理人和专家管理人来说都十分简单，因为它是每一资产种类的总和。

对于重叠委托书而言，实物投资组合通常是长期资产配置，并且被简单评估为它的资产种类的总和。重叠委托书价值是衍生工具兑现和未兑现损益的总和。实物投资组合与重叠委托书一起构成了基金的价值：

总基金=实物投资组合+重叠委托书

=长期配置+短期资产配置

表 4-16 显示了表 4-13、表 4-14 和表 4-15 所阐述的技术性资产配置变更评价结束时的结果。

表 4-16　短期资产重置估价

合同	买入与售出	数量	以当地货币记账的面值	以基础货币记账的面值	以当地货币记账的未兑现损益	以基础货币记账的未兑现损益	以基础货币记账的已兑现损益
美国固定利率	售出	1506	143743483	143743483	−6297649	−6297640	
美国股票	买入	151	102841435	102841435	8086940	8086940	
英国股票	买入	198	31494595	50756801	2809895	4528437	
欧洲股票	买入	118	47133309	47241966	16696785	16735276	
日本股票	售出	642	5781725527	56484228	−296197613	−2893685	
英镑/美元							−263116
欧元/美元							−3205759
日元/美元							−6103210
总计						20159319	−9572086

资料来源：Thomson Financial Datastream，FTSE，IDC，Salomon Smith Barney。

表 4-16 显示，投资组合在期货交易中有 20159319 美元的未兑现利润，在货币交易中有 9572086 美元的亏损。因此，总投资组合的价值为上面两组数字加上实物投资组合价值的总和。

期货头寸中不存在已兑现的损益，该示例因这样的事实而得以简化。在实际中，这些损益是被加在未兑现损益中的。

业绩测量与定性分析

业绩测量与定性分析的目的是将投资组合的业绩与长期配置或基准的业绩进行比较。短期资产配置对投资组合收益率的贡献率是短期和长期资产种类配置之间的差额乘以每一资产种类的收益率，如表 4-17 所示。

表 4-17　对短期资产配置收益的贡献率　　　　　　单位：%

资产种类	短期资产配置	长期资产配置	剩余/不足	基础货币资产种类的收益率	减去基准收益率之后的资产种类	资产配置效果
美国定息	10	25	-15.00	-4.01	-14.80	2.22
美国证券	45	35	10.00	10.58	-0.21	-0.02
英国证券	15	10	5.00	10.26	-0.52	-0.03
欧洲证券	15	10	5.00	24.79	14.00	0.70
日本证券	10	15	-5.00	30.56	19.77	-0.99
现金	5	5	0.00	0.00	-10.79	0.00
总计	100	100	0.00	10.79	0.00	1.88

对于资产配置重叠委托书，重叠委托书的结束值除以实物投资组合的初始价值，等于重叠委托书对投资组合收益率的贡献率。

投资组合 10.51% 的收益率与基准 10.79% 的收益率相比，存在 0.28% 的负变差。短期资产配置的贡献率为 1.88%，这主要是因为对国内定息配置的降低，因此定息在此周期中获得低于基准的收益率，具体为 -4.01%。这一积极贡献率部分地为日本股票低于基准配置的情形所抵消。它的业绩优于整体投资组合，提供了 -0.99% 的资产配置效应。

实际上，业绩测量几乎总是因为投资期内投资组合的现金存入与支出而变得复杂起来，它通常都是起因于新的投资或资金偿还。出现此种情况时，收益期分为前现金流动收益期和后现金流动收益期。每一收益期的收益要进行计算和复利计算，以便得出总投资期的收益率，如表 4-18 所示。这种计算收益率的方法称为**货币加权**。

表 4-18 收益率计算

投资组合现值（美元）	10000000
投资组合终值（美元）	15000000
现金流量（美元）	2500000
现金流动前的投资组合价值（美元）	12000000
R = [15000000/（12000000+2500000）]×（12000000/10000000）-1 　= 1.0345×1.2000-1 　= 1.2414-1 　= 24.14%	

$$R = [PV_t/(PV_{cf}+cf)]×(PV_{cf}/PV_{t-1})-1 \qquad (4-4)$$

其中，R 表示投资组合收益率，PV_t 表示投资组合终值，PV_{cf} 表示现金流动前投资组合价值，cf 表示现金流动，PV_{t-1} 表示投资组合现值。

业绩评估的一个重要方面是计量投资组合的风险。短期资产配置优化给出一个前瞻性的估计，为 3.22% 的循迹误差。这一误差可以与测定的循迹误差进行比较，按照每个月份，从投资组合收益率中减去基准收益率，然后将所得的每个差数自乘，平方数相加后再除以收益率，从而得出投资组合方差。方差的平方根即为每月的循迹误差，该循迹误差乘以 12 的平方根得出年循迹误差。表 4-19 说明了这一计算过程。

表 4-19 测评出的循迹误差

日期	资产组合价值	基准值	资产组合收益率（%）	基准收益率（%）	偏差（%）	自乘的偏差（%）
1998-12-31	100.00	100.00				
1999-01-31	101.87	101.59	1.87	1.59	0.28	0.0008
1999-02-28	98.93	99.37	-2.89	-2.19	-0.70	0.0049
1999-03-31	101.81	103.21	2.90	3.86	-0.96	0.0092
1999-04-30	105.85	106.12	3.98	2.82	1.16	0.0135
1999-05-31	101.82	103.12	-3.81	-2.83	0.98	0.0096
1999-06-30	106.02	106.74	4.13	3.51	0.62	0.0038
1999-07-31	105.23	107.47	-0.75	0.68	-1.43	0.0204
1999-08-31	105.39	107.83	0.15	0.34	-0.19	0.0004
1999-09-30	104.13	107.77	-1.19	-0.05	-1.14	0.0130
1999-10-31	108.93	111.70	4.60	3.64	0.96	0.0092
1999-11-30	111.20	114.32	2.08	2.35	-0.27	0.0007
1999-12-31	118.19	119.17	6.29	4.24	2.05	0.0420
总计			18.19	19.17		0.1275

■ 自乘偏差的总和为 0.1275%。

■ 0.1275%除以 12 个月的观察数据，得数为 0.0106%。

■ 0.0106%的平方根为 1.03%，此为月循迹误差。

■ 年循迹误差等于 1.03%乘以 12 的平方根，即 3.56%。

因此，测定的循迹误差比预期的循迹误差稍微高一些。

隐患

最大的危险是界定一个不适合基金要求的长期配置。这种危险的出现可能由于选择不合适的资产种类，或是错误判断资产种类长期收益和风险的特点所致。如果出现这种情况，基金会缓慢出现资金供给困难问题，并促使投资者冒险承担某种不健康的投资风险来弥补亏空。目前没有办法阻止此类事情的发生，但检验长期配置的健康性可以起到作用，包括逐一地改变资产配置假定，以便查看这些风险对事实的投资组合配置有何影响。

短期资产配置对资产种类收益率的预测也十分敏感，因此，根据实际运作不断地检查预测情况，这不失为一个好方法。这意味着提出"哪些预测是正确的"以及经常问别人的"哪些预测出了错"等类似问题。

如果投资者错误地判断了货币波动性的影响，那么许多其他被运作得很好的投资组合也会遭遇麻烦。重要的是，要尽可能地像重视传统的资产种类收益率预测那样重视可能的货币变动的影响，其方法是或者积极地管理货币风险，或者让它与基础货币对冲。

资产配置重叠委托书具有这样的风险：由重叠委托管理人使用的衍生工具与基础资产种类的资产不一致。这是一种需要进行计量和控制的风险来源。

案例研究

某一大型公共养老基金采用的方法说明了围绕资产配置所引发的问题。管理人利用基金的规模优势，寻求在大范围内进行资产种类的投资。这些资产配置情况如表 4-20 所示。

表 4-20　资产配置情况　　　　　　　　　　　　　　　　单位:%

国内股票	25	
消极资产种类股票		10.0
积极产业股票		5.5
积极资源类股票		3.0

续表

积极上市不动产基金		1.5
积极直接股票		5.0
国际股票		
消极资产种类股票		8.0
积极资产种类股票	15	4.0
消极资产种类股票		3.0
新兴市场类股票		
国内定息	15	
国际定息	10	
货币市场类股票	5	
现金	5	
商业不动产类股票	10	
乡村不动产类股票	5	
基础设施类股票	10	

　　基金管理人与基金顾问保险精算师一起，结合基金自己的专家和顾问提供的经济计量分析报告，实施长期策略基准资产配置。短期资产配置以及单个资产配置的管理被委托给专家管理人。资产配置管理人负责短期决策的实施，向单个资产种类管理人发布指令。

　　基金管理人意识到，作为大型基金以及主要的公务员养老基金，它应是十分惹眼的。重大的投资决策有时受到了公众审查的影响。

　　这样一来，基金必须大量投资于国内股票。但这又引发了一些棘手的问题，庞大的基金规模意味着传统的、积极的投资型投资组合很难有效地进行管理。要找到定价足够低廉的股票几乎是不可能的，原因是为了影响基金的业绩，基金必须买入多种股票并实行控股。否则，基金将仅限于在巨型股票上持有股份，无法施行范围上的多样化。在处理国内股票市场上基金规模的问题时，基金管理人采取两种策略：

　　第一种策略是核心—外围投资组合。核心—外围投资组合的意思是将国内股票委托书分成若干委托书。每一委托书都有特定的目标。如这一名词所示，基金的主体投资于"核心"投资组合，即指数基金，而指数基金的设计目的是按照指数购入每种股票，以便对国内股票市场进行跟踪。人们预期负责管理核心投资组合的管理人在股票市场上获得低风险和低成本的收益。核心投资组合是国内股票投资组合中最大的组成部分。

　　第二种策略是辅助投资组合有四种，分别为产业类股票、资源类股票、上市不动产类股票和直接股票。股票基准包括30%的资源类股票、55%的产业类股票以及15%的上市不动产类股票。由于四种辅助投资组合之间关联度很低，所以可以将它们看成独立的亚资产种类。

每一委托书的基准是总体股票市场的亚指数。它们合在一起，构成了更为广泛的股票市场，而这个股票市场就是对核心投资组合管理人和国内总体股票资产种类进行评估的依据。

核心—外围投资组合结构具有六个有助于成功的特点：

■ 由于单个辅助投资组合管理人的投资资金总额很小，所以他们可投资于范围广泛的单个证券，从而增加了获取较好收益率的机会，而无须在小公司上持有大量股份。

■ 管理人可以大胆地背离自己的基准。基金可以在辅助投资组合上承担高水平的风险，因为核心投资组合可以起到缓解作用。

■ 由于辅助投资组合委托书没有复叠现象，基金不必要承担单个投资组合之间或合并或抵消的风险。如果出现上述风险，那么将导致出乎意料的指数化投资组合。

■ 将国内股票分成亚资产种类并改变它们的配置，这有效地加大了增值的机会。

■ 将国内股票投资组合分成各个部分，这降低了基金的管理人风险。投资组合的这种风险是由于投资管理人无法完成投资委托书的要求。

■ 通过在指数化投资组合中大量投资国内股票，管理费用得以大大降低，因为指数化投资组合比积极的投资组合的管理费用要低得多。

核心—外围方法在国内股票上取得初步成功之后，又被用于国际股票。投资规模没有给该投资组合带来同样的问题，而核心—外围方法却给予了这一门类若干的好处，如费用降低、管理人风险降低、额外的亚部门种类的创建等，所有这些都使其能够选择高度专业的投资管理人，并且通过调整国际股票种类的配置达到增值的目的。

通过在未上市股票中的投资，基金增加了另一个资产种类，这大大地提高了获得重要投资收益的可能性。在正常情况下，一个关于直接股票的投资组合会被投资于许多不同的产业。在这个案例中，基金在一项重要的旅游开发项目上投资巨大。这笔投资给基金造成了一些严重的问题，原因是这份资产没有上市，而且在投资组合中占有重要的比例（5%），其评估价值的变化大大影响了整个基金的业绩。

尽管直接股票的初期表现不尽如人意，但是人们意识到如果要获得所需的收益率以便履行自己的职责，那么基金就需要告别传统的投资方式。因此，基金将自己分散进新兴市场的基础设施建设项目。由于实质上属于长期投资，而且又有着预期的收益范围，因此这样的投资可以十分有效地把一个大型投资组合分散化。这样做的好处之一是，基金可以暴露于潜在地具有迅速增值能力的各种货币。当然，此类长期基建项目的风险来自它向政治风险的暴露，以及贬值可能会比增值来得更快的货币变动。举例来说，投资所在国的政府可能会以追溯的方式，武断地限制外国投资者应当获得的利润；或者可能会对外汇转移课以税收或者予以限制；或者受到政变的影响。

第五章　投资组合保护

在阅读本章之前，不熟悉期权理论和市场的读者可以简略地阅读一下附录5，该附录专门论述有关期权的理论。

应用

如果基金管理人在特定时期担负不起资金的损失，或者需要某种已知的最低收益以便重新获得一笔可接受水平上的储备金，那么他可以考虑某种投资组合保护或资本担保。两者通常被看成是不同的种类，但它们实在是相互联系的。资本担保基金是一种保证最低收益率为0%的基金。

投资组合保护可以并入基金资产配置之中，或者被用来重叠委托。无论哪种形式，大多数投资组合保护都是一种临时的措施，因此，它被作为基金短期资产配置的一部分加以实施。

实际上，所有的投资组合保护都是一种保险，它把投资组合的某些风险转移给保险或保护的提供者。与任何其他保险一样，风险的降低总是和某种成本相联系，无论它是采取期初支付的形式，还是预先放弃未来的收益，如果结果证明保险没有派上用场，那么保险的成本是不退还的。这就像你的房屋尽管没有被烧成灰烬，但是保险金还是需要照付一样。保险成本的多少取决于投保财物的价值及险种，如火灾、盗窃或者消极收益率、所涵盖的期限、过量或者不足等。在投资组合保护条款中，上述内容都属于予以保险的内容，包括投资风险、保护期以及所需的最低收益率等。

正像给木屋保火险比给砖房保火险的费用要高一样，波动性投资的保险费用要高于稳定投资的保险费用。一般地，对于一个分散性的投资组合进行投保要比给单个资产种类或证券的投保便宜得多，因为前者的波动性几乎总是小一些。

投资组合保护依据期权理论进行运作。期权是特定时间内以特定的价格买入或卖出某种货物的权利，而非义务。买入货物的权利称为**看涨期权**，而卖出货物的权利称为**看跌期权**。

通过购买投资保护，投资者就购买了当不利的市场结果导致投资组合遭受损失时予以现金补偿的权利。

投资保护包括买入的看跌期权和买入的看涨期权，前者给予投资者在指定的价位上卖出投资的权利，而后者则给予投资者买入的权利。通过这种方法，它可以保护投资者，免受价格上涨的影响。看跌期权与现有的投资组合一起使用，而看涨期权则可以替代投资组合。

在某些方面，附加有看跌期权协议的投资组合与战术资产配置重叠委托书十分相似，因为实物投资组合仍与以前一样进行投资，与此同时，看跌期权被当成一种重叠委托，以现金结算的形式提供所需的保险。这种现金结算等于投资组合的市值与协议的最低价值之间的差额，被看成交割价格。当高于合约的最低限度时，看跌期权的价值为零。

看涨期权代替实物投资组合。看涨期权在指定的投资组合价值之下时自身毫无价值，而在投资组合之上时，投资者获得相当于投资组合市场价值和议定的最低价值之差的金额。从经济角度上看，除了引发不同的交易成本以及在大多数司法和税务方面，两种协议之间没有什么不同。

表 5-1 显示了两种策略在四种不同的市场事态下的结果。事态 1 为强势市场估价，事态 2 为稳健市场估价，事态 3 为稳定的市场，事态 4 表示的是市场价值急剧下落时会发生的情况。表 5-1 略去了交易成本，因此实物资产的持有和看跌期权的购买似乎比实际成本要少一些，因为处理实物资产需要相对较高的费用。期权交易成本通常是微不足道的。

表 5-1　持有股份和购买看跌期权与卖出资产组合和购买看涨期权的对比

市场数据				
期限的天数（天）	153			
持有股票的初始价值（美元）	100000000			
期初				
短期利率（%）	7.50			
股息收益率（%）	1.50			
标准普尔 500 实物期权	1328.7			
标准普尔 500 期货	1362.1			
期货点值（美元）	500			
期权交割价格（美元）	1375.0			
预期波动率（%）	25			
看涨期权价格（美元）	79.55			
看跌期权价格（美元）	92.41			
期末	事态 1	事态 2	事态 3	事态 4
市场移动率（%）	25	5	0	−25
标准普尔 500 实物期权	1660.9	1395.2	1328.7	996.5
标准普尔 500 期货	1660.9	1395.2	1328.7	996.5

持有实物期权和买入看跌期权			
购得看跌期权的数量	151		
期权面值（美元）	100318360		
支出的期权溢价（美元）	6976727		
持有的股票价值（美元）	125000000	105000000	100000000	75000000
看跌期权值（美元）	0	0	3494140	28573730
期权成本（美元）	6976727	6976727	6976727	6976727
利息收入（美元）				
股息收入（美元）	628767	628767	628767	628767
资产组合值（美元）	118652040	98652040	97146180	97225770
卖出实物期权和买入看涨期权			
买入看涨期权的数量	151		
期权面值（美元）	100318360		
支出的期权溢价（美元）	6005663		
卖出股票所得（美元）	100000000	100000000	100000000	100000000
看涨期权值（美元）	21585450	1521778	0	0
期权成本（美元）	6005663	6005663	6005663	6005663
利息收入（美元）	3143836	3143836	3143836	3143836
股息收入（美元）	0	0	0	0
资产组合值（美元）	118723623	98659951	97138173	97138173

对于每一种事态，两种策略的差别微乎其微。两者都受益于市场估价，并且受到下跌保护。它们之间明显的差别出于这样的事实：买入的期权数量不能提供与初始投资组合完全相同的面值，结果是利息收入和股息不能完全抵消看涨期权和看跌期权之间的价差。在两种情况下，投资组合受到的保护都有些不够充分，因此两种结果之间的差别明显受到市场涨跌的影响。

理论

投资组合保护依赖于期权理论。它最普通的应用利用了布莱克—舒尔斯期权定价方法中的一些变量，这在附录 5 中有较为详尽的论述。投资组合保护可采取市场购买或者柜台交易期权的形式，或者投资管理人可以通过被称为期权复制的过程建立投资组合保护。期权复制实际上是一种精心界定的混合形式，它的组成成分是无风险资产或者现金和受到保护的风险资产。复制期权的建立与管理通常由专门研究复制期权的投资管理人来进行。在创建该混合体时，其风险资产的结构需要尽量类似于受保护投资组合的资产配置。它可以由实物资产所组成，但实际上通常由期货构成。期货大大地降低了该混合体的成本并且允许卖空，按照要求，这些卖空应当能够复制买入的看跌期权。用期货合同代替实物资产，这种做法可能会引发基础风险，即期货投资组合收益不同于基础投资组合收益的风险，但基础风险通常要好于引发实物资产交易成本偏高的风险。

在**复制期权**中投资于风险资产的比例被称为**期权的δ值**。期权的δ值也是期权价值随着投资组合价值的微小变化而发生变化的。当基础资产的价值与受保护的价值（协议的投资组合最小值）相同时，该期权就被说成是平价的，该期权的δ值约为0.5。因此，风险资产和无风险资产各占复制期权投资组合的50%。随着期权价值的提高，δ值也会相应提高，直到复制投资组合与受保护的投资相一致。随着期权价值的减少，δ值也相应降低，直到复制投资组合包含100%的现金。一份买入看涨期权的复制要求购买风险资产，而复制买入看跌期权意味着卖出风险资产。无论哪种情况，复制投资组合都是在上升的行情下买入，在下跌的行情中卖出。

由于δ值在不断变化，从而又引发了复制投资组合中风险资产与风险资产混合体的不断变化，因此它经常被称为**动态对冲**。

在市场上购买的或者在柜台交易的一份期权和一份复制期权之间的主要差别在于，被购买的期权的成本在一开始时就是已知的，而复制期权的成本则只能预先估计。为了运用复制看跌期权对实物投资组合提供保护，投资管理人可以选择在期权期限开始时，向提供保护者支付一笔固定的费用，在此情况下，管理人承担的风险是复制期权的实际成本超过为此支出的额度。另外，投资者可以选择支付复制期权不断增加的成本。向投资管理人支付固定的费用以获得投资组合保护，这种做法有其优点，即投资者可以要求许多管理人为保护费用开价，并可择其最合适的价格。专业的投资组合保护管理人比单个投资者在成本上占有明显的优势，因为他们集合不同资产的套期保值项目，这样不但可以显著地降低成本，而且可以减少复制期权的风险。对一个接近其最低供款要求的基金来说，这是一个怎么形容都不为过的优势。

有一个方法可以减少投资组合保护的成本，那就是选择低于100%的期权**参与率**。参与率为受保护投资组合的比率。选择低于100%的参与率意味着保护人提供的保护范围较小，从而降低了投保人的保护成本，这类似于购买一半的保险单。另一种降低保护成本的方法是选择这样的保护，即在价位较高时干预看涨期权，或在价位较低时干预看跌期权，从而有效地提高期权生效时的起始价位。例如，投资者可选择放弃任何行情上涨时最初的5%，当高于5%时全额投入，或者换一种做法，直接参与但只能获得市场收益率的一半。

表5-2比较了在与表5-1相同的事态下三种投资组合保护的结构。它们是：
- 涵盖所有投资组合的单一看涨期权（与表5-1的买入看涨期权相同）。

- 只涵盖该投资组合一半的相同的看涨期权。
- 只在市场行情略微升高之后才有效果的完全参与的看涨期权。

表 5-2　期权成本与股票参股的比值

市场数据				
期限内的天数（天）	153			
持有股票的初始价值（美元）	100000000			
期初				
短期利率（%）	7.50			
股息收益率（%）	1.50			
标准普尔 500 实物期权	1328.7			
标准普尔 500 期货	1362.1			
期货点值（美元）	500			
期权交割价格（美元）	1375.0			
预期波动率（%）	25			
期末	事态 1	事态 2	事态 3	事态 4
市场移动率（%）	25	5	0	-25
标准普尔 500 实物期权	1660.9	1395.2	1328.7	996.5
标准普尔 500 期货	1660.9	1395.2	1328.7	996.5
结构 1				
参与率（%）	100			
市场增值之后（%）	0			
交割价格（美元）	1350.0			
买入看涨期权的数量	151			
期权面值（美元）	100318360			
看涨期权价格（美元）	90.88			
支付的期权溢价（美元）	6861077			
持有现金不动产抵押（美元）	1000000000	1000000000	100000000	100000000
看涨期权值（美元）	23472950	3409278	0	0
期权成本（美元）	6861077	6861077	6861077	6861077
利息收入（美元）	3143836	3143836	3143836	3143836
资产组合值（美元）	119755709	99692037	96282759	96282759
结构 2				
参与率（%）	50			
市场增值之后（%）	0			
交割价格（美元）	1350.0			
买入看涨期权的数量	75			

续表

期权面值（美元）	49827000			
看涨期权价格（美元）	90.88			
支出的期权溢价（美元）	3407820			
持有现金不动产抵押（美元）	100000000	100000000	100000000	100000000
看涨期权值（美元）	11658750	1693350	0	0
期权成本（美元）	3407820	3407820	3407820	3407820
利息收入（美元）	3143836	3143836	3143836	3143836
资产组合值（美元）	118394766	101429366	97736016	99736016

结构3

参与率（％）	100			
市场增值之后（％）	5			
交割价格（美元）	1425.0			
买入看涨期权的数量	151			
期权面值（美元）	100318360			
看涨期权价格（美元）	60.07			
支出的期权溢价（美元）	4535267			
持有现金不动产抵押（美元）	1000000000	1000000000	100000000	100000000
看涨期权值（美元）	17810450	0	0	0
期权成本（美元）	4535267	4535267	4535267	4535267
利息收入（美元）	3143836	3143836	3143836	3143836
资产组合值（美元）	116419019	98608569	98608569	98608569

表5-2显示，不完全参与上涨行情在节约成本、提高效率上可能会是十分有效的。如果行情直线上升，那么结构3是最有效的，如在事态1中。事态1几乎与完全参与相同。结构2也可以节省成本，并且对所有确定的行情发展给予部分的参与。

期权定价

最普遍使用的期权定价方法是舒尔斯—斯科尔斯模型。当使用布莱克—斯科尔斯模型计算期权的价格或溢价，并且为复制期权评估 δ 值的时候，需要以下的信息：

- 基础投资的价值。
- 期权生效时所具有的价值，或被称为**交割价格**。
- 期权到期时间或**交割日期**。
- 无风险收益率。

■ 基础投资的波动性或风险性。

增加的内容	看涨期权价格	看跌期权价格
基础投资的价值	升	降
交割价格	降	升
交割时间	升	升
无风险收益率	升	升
基础投资的波动性	升	升

期权定价方法对资产收益率进行了许多假设。当与假设相悖时，它可以改变期权的成本。第一种假设为：收益率和投资组合波动性在期权持有期内不会出现变化。尽管这些假设经常与实际相悖，但大多数复制期权都足够坚韧，几乎能够承受最极端的理论背离。第二种是关于零交易成本和资产价格持续趋向的假设。由于大多数复制期权需要不断地进行交易，因此支付交易费用大大增加了保护成本。因为资产价格有时急剧变化并带动投资组合的价值发生剧烈的变化，而不是像理论所假设的那样，是一系列平稳的微小增值，所以以复制期权的实际成本比理论成本要高得多。第二天的收盘价与开盘价出现 10% 的差额，这在一些市场上并不罕见。这样的**缺口**，或者称为**暴涨风险**，可能会导致复制期权的实际成本大大超出预计成本。虽然理论要求投资者随着基本投资价值的变化对复制投资组合进行相应的调整，但实际上投资者总是滞后于市场，这意味着投资者以高于理论预测的价格买入或者以低于理论预测的价格卖出。这一结果将在下面进行论述。

图 5-1 显示，从实际期权和复制期权交叉的点位开始，基础资产价格的变化总是导致实际期权的价格高于复制期权的价格。例如，期货价格以 1362.10 开始，实际期权和复制期权的估价为 90.88，δ 值为 0.55。期货价格提高 10% 使得实际看涨期权价格上升至 178.90，新的 δ 值为 0.77，而复制期权价格增加 55%，达到 166.40

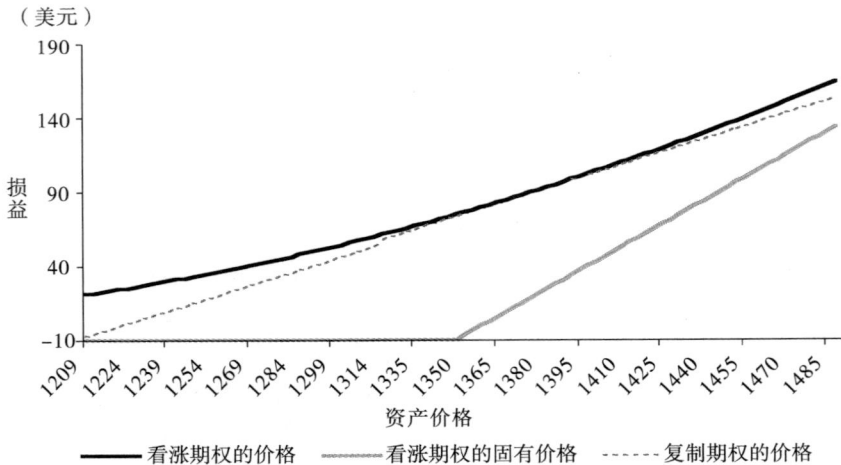

图 5-1　实际期权与复制期权的对比

［90.88+0.55×（1498.41-1361.10）］。期货价格下跌具有类似的影响，将买入看涨期权的价格降至34.26，复制期权价格降至15.39（见表5-3）。基础投资的价值越不稳定，差额越大，那么影响就越具有戏剧性。

表5-3　对实际期权与复制期权的对比

市场数据	期初	市场移动10%之后	市场移动-10%之后
期限内的天数（天）	153	153	153
持有股票的初始值（美元）	100000000	100000000	100000000
短期利率（%）	7.50	7.50	7.50
股息收益率（%）	1.50	1.50	1.50
标准普尔500实物期权	1328.70	1461.60	1195.80
标准普尔500期货	1362.10	1498.40	1225.90
期货点值（美元）	500	500	500
期权交割价格（美元）	1375.00	1375.00	1375.00
预期波动率（%）	25	25	25
看涨期权价格（美元）	90.88	178.90	34.26
看涨期权δ值	0.55	0.77	0.30
复制期权值	90.88	166.40	15.39

实际上，复制期权总是滞后于实际期权，因为通过关于基础投资买入与卖出指令，投资管理人人为地调整复制投资组合时的δ值。对于基础投资价值的微小波动，滞后现象几乎注意不到，但对于较大的变化，复制投资组合可能会使基础投资突然表现为投资过剩或投资不足，结果导致投资组合一时保护不足，并且以不合适的价格进行必要的调整，从而增加了保护成本。

另外一种期权复制技术被称为固定比例投资组合保险策略（Constant Proportion Portfolio Insurance，CPPI），它是由布莱克-斯科尔斯的创始人之一费舍尔·布莱克设计。CPPI优于广泛使用的布莱克-斯科尔斯方法，这主要是由于CPPI可以处理大型的、经常出现的差额。它不要求对基础投资的波动性进行远期估计，但可以预防单个的预计事件，如1987年反复出现的暴跌行情。在概念上CPPI比布莱克-斯科尔斯要简单一些：风险资产和无风险资产所需的比例可以紧随着包络线进行预估。

CPPI发挥作用的方式总是持有足够的无风险资产，以使投资组合在预期的不利市场事态或"暴跌"中提供可接受的收益率（最低限度）。由于投资者决定着暴跌的性质，所以可以对CPPI进行定制，以便提供所需的保护。

表5-4显示的是，CPPI持有的防御性资产，足以确保为期一年7.5%的利息收

入，它将弥补风险资产价值25%的下降，产生最低限度为零的收益率。

表 5-4　固定比例资产组合保险策略（CPPI）

市场数据	数值
期限的天数（天）	153
期限的年数（年）	0.42
资产组合现值（美元）	100000000
短期利率（%）	7.50
规定的最低收入率（%）	0.00
风险资产价值下跌保险的幅度（%）	25

12 个月期保护期限内的风险资产配置可以计算如下：

$$RA = (1 + min - i) / (1 - i - c) \tag{5-1}$$

其中，RA 表示风险资产，min 表示所需的最低收益率，i 表示利率指数，c 表示暴跌测验（Crash Test）。

在表 5-4 中：

$$RA = (100\% + 0.00\% - e^{0.075}) / (1 - e^{0.075} - 25\%) = 23.75\%$$

反过来推算，在风险资产暴跌 25% 后，投资组合价值可以计算为：

投资组合 = 风险资产价值 + 无风险资产价值

$$= 1000000 \times [23.75\% \times (1 - 25\%) + (1 - 23.75\%) \times e^{0.075}]$$

$$= 1000000 \times (17.82\% + 82.18\%)$$

$$= 1000000 \text{（美元）}$$

表 5-5 显示了 153 天保护期的 CPPI 配置。

表 5-5　CPPI：资产配置

资产组合结构	期初（美元）	配置（%）	暴跌测验配置	
			（美元）	（%）
风险资产	11327947	11.33	8495960	8.50
无风险资产	88672053	88.67	91504040	91.50
总计	100000000	100	100000000	100

保护管理人不断检查投资组合，以确保保护达到目的。如果行情下跌，那么风险资产内持有的投资组合比例下降，如表 5-6 所示。

表5-6　CPPI：资产配置修正

风险资产收益率	-10%		
已过时间	25%或12个月保护期的3个月		
	新资产组合值 （美元）	新资产组合权数 （%）	新暴跌测验 （美元）
风险资产	12460742	12.24	9345557
无风险资产	89371725	87.76	91504040
新资产组合总额	101832467	100.00	100849596
尚未到账利息	978614		978614
总计	102811080		101828210
重设资产收益	重设资产组合值 （美元）	重设资产组合权数 （%）	重设暴跌测验 （美元）
风险资产	8957034	8.71	6717775
无风险资产	93854047	91.29	96093305
重设资产组合总额	102811080	100.00	102811080

3个月保护期内风险资产价值下跌10%显示风险资产的配置从投资组合的21.18%降至19.22%。与此同时，防御性资产获得收益，把权数从78.82%提高至80.78%。保护期结束时，投资组合的预期价值仍在1亿美元以上，因为所获得的和所预期的收益率组合弥补了风险资产的损失。

CPPI的一个主要缺点是它**依赖于行情**。它的意思是，投资组合的未来价值在任何时候都依赖于到目前为止所发生的情况。如果在保护期内市场较早地出现急剧的下跌，那么投资组合就削减较大比例的风险资产。如果市场随后又急剧攀升，那么投资组合参与价值增值的能力就会受到削弱、降低。

此外，如果风险资产在保护期内较早地出现升值，那么投资者可能选择现在的保护水平或者通过设定新的、更高的底价来锁定所获的收益。维持同一水平的保护，这使得投资组合有可能以较高的水平参与风险资产进一步的增值活动，但是如果市场随后出现下跌，那么投资组合有可能失去目前为止的全部所得。重新设定底价意味着降低风险资产给投资组合带来的风险，它因此限制了投资组合对未来收益率的参与，但是同时也为投资组合保证了一个较高的最低收益。

布莱克-斯科尔斯与CPPI的对比

投资者的首要工作是确定何种规模以及哪一种类的投资组合保护。究竟是选择布莱克-斯科尔斯方法还是其他的种类，这很大程度上取决于投资组合所面对的市场种类。如果市场经常出现缺口，尤其是突然出现缺口，那么就需要某种CPPI。如果市场具有进行交易的期权，那么布莱克-斯科尔斯方法就可以提供较好的解决办法。

基金对低收益率的敏感显示了需要何种程度的保护。例如，基金也许不能承受任何负收益率，如果是这样的话，那么就设定较小的正收益率，把它作为最低的允许限度收益率，这样一来，即使在支付了保护费用之后，总收益率仍然为零或者更高一点。如果基金可以承受较小的负收益率（损失），那么就可以据此设定相应的最低收益率。当然，所需的最低收益率越高，投资组合的保护费用也就越高。

实施

不管是布莱克-斯科尔斯还是 CPPI，都可以被当成复制的看涨期权予以实施，用它有效地替代实物投资组合；或者把它当成看跌期权重叠委托，与实物投资组合并行运用。如果投资组合保护包含一个复制的看涨期权，那么尽管在实际上几乎总是通过期货实施保护，以使交易成本最小化，但是从理论上讲，这种保护可以通过使用实物资产或衍生工具予以实现。此外，期货合同的运用会把保护扩展到潜在的基础风险上。在这方面，投资组合保护重叠委托的实施类似于资产配置重叠委托。重叠委托管理人需要了解基础投资组合的一些特点，以便可以更改衍生工具头寸，从而将基础风险最小化。

正如我们所述的那样，动态对冲是布莱克—斯科尔斯和 CPPI 这两种方法最重要的部分。成功的动态对冲需要对受到对冲的期初创建和即时控制的细节问题进行规划。这意味着首先需要确定风险资产和无风险资产的精确组合，并且制定以后进行修订时所依据的原则。决策规则需要清晰明确和认真思考，例如，套期保值是应该每天进行修正，还是两天一次？以何种方式进行呢？如果是这样的话，基金就有可能在进行一些没有必要的小规模交易的同时，延迟由于交易日内市场波动而成为必要的较为重要的修正。另外，即使在静态的市场中，仅是由于时间的流逝也需要对套期保值进行调整。许多动态对冲调整是由指定规模的市场动态引发的，这样的规模如 2% 或 5% 等。如果触发价格水平选择得当，那么对冲调整经常会很有效果。过小的价格间隔可能会导致对冲过程有过多的交易，并且经常导致事态朝着相反的方向发展，夸大行情趋势线的作用。如果触发间隔定得过大，那么套期保值会有滞后于市场趋势的危险，这样的代价可能也是非常昂贵的。

可以购买实际期权对布莱克—斯科尔斯和 CPPI 投资组合保护进行补充，无论这种期权是交易所交易的，还是柜台交易的。这样做的代价可能会大一些，但是它的确能够降低有关动态对冲管理的风险。因此，许多保护管理人总是注意发现价格低廉的期权，因为这样的期权可以消除或降低动态对冲的成本。由于保护管理人是这一方面的行家，所以他们在发现机会上占有优势，并且有时对具有竞争力的价格握有控制权。

即时控制

对于资产配置重叠委托，投资组合保护要求熟练地使用期货以及其他衍生工具，密切注意货币头寸和现金平衡，以便确保投资组合中始终具有足以满足储备金要求的流动资金。

对投资组合保护进行管理时有一项重要的要求，即需要密切注意管理动态对冲调整时的决策规则。在大多数项目中，这项要求主要是由基础投资组合中资产价值的变动引发的，但是它也完全可能会随着时间的流逝而发生。重新平衡也可能会导致投资组合交易成本的提高，并导致投资组合遭受双重损失的风险。这是一种跟不上市场波动的风险。它出现在小幅的价格上涨要求管理人买入该资产种类的时候。管理人买入该资产种类后，却发现价格又下跌了，于是不得不再把这份资产卖出去，而且很可能是在较低的价位上。交易损失和成本如此累加，从而逐步加大保护的成本。

为了应对这种两难选择的困境，一些管理人在应用决策规则时选择运用他们的判断能力。如果这种判断能力受到良好的约束，那么这种做法能够发挥作用，但是就保护管理人而言，有时可能会因为判断失误而遭受损失。真正的技巧是让所制定的决策规则适应资产种类市场本身的条件。

像资产配置重叠委托管理人一样，投资组合保护重叠委托管理人必须定期和实物资产管理人进行沟通，以便确保保护项目始终适合基础投资组合。这包括让投资组合管理人报告投资组合的重大资金流动以及投资组合构成上的变化。

如果基础投资组合配置与基金长期资产配置相同，那么将保护项目与基础投资组合在一起的工作就可以得到简化。如果短期资产配置重叠委托书也在其中，那么重叠委托管理人与投资管理人之间交流失败的可能性就会大大增加。

急剧的市场增值可能会提供重设保护水平的机会，这有利于锁定市场收益，同时使得投资者能够在参与率较低的情况下分享市场进一步的增长。不管是对于布莱克—斯科尔斯还是对于CPPI，重新设定保护水平的方法完全都是通过重新计算风险资产和无风险资产的所需组合，并实现适合期货与期权中所需的净值变化，而对这种组合的重新计算则需要较高的保护下限。

货币管理

对于资产配置重叠委托书，保护重叠委托管理人的任务是确保投资组合保护方案不至于引起意外的货币风险。因此，就外国衍生工具合同的头寸而言，管理人必须监控首期保证金和价格变动保证金之间的平衡，以确保总体头寸呈现货币中立。外国期货合同可以产生一部分经过对冲的货币头寸，其原因是首期保证金经常采用本地货币的形式，而头寸的其余首期面值仍为基础货币。未实现的期货损益仍然采用本地货币的形式。

精确地保持这一平衡，意味着经常使用货币远期合同对外汇进行持续的监控和不断的调整。努力使货币远期合同的结算日期和外国期货头寸预期的滚动保持一致，这通常是一个不错的想法，原因是当未实现损益得以实现时，期货向下一个到期日的滚动经常需要进行某些外汇调整。如果投资者需要经过对冲的收益，那么在利润得以兑现时，可以将利润返回国内，于是对冲过程结束。

业务管理

投资组合保护在管理方面的问题几乎与资产配置重叠委托完全相同，只是交易次数明显增多。因此，保护管理人必须注意基础投资组合的估价和构成，以及由于期货合同到期而出现的现金平衡的波动。

评估

就短期资产配置重叠委托而言，投资组合保护程序的价值是衍生工具头寸的已实现与未实现损益的简单总和。

如果保护的实施是通过利用有关一组风险资产的一份期权，如表 5-7 所示的那样，那么保护的价值即为该期权的估计价值。该投资组合的价值就是该实物投资组合的价值加上该期权的价值。表 5-8 和表 5-9 显示了关于一份复制看跌期权和 CPPI 的评估价值。

表 5-7　买入看跌期权的估价

买入看跌期权		（%）
交割价格	100000000 美元	—
交割日期	2000-07-31	—
看跌期权的价值	290507 美元	0.29
看跌期权期初成本	3195264 美元	3.20
保护成本	-2904757 美元	-2.90
受保护投资组合的价值	108035952 美元	8.04
未受保护投资组合的价值	110940709 美元	10.94

表 5-8　复制看跌期权的估价

期初期权 δ 值（%）	-48.28				
当前期权 δ 值（%）	-5.34				
资产种类	已用期货合约	当前资产组合权数（%）	基础货币中未实现期货损益（美元）	基础货币中已实现期货损益（美元）	基础货币中未实现和已实现期货损益（美元）
美国固定利息	美国短期国库券	-1.15	54362	225812	280174
美国股票	标准普尔 500 指数	-1.86	-160668	-589115	-749783
英国股票	FTSE100	-0.53	-56267	-239752	-296019
欧洲股票	Dax（德国）	-0.60	-144326	-745311	-889637
日本股票	日经 225	-0.94	-57626	202522	-260148
现金					
保护成本	-1915412 美元	-1.92			
受保护投资组合的价值	109025297 美元	9.03			
未受保护投资组合的价值	110940709 美元	10.94			

资料来源：Thomson Financial Datastream，FTSE，IDC，Salomon Smith Barney。

表 5-9　CPPI 估价

所需的最低收益率（%）	0	
预防风险资产值下降的保护（%）	25	
向风险资产的期初暴露（%）	23.75	
向无风险资产的期初暴露（%）	76.25	
风险资产加无风险资产的总额（%）	100.00	
资产种类	已用期货合约	基础货币中期初资产组合值（美元）	基础货币中当前资产组合值（美元）
美国固定利息	美国短期国库券	5938389	5689139
美国股票	标准普尔 500 指数	8313745	8967497
英国股票	FTSE100	2375365	2627885
欧洲股票	Dax（德国）	2375365	3031341
日本股票	日经 225	3563034	4234515
现金		77434120	79868522
总额		100000000	104418899
尚未到账利息			9485755
保护成本		-2963943	-2.96%
受保护投资组合的价值		113904652	13.90%
未受保护投资组合的价值		110940709	10.94%

资料来源：Thomson Financial Datastream，FTSE，IDC，Salomon Smith Barney。

业绩测量与定性分析

评估投资组合保护时涉及两个问题，即设计和实施的问题。

■ 使用的方法在多大程度上适合基金的目标？

■ 尽可能低的保护成本能够起到保护作用吗？

投资组合保护的总体成本等于投资组合的实际收益与长期资产配置之间的差额。对所选项目的适应性及其是否在实际上以尽可能低的成本提供了所需的保护进行事后评估，可能是需要相当技巧的一件事情。举例来说，如果该项目包括使用了布莱克—斯科尔斯方法的复制期权，那么该项目的实际成本就会和期初估价有所不同，其原因要么是市场的波动性超过了预期情形，用于动态对冲的期货与基础投资组合中的资产之间存在着基础风险；要么是动态对冲重设决策规则不合适，或者在应用中缺乏严格的纪律。这些原因经常结合在一起，要把它们区分开来是一项困难的工作，有时候需要对单个交易进行分析。

对 CPPI 而言，虽然投资者在市场攀升之初可能会很容易地看到该配置对风险资产的影响，因此弄清楚这种影响会相对容易一些，但 CPPI 也遭受同样问题的困扰，此外它还存在依赖市场行情的问题。

隐患

与投资组合保护有关的最大危险是，在保护投资组合时选择了错误的模型和保护水平。这种危险可能会导致投资组合保护过量或者保护不足。避免该危险的唯一办法是确定明确的最低限度收益率，并将其运用于适用的市场。在通常情况下，此处的市场指的是投资组合投资所在的所有资产种类。投资者还需要确定参与率能够使得投资组合从上涨的市场中获得足够的收益率。

对于由于布莱克—斯科尔斯动态对冲组成的保护项目，它的另外一个重大的缺陷是对保护成本的低估。这通常是由于低估了资产价格差额的频率和规模。

关于对冲重设标准的错误解释也给动态对冲带来了问题。这与关于波动性和差额两者的低估有关。任何时候都有可能发生无法遵守对冲重设标准的失误，即使是在市场走势预测一致并且标准适当的时候。此类失误可能是由于缺乏经验，或者是由于保护管理人所在的投资组合管理机构中不恰当的系列指令。

1987 年市场暴跌

就像当初所知道的那样，人们至今仍然认为投资组合保护（或者称为投资组合保险）即使不是 1987 年股票市场崩溃的最主要原因，但也是重要的原因之一。这种解释虽然简便，但不准确，而且它转移了人们的视线，让人们无法注意其他更加正确的解释。投资组合保险的共同祸根当然是使用衍生工具的市场，特别是股票价格指数期货，比如标准普尔 500 指数。

了解一些有关投资组合保险和股票价格指数期货的原理，这有助于理解它们在 1987 年市场崩溃中所起的作用。

市场观察员经常会注意到，股票价格指数期货往往比实物股票的基础指数更加具有波动性。据此，人们有时候得出这样的结论：期货市场导致基础市场内实物股票的波动性。的确，期货市场比基础实物市场更不稳定，但这并不能说明造成市场动荡的就是期货市场。并且情况正好相反，之所以出现这种情况是由下述的几个原因导致的：

■ 期货合约的交易成本比实物投资低得多，因此许多投资者，尤其是短期投机者，都投资于期货而不是实物。证据显示，这减少了基础实物市场的波动性。

■ 卖空期货合约不但方便，而且可以得到较高的成本效益。相比之下，卖空股票的成本可能会很大，而且在许多市场内是非法的。在任何时候，有多少未结算的售出期货合同就有多少买入期货合同。在市场下跌行情中进行投机活动的相对容易确保了牛市和熊市都有同等的选择权，并且因此在期货市场上旗鼓相当。这样的结果是，减轻了市场失控的剧烈变动。但是在实物市场就不是这样的了。

■ 期货市场的开放时间要长于实物市场。每天有好几个小时的时间，实物市场已经休市了，但是期货市场却仍在交易中。需要在实物市场调整头寸的投资者们因此经常不得不把期货作为过渡性的措施。这样一来，期货市场就有可能吸收在实物市场上并不明显的波动性——这种波动性在实物上之所以不明显，仅是因为它已经休市了。如果没有期货市场，那么一旦实物市场重新开市，这种额外的波动性就会在实物市场上非常明显地表现出来。

假如期货市场增加了基础实物市场上的波动性，那么人们就会预期没有期货合同的市场会比具有期货合同的市场表现出较少波动性。但是情况显然并非如此。

人们之所以把那次暴跌"归咎"于投资组合保险，其原因之一是他们不安地发现，职业投资者盲目地遵从由计算机发出的指令。如果仅止于此，那么这种指责是可以理解的，但是情况随后发生了改变，因为人们发现另外一些投资者们同样盲目地遵从占星家或者知名人士等的投资意见，或者听从基于明显模式的技术意见，而这些模式所描述的都是过去的资产价格变动。投资意见来自电脑，这个事实令人担忧，但是比起投资者们盲目地听从意见这个事实来看，它已经是小巫见大巫了。不管是占星术还是技术意见，都可以原原本本、轻而易举地被输入到计算机里。

计算机在投资组合保险中的作用是生成期权的 δ 值，这种 δ 值决定着风险资产和无风险资产的组合，而该组合又十分近似地复制了一份关于投资组合的实际期权。δ 值对基础投资组合的价值变化十分敏感，因此大多数市场走势规定了风险与无风险组合的变化。对于所有买入期权而言，风险资产价格的上升要求购买这些资产，以便复制的买入看涨期权在基础风险资产中的最终头寸为 100%。同样的价格上涨要求减少复制买入看跌期权的卖出头寸，以便它最终持有 100% 的现金。

正像复制的购买期权要求买入风险资产以应对其价格的上涨一样，价格的下跌导致了抛售。如果足够多的投资者采取相似的策略，那么这又会引起价格进一步的下跌，结果就会刺激进一步的抛售，如此循环往复。在 1987 年股市暴跌的时候，投资组合保险十分流行，自然促使了市场的下跌。

投资组合保险所要求的交易模式几乎和**保证金交易**的模式一模一样。保证金交易是借款投资，在这种情形下，投资本身为贷款提供了担保。如果投资价值降至贷款数额以下，那么贷方就会要求投资者支付差额部分。如果投资者不能支付差额，那么贷方可以售出该投资。因此，价格的下跌激发了抛售，这种抛售又引发价格的进一步下跌。由于在暴跌前夕由保证金贷款提供资金的股票购买数量远远超过了有待结清的投资组合保险数额，所以接下来发生的事情就是，保证金交易很可能会比投资组合保险对暴跌所起的作用要大得多。

案例研究

这是一家中等规模的公司养老基金，它使用了传统的投资组合保护。它是一只固定收益基金，由于收益低于预期，而且支出高于预期，所以尽管储备金数量很大，但还是相对较少。对于许多这样的基金，其章程规定是不允许它借入资金的。

在随之而来的五六年中将有许多人陆续退休，他们的养老金是一笔不小的支出，所幸大多数成员相对年轻一些。因此有必要安排基金参与增长中的市场，但同时又需要确保基金不会亏损，以便为将要退休的成员做好资金准备。在积累足够的储备金以提供重要的保证之前，托管人希望避免负收益率出现。投资组合保护正是为此设立的，关键是选择多少以及选择哪种形式。

托管人咨询其顾问的意见，决定要谨慎从事，防止出现负收益率。将最低收益率定为零意味着可能出现少量的负收益，因为必须扣除保护费用。托管人估计他们的成员有可能认为这样的结果还可以接受，原因是引起负收益的市场环境会使所有投资基金业绩不良。因此，基金可以允许在五年期内有一两年出现很小的负收益，只要五年的总体收益为正就行。

管理人决定使用重叠委托书，因为他们希望避免清理实物投资组合时的成本和破坏，以便产生相对于其基准的令人满意的结果。

选择保护种类并非易事。托管人听取了各种保护重叠委托管理人的辩论。这些管理人称赞布莱克—斯科尔斯、CPPI以及可以在五年期内获得预定收益的复杂期权的各种优点。尽管管理人指出了各种投资组合保护模式的长处，但是托管人决定不采用复杂的定制期权，原因是考虑到它们的成本以及难以向基金成员们解释这些期权的优点。

因此，剩下的问题就是选择布莱克—斯科尔斯复制，或是CPPI。需要受到保护的投资组合大约有50%被投资在了国内股票或者国际资产上。国内股票市场以隔夜差额而著名，在这个市场上，10%的离散价差并非鲜见。货币同样受到影响，即使交易额相当大。

隔夜差额频频出现，使得人们倾向于使用CPPI方案。首期保护定为一年的期限，期满时进行审查。审查的作用是根据12个月期内总体收益以及由此出现的储备金水平，决定是否需要下一期的保护。

在决定使用CPPI方案之后，根据重叠委托，每年的最低收益率被规划为0%。下一个要做的决定是估计出需要防止的是何种金融市场灾难。当然，灾难越严重，最终的保护费用也就越高。此外，如果爆发大的金融崩溃，那么保护不充分会使基金出现负收益。像许多人一样，基金的管理人认为1987年那样的崩溃有理由代表最坏的结果，并且认为对于他们没有预见到的严重事件的发生，应当给予原谅。因为，该方案将要保护的是避免所有资产种类出现25%的下跌。

保护方案的预期费用也有利于CPPI。CPPI管理人预计保护费用为受保护项目面值的2%左右，而布莱克—斯科尔斯估计费用为3.5%。大多数人承认，两种方案都不能预先确切地确定保护的费用，因此可能会出现额外的负收益，不过幅度极有可能很小。

由于分散化效应的缘故，无论使用两种方案中的哪一种，保护总体投资组合都比保护单个资产种类更有价值，这一点是确实无疑的。分散性良好的投资组合在稳定性方面总是优于单个资产种类。在这一案例中，根据近期收益率的波动情况而计量到的投资组合风险率为8.60%，这一数字和作为投资组合构成的资产种类的加权平均波动率形成了对照，加权平均波动率数值为11.85%。图5-2和表5-10说明了这一效果。

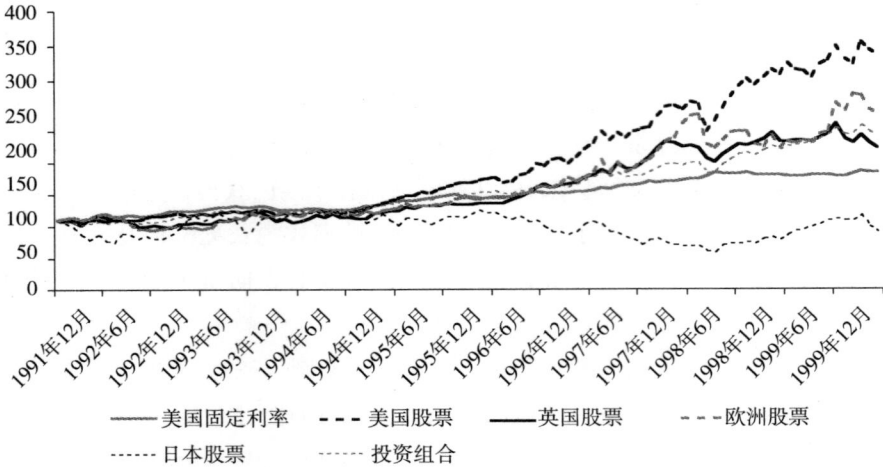

图 5-2　投资组合与成分资产的波动性

资料来源：Thomson Financial Datastream，IDC，JP Morgan，Salomon Smith Barney，FTSE.

表 5-10　关于"一篮子"资产和"一篮子"期权的选择

资产种类	基准	战术基准权数（%）	估计的资产波动率（%）	期权价格（美元）
美国固定利息	美国国库券	25	4.16	260589
美国股票	标准普尔 500 指数	35	12.84	1125560
英国股票	FTSE All Share	10	13.40	335646
欧洲股票	欧元 STOXX	10	14.86	372175
日本股票	TOPIX	15	23.30	874966
现金	JPM1 月 MM	5	0.32	
总额			11.85	2968936
投资组合			8.60	2155357

注：投资组合的价值　　　　　　　100000000 美元
　　期限的天数　　　　　　　　　153 天
　　期权交割价格　　　　　　　　100000000 美元

由于基金应当在其长期配置在内的资产中持有其大部分价值，所以任何保护方案都必须通过重叠委托方案予以实施。

这样的事实也给基金的管理人留下了深刻的印象：由于 CPPI 的技术，对保护机制的解释就变得容易了，结果是大多数持有怀疑态度的成员也对保护的性质和范围了如指掌。

CPPI 管理人管理布莱克-斯科尔斯和 CPPI 方案方面的经验相当丰富。他们发现，在一般情况下，每天查看一次动态对冲，这在大多数时候已经足够了。此外，如果投资组合的估价在一天之内发生 1% 的变化，那么就应当引起关于对冲的修正了。在波动很大的市场中，审查每天进行两次；在极度的市场条件下，监测则是持续不断的。实际上，这意味着投资组合受到了正规审查的影响，就像现有的保护方案受到审查一样，这样一来，即时监控就有了良好的基础并且十分可靠。

表 5-11 对各种不同的保护方法进行了比较。结果证明，托管人选择 CPPI 是正确的，因为这一结合在业绩上轻松地超过其他可以选择使用的方案。有趣的是，结果显示投资组合进行投资的市场波动性远远小于预期，因此复制看跌期权产生的结果优于具有同样交割价格和日期的普通看跌期权所产生的结果。

表 5-11　保护方法比较

投资组合资产配置				
美国固定利息		25%		
美国股票		35%		
英国股票		10%		
欧洲股票		10%		
日本股票		15%		
现金		5%		
	未受保护投资组合	投资组合加看跌期权	投资组合加复制看跌期权	投资组合加 CPPI
起始日	1999-06-01	1999-06-01	1999-06-01	1999-06-01
结束日	2000-06-01	2000-06-01	2000-06-01	2000-06-01
利率（%）	7.50	7.50	7.50	7.50
预期投资组合波动率（%）	8.60	8.60	8.60	8.60
实际受组合波动率（%）	3.51	3.51	3.51	3.51
暴跌测验（%）	—	—	—	-25.00
投资组合现值（美元）	100000000	100000000	100000000	100000000
所需的最低收益率（%）	—	0.00	0.00	0.00
预期投资组合成本（美元）	—	3186691	3186691	0
实际投资组合成本（美元）	—	3186691	327269	3186691
投资组合终值（美元）	98974250	96813309	99672731	104040358
12 月期至 6 月 20 日（%）	-1.03	-3.19	-0.33	4.04

表 5-11 还显示，未受保护的投资组合优于看跌期权或复制看跌期权策略，原因是基础投资组合 3.51% 的波动率远远低于 8.60% 的预期波动率。如果看跌期权或者复制看跌期权的价值下降超过了 3.19% 的预期保护费用，那么任何保护都是值得的。图 5-3 显示了未受保护的投资组合与三种保护方法之间的比较。

未受保护投资组合的波动性要比任何有保护投资组合的波动性强烈得多，因此如果托管人在任何时候疑心保护是不是一种金钱的浪费，那么他们仅需要想一想自己在 1999 年 10 月时的想法就行了。更为有趣的是，这一曲线图清楚地显示，自 1999 年 10 月至 2000 年 3 月，复制看跌期权和未受保护投资组合的收益都优于 CPPI，其原因是 CPPI 的低参与率。

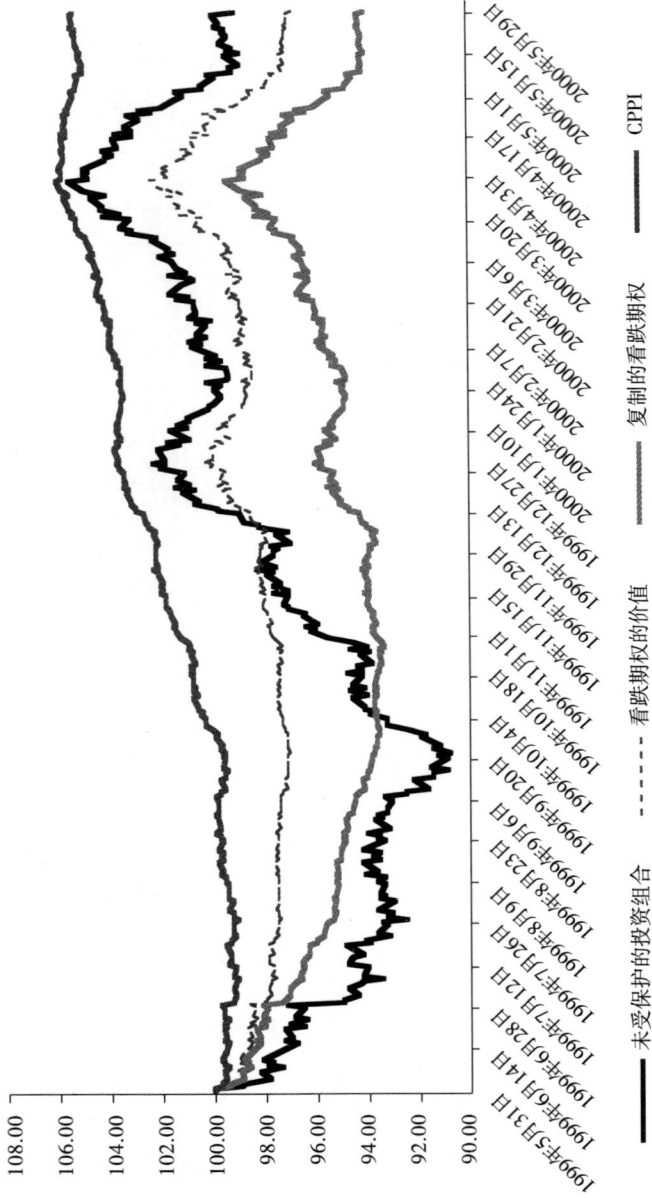

图5-3 未受保护的投资组合与三种保护方法之间的比较

第六章　资本担保投资组合

应用

资本担保投资组合可以涵盖各种各样的投资产品。这些产品经常被销售给希望在享受增长资产收益率或者风险资产收益率的同时保留其投资的名义价值的单个投资者，但也并非总是如此。不过，相同的投资可以很容易地应用于较大的投资组合，或者任何需要保存资本的地方。

理论

从原则上讲，资本担保投资组合完全就是一个受到保护的、最低收益率为零的投资组合，它们之间的区别是，如果基础投资的收益率是负值的话，那么提供资本担保的机构就会对投资者进行补偿。这样一来，该机构就将自己的资产置于风险之中了。于是，它就会购买某种投资组合保护，目的是保护自己的资本；或者它可能会觉得值得冒这个风险，在这种情形下，它的正常做法是把资本当成储备金放在一边，以防备投资可能出现的现金亏损时的不时之需。实际上很多地方都要求这样做。

这些过程的很多步骤都是投资者们看不到的，他们只注意到这样的担保合同：担保初始投资的收益，另外加上与一个市场或者与一个风险市场集有关的某种收益率或者红利收入，此类风险市场包括股票和债券等。

资本担保投资组合与投资组合保险之间的一个重要差别是最低收益率受到担保的时间。后者可能仅确保投资成熟时的赎回价值至少和投资的额度相抵，而前者则为一个确定的投资时间段提供连续的担保。换句话说，投资者不但获得他的初始资本，而且还要加上任何投资回报，即使是在他较早地赎回了这笔资本的情况下。

投资者接受这样一个事实：在大多数情况下，担保投资的收益会少于没有担保的投资收益，因为这个收益差额被充作了担保的价格支出。

决定资本担保价格的因素之一是担保的可靠性。一家具有很高信用等级的银行不大可能在此类资本担保上违约，而信用等级较低的投资机构则在担保能力方面会差一些，相应地，它也不能索取像银行那样高的担保酬金。

在其他条件相同的情况下，拥有较高投资等级的机构在提供此类产品时，具有富于竞争力的优势，原因是它用来抵消风险的市场价格与它的竞争对手完全一样，却可以为其担保收取较高的担保价格。表6-1解释了这种情形。

表 6-1 担保的成本与价格 单位:%

	投资级别机构	非投资级别机构
无资本担保的预期		
年度投资收益率	15.00	15.00
年担保成本	3.00	3.00
年担保价值	4.50	3.50
有资本担保的预期		
年度投资收益率	10.50	11.50
机构的年利润	1.50	0.50

不管在哪种情况下，提供该投资的机构都会进行自我评估：怎样才能保护自己的资本，以防市场无法产生理想的结果。它会斟酌是在市场中应用某种期权复制策略购买保险的成本效率更高一些，还是运用风险资本更为合算。不管采用哪种方法，投资者都需要判断关于资本担保的索价是否充分反映了担保的价值，或者该机构是不是有可能无法兑现该担保。

资本担保基金所获的收益一般要少于没有保证的类似基金，这一差额反映了担保的"成本"。如果被担保的收益高于未担保的收益，那么该担保机构就可能正在冒着危险量度的投资风险，此种情形很可能会危及它自己承保该担保物的能力。

实施

如果该机构决定利用某种投资组合保护为该投资组合价值进行担保，那么它可以从多个不同的保险提供商那里获得富于竞争力的保险报价，并且从中选择最具吸引力的提议。

如果该机构决定运用它自己的资本为全部或者部分资本进行担保，那么它必须决定留出多少资金作为储备金，把它投资在低风险的短期投资项目上。

留出多少资金作为储备金，这取决于将要担保的投资型投资组合的风险、投资的时间范围、利率以及该担保是应用于整个投资过程还是应用于投资结束时。

该机构完全可以采用某种期权技术，以便评估适当的储备金数额。考虑到资本担保具有期权的许多特点，因此这种做法是可行的。

如表6-2所示，关于资本储备金标准计算的基本原理和适用于布莱克—斯科尔斯或者 CPPI 的原理是一样的：

$$CR = 1-(1+min-i)/(1-i+c) \qquad\qquad (6-1)$$

其中，CR 表示风险资产，min 表示最小预期收益率，i 表示利率指数，c 表示估计的最坏情况。

在此例中：

$$CR = 100\%-(100\%+0.00\%-e^{0.075})/(1-e^{0.075}-10\%)$$
$$= 56.22\%$$

表6-2　各种资产配置经过评估的资本标准　　　　　　　　　　单位：%

	100%债券	50%债券、50%股票	100%股票
年结算收益率	100.00	100.00	100.00
当前利率	7.50	7.50	7.50
所需的最低收益率	0.00	0.00	0.00
估计的波动率	8.00	12.00	18.00
估计的最差情况	-10.00	-15.00	-25.00
评估资本储备金标准	56.22	65.82	76.25

如果基金为早期赎回以及投资期满时提供资本担保，那么所需储备金或者资本的适当水平就会较高一些，以便应对早期赎回这样的意外情况。大多数期权价格计算都假定绝对不会出现早期赎回的情形，因此不把此类事件包括进来。精算师的评估经常被用来预测早期赎回，但这些评估的精确性十分有限，因为资本担保投资的早期赎回有可能发生在极端情况下，如资产折现力严重不足、十分不利的市场条件或者资本担保的可靠性存在问题。

如果资本担保准备受到一份复制期权或者某种其他动态对冲的承保，那么它就必须制定适当的决策规则以便维持对冲，包括何时更新对冲。适用于这些决策规则的问题与适用于投资组合保险的问题相同。

货币管理

由于大多数资本担保物是在投资者基础货币的基础上予以体现的，因此货币管理一般不是主要的问题，除非基础投资组合中持有外国资产。如果是这样的话，那么这一风险可以特别通过设定货币对冲加以处理，通常情况下是采用提前售出外汇的形式。或者换一种方式，把货币风险包容进基金的总体风险中，并且由购买的期权、复制的期权或者附加资本的配置予以抵消。

即时控制

资本担保基金所需的即时控制水平取决于担保得以实现的方式。最简单的事例是市场上购买的期权与担保物相匹配。在这一事例中，唯一的标准是对期权和投资组合进行定期估价，以便期权确实起到预期的作用。如果是对早期赎回予以担保，那么必须对其可能性不断进行重新估计，以便确保因事而定的储备金保持充足。

在复制期权投资组合抵消担保物的情况下，动态对冲需要受到监控和调整，其方法是在实施之前运用已经制定的决策规则。

如果资本已被搁置在一边，那么就有必要对基础投资的风险进行监控，以便确保该担保物的资本配置仍然足以承保该担保物。表6-3就是对它的说明。

表 6-3　投资组合的清算价值

投资组合现值（美元）	100000000
年结算收益率（%）	100.00
年最低收益率（%）	0.00
投资组合的混合（%）	50.00
利率（%）	7.50
估计的波动率（%）	12.00
估计的最差情况（%）	−15.00
早期赎回的可能性（%）	5.00
期初储备金（流动资产）（美元）	70822918
股票（美元）	14588541
债券（美元）	14588541
总额（美元）	100000000

	清算价值1 不利的市场收益率	清算价值2 有利的市场收益率
按年计算的过期时间	0.25	0.25
剩余时间	0.75	0.75
股票收益率（%）	−25.00	25.00
债券收益率（%）	−10.00	10.00
储备金的价值（美元）	72163376	72163376
股票（美元）	10941406	18235676
债券（美元）	13129687	16047395
总额（美元）	96234469	106446447

	清算价值 1 不利的市场收益率	清算价值 2 有利的市场收益率
储备金应计利息（美元）	4175526	4175526
加入未获收益后的总额（美元）	100409995	110621973
所需的有效最低收益率（%）	3.91	0.00
所需的储备金（美元）	87778869	82137508
投资组合的价值比率（%）	87.42	74.25

最初，储备金大约是投资组合价值的 71%，剩下的被投资于股票和债券。71% 这个数字是利用 CPPI 公式根据最差情况假设得出来的：假设股票和债券的价值同时下降 15%，并且早期赎回存在 5% 的可能性。不利的和有利的结果都是在 3 个月后显现出来的。以不利的市场收益率来讲，股票和债券分别跌落了 25% 和 10%。考虑到还可以从储备金上获得收益，总体投资组合的价值仍然高于其初期的价值，但是在储备金所持的百分比变得较高了，这反映了由于投资较短的时间范围而出现的股票与债券价值的下跌以及较高的储备金标准——用于抵消股票和债券进一步下跌的利率收入减少了。

不利的市场条件与早期赎回相结合，这会对基金产生严重的影响。基金的市值下跌将风险资产的持有量从 29.20% 降至 25%。这个点位上的资本赎回会降低基金的总体价值，因为它会降低资本的基数用来补偿余下投资者所占份额的期初价值。为了达到这个目的，所需的有效收益率也会等比例提高。

赎回投资的投资者们会在保持其投资的名义价值的同时，放弃未来获得更大收益的机会。此外，仍在投资状态的投资者们现在需要忍受一个较为保守的资产配置，因为投资管理人需要采用这种保守的资产配置，以便保护其投资的名义价值。

业务管理

除了受保护投资组合在业务管理方面的问题之外，资本担保的投资组合还必须具备被提供给单个投资者的联合（联营或者混合）基金所需的功能，因此它需要不同凡响的业务管理资源。否则，资本担保投资组合的业务就会和任何其他多种资产种类的投资组合一样了。

评估

对于经过保险的投资组合，资本担保投资组合的估价仅是所有构成资产的市价总和，这些构成资产包括实物资产、衍生工具上的盈亏以及从储备金上获得的应计利息收益。

业绩测量与定性分析

类似地，业绩评估的方法和任何其他投资组合的评估方法完全一样。这也就是说，用当前投资组合的估算价值除以期初的估算价值，然后再减去 1。如果出现资本看涨期权，那么该期权将被当成基金的新进存款予以处理，其方法是运用时间加权的现金流量原理。早期赎回被看成是基金向外的资本流动。

定性分析的方法与普通投资组合的方法一样，目的是确保基础投资承担的风险和取得的收益的最佳平衡。

隐患

除了具有投资组合管理的典型缺陷之外，资本担保投资组合特别容易受到流动性管理问题的影响。这些缺陷可能会来自无法预见的早期赎回，或者来自非常不利的投资环境，此类投资环境包括现金形式收益率的急剧下降。

如果资本担保物受到购买期权的抵消，那么这一风险很大程度上会被中和，尽管仍然存在期权卖方违约这样的较小风险。这一风险和资本担保基金中的信贷风险是一样的。如果确实出现这种情况，那么提供资本担保的机构将承受这一代价。如果该机构也不能履行担保，那么这笔费用就只能由投资者来承担了。这是一种极端的情形，但是绝非不可能出现，尤其是在极度的市场压力下。

案例研究

对提供资本担保资金有利的市场环境经常不同于引发此类资金需求的那些市场环境，而且反过来也是一样的。在市场不稳定的时候，投资者寻求资本担保的重复保险。正是由于这样的环境，资本担保物很难提供令人满意的收益率。

20 世纪 80 年代末，此类环境盛行于很多市场。经过一段长时间的扩展之后，股票的收益率开始波动，长期的上升趋势让位于普遍的不稳定。利率很高，可是负利率曲线却占了上风，这意味着短期利率高于长期利率。大多数经济学家认为，负利率曲线一般不可能持续太长的时间，但是在这个事例中，结果证明他们的看法是错误的：该负利率曲线持续超过了 5 年的时间，许多人开始相信这种情况已经成为市场的正常状态。

一个充满活力的地方期权市场鼓舞着一些富于创新精神的暴富投资管理人提供

附有最低担保收益率的基金。这些基金大多都建立在最安全的基础之上，换句话说，他们投资于由长期的低风险资产组成的投资组合中，并且动用部分（相对安全的）利率收入，购买关于股票工具的期权。因此，他们能够保证基金总能获得减去期权成本之后的长期利率，另外加上当地股票市场的增值。结果证明此时的最低收益率为每年7%~8%（10%~11%的年利率收入减去3%的年股票期权）。

这些基金的成功引发了竞争，而且毫不奇怪的是，某些竞争是来自一家传统投资机构的。这家投资机构看到自己正处于这样的危险之中：失去自己的一些市场份额。作为应对，他们推出了自己的资本担保股票产品。为了确保自己的产品能对投资者更具有吸引力，他们提供了较高的最低收益率。

尽管知道这种策略风险很大，但他们认为这个风险值得一冒，原因是他们经历了一个股票增值时期，这次增值是最长的增值时期之一。他们对这次漫长的增值时期记忆犹新，并且为他们自己空前规模的传统投资产品，准备了充足的储备金。这些储备金的用途是弥补通过资本担保许诺给投资者的收益和市场上实际可得到的收益之间的差额。因此，没有任何期权抵消或者其他风险控制测量被认为是必要的，而且都没有实施过。由于股票市场最近取得的辉煌业绩，所以该机构决定大量投资国内股票市场。大约70%的基金受到了这样的配置，余下的则主要投资于短期债券。

该机构估计，投资者不大可能对它提出催付资本的要求，因为这种事情只有在收益率上升并且股票市场不能提供可观的收益时才有可能发生。

这个基金风行一时，这一点也不令人感到奇怪。诱人的最低担保收益，关于积极股票收益的许诺，历史悠久、受人尊敬的投资管理人的重复保险，所有这些都是许多投资者无法抗拒的。

于是，正当人们兴高采烈的时候，问题大规模地爆发了。20世纪90年代初期，大约70%的资金投资于股票，但是却没有对资本担保进行承保的计划。表6-4和图6-1描述了这一过程。

表6-4　1986~1990年投资组合年收益率及波动率　　　　　　　单位:%

	1986~1987年		1988~1989年		1990年	
	年收益率	波动率	年收益率	波动率	年收益率	波动率
股票	18.43	126.39	17.64	59.40	−17.52	38.93
1个月期现金的总收益率	16.88	37.05	15.68	47.23	16.24	29.14
1~3年期债券	17.59	35.14	10.80	30.03	18.00	34.83
7~10年期债券	19.68	36.39	12.44	27.08	19.30	38.57
70%股票+30%债券	18.18	96.06	15.65	48.81	−7.83	20.55

资料来源：Thomson Financial Datastream, Salomon Smith Barney, JP Morgan。

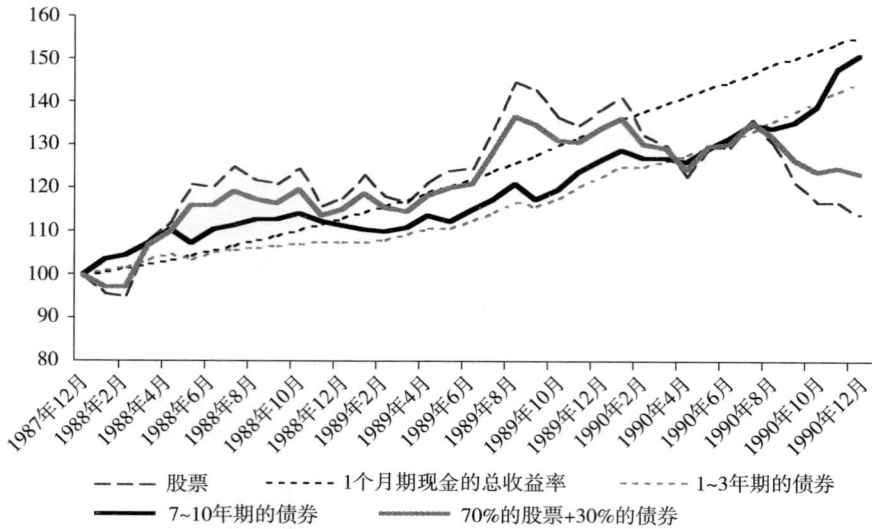

图 6-1　1988~1990 年的市场条件

　　在接下来的几年里，市场提供的收益率没有惊人之处。在 1988 年和 1989 年令人鼓舞的收益之后，股票市场于 1990 年出现收益率波动，最终产生了十分令人失望的结果，收益之源枯竭了。与此同时，债券收益率下降，以债券形式持有的投资组合部分仍然产生正收益，但是减少了从储备金上获得的收益，并且增加了**再投资风险**。相对于短期债券收益，长期债券的下跌更为迅速，因此，基金主要投资于短期债券的策略未能获取持有债券的全部益处。

　　由于担保了接近 10% 的年收益率，又加上市场上 -7.8% 的实际投资收益率，该机构不足的差额大约是 17%。即使这家基金在资金管理上非常成功，这笔差额也是一个相当可观的数目。

　　这家机构存活了下来，但是这只应归功于政府公开谈话的干预和另外一家大型金融机构精心策划的收购活动。

第七章　消极资产配置

假如没有资源可以用来实施并且监控一个有效的短期资产配置方案，那么该怎么办呢？一个简单的解决办法是，把投资组合权重放在长期配置上。这是一种消极但是有效的资产配置。

应用

消极资产配置可以和单个资产种类投资组合的积极管理或消极管理同时使用，或者结合使用。它可以作为平衡委托或者专家委托的一部分来实施，而单个资产种类由专家部门管理人独立管理。

之所以选择消极资产配置，主要有两个原因：一是省钱。像其他消极的投资形式一样，消极资产配置较低的管理费用很具有吸引力，因为它不依靠昂贵的经济或证券研究。这种资产配置可以降低年管理费多达 20 个或 30 个基点（0.20% ~ 0.30%）。此外，这一消极方法还通过降低交易成本达到省钱的目的。一个典型的分散化基金为完成向短期资产配置的转变，每年需要对其价值的 30%进行交易。如果这个营业额是通过实物资产予以实现的话（大多数投资组合没有太大的选择余地），那么每年该基金要花费其价值的 1%。

选择消极资产配置的另一个主要原因是：投资者们相信，主动的资产配置管理要么无法获得额外收益，要么尽管投资管理人精于预测资产种类收益率，却不大可能增加足够的价值，对投资管理人实施积极的短期资产配置需要支付额外的管理费用和交易成本来进行补偿。

成本是小型养老基金选择消极资产配置的原因。投资管理费用一般被称为投资价值的比率，但是投资管理公司无法对费用的美元价值视而不见，因为对投资者来说，不管基金的规模如何，成本都是相似的。一个拥有 100 亿美元规模的基金，其管理费用的报价可能会是 0.03%，而运用相同投资策略的 5000 万美元的基金却需要花费 0.60%。通过选择消极管理，大型基金可以削减其每年的费用，举例来说，削减至 0.02%，而小型基金则或许可以削减至 0.30%，这是一笔十分可观的削减，尤其是当准备向成员发表年度报告时。

小型养老基金发现消极资产配置还可以降低风险。由于小型基金更有可能雇用为数不多的平衡委托管理人（而非一大批专家管理人），因此它们更容易招致管理人风险。消极资产配置消除了管理人风险的一大来源：糟糕的短期资产配置决策。

对于小型基金来说，由于单个委托可能会十分昂贵，因此消极资产配置十分理想，因为这种配置允许他们保留自己的委托，而不需要购买大型合营投资工具的成套份额。

理论

消极资产配置理论源于效率市场假说。消极资产配置依赖于这样的假设：虽然通过短期资产种类收益率的预测，努力实施基金的长期资产配置，但是除去成本之后所获甚微。即使对收益率的定期预测具有可行性，但是为取得这些预测在经济和部门研究方面所耗费的成本，再加之实施短期资产配置时的交易成本，都超过了任何可能的经济收益。

另外，投资者可能会注意到一些市场比其他市场更具有效率。如由于交易成本很高，有些资产种类难以获得积极的收益率，在这种情况下，他们可能会为这些资产种类选择结合有消极资产种类管理的消极资产配置；而对于另外一些资产种类而言，投资管理人拥有足够的技巧可以担保不出现额外的成本，于是他们为这些资产种类选择积极的资产种类管理。举例来说，如果投资者观察到在不太熟悉或者不能很好地发挥竞争优势的市场上盈利空间不大，那么他们就可以把积极的国内股票管理与消极的国际股票管理结合起来。

实施

大多数进行消极资产配置的基金都以实物资产的形式持有其大部分投资组合，这些基金或者把它们作为平衡委托的一部分，或者拥有专家资产种类管理人。

如果是平衡委托，那么投资管理人就实施所需的资产配置，并且指示单个的资产种类管理人依照委托书的规定积极地或消极地进行投资。另外一种方法是把资产配置和资产种类管理分离开来，它要求界定一份专家资产配置委托，以便核算和监控资产配置。就专家委托而言，投资管理人决定每一个资产种类的投资数额，并且向托管人和每一个资产种类管理人建议投资的数额。托管人完成所需的转账，从而实施资产种类的投资。

为重新平衡投资组合而制定规则，这一点十分重要。这些规则或者详细规定按照基准重新安排资产配置的时间间隔以及实际配置与基准配置之间可以接受的最大偏差，或者详尽描述这两者的某种结合。

如果资产种类严格按照基准进行配置，那么出于资产配置的缘故，从理论上讲，预期的循迹误差应当为零。如果委托书允许相对于基准配置的某种方差，那么就需要对预期循迹误差进行某种评估。另外，从资产种类投资组合的收益偏差中产生的任何循迹误差、总体实际投资组合的循迹误差都必须包含这种评估，把资产种类之间的协方差考虑在内。

货币管理

这里需要决定的问题是多大程度的外汇暴露才是令人满意的。有三种可能的方法：

■ 消极外汇暴露或称货币中立。在这种方法中，每一货币持有的数额与该货币持有的资产价值完全匹配。

■ 外汇零暴露。在这种方法中，为收购外国资产而持有的所有外汇都通过提前出售等量的外汇和基础货币进行对冲。

■ 把外汇当成独立的资产种类进行管理。

大多数消极资产配置都采取货币中立或者和基础货币进行对冲的策略。积极货币管理并非和消极资产配置格格不入，但在正常情况下，它会被当成独立的专家委托予以处理。

衍生工具的使用

由于每一个资产种类都产生各不相同的收益率，所以实际资产配置在整个时间段内波动不定。常规的做法是，期货和远期合约被用来帮助资产配置的重新平衡、管理现金流动以及外汇暴露。

另外一种方法是把期货用于整个投资组合的投资，基金所持的实物资产全部采用现金的形式。尽管资产种类管理可以是消极的，但是这种策略既可以应用于积极的配置，也可以应用于消极的配置。实施这种投资组合的工作原理同于以现金形式而不是以长期资产配置投资组合的形式持有实物资产的资产配置重叠委托。这种方法具有许多优点：

■ 它具有很高的成本效益，为资产配置的重新安排节省了交易成本，并且免除了资产种类内部的交易成本。由于交易次数较少，托管人的酬金大大降低。

■ 根据基准对资产配置的重新安排可以与从一个到期月份到下一个到期月份的滚动期货头寸保持一致，从而进一步降低交易与业务管理的成本。

■ 由于实际上消除了单个资产种类业绩差于基准的风险，所以管理人风险得到了控制。

■ 由于期货市场比实物资产市场更加具有流动性，所以策略的改变十分容易实现。

主要的不足之处在于，资产种类的选择局限于拥有可行的期货市场的那些市场，这潜在地排除了一些更能引起人们兴趣的资产种类，如直接股票、小型资本化股票市场以及新兴的市场。衍生工具的使用排除了从资产种类内部证券选择上获得额外收益的可能性。每一个资产种类都是有效的指数化基金。就小型投资组合而言，只能购买全额的期货合约，这项要求意味着经常无法精确地获得所需的资产种类配置。这就给必须受到量化和管理的投资组合增加了风险。

对于资产配置重叠委托，必须密切注意国外期货的持有情况，以确保外汇结果不至于产生意外的风险。

即时控制

在设计关于消极资产配置的即时控制时，最重要的问题是需要多长时间根据投资组合的基准资产配置对该投资组合进行一次重新平衡。可供选择的答案是按照固定的时间间隔及时地进行重新平衡，如每 6 个月一次，或者当到达预定的配比不当时进行重新平衡，如当任何实际资产种类的配置对基准配置的偏离超过 5% 的时候。大多数消极资产配置委托书都明确规定把两者混合运用，这样一来，重新平衡的频率就取决于任何资产种类权重偏离基准的程度。例如，当偏离较小时，每 6 个月进行一次，当偏离较大时，比如 5% 或者更大，那么重新平衡的次数就会相应多一些（委托书也可以指令自然的现金流动以便在任何可能的情况下影响持续中的重新平衡）。

重新配置的频率以及容许的配比不当规模应当反映投资者对长期资产配置偏差的忍耐限度，而且还应当反映对交易成本的忍耐限度，这些成本在很大程度上是由资产种类自身决定的。举例来说，对国内定息和股票的大型配置意味着较低的平均交易成本，而在流动性较差的资产上进行的重大投资，如小型股本股票和直接股票，就意味着较高的交易成本。期货合约的运用可以进一步降低交易成本，其原理是它让重新配置和流动性管理变得较为顺畅。

如果资产种类由专家部门管理人分散管理，那么资产配置管理人就会定期收到资产种类管理人和托管人详述资产种类持有情况的报告，并且决定何时需要对基准配置进行重新安排。在核算了对每一个资产种类的必要修正之后，资产配置管理人就会指示托管人在部门管理人之间转让资金，并把相应的建议发送给每一个管理人，提醒他们在其管辖下的资产价值已经发生了变化。

表 7-1 显示了一个始于 1991 年 12 月 31 日、采用长期资产配置、具有代表性的投资组合。到 1992 年 6 月底，实际的投资组合配置已经明显地偏离了基准，因此需要进行重新平衡。最后一行数据显示了每一个资产种类需要进行的购买和出售。就这一次重新平衡而言，所需的投资组合交易额是投资组合价值的 3.59%。交易的平

均成本大约为 0.44%，而该投资组合这一次重新平衡的成本大约是 0.05%。

表 7-1　消极资产配置重新平衡

资产种类	美国定息	美国股票	英国股票	欧洲股票	日本股票	现金	总计
长期资产配置（%）	25	35	10	10	15	5	100
投资组合现值（美元）	25000000	35000000	10000000	10000000	15000000	5000000	100000000
1992 年 6 月 30 日（美元）	25519865	34248965	10426192	10686000	10888816	5189924	96959761
效率投资组合配置（%）	26.32	35.32	10.75	11.02	11.23	5.35	100
1992 年 6 月 30 日重新平衡之后（美元）	24239940	33935916	9695976	9695976	14543964	4847988	96959761
资产的购买（出售）（美元）	-1279925	-313048	-730215	-990024	3655148	-341936	0

业务管理

在其他条件相同的情况下，具有消极资产配置的投资组合的业务管理比积极管理的投资组合更为简单易做，这是因为消极管理所需的交易数量通常远远小于积极管理要求的数量。

对于其他投资组合而言，业务管理的方法在更大程度上取决于资产配置的管理是作为平衡委托的一部分还是作为一系列的专家资产种类委托。这决定着投资管理人之间需要进行多少次交流，以及托管人需要进行多大程度的干预。

评估

对投资组合进行评估时，最重要的事项就是该投资组合在接受管理时是作为单一的平衡委托还是作为具有资产配置重叠委托的一系列专家资产种类委托。

对于平衡委托而言，投资组合价值仅是其组成部分的市场价值的总和。这些组成部分主要是一些实物资产，而这些实物资产带有基于市场的估价或者对该估价的某种评估。如果存在资产配置重叠委托，那么衍生工具未实现的损益也就构成估价的一部分。

业绩测量与定性分析

就平衡委托而言，基金的收益率等于投资组合的终值除以现值再减去 1。对于单个资产种类委托，每一个资产种类的收益率等于每一个投资组合的终值除以现值减 1。当使用百分比配置对单个资产种类收益率进行加权时，单个资产种类的收益率相加应当是基金的收益率。换句话说，资产种类投资组合终值的总和除以资产种类投资组合现值的总数减1应得出相同的答案，如表7-2所示。

表7-2　投资组合的收益率与资产种类

资产种类	配置（%）	现值（美元）	终值（美元）	收益率（%）	加权平均收益率（%）
美国固定利息	25	25000000	25652646	2.61	0.65
美国股票	35	35000000	34343032	-1.88	-0.66
英国股票	10	10000000	10445258	4.45	0.45
欧洲股票	10	10000000	10686358	6.86	0.69
日本股票	15	15000000	10904426	-27.30	-4.10
现金	5	5000000	5198474	3.97	0.20
总额	100	100000000	97230193	-2.77	-2.77

　　-2.77%的投资组合收益率（97230193÷100000000-1）应当等于由其配置进行加权的单个资产种类收益率的总和。

　　消极资产配置的一个优点是，收益率方差由于资产配置的缘故而可以忽略不计，所以至少在理论上，所有的方差都应当源于资产种类内部的收益率方差。剩下的工作就是去发现每一部门会出现多大的方差了。即使如此，实际投资组合配置也不可避免地要和基准发生轻微的偏离，而且在某种情况下，收益率的这种差异结果可能会需要进行量化。如果是这样的话，那么进行计量的过程仅是为每一个资产种类计算实际配置与基准配置之间的差额，并用这个差额乘以适当的部门基准收益率和投资组合基准收益率两者之间的差额。

　　表7-3显示的是一个投资组合业绩评估的结果，该投资组合具有消极的资产配置，并且混合了消极的和积极的部门管理。国内资产受到积极的管理，而国外资产的管理则是消极的。在整个期限内，投资组合产出了-2.77%的收益率，超过了-3.04%的基准收益率0.27%。

表7-3　进行积极和消极部门管理的消极资产配置定性分析　　　　　单位:%

资产种类	长期资产配置	资产种类收益率	基准收益率	超过/低于	对投资组合收益率的贡献率
美国固定利息	25	2.61	2.08	0.53	0.13
美国股票	35	-1.88	-2.15	0.27	0.09
英国股票	10	4.45	4.26	0.19	0.02
欧洲股票	10	6.86	6.86	0.00	0.00
日本股票	15	-27.30	-27.41	0.10	0.02
现金	5	3.97	3.80	0.17	0.01
总计	100	-2.77	-3.04	0.27	0.27

　　这一分析表明，几乎所有优于基准的业绩都是因为投资组合部门的收益率优于基准收益率。最值得注意的是美国固定利息，在该项中，投资组合获得了 2.61% 的收益，而基准部门收益率为 2.08%。0.53% 的差额乘以 25% 的基准资产配置，结果是 0.13%，这是对总体投资组合业绩的贡献率。

　　在这一投资组合中，还存在偏离于基准资产配置的微小方差，它对整个投资组合收益率方差的贡献率是 0.0022%。该方差被评估为投资组合与基准平均资产种类配置两者之间的差额乘以资产种类基准收益率与总体基准收益率两者之间的差额。大多数资产配置收益方差是由于对日本股票的配置不足，当乘以该资产种类与总体基准两者之间的巨大收益率差额时，这一配置向收益率方差提供了 0.0025% 的贡献率。

　　具有消极资产配置的投资组合被认为很少或者根本不会因为资产配置而发生收益率方差，因此许多投资者选择不去进行详细的定性分析。这是可以理解的，但这可能是一个错误。一方面，它假设负责资产配置的管理人一直严格地遵守委托书条款，情况也许如此，也许并非如此。另一方面，就单个平衡管理人委托书而言，它可能掩饰了一些严重的门类业绩方差。例如，总体超过基准 1% 的业绩会被归因于国内股票的频繁挑选。这是一个令人舒心的解释，但是它会隐藏诸多缺点，如意料之外的风险暴露，而定性分析则可以把这种风险暴露凸显出来。

　　如果实际收益率与基准收益率之间存在着明显的差异，它就有助于把循迹误差作为计量投资组合风险的一种手段进行计算。不过应当记住的是，循迹误差是关于整个投资组合的一种测量方法，它既包括了来自资产配置的风险，也融合了资产配置方面的风险。一方面，把收益率方差归因于资产种类内的资产配置和证券选择的做法具有可行性，另一方面，对循迹误差来说，这种做法并不容易实施。

隐患

　　积极和消极资产配置之间的争论既持久又激烈。但是一般来说，消极资产配置在投资组合中的应用突出了对长期资产配置的选择。如果基金的长期配置构想十分糟糕的话，那么消极资产配置所产生的问题会比积极资产配置更为明显，原因是积极收益率进行掩饰的范围较为狭窄。

　　如果基金在一段持续的时间内没有实现其收益率目标，那么基金管理人就需要提出这样一个问题：长期的资产配置适当吗？对长期资产配置在任何指定时期内的收益率进行评估，这可能是行得通的，但是这种评估也只是给出一个"估计值"，因为基于历史（通常是在月末）收益率数据的"虚拟"投资组合无法提供在偶尔的时间间隔中出现的现金流量，也无法提供交易成本和其他摩擦成本。相比之下，一个真实的长期资产配置投资组合突出了长期基准的适应性，并且提供了一个更为有效的基准。

当然，这一缺点不只是消极资产配置才有的，积极资产配置同样也会出现由于长期资产配置构想不佳而产生的问题。反过来也同样如此。如果产生缺点的原因的确是不当的长期资产配置，那么具有消极资产配置的基金就不能错误地将未能实现目标归因于短期资产配置不佳。

案例研究

这是一家拥有 8000 万美元的公司养老基金。事实上，这家公司是某大型跨国食品生产公司的一个子公司，但是该子公司的经营地法律要求它向每个雇员提供个人养老账户。这家子公司拥有 800 名员工，其中的许多人都接近退休年龄。预计随着员工的退休，该基金将持续贬值，因为这些人员的退休需要大量的资金支出，从而减小基金的规模。

同样的法律还要求托管人理事会对这家基金进行监督，并要求这个由 8 位托管人组成的理事会至少拥有 50% 的基金成员代表。由于担任理事会成员需要花费时间，因此公司奉行了一种理事会成员轮流制度。根据该制度，每一托管人成员由基金全体成员选出，在为期两年的时间内为理事会服务。这样一来每年都有两名新成员被选进理事会。

因此，理事会的秘书作为专职人员，总是为托管人成员的教育工作而忧虑。他认为这是一把双刃剑。新的托管人成员往往自然而然地对衍生工具以及计量投资方法产生疑虑，不断变化的理事会构成意味着基金的投资结构总是受到新的和不同观点的审查。就该基金的规模和控制成本的必要性而言，为了获得最佳的投资结果，该基金关于投资取舍的态度需要尽可能的灵活多变。理事会秘书意识到了以衍生工具为基础的策略对此类基金成本控制的潜在贡献。他将许多托管人成员怀有的疑虑牢记于心，力求将高度的原则性普遍应用在基金的投资上，尤其是在使用了衍生工具的地方。

与其他托管人不同，理事会秘书所关注的是选择不良管理人的风险。他意识到如果没有衍生工具的使用，那么就完全可能出现不良的投资业绩。当然，降低管理人风险的最佳途径是雇用复合型管理人，但是对于这样一个规模较小又在逐步萎缩的基金，选择复合型管理人的范围受到了限制。该养老基金投资于 6 个资产种类，如表 7-4 所示。

表 7-4　长期资产配置　　　　　　　　　　　单位:%

资产种类	长期资产配置
美国股票	25
国际股票	20
美国固定利息	20
国内上市资产	15
与通货膨胀相关联的债券	10
小额股份	10
总额	100

考虑到最小的部门最多只有 8 万美元，除了在合营的投资工具内购买份额之外，专家委托是不可能的。即使这样做，结果也证明其代价也是十分昂贵的，因为它需要一个专家资产配置委托来协调资产配置，这样一来每年至少花费基金价值的 0.5%。这是基金成员所不能接受的。

唯一可行的解决办法是将基金分成许多的平衡委托。投资顾问认为，三种平衡委托足以提供所需的管理人分散化。为了最大限度地降低积极资产配置策略的相互抵消，并因此以积极的费用有效地提供指数化基金，投资顾问建议在对其中的一个委托进行管理时应用消极资产配置以及消极资产种类管理。其余的两个平衡委托分别被界定为**保守型积极平衡委托**和**进取型积极平衡委托**。选择管理人的主要依据是他们的工作业绩记录及其在每一种投资风格上所显示的能力水平。另外，这些管理人还需要管理使用个体账户而不是使用合营份额的尽可能多的投资组合。这样做是为了满足基金的要求，即在任何可能的地方直接以基金的名义持有基金的各种资产。对于大多数的资产种类而言，大部分管理人都有能力提供这一业务。例外的情况包括国际股票、与通货膨胀相关联的债券以及小额股份，它们合在一起，占长期配置的 40%。对于这些规模太小的投资组合来说，管理人无法利用单个账户管理这些资产种类。

消极资产配置管理人可以提供 6 项资产种类中的 3 项，把它们当成消极管理的单个投资组合，但是该投资组合规模太小，无法以这种方式管理国际股票、与通货膨胀相关联的债券以及小额股份。该基金对国际股票的投资是通过购买投资管理人合营基金内的份额，而该合营基金是进行消极管理的。对与通货膨胀相关联的债券和小额股份而言，只有积极的合营工具才是可行的。因此，这些部分可以在消极资产配置委托内进行积极的管理。表 7-5 总结了每一份委托书内管理资产种类的情况。

— 113 —

表 7-5　资产组合结构

资产种类	消极		保守型积极		进取型积极	
基金比率	40%		30%		30%	
美国股票	消极	单个	积极	单个	积极	单个
国际股票	消极	合营	积极	合营	积极	合营
美国固定利息	消极	单个	积极	单个	积极	单个
国内上市资产	消极	单个	积极	单个	积极	单个
与通货膨胀相关联的债券	积极	合营	积极	合营	积极	合营
小额股份	积极	合营	积极	合营	积极	合营

　　这三种平衡委托书都详细规定了同样的基准配置。保守型积极投资组合的年目标收益率高于基准 3%。进取型的委托则力求高于基准 5%。表 7-6 规划出基金 4 年的业绩水平。

　　至 1997 年 12 月，基金在 4 年期内的年收益率为 9.63%，其消极部分的年收益率轻松地超过了两个积极部分。事实上，只是在 1994 年，该基金的保守型积极资产配置部分才比消极型策略做得更好。应当承认，用于测量投资组合业绩基准即时方差的循迹误差和收益率结果看起来略显保守，但两者基本一致。举例来说，保守型投资组合 1.43% 的循迹误差表明该基金大约每 40 年只有一次可以获得高于基准 3% 的收益率。在 2/3 的时间里，它将保持在长期配置 ±1.43% 的收益率范围内。类似地，进取型投资组合（稍显进取性）也不太可能获得超过基准 5% 的收益率。其循迹误差表明，它每 6 年中有一年（该期间 16% 的时间段）超过长期基准收益率的 1.88%，每 40 年中有一年（该期间 2.5% 的时间段）超过基准年收益率的 3.76%。另外值得注意的是，整个基金的循迹误差为 0.81%，明显低于该基金内各投资组合 1.06%[①] 的循迹误差加权平均值。这表明了各成分基金的方差在某种程度上相互抵消的事实，其结果是：通过聘用 3 名具有不同投资委托的管理人，整个投资组合的总体风险得到了减少。但是总数和平均数既能够揭示问题，也同样能够掩盖问题，所以有必要对结果进行更为详细的检查。

　　表 7-7 有助于了解正在进行的情况。它表明保守型管理人的确是通过资产配置进行增值的，但不足以补偿施行资产配置变更的交易费用。进取型管理人 4 年期内的收益率尽管有时超过了基准，但是未能通过资产配置或股票选择达到增值的目的。问题仍然是交易成本。结果证明，资产配置的进取型转变成本是很高的。

---

　　①　$0.16 \times 40\% + 1.43 \times 30\% + 1.88 \times 30\% = 1.057 \approx 1.06$。

单位:%

表 7-6　投资组合的收益率

金融资金的百分比	基准	消极资产分配 (40%)		保守型积极资产分配 (30%)		进取型积极资产分配 (30%)		投资组合总计 (100%)	
	收益	收益	差异	收益	差异	收益	差异	收益	差异
至 1997 年 12 月时 4 年期	9.69	9.63	-0.06	9.50	-0.20	5.35	-4.35	8.21	-1.48
至 1997 年 12 月时 3 年期	15.51	15.45	-0.07	14.63	-0.89	10.73	-4.79	13.67	-1.84
至 1997 年 12 月时 2 年期	14.37	14.33	-0.04	13.51	-0.86	11.62	-2.75	13.21	-1.16
至 1997 年 12 月时 1 年期	16.35	16.33	-0.02	17.00	0.65	13.37	-2.99	15.66	-0.70
循迹误差		0.16		1.43		1.88		0.81	
优胜概率为 2.5% 时的优胜额度		0.33		2.86		3.76		1.61	
1996 年	12.42	12.36	-0.06	10.12	-2.30	9.89	-2.53	10.82	-1.60
1995 年	17.83	17.71	-0.12	16.89	-0.94	8.97	-8.86	14.60	-3.23
1994 年	-6.06	-6.11	-0.04	-4.56	1.50	-9.27	-3.21	-6.64	-0.58

表 7-7　至 1997 年 12 月时 4 年期的概要定性分析　　　　单位:%

管理人对收益的贡献率	消极型	保守型	进取型	总计
资产分配	0.04	0.70	-0.28	0.16
股票选择	0.00	0.23	-0.23	0.02
交易成本	-0.10	-0.81	-2.18	-1.00
残留	0.00	-0.32	-1.65	-0.67
合计	-0.06	-0.20	-4.35	-1.48

注：只限于资产分配。与股票选择相关的交易成本包含在部门业绩中。

　　两种积极的投资组合（保守型和进取型）在股票选择的某些环节上出现问题而遭受挫折。详细审查显示，问题几乎总是出在国际股票上。保守型和进取型管理人都采取了积极管理货币风险的政策。在实践中，这经常包括把外汇暴露和基础货币进行对冲：投资管理人对于国内货币的前景过于乐观。在被讨论的期限内，这变成了一项灾难性的政策，因为国内货币在此期间产生了不利于大多数主要货币的消极回报。

　　这里对定性分析提出了决定性的警告。它是相当初步的，它的设计目的是为了鉴别最重要的回报效果。由于它只建立在月底数据的基础上，因此没有考虑现金流动的冲击，也没有考虑资产据以买进和卖出的实际价格的冲击，因而忽略了对投资组合的很多此类影响。

第八章　国内股票投资组合计量模型

应用

不在国内股票市场上进行投资的投资组合是很少见的。即使是所有的迹象都预示着市场将会回落，几乎所有的投资组合也都会坚持把重要的比例投资在国内的股票市场上，而在投资管理这个产业中，如果没有国内股票市场上的一些专门技术，那么投资管理人将难以保持信誉。

大多数国内股票投资组合都是以当地的综合证券指数为基准的。美国最流行的证券指数是标准普尔 500 指数，而英国最受欢迎的则是伦敦金融时报 100 指数。人们对收益的预期值远远高于这些基准指数。不只是投资经理的个体信誉经常受到挑战，而且投资组合的总体业绩也经常会有波动。由于国内股票通常在任何一种投资组合中都占有很大的比例（典型的比例是 25%~60%），因此这一部分的收益往往会对总投资组合的收益产生重要的影响。

理论

国内股票的重要性表现为它们是国内经济预期增长的晴雨表。通过预期国内经济的增长，它们对财富未来可能的变化做出反应，而不只是简单地反映目前的经济状况。因此，对国内股票的投资就是购买某种股票的未来增长。

收益率预测和风险管理是界定基准之后的主要投资构成。大部分计量投资管理人应用多种模型的综合技术，包括用来预测收益率的资本资产定价模型，而均值—方差则一般用于预测风险。

基准的界定

证券投资最重要的方面之一是选定一个基准。该基准的目的是这样的：

■ 确定一个可以反映国内股票市场机会的收益率目标。该基准是在总体投资组合中可以计量的对资产种类的表示。

■ 作为一个比较点。通过这个比较点，可以对个体的国内股票投资管理人所获得的收益进行评估。

收益率预测

预测股票价格行为的"独特模型"如果不是数以万计，那么也有成千上万，这并不令人感到吃惊。这些模型大多数都可以归入下述的种类，而本内容将试图对每一个种类进行简单的讨论：

■ 技术分析、趋势模型和价格动态模型。
■ 红利折算模型。
■ 单一股票模型。
■ 比率模型。
■ 套利定价理论。
■ 产业模型与宏观经济模型。
■ 因素模型。
■ 舆论收益预测的均值—方差模型。

前 5 个种类可以被认为是"自下而上"的股票选择模型。它们集中于评估单一的资产，它的前提是，投资组合的收益只是它的每个组成部分的收益的总和。而后 3 个种类则结合了"自下而上"和"自上而下"的投资组合。它们依赖于资本资产定价模型的变化，其原理是，每种股票的收益可以按照市场的变化和与市场有关的变动进行分析。这种方法含蓄地认同了不同的资产对投资组合风险的互动式影响。

技术分析、趋势分析和价格动态模型

技术分析、趋势分析和价格动态模型已经存在了很长时间。它们的思路是，可以通过研究较早时期股票价格动态的模式对股票价格进行预测。股票价格的历史记录在一份图表上被呈现为一条线或者一系列的点。分析者试图根据已知的结果，推断下一步的价格走势。

高效率的市场派们看不起这种技术，他们坚持认为如果事情有这么容易，那么股票价格就会按照预测价格非常迅速地进行调整，于是这个模式也就立即消失了。在 2000 年 8 月的《财政杂志》上，安德鲁·洛等人撰写的文章中描述了倾向于使用历史价格走势图（**示意图**）的情形。[①]

图 8-1 显示了为期 5 年的每月价格历史记录，从这个例子中，一个技术分析者

---

① 安德鲁·洛、哈里·迈梅斯基、王江，《财政杂志》，2000 年 8 月；《经济学家》，2000 年 8 月 19 日第 76 页。

可能会从 1998 年初明显的曲线图或者 1999 年初戏剧性的类似峰值中得出结论，以预测随后的价格动态。

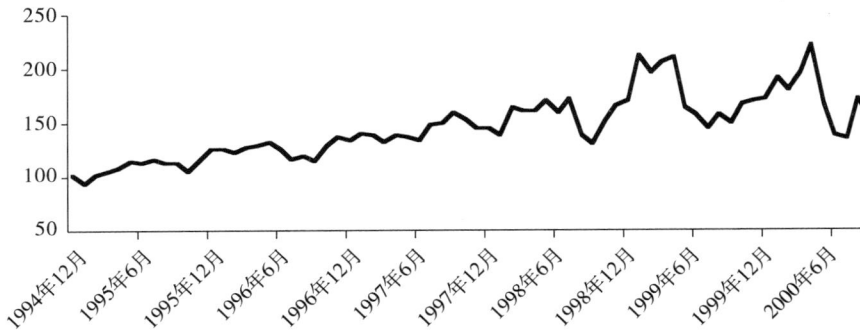

图 8-1　技术分析

资料来源：IDC。

趋势模型的另一个变种是动态模型。这些模型也利用图表上线状的历史价格数据，并结合一种**移动平均值**，即最近某个期间的平均价格，如一个月的平均价格。当价格线和变动均值线交叉时，就表现出趋势的一个变化，这种变化被解释为买进或者卖出股票的一个信号。

图 8-2 显示了此类买进或者卖出的信号：举例来说，当通用汽车的价格线在下滑的过程中，于 1998 年 9 月之前越过均值的时候，就显示出了一次卖出信息。此后不久，两条线又在另外一个方向上发生了一次交叉，这被当成是一次买进的信号。图 8-2 证明，动态分析并不总是能很好地显示买进或者卖出的信号，例如，在 1999 年末到 2000 年初时，存在着大量冲突的信号。

一方面，很少有投资管理人会仅根据技术分析进行重大的投资决策；另一方面，很多管理人发现图表对短期决策很有用处，如确定买进和卖出的时间。

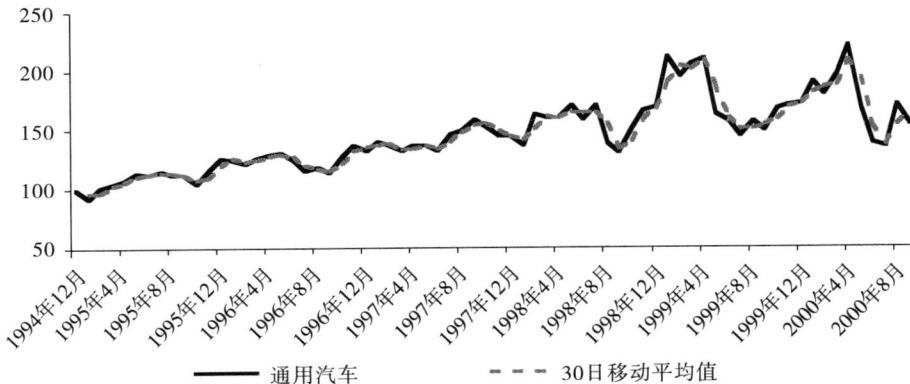

通用汽车　　　　－－－　30日移动平均值

图 8-2　动态分析

资料来源：IDC。

— 119 —

红利折算模型

在为分析股票而设计的所谓基本模型中，这是最简单的一种。在公司的存续期间内，这些红利将最终取决于公司的盈利能力。它们建立在这样的假定的基础之上，即首先该公司最终将以红利的方式把它的全部收益分配给它的股东。在公司存续期间，这些红利将定期分配给股东；当公司存续期限结束时，该公司或者被解散，或者被出售，其收款项应当分配给股东。另一个假定是，这些红利存在着合理的可预测性。这样预测得来的红利被折算成当前的市价进行分配。该折算率是反映该公司风险的一种收益率。

这种模型背后的理论是完美的。根据定义，公司当前的市值是投资者最终将以现行货币的形式获得的价值。债券也完全按照这种方法进行定价。但是当把这种方法应用于股票时就产生了问题，因为公司未来的风险在以不可预见的方式变化着，在实际操作中很难预测未来的收入，很难对正确的折算率加以界定。此外，它还有其他一些缺点，如该模型无法预测公司被接管的潜在可能性，以及相关的优先购买价，而且它也无法预测短期的价格动态。

表 8-1 显示了在 100 年期限内进行折算的结果。和当前 2.00 美元的红利分配相对照，该分析中最后一次红利市值是 $0.01\{2.00\times[(1+2\%)^{100}/(1+7.5\%)^{100}]\}$ 美元。红利被假定按照每年 2% 的比例增长，适用的收益率是 7.5%，加上 100 年的红利折算之后，每股的市值是 38.90 美元。

表 8-1   红利折算

当前红利（美元）	2.00
年度红利增长率（%）	2.00
每年红利折算率（%）	7.50
假定的时间范围（年）	100
时间范围内上一次红利的市值（美元）	0.01
未来红利的当前价值（美元）	38.90

单一股票模型

这是估价公司未来盈利能力的一种方法。分析者们基于从董事会议上收集到的信息和他们关于公司以及公司所在行业的知识，有效地建立起的一种模型。

表 8-2 显示了对公司产生影响的成本、可能的收入以及作为结果的盈利能力三者之间的关系。于是分析者可以改变注入值，以便观测它们会对公司的盈利能力产生何种影响。举例来说，如果短期收益率增长 0.5%，那么每份股票的收益就会从

2.18 美元减少至 2.17 美元，而如果每小时劳动成本增长至每小时 9.00 美元，那么每份股票的收益就会降到 0.61 美元。

表 8-2　被简化的单一股票模型

向公司的注入		收益	
发行的股票数量	15000000	每个份额的市场价格	15.75 美元
当前股票价格	50.00 美元	被出售的份额数	105000000
短期收益率	4.50%	有效利用率	87.50%
长期收益率	6.50%	全部收入	1653750000
公司税务的统一费率	40.00%	原料成本	367500000 美元
固定劳动成本	15000000 美元	劳动成本	684375000 美元
每小时劳动成本	8.50 美元	营销成本	535000000 美元
每个份额的劳动小时数	0.75	业务管理成本	8500000 美元
固定营销成本	10000000 美元	运营成本	1595375000 美元
营销与出售的份额成本	5.00 美元	运营利润	58375000 美元
行政管理成本	8500000 美元	收益成本	3800000 美元
资本投入	55000000 美元	税费	21830000
营运资本	5000000 美元	纯利润	32745000 美元
份额生产能力	120000000	每股收益	2.18 美元
每个份额的原材料成本	3.50 美元		
每个份额的市场价格	15.75 美元		
卖出份额	105000000		

经常和股票模型结合在一起的是股息折算模型和比率模型，如果股票模型的某些输入值是宏观经济的变量，那么还有宏观经济分析。

比率模型

这些模型应用资产负债表上的信息对盈利能力进行预测。这种分析类型的好处是，它允许同时对大量的证券进行分析。单一股票模型对单一证券的分析是一件颇费力气的事情，与单一股票模型不同，比率模型的分析者可以轻松地从一个数据提供商那里，如一家股票交易所，购买资产负债表信息，把它套进模型里，从而产生出一组有前途的资产，然后更详细地对其进行研究。不可低估获得大量候选资产名目的益处，如果分析者正确地预测到了哪一只股票将会有好的业绩，那么其结果将是一个非常强劲的投资组合。

用来预测盈利能力的比率有：

■ **账面价格比**是股票的市价与它的账面价值之间的比例（在通常情况下，它的账面价值就是它的发行价，出于股票分割或者其他相关的公司行为而受到核算）。

■ **红利比率**是每份股票所支付的红利与同一期间每个股份收益之间的比率。

■ **资本配比**是全部债务与公司市值之间的比率（以全部债务和全部普通股票的市场价值为计量标准）。它可以表示为 D/（D+E）。

■ **债务证券比**是全部债务与全部证券市值之间的比率。它可以表示为 D/E。

■ **红利收益率**是按年分配的红利与股票市值之间的比率。

■ **利润收益率**是每个股票年度利润与该股票市值之间的比率。

■ **利息偿付率**是全部收益（通常是 EBIT）与同一期间可支付收益之间的比率。

■ **EBIT** 是息税前利润。

要指出这种模型的问题不困难。首先，要预测出哪一种比率能够让投资者盈利，这不是一件容易的事情。如果易于预测，那么候选股票的价格就会自动调整，以消除这种效果。其次，它在数据可靠性方面也存在问题。资产负债表数据在大多数情况下或者不充分或者产生误导作用，或者两者兼而有之，它不太经常被更新，甚至是不太及时被更新。如果账面价值一年只计算一次，或者是以不充足的数据为基础，那么单说投资组合在账面价格比很高的股票上进行了大量投资，可能并没有太多的用处。

如果一个投资组合寻求基于比率的一些特征，如高于平均红利产出的比率，那么这种模型会是很有用处的。高收益的股票通常不但有着高于平均支付比率的比率，而且还有着某种诱人的公司政策。但是这种模型本身无法对大多数盈利股票进行识别，因为红利支付并不能很好地表示盈利能力。

套利定价理论（APT）

套利定价理论被建立在这样一种观察结果的基础之上，即任何资产的价值都是它各个部分价值的总和。当上市公司拥有其他上市公司的部分资产时，这种理论是有用处的。母公司的价值应当是它在子公司中所持股份的价值加上它直接持有的任何运营的价值的总和。如果以此方式评估的合理价格和证券被买卖的价格之间存在差异，那么就存在着套利或者无风险利润的机会。为了利用套利机会，投资管理人买进低于正常定价的资产，按相互抵消的数量售出过高定价的资产。当市场价格与它们的合理关系相符时，投资者就会逆转或者放开其头寸。

在表 8-3 中，公司的市值是 171250000000 美元，或者每股价值 68.50 美元。它直接运作的资产价值被评估为 94000000 美元，在公司的全部不动产中只占很小的百分比。它的大部分价值都在它在其他上市公司里所持的股份中，此外的其他上市公司为子公司#1 至子公司#5。这些所持股份和直接运作资产的市值总和只有 147716250000 美元，或者每股价值只有 59.09 美元。这可能意味着母公司相对于其子公司被估价过高了。

表 8-3 套利定价理论

控股情况	发行的股份	股票的市场价格（美元）	市场估价（美元）	价值评估（美元）	母公司拥有的百分比（%）	母公司持股的价值（美元）	母公司价值理论上的百分比（%）
母公司	2500000000	68.50	171250000000		100	147716250000	100.00
直接运作#1				58000000	100	58000000	0.04
直接运作#2				36000000	100	36000000	0.02
子公司#1	2150000000	45.50	97825000000		52	50869000000	34.44
子公司#2	980000000	75.00	73500000000		58	42630000000	28.86
子公司#3	850000000	62.25	52912500000		32	16932000000	11.46
子公司#4	730000000	98.50	71905000000		25	17976250000	12.17
子公司#5	1050000000	91.50	96075000000		20	19215000000	13.01
母公司理论上的股票价格		59.09					

投资者可以购进子公司股份，其在子公司的"加权"比照他们在母公司的"加权"，并出售在母公司的股份，从而赚取无风险利润。当母公司处于同样或者类似的市场价格或者理论价格时，该交易将被逆转。不管总体市场的方向如何，这项策略总会产生类似的利润。唯一的风险是直接运作的资产价值受到低于合适价格的评估，这种低估将会增加母公司的价值，从而同比例地减少这种策略的潜在收益。不过，由于这将消除这项特定策略的盈利能力，这些子公司将需要数倍于它们的价值，而这是不太可能的。

套利定价理论的魅力在于它独立于任何其他市场条件，只取决于概念上相当简单的分析。由于它如此简单，并且相对明确，因此真正套利的机会并不经常出现。

产业模型和宏观经济模型

产业模型和宏观经济模型形成自上而下的投资组合结构。它是这样的一个过程：首先预测宏观经济变量结果的过程，如预算赤字与经济增长比例，进而模拟可能会对部门和产业集团两者的回报以及两者的股票产生的影响。举例来说，关于能源价格增长的一个预测对能源部门来说通常是一个好消息，但是对于运输部门的股票来说就是一个坏消息。这些模型的目标是利用历史上的收益数据，以对每个宏观经济变量或产业变量和每份资产之间的关系进行量化，并且对变量本身之间的关系进行量化。

举例来说，股票 i 的预期回报可能受到宏观经济变量 x 和 y 的驱使，如下所示：

$$E_{ri} = \alpha_i + \beta_{ix}(E_{rx} - E_{rf}) + \beta_{iy}(E_{ry} - E_{rf}) + e_i \qquad (8-1)$$

其中，E_{ri} 表示对股票 i 的预期收益，α_i 表示股票 i 的 α 估算，β_{ix} 表示股票 i 对

因素 x 的协方差或者 β 因素，E_{rx} 表示对因素 x 的预期收益，E_{rf} 表示预期的无风险收益率，β_{iy} 表示股票 i 对因素 y 的协方差或者 β 因素，E_{ry} 表示对因素 y 的预期收益，e_i 表示股票 i 随机的、明确的风险。

这就是说，对股票 i 的预期收益等于：

■ 股票 i 的 α 系数，是股票被过高或者过低定价的数额。

■ 外加股票 i 对宏观经济因素 x 的 β 值（协方差）乘以宏观经济变量 x 的预期收益和预期的无风险收益率两者之间差额。

■ 外加股票 i 对宏观经济因素 y 的 β 值（协方差）乘以宏观经济变量 y 的预期收益和预期的无风险收益率两者之间差额。

■ 外加某种随机的变量或者错误，这种变量或者错误也可以被看成是可变化的风险。

我们重申这种理论是完美的，而且在实际操作中也可以发挥得很好。但是由于宏观经济和产业的收益在实际操作中往往难以预测，于是它的问题就产生了，而且这种方法对无法预料的事件非常敏感，如经济政策的变化，这种政策既可以改变变量本身，也可以改变变量之间的关系。

还有，要模拟单一公司对宏观经济变量的敏感性，有时候甚至比人们想象的还要困难。试以一个黄金生产商为例。可以认为，对于一个除了提炼黄金不做任何其他业务的公司来说，主要对它产生影响的是世界黄金价格和对其股份进行定价的货币。但是如果该公司出售它的黄金产品并且对它的通货暴露予以保护，那么结果又当如何呢？剩下的又是什么在影响它的盈利能力并因此影响它的股票价格呢？只能是提炼成本和收益率。这里的困难在于，这样的一家公司没有义务去奉行一套保护产品和货币的政策，但是它可能在一种特定的基础上进行这些活动，所以它对黄金、货币和收益率的真正敏感程度完全是不可预知的。

产业模型和宏观经济模型在有些市场的表现比在另外一些市场上好一些。很多股票交易所都不要求公司提供它们业务的明细账目，因此对于影响公司最终盈利能力的收入流和成本混合体，分析者们只能进行猜测。

这种方法的一个好处是，它在投资组合水平上的应用与在单一股票上的应用同样有效。因此，投资管理人可以创建一个包括精确的宏观经济和产业敏感度的投资组合，以最好地利用他的经济预测。

因素模型

因素模型背后的理论类似于产业与宏观经济模型的理论。它们建立在这样一个前提之上，即外部事件对任何股票的收益产生影响。因素可以是价格或者收益序列为之产生的任何东西。对国内股票投资组合来说，产业集团很可能是最经常应用的因素，但是非传统性更强的因素也已经得到成功的利用。因此如果可以对事件进行预测，并且知道该事件对股票投资收益产生的影响，那么对资产产生的收益就也可以得到预测。举例来说，一个含有两个因素的模型，可以利用因素 x 和因素 y，给出下述的关于预期收益的运算法则：

$$E_{ri} = \alpha_i + \beta_{ix}(E_{rx} - E_{rf}) + \beta_{iy}(E_{ry} - E_{rf}) + e_i \qquad (8-2)$$

其中，E_{ri} 表示对股票 i 的预期收益，α_i 表示股票 i 的 α 估算，β_{ix} 表示股票 i 对因素 x 的协方差或者 β 因素，E_{rx} 表示对因素 x 的预期收益，E_{rf} 表示预期的无风险收益率，β_{iy} 表示股票 i 对因素 y 的协方差或者 β 因素，E_{ry} 表示对因素 y 的预期收益，e_i 表示股票 i 随机的风险。

这就是说，对股票 i 的预期回报等于：

■ 股票 i 的 α 系数，是股票被过高或者过低定价的数额。

■ 外加股票 i 对因素 x 的 β 值乘以因素 x 的预期收益和预期的无风险收益率两者之间差额。

■ 外加股票 i 对因素 y 的 β 值（协方差）乘以因素 y 的预期收益和预期的无风险收益率两者之间差额。

■ 外加某种具体的、随机的变量或者错误，即可分散风险。

因素模型的原理同于上述宏观经济模型。两者之间的区别在于对因素的界定。

大多数因素模型都绕开了分析公司运营、收入、成本等步骤。它们把过去的收益数据看成是驱动股票投资收益的最重要关系。

这种方法的好处是，它允许把大量的资产综合在一起进行分析。这种技术最常用于评估一个投资组合的灵敏度。它最显而易见的长处是，关系随着时间的推移而发生改变，而这种改变会成为一种致命的因素。一个称职的投资管理人有能力分辨出正在进行中的模式和处于变化中或者已经过时的模式。对于这样的一个投资管理人来说，对此类关系进行量化时犯下错误的机会要小于依赖当前的资产负债表和业务运营数据而犯下的错误，因为后两者在质量上和真实性上可能不太确定，它们受到详细审查的机会也小得多。

对因素模型的一个更加重要的挑战与因素的正确选择有关。一个极好的解决方案是进行**重要因素**分析。这是一个统计学过程，它运用股票收益或者投资组合的历史记录，对一个给定阶段内出现的重要关系进行鉴别。这个过程在解释几乎所有影响股票或者投资组合行为的因素时都可以得到很好的运用。它的问题是，其结果可能很难解释。它们只是一个统计学过程的结果，因此可能跟客观世界中的任何事物都不发生联系。这个分析不对因素赋予有意义的名称，这些因素只是简单地被鉴别为因素 A、因素 B，等等。举例来说，一个看起来像是收益率因素的东西，结果可能却是利率和通货混杂在一起的因素。它的另一个问题是，当数据发生变化时，明显的灵敏度随着时间发生重要的改变，以至于这个月测量出来的灵敏度可能跟上个月的不一致。对于一个具有明确的风险投资策略的投资管理人来说，这可能是一个致命的弱点。

因此，大多数因素模型都预先确定它们的因素，也就是说，它们鉴别出哪些因素可能是重要的，然后根据这些因素对股票和投资组合进行评估，以观测它们到底重要到什么程度。对于一个国内股票投资组合来说，最直截了当的方法很可能就是把产业集团当成因素，评估每只股票对它的产业集团的灵敏度。如果产业集团被界定得很好，这种方法就为股票选择和投资组合的创建提供了一个合理的基础。

重要的是，需要注意到一个投资组合中产业的风险可能与它的产业分配很少有相似之处。后者只是投资组合在每个产业种类中的百分比，而前者则是评估投资组合对产业财富变化的灵敏度。举例来说，一个出售所有黄金产品的黄金生产商仍被包括在黄金产业集团内，但实际上对该产业的财富没有任何风险。因此可以预期它对黄金产业集团的 β 值很小。

下述特征是因素中适当的方面：

■ 它们合在一起应当解释全部投资组合或者证券收益尽可能多的成分。

■ 因素的数量应当受到限定，最多三十几个至四十几个。

■ 它们需要具有直观性：倾向于因素 A 于事无补。因此因素是人们可以谈论的某种东西，如产业、收益率或者通货。

■ 由于计量对因素模型非常重要，因此因素需要有与它们相关的明确的收益序列号。黄金价格是一个因素模型的例子，它每天都有正式的收盘价，给出明确的收益。商品集总的作用较小，因为不存在任何单一的、被普遍接受的、具有明确价格的集总。

■ 最重要的是，因素应当具有**统计学意义上的独立性（互不相关的）**，拥有朴素重叠的因素不是一个好主意。

大多数因素模型都试图提高简单的产业分组，到底哪一种方法是最好的，还存在着相当多的争议。这样说话很可能是公正的，即就因素的正确选择而言，最好的方案是对讨论中的市场量身定制的那一个，它可能是，也可以不是简单的产业集团。

有时候，对一只股票或者一个投资组合很重要的因素一开始时可能令人感到惊讶。表 8-4 分析了含有 FTSE All Share 的一个投资组合对非英国通货的灵敏度，这个投资组合只由以英镑记账的股票组成。该投资组合的全部波动性是 13.00%。它相对于通货的 β 值显示了该投资组合相对于该通货的假定浮动将会浮动到的程度。这个投资组合对美元几乎像对其本国货币一样灵敏。

表 8-4 投资组合对货币的风险

货币	投资组合对货币的 β 值	对投资组合差异的贡献率（%）
欧元	-0.5180	2.13
日元	0.2612	5.85
英镑	0.6292	0.00
美元	0.6276	10.33
澳大利亚元	0.3548	8.69
加拿大元	0.5856	7.06
瑞典克朗	0.2968	3.75
瑞士法郎	-0.1262	0.51
中美洲集总	0.0649	0.27
亚洲集总	-0.0297	0.06
南非兰特	0.0041	0.00
南美洲集总	0.0526	0.26
全部货币		38.91

资料来源：QUANTEC。

更重要的是右边的一列，它显示了每种货币对投资组合边际风险的重要性。这是一种随机风险，可以朝向任意一个方向，在资本资产定价模型和因素模型等式的一端和错误的条件相呼应，因此它是投资者愿意消除的风险。对于这个国内投资组合来说，它可变化的、非系统性的风险中几乎有 40% 是由于对外国货币的风险引起的。如果不是出于故意的话，那么这种风险不会对投资组合收益做出贡献。在对它进行量化之后，必须通过保值措施对其予以控制或者消除。

在界定了与投资组合最有关系的因素之后，下一步就是预测这些因素的收益。这些预测原则上非常类似于对宏观经济变数的预测，并且不比后者容易，因此一个人在投资组合的创建过程中应用因素模型时，经常在这里遭遇到其薄弱环节。

舆论收益预测的均值—方差模型

这些模型是类似于因素模型的技术。其间的差异是，因素模型强调股票和因素之间以及因素相互之间的关系，而舆论收益预测模型则把更多的精力放在单一证券盈利能力的预测上。因此，均值—方差方法被用于评估并计量投资组合的风险。

这种方法从已经公布的、由大多数大型的经纪机构和商业预测代理们做出的收益预测中获得预测资产收益，运用这些预测鉴别相对于他们预期的风险被明显定错了价格的资产。这非常类似于现代投资组合理论原理的纯粹运用，包括关于风险和收益的有效领域的概念。

图 8-3 显示了对标准普尔 500 指数中的每一只股票预期收益和风险的评估。该图显示了典型的堆聚。在这个例子中，风险在 -5% ~ 15%，而收益则在 5% ~ 15%。

这个堆聚区域内的大多数股票都可以被认为接近于它们公正的价值，但是堆聚区之外的股票则更有可能价格过高或者价格过低。由于预期风险和收益存在积极的相关性，因此如果发现该堆聚攀升向右边，那么将会是正常的。这在部分程度上是明显的。一旦股票离开左下角的堆聚，那么它们似乎就遵循一个向上倾斜的态势，伴随着对单一资产相当程度上的错误定价。

预期收益率大于 20% 和风险小于 25% 的资产是进行更加详细审查的候选对象，它们显得价格过低。类似地，存在着大量高波动性、低预期收益的股票，这些股票的价格可能会被大大地过高估计。可以对这些股票进行详细的调查，以确定它们是否真的存在错误定价的问题。这种模型的优点是，初始分析可以处理非常众多的资产，允许对精确锁定的目标进行更加集中的研究。这使得它既适用于国内的也适用于国际股票投资组合。

这种方法的一个主要缺点是股票经纪人对收益的预测往往存在固有的偏见。股票经纪分析人员对其所分析公司的前景持有乐观态度，这是众所周知的。如果经纪人的投资银行分支机构正在向讨论中的公司提供建议，那么有时候这种乐观主义可能会得到加强。尽管人们设计了"障碍"以期将这两种活动分开，但是经纪人们很少发布针对这些公司的悲观预测，因为它们会破坏有利的委托。

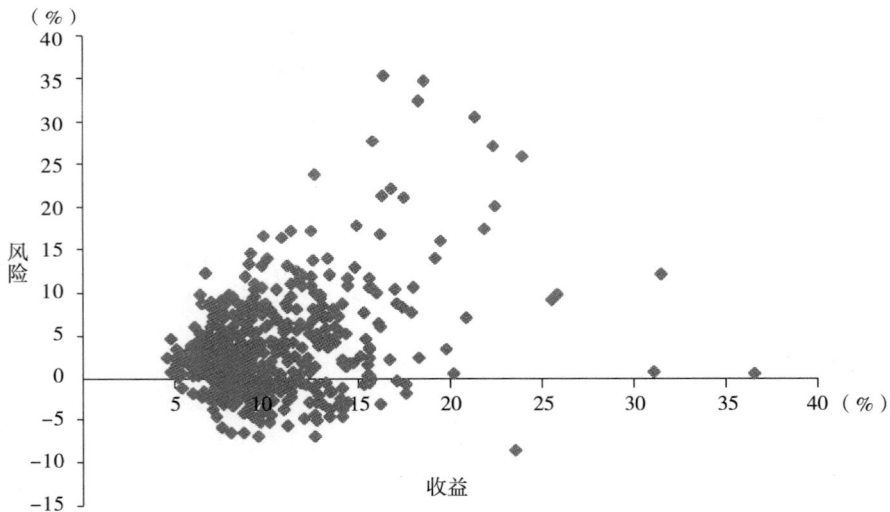

图 8-3　风险与回报

资料来源：Thomson Financial Datastream，IDC。

风险预测与管理

预测、分析并管理风险的目标是对一个投资组合中风险的来源获得尽可能多的了解。由于只有不可分散的风险收益做出贡献，因此投资组合中任何不必要的风险都是对其业绩的潜在阻碍，投资管理人应当对其予以鉴别并且在任何可能的时候予以清除。

投资者们日益认识到风险预测作为收益预测的一个补助手段的价值。这种现象的一部分原因是投资管理人责任的增加，由于这种责任的增加，他们在对自己的风险投资结果进行解释时，还需要解释任何背离于收益预测的理由；另一部分原因是提供咨询服务的精算师们在向自己的顾客提供咨询服务时要求进行前瞻性的风险评估。

循迹误差确实变成了对前瞻性风险最流行的标准化评估。由于循迹误差建立在均值—方差的基础之上，并因此依赖于一个协方差矩阵，所以据以确定协方差的因素选择决定了循迹误差。不适当的因素会产生不精确的风险评估，不精确的风险评估会导致对风险的错误分配。如果风险受到错误的分配，那么就不能对其进行有效的管理，其结果是有意的和无意的风险被混淆在一起。

表 8-5 显示了对一个投资组合的循迹误差评估，这个投资组合由以美元为基础的标准普尔 500 指数股票组成，它应用了 3 种不同的风险因素模型，每种模型都给出了不同结果的循迹误差评估，同时对它的来源进行了不同的解释。

表 8-5　预测循迹误差：部门、产业集团和货币　　　　　　　　　　　单位：%

	作为因素的部门	作为因素的产业	作为因素的货币
预期的循迹误差	17.17	16.87	14.88
组成：			
市场	95.46	92.91	50.49
货币			39.27
部门	1.27		2.72
产业		5.10	
其他			5.28
明确的风险	3.26	2.00	2.24
全部	100.00	100.00	100.00

资料来源：Thomson Financial Datastream，QUANTEC。

可以把风险管理包括进投资组合的创建过程中，也可以将其作为一个独立的项目予以处理。究竟采用哪一种方法，基本上取决于收益是怎样预测的，以及投资组合的创建和分析在投资管理团体内的成员之间是怎样分配的。如果把风险管理合并在投资组合的创建过程中，那么这就内在地认可了风险和收益的互相依赖，而对风险的单独控制则通常意味着收益预测具有根本性的重要意义。

不管采用哪一种方法，重要的是风险管理应当在投资组合范围的基础上予以进行，因为投资组合风险不是各个组成部分的风险的单纯累加，而是投资组合各个成分之间的相互关系。在理想状态下，这个多项风险评估包括对投资组合风险来源的一些分析，对该来源和分析者的收益预测之间的一致性进行检查，并且如果适当的话，还要对来源和宏观经济事件的预测之间的一致性进行检查。举例来说，如果投资组合风险分析认可了关于石油价格的一种风险，那么这种认可应当和石油价格预测以及相对于石油价格敏感的股票的预测收益保持一致。

货币管理

对于大多数国内股票投资组合来说，货币管理不构成一个问题，因为资产全都由投资组合的基础货币持有，但是也可能存在一些例外。举例来说，在股票存在多种形式上市的情况下，一些国内股票可能是以外币的方式在国外所购买的，或者股票可能是在国内交易所以外币的形式上市的。这种情况不太可能经常出现，但是有必要对不想要的货币风险采取保值措施，留意相关的折现能力和国外交易所进行结算的问题。

不过，即使不存在多种形式上市或者国外上市的情况，国内普通股的投资组合也有可能被暴露给国外货币。不妨以瑞典的手机生产商爱立信为例。尽管该公司用瑞典克朗结算，但是它的运营和利润来源却是全球性的。随着公司的日益全球化，可以说很多其他公司也存在着同样的情形。表8-6显示的就是5个著名普通股指数应对外币风险的情况，它很好地说明了这种效果。可以说，几乎任何主要的市场都存在同样的情形。

表8-6显示，在5个市场的每一个市场中，典型的投资组合收益波动性有30%~50%可以归因于外币风险。

投资管理人正越来越认识到这种效果，但是外币风险分析被普遍接受为国内投资组合创建中的一个组成部分还需要一定的时间。

实施

运用计量模型进行股票选择的主要目的之一是鼓励人们在创建投资组合时采用一种训练有素的方法。出于这个原因，明了投资过程的下述环节是至关重要的，即应当什么时候运用该模型，应当运用哪些数据，应当怎样对结果进行解释，以及应当采取什么行动。预先确定的决策规则应当明确规定什么时候买进资产，还应当规定什么时候出售资产，持有资产应当达到多长时间，可以预期什么样的附加收益，以及可以忍受什么样的损失。

表 8-6　国内投资组合中外币的风险情况

投资组合基准	DJ EURO STOXX50		SMI		FTSE All Share		TOPIX		TSE300	
基础货币	欧洲现金（欧元）		瑞士法郎现金（瑞士法郎）		英镑现金（英镑）		日元现金（日元）		加拿大元现金（加拿大元）	
投资组合差异（%）	22.95		319.49		168.98		329.75		256.24	
投资组合循迹误差（%）	15.15		17.87		13.00		18.16		16.01	
货币	投资组合对货币的β系数	对投资组合差异的贡献（%）	投资组合对货币的β系数	对投资组合差异的贡献（%）	投资组合对货币的β系数	对投资组合差异的贡献（%）	投资组合对货币的β系数	对投资组合差异的贡献（%）	投资组合对货币的β系数	对投资组合差异的贡献（%）
欧元	0.2212	0.00	0.1136	0.68	-0.5180	2.13	-0.6624	1.99	-0.7243	18.82
日元	0.2332	5.21	0.3634	8.48	0.2612	5.85	1.0040	0.00	0.3372	-1.47
英国英镑	0.1257	2.37	-0.5022	-5.89	0.6292	0.00	0.4761	3.41	0.1301	-2.17
美元	0.8623	26.31	0.9392	23.72	0.6276	10.33	0.1824	1.18	-1.3258	17.79
澳大利亚元	0.2910	4.96	0.3352	3.49	0.3548	8.69	0.8880	21.49	0.3498	4.40
加拿大元	0.4838	4.10	-0.0476	-0.13	0.5856	7.06	0.2981	1.99	2.0244	0.00
瑞典克朗	0.4440	5.02	0.6398	5.20	0.2968	3.75	0.4091	3.58	0.6368	5.95
瑞士法郎	-0.4573	2.43	0.3498	0.00	-0.1262	0.51	0.1730	-0.27	-0.4843	2.15
中美洲集总	0.0801	0.29	0.0902	0.26	0.0649	0.27	0.0855	0.26	-0.0055	0.00
亚洲集总	-0.0308	0.04	-0.0361	0.04	-0.0297	0.06	0.0111	0.00	-0.0094	0.00
南非兰特	0.0324	0.02	0.0406	0.05	0.0041	0.00	-0.0474	0.06	0.0446	0.06
南美洲集总	0.0555	0.23	0.1549	1.23	0.0526	0.26	-0.0013	0.00	0.0325	0.08
全部货币		50.98		37.13		38.91		33.69		45.61

资料来源：Thomson Financial Datastream，QUANTEC，STOXX，FTSE。

资产实际上的买进和卖出方式取决于用来选择它们的模型的类型。举例来说，大多数自上而下的模型都要求以**一揽子交易**的方式买进和卖出资产，因此此类模型经常表明对大量资产持有情况同时进行的重新调整。自下而上的模型更有可能要求孤立资产的买进和卖出，因此可以使用传统的实施方法。

各个市场上的经纪人业务回扣和佣金费用各不相同，有些市场规定了经纪人业务回扣的比例。经纪人业务回扣通常用一种折价计算法进行计算，每只股票的费用随着被交易股票数量的减少而减少，或者随着被交易价值的增加而减少。大多数大型市场都允许经纪人和投资者之间进行关于经纪人业务回扣的谈判，而另外一些市场则正处于过渡阶段，经纪人有义务按照规定的比例收取费用，但是对于大型或者非常简单的交易，可以允许经纪人提出"贴现"的建议。

在大多数市场中，经纪人费用是按照交易价值量的百分比予以提取的，而另外一个市场则是按照每只股票的价值或者全部交易的总和的价值提取的。实物股票交易的经纪人业务回扣数额不等，有少到一笔交易只有 25 美元的，也有超过其面值 1%的。

很多市场在股票的买进和卖出上仍然受到税务的限制。这些税务具有重要的意义：它们高达买进或者卖出价值的 0.5%，或者高达两者价值总和的 0.5%。

衍生工具的使用

差不多所有的投资管理人都运用股票价格指数期货合约，以便帮助管理他们的国内普通股投资组合的折现能力。很多管理人将其投资组合的 5%～10%常规性地保持在流通机构中，将其置于股票价格指数远期交易合约的影响之下，以满足持续不断的现金要求，如认股权调整和频繁的小额现金流动。

衍生工具的标准化运用是把积累起来的现金"证券化"，或者将其投放给普通股市场，直到现金的数额积累到足以购买一组实物股票的时候，这些被积累起来的现金来自所收到的红利或者投资组合收到的小额现金收入。

公司行为

普通股投资组合经常受到公司行为的影响。当公司改变它们的资本基数时，就产生了公司行为。它们可以简单，如宣布并且支付一份红利，也可以复杂，如作为兼并或者接管的一部分同另外一家公司进行资本的交换。公司行为对一家公司价值的影响可以是复杂的，也可以是没有任何影响的。

试以宣布将每股股票支付 50 美分红利时按照 50.00 美元的价格进行交易的一只股票为例。红利本身并不直接影响该股票的价值，因此在其他条件相同的情况下，每股股票支付红利后的价格将是 49.50 美元。投资者仍然持有价值 50.00 美元的投资，但是现在 50 美分变成了现金。类似地，一家在 65.00 美元的价格上进行交易的公司可能会宣布一次一分为二的**股票分割**或者**红利股**发行。这完全意味着发行中的股票数量将会翻倍。由于公司的总价值没有发生改变，因此每股股票的价值将减半到 32.50 美元。

增股稍微更加复杂一些，因为当投资者认购他们的认股权时，该公司的价值将会增加。从经济学的角度来看，认股权就是对该公司股票的购买选择权。公司价值增长的数量取决于增股所增加的数额，并取决于该公司计划用这些额外的现金做些什么。一次典型的增股看起来多少像是这样的：

宣布日期	1998 年 10 月 1 日
宣布日期的股票价格	56.50 美元
发行的数量	一对四
无认股权的日期	1998 年 11 月 16 日
认股权开始交易时间	1998 年 12 月 1 日
认股权行使日期	1999 年 6 月 30 日
认股权行使价格	55.00 美元

每个股东按照他们在 1998 年 11 月 16 日（无认股权日期）交易结束时所持普通股的比例，被分配给相应的认股权。"一对四"的意思是股东每持有四份普通股，就被分配给一份认股权。在 1998 年 12 月 1 日认股权开始交易至 1999 年 6 月 30 日认股权到期这一段时间里，认股权的持有者们有权利出售他们的认股权或者持有它们作为在该公司的继续投资。当认股权到期的时候，认股权的持有者或者选择行使他们的权利，或者放弃他们的权利。在这个案例中，如果普通股票在 1999 年 6 月 30 日以 55.00 美元以上的价格进行交易，支付 55.00 美元以转换每只普通股所持有的每份认股权，那么认股权的持有者们将行使他们的权利。

该公司的价值增加了 13.75 美元（55.00 美元的 1/4），这是投资者们将其认股权转换成普通股票时支付的新资本的数额。当所有的认股权都被转换之后，发行中股票的数量就增加了 25%。如果紧挨着认股权行使日期之前，这些股票在 58.00 美元的价格进行交易，那么所有认股权行使之后的股票价格就是 57.40 美元〔（4×58+55）/5〕。

股票回购在 20 世纪 90 年代变得日益平常起来。潜在地，它们可能是所有的公司行为中最为复杂的一种。原则上讲，当一家公司的股票以低于账面价值的价格进行交易时，如果该公司持有巨额的现金，那么它将回购它的这些股票。这种做法的效果是减少了发行中股票的数量，但是没有减少公司的总体价值。如果股票真的被过低地定价了，那么该公司就会赚取一笔利润，从股东们那里受益。股票回购并非普遍受到欢迎，因为投资者们经常想要知道为什么该公司不是直接支付红利，或者甚至是更好地制定一种策略，将此现金进行投资以得到更好的回报。

股票回购还可以显示该公司的其他特征，如果该公司以前曾经发行过大数量的职工优先认股权的话。向职工和管理部门发行优先认股权这种行为背后的想法是，把这些群体的利益和公司的利益联系在一起，因此使他们成为它的股东。这种思路认为，通过给予直接的股份，员工们将受到激励，格外努力地把公司当前的价值最大化。人们喜欢优先认股权胜于普通股票，因为后者在价值上的跌落幅度可以比前者大出很多；这样一来，当目标是提供一根"胡萝卜"的时候，它却构成了一根潜在的"大棒"。但是向员工发行优先认股权可以产生一些可疑的副作用。举例来说，当雇员们希望行使他们的权利的时候，公司或者被迫或者愿意发行更多的股票，可是它可能得不到这种委托书。如果出现这种情形，那么它就不得不在市场中买进这些股票。自然地，发行很多职工优先认股权的公司不喜欢等到最后一刻才购买股票，但是当这些股票的交易价格被认为相对低廉时，它们愿意把它们"库存"起来。

很多公司都用优先认股权的方式奖励它们的管理层。在正常情况下，此类优先认股权都有相当严格的限制，比如它们可以在何时以何种方式行使，但是当优先认股权变得可以行使的时候，管理层有可能面临一种有关利益的冲突，因为他们对公司的前景掌握着一定的控制权，并因此对普通股票的价格掌握着一定的控制权，当然，这种说法还可以进一步讨论。当他们行使他们的优先认股权时，股票价格越高就越对他们有利，于是他们可以出售那些股票以赚取利润。在市场中回购公司的股票是为此目的暂时抬高股票价格的一种方式。在这些情形中，向管理人员发行职工优先认股权可能无法把他们的利益和其他股东的利益联系起来。

即时控制

即时控制最重要的方面是保证所选择的一种或者多种模型在长时间里得到协调一致的运用。如果即时控制是在实施之前予以确立的，那么它应当是一个半自动化的过程。即使是这样，也需要设置一个用于失效保险的监控系统，以保证所有的规则确实都得到了有效的遵守，并且所有的限度没有受到破坏。

大多数投资管理人都对模型和投资组合进行定期的审查，以便及时发现潜在的问题。这些审查还提供了对某些事件进行鉴别的机会，以便采取正确的行动，因为这些事件可能改变据以进行分析的假定。

即时控制其他方面的问题涉及流动性和衍生工具的管理，它的作用是保障投资组合总是能够根据委托规范进行充分的投资。大多数投资管理人都认识到交易可以是收益的一个重要的阻碍，因此在可能的情况下，他们通过投资组合的调整和自然状态下的现金收入两者之间的协调，寻求实现经济目标。

业务管理

在外币对复杂事物存在风险但是这种风险发生概率较低，并且只对股票指数远期交易合约进行初步运用的情况下，对国内证券投资组合的业务管理非常简单，它只要求相当基础性的监督人和结算服务。业务管理系统需要根据地方市场的惯例对交易的结算和确认进行协调；自然而然地，这种协调的复杂程度和成本随着交易数量的增加而增加，因此非常频繁的现金流动或者再结算会增加业务管理上的负担。大多数国内股票业务管理系统都提供税务会计方面的服务，如对红利税务扣除和资本收益债务提供初步的分析。

评估

国内股票投资组合通常十分直接地把一个简单的估价应用于市场过程，让投资组合的价值等于它各个组成部分的市值，外加没有实现的衍生工具损益。国内股票投资组合很重视这种方法。尽管一些投资管理人选择在快要收盘的时候，甚至是利用当天的开盘价格，对他们的投资组合进行评估，但是大多数投资管理人进行评估的基础是当天的收盘价格。如果是这样的话，那么投资者在对此类投资组合的业绩和他们竞争对手的业绩进行比较的时候，就需要特别小心。证券市场在一个交易日内可以表现出令人吃惊的波动性，因此对评估时间的确定可以产生重大的影响。同样重要的是，要确保股票价格指数远期交易合约在与现货普通股票的同一时间内得到评估，并且确保它们代表的风险的面值得到正确的计算。附录 3 中讲述了计算一个远期交易合约的正确面值的问题。

如果投资组合中的一只或者多只股票成为一项公司行为的目标，如红利、股权认购或者股票拆分，那么就会出现另外一种复杂的情况。有时候，股票价格会被错误地记录成红利前价格，而评估却未能记录到收到红利的情况。

举例来说，在一分为二的股票分割事件中，这将导致在该特定公司中持有的股票的价值被显示为它们实际价值的一半。当一只股票没有红利的时候，所持股份的价值就会以大约相当于红利价值的幅度下降。流通机构中所持有的数量就会相应地增加，这通常显示为"金额增加"或者"红利增加"。投资组合评估中还应当包括这样一条记录，它反映的是作为红利的结果而产生的任何应缴的税费。如果该红利的数额未能显示投资组合的流通部分，那么它就意味着少报了该投资组合的价值。这种错误一旦被指出来，就很容易得到纠正，但是如果不予纠正，它可以扭曲关于收益的计算。

业绩测量与定性分析

国内股票投资组合的业绩评估基本上是对投资组合在投资期间结束时的价值和开始时的价值进行比较，同时对在此期限内发生的现金流量进行时间加权的核算。

表 8-7 显示了连续两个月测量得到的投资组合与基准收益。每个阶段似乎表现各异，所以这些收益很少显示投资组合是不是正在履行托管任务。出于这个原因，投资组合收益通常伴随着风险测量，通常是观测得到的循迹误差。这个投资组合被观测到的循迹误差是至 1996 年 6 月 30 日时为 0.44%，至 1996 年 5 月 31 日时为 0.40%。

期限	投资组合	基准	差异
表 8-7　收益测量　　单位:%
至 1996 年 6 月 30 日
3 个月	1.92	1.82	0.10
6 个月	3.93	3.82	0.12
12 个月	15.53	15.81	−0.28
2 年	22.74	22.42	0.32
至 1996 年 5 月 31 日
3 个月	0.00	0.09	−0.09
6 个月	6.68	7.07	−0.40
12 个月	16.63	17.05	−0.42
2 年	18.25	18.18	0.07

大多数定性分析模型寻求按照投资组合中自然的资产种类来解释业绩变化。最流行的是利用部门或者产业集团，但这不是唯一的方法。

举例来说，如果投资组合的创建运用了一个基于因素的股票选择模型，那么就存在着有力的证据，支持把同样的因素方法用于业绩定性。这将允许投资者和投资管理人对管理人基于因素的策略的成功与否进行评估。

有些定性系统允许在单一股票的层次上进行分析，如在损失红利的情形中，这将显示该股票的运作似乎差于基准中的同一股票，这样一来立刻就把问题凸显了出来。

隐患

运用计量股票选择技术的隐患一般在于下述种类中的一种：

- 模型风险。
- 对结果的错误解释。
- 历史数据的限制。
- 不可靠的资产负债数据。

模型风险是选择一种模型时的风险，它包括：

- 不适当。
- 错误选用。
- 要求投资管理人提供信息或者观点，可是投资管理人却无法可靠地提供这些信息或者观点。

如果该模型最初是为另外一个市场或者另外一种类型的投资制定的，那么就有可能发生这样的情形。举例来说，不能预期一个为主要股票开发的模型在小资本股票市场的投资组合中发挥出同样的效果。第二个潜在的问题是模型的错误选用。大多数模型都是根据历史数据进行开发和测试的。如果它最初的结果来自过去非典型的时间段，那么它就无法产生将来的预期结果。这个问题的出现频繁到了令人吃惊的程度。这种现象有时候被称为**数据布雷**，因为不管是故意的还是无意的，分析者已经选择了测试阶段，对模型进行最好的虚饰。其他数据阶段所产生的效果可能会不那么令人心动。模型风险还包括这样的情形：模型要求信息输入，可是管理人却无法很好地提供。如对于一个发挥作用的宏观经济模型，管理人必须利用非常优秀的宏观经济研究。

对结果的错误解释也频繁得令人吃惊。当多种解释都能够公开得到结果时，该模型才可能显得完全洞察了一项资产或者一个投资组合的相对估价。最常见的错误很可能是，一项资产相对于其风险的价值似乎被过低地估价了，而事实上受到低估的是它的风险。如果数据中存在错误，那么结果就可能受到错误的解释。当一个模型被当成一个黑箱予以运用时，错误解释的问题是最为严重的。换句话说，当投资管理人没有完全明白驱动着模型的所有关系时，问题是最为严重的。

计量投资的管理者一般都对历史数据的限制理解得很好。不只是历史数据容易出现错误，而且即使是数据的完整性完美无缺，也有充足的理由去怀疑哪一个历史阶段是最适当的，以及预测未来时可以对历史数据应用到什么程度。

作为计量模型的一个问题，不可靠资产负债表的被接受程度不是很好，这令人感到惊异。资产负债表有两个主要缺陷。第一，它不经常发布；第二，它很容易产生误导作用。除美国以外，很多股票市场调节员都不要求公司报告的高度详尽和高度精确，因此公司报告以及发布给股东们的其他报告所包含信息的标准就没有很高的质量，不足以应用于收益与风险模型。并且股票市场调节员对大多数公司的要求都只是一年提供一次或者两次报告，而且不必在报告时段结束后的很短时间内提供。由于很多股票选择模型直接或者间接地产生于公司数据往往及时并精确的美国，因此它们往往假定资产负债表具有较高的质量，并且不强调其他市场中由不充分或者不精确的数据所引起的问题。

案例研究

股票选择模型贵在简洁。一些最简单的股票选择模型可以在连续的收益阶段内产生令人印象深刻的结果。

大多数人都认识到，澳大利亚的经济是一种以资源为基础的经济。它的地方股票指数，即全部普通股票指数被当地的投资者们广泛地用作国内证券的基准。形成AOI的股票被分类为产业类股票和资源类股票。市场资本化的比例大约分别是70%和30%，两个部门的表现很不相同。资源部门的特征是低收益率和高波动性，它由少量的巨额股票控制，受到海外投资者的青睐。该部门的其他类股票长期饱受缺乏变现能力之苦，这就进一步增加了它们的波动性。与之形成对比的是，资源类股票在全球的股票市场中只占大约10%的比例。

澳大利亚市场上资源所占的比例远远大于世界上的其他市场。如果它要为这种现象找到理由，那么对于澳大利亚独特的产业部门，澳大利亚的资源必须具有一种分散效果。然而这方面的证据似乎很少，而且比起只由产业类股票组成的投资组合，全部普通股票指数总是产生较低的收益率和较高的波动性，因此人们进行了一些测试，想弄清楚如果改变一下产业和资源的混合情况，那么可能会产生什么样的效果。

表8-8显示，最好的解决方案似乎是干脆把资源类股票排除在外，但是对数据更加仔细地观察却表明这对投资者们来说是不可接受的。表8-9中1993年和1994年的收益显示，在一些市场条件下，资源类股票的业绩表现可以大大超过产业类股票，因此只选择产业类股票的策略有时候会让人失望。

表8-8 澳大利亚全部普通股票指数、全部产业类股票指数和全部资源类股票指数收益与波动性的对比 单位:%

至1995年12月	全部普通股票指数总利润		全部产业类股票指数总利润		全部资源类股票指数总利润	
	收益率	波动性	收益率	波动性	收益率	波动性
1 年	20.19	11.51	24.94	9.21	11.69	18.48
2 年	4.77	13.59	4.49	12.49	5.49	18.97
3 年	16.85	14.28	15.34	13.22	20.33	19.43
5 年	15.91	13.79	16.03	13.41	15.96	17.78
10 年	12.85	20.82	13.53	20.13	11.76	25.87
15 年	12.56	20.52	17.18	18.86	7.31	26.41

资料来源：Thomson Financial Datastream。

表 8-9　1993 年和 1994 年澳大利亚全部普通股票指数、全部产业类股票指数

和全部资源类股票指数收益与波动性的对比　　　　　　　单位:%

至 1995 年 12 月	全部普通股票指数总利润		全部产业类股票指数总利润		全部资源类股票指数总利润	
	收益率	波动性	收益率	波动性	收益率	波动性
1993 年	45.36	13.47	40.53	12.71	56.55	18.00
1994 年	-8.67	14.35	-12.61	13.23	-0.37	19.31

资料来源: Thomson Financial Datastream。

那么产业类股票和资源类股票的什么比例可以在所有的测试阶段都能产生最好的风险收益平衡呢？所得出的结论是，全球范围的比例很可能是一个较好的基准。因此，运用包含 90% 资源类股票和 10% 产业类股票的一个投资组合进行了同样的计算，结果如表 8-10 所示。

表 8-10　1996~1999 年澳大利亚全部普通股票指数、全部产业类股票指数和

全部资源类股票指数以及 90/10 投资组合的收益　　　　　单位:%

至 1995 年 12 月	全部普通股票指数总利润		全部产业类股票指数总利润		全部资源类股票指数总利润		90/10 投资组合回报	
	收益率	波动性	收益率	波动性	收益率	波动性	收益率	波动性
1996 年	14.60	8.60	19.82	9.27	4.11	11.31	18.22	8.91
1997 年	12.23	16.72	24.57	16.77	-17.23	20.99	19.76	16.69
1998 年	11.63	11.46	17.47	11.16	-11.22	21.78	14.45	11.17
1999 年	16.10	11.42	10.77	10.54	49.80	27.53	14.50	11.01
1996~1999 年	13.63	12.41	18.05	12.35	3.47	22.29	16.71	12.30

资料来源: Thomson Financial Datastream。

以图示的方式举例说明了 4 个假定的投资组合的风险收益平衡情况，如图 8-4 所示。

90/10 投资组合和全部产业类股票指数非常接近，显示了相对于风险比率的非常高的收益。全部普通股票指数显示了较大风险的情况下略低的收益，而全部资源类股票指数的情形则表明对这个投资组合本身的长期收益不足以说明收益的波动性。

因此采纳了这个 90/10 的策略。不再要求，甚至不再预期任何其他的股票选择，于是每个部门被当成一个与指数挂钩的投资组合进行管理。这个策略的问题是它的简单化。由于它的全部价值取决于支持模型的见解上，因此其他投资管理人易于抄袭它，而且它难以要求重要的管理费用。

通过运用基于业绩的费用，关于管理费用的问题很容易得到解决。投资者们可以支付与指数挂钩的投资组合费用，外加投资组合业绩优于全部普通股票指数的数

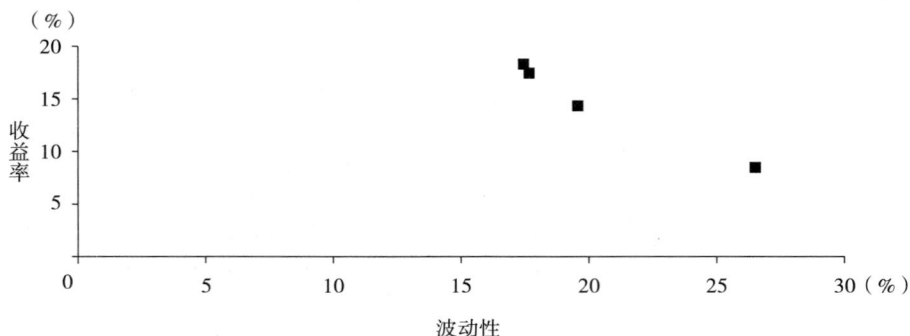

图 8-4   1980~1999 年澳大利亚全部普通股票指数、全部产业类股票指数
和全部资源类股票指数以及 90/10 投资组合的风险收益平衡情况

资料来源：Thomson Financial Datastream。

额比例。这种安排受到一条"迎头赶上"的条款的限制，在基于业绩的费用得以恢复之前，任何不佳的业绩都必须以今后等量的较好业绩予以弥补。

关于该策略过于简单的问题的可追踪性差得很多。为了证明所附加的现行价值，投资管理人寻求开发出一种"转换机制"，以便预测资源确实会有可能胜过产业业绩的时间段。于是投资组合会"转换"成 70/30 的基准分配。

结果证明，转换机制的开发要困难得多。在利用历史数据进行大量的研究之后，一个基于因素的模型出现了，这个模型建立在大量宏观经济指标和资源价格指数的基础上。该模型显示，它对过去的数据具有一定的预测价值，但是不受实况测试，即利用当前价格进行测试的影响，在进行这种测试时，它无法显示出明确的价值。事实上，转换信号从来没有被激活过，投资组合仍然停留在最初 90/10 的分配上。令人欣慰的是，投资组合的收益让基金的成员和信托人感到高兴，更不用说投资管理人了。于是就有了很多的效仿者。

表 8-11 总结了为期两年的结果。投资组合最初对资源的风险承受不够充分，从而导致了不良结果，进而在基于业绩的酬金计算中导致了有关"迎头赶上"的条款。在投资管理人可以对基于业绩的酬金提出更多要求之前，截至 1996 年 3 月的季度性不良业绩在随后的阶段里得到了弥补。

表 8-11   1996~1997 年投资组合的实际业绩　　　　　　　　　单位：美元

期限：至下面日期时 3 个月	投资组合的价值	全部普通股票的名义价值	差异	基本酬金	业绩酬金	已付累积酬金	投资者的累积净收益	所有普通股对照的差额
1995 年 12 月	60000000	60000000	0			0	60000000	0
1996 年 3 月	61105808	61173623	−67815	48884	0	48885	61056923	−116700

期限：至下面日期时 3 个月	投资组合的价值	全部普通股票的名义价值	差异	基本酬金	业绩酬金	已付累积酬金	投资者的累积净收益	所有普通股对照的差额
1996 年 6 月	62702232	62294637	407595	50161	84945	183992	62518241	223604
1996 年 9 月	66075261	64169829	1905432	52860	476358	713210	65362051	1192222
1996 年 12 月	70931340	68758415	2172924	56745	543231	1313186	69618154	859739
1997 年 3 月	72107887	69343172	2764715	57686	691179	2062051	70045836	702664
1997 年 6 月	82502382	78840729	3661653	66002	915413	3043466	79458916	618187
1997 年 9 月	86797908	80730271	6067637	69438	1516909	4629814	82168095	1437824
1997 年 12 月	84946879	77166380	7780499	67958	1945125	6642896	78303983	1137603

第九章　国际股票投资组合计量模型

应用

投资者对国际股票投资心态各异。许多投资者认为，本国股票市场的有效投资会获得更多更好的收益机会。他们有时会辩解说，投资国际市场会剥夺本国企业获取所需的大量投资资本的机会。某些退休基金信托人也认为，因为基金债务是以本国货币计值的，所以用等同于本国货币计值的资产来抵补债务也是合理的。

当然，国际化投资需要引入风险和成本，这与投资国内股票市场明显不同。但是，投资国际股票市场也有一些合理性。最重要的一点就是其能使投资更加多样化。股票市场的运行各不相同，正因如此，国际市场为投资多样化提供了重要的途径，能够使投资者在给定风险水平的前提下获取优厚的利润。当然，就局部而言，国际市场会出现较高的风险性，正如 20 世纪 90 年代的投资者发现，在新兴市场耗费了大量的成本。但是从总体而言，国际市场可以有效提高投资组合风险调整后的收益率。一方面，对相对于某些负债的收益的评估结论要能让人信服；另一方面，准确的收益等级估算又可以最大限度地满足基金最终的债务。

表 9-1 证明了这样一个事实，即在多数情况下，相对于一个包含股票数目较多的国内投资组合，国际投资组合会获得更高、更稳定的收益。

表 9-1　国内和国际投资组合风险及收益　　　　　单位:%

时间	标准普尔 500 股票指数		摩根士丹利国际股票指数	
	年收益率	风险率	年收益率	风险率
20 世纪 70 年代	1.60	15.89	2.74	13.96
20 世纪 80 年代	12.59	16.32	15.78	14.62
20 世纪 90 年代	15.31	13.36	9.62	13.94
1998 年	26.67	20.56	22.78	18.79
1999 年	19.53	12.58	23.56	11.67
2000 年	-10.14	17.25	-14.05	13.94

资料来源：Thomson Financial Datastream，MSCI。

此外，大多数国内投资组合本身已经具有了承担国际风险的能力，这一点可以从众多公司的收入比例中得到证明，这些公司的大部分收入都来自于国际市场。因为大多数国内投资组合的构建都要考虑国际风险，而且投资组合也必须要考虑这一风险，从而为认识和管理国际风险提供了合理的前提，而且投资决策一旦做出，逻辑上就很难对那些在国内证券市场上市的、构成投资组合资产的国际性投资机会集合加以限制。

理论

寻求扩大的投资机会，通过分散化投资调节风险控制是投资国际股票市场的主要目的。随着投资机会的增加，会出现多种分析和选择资产的途径，拓宽了建立投资组合、管理投资风险的方式。

国际股票投资组合选择的投资范围决定了额外投资机会的数量和分散投资的潜力。例如，投资组合应该只局限在成熟股票市场的大盘股票呢，还是应该把小盘股票和新兴市场的股票也包括在内？选择投资者熟悉的国家进行投资是很具有诱惑力的，如在邻国和讲同一种语言的国家投资，但是这种投资的风险性却降低了国际化投资的效率，因为国际化投资是以拓宽投资领域、在进一步的海外风险经营中获取最佳效率为目的的。

相对于小范围投资而言，大范围的分散投资较为可取，但是如果考虑成本因素，就需要对基金的投资范围加以限制。实际投资规模的最小化程度是由国家和所使用的投资工具决定的，但是在实际操作中，大多数基金还是具备了在至少几个成熟的和新兴的市场同时投资的能力，而且在投资机会集合中，也只有大型基金才具有吸纳小型市场的灵活性。

基准的界定

国际投资基准的选择应该考虑投资者的投资范围，而且它应该是可供投资者投资的基准。也就是说，投资基准应该使投资者能够投资于基准配置方案中的所有证券成分。多数投资者都愿意选择被广泛应用的投资基准，正如同业集团选择的基准构成成分所表明的那样，运用这一投资组合基准不会产生明显的更为糟糕的投资阻碍。各个国际股票市场指数的区分主要依据股票指数是如何在各个国家配置的，因为股票指数既可以依据国内生产总值配置，也可以依据资本市场总值配置。按照国内生产总值配置的优势在于，它不会受股票市场估价的影响，而且它还反映了各经济类别在世界产值中的贡献。但是，它也导致了众多指数被配置到那些只具备小型证券市场的国家，结果使有效投资受到影响。各个市场的资本市场总值本身就存在着错误的估价。因为按资本市场总值配置到市场的大多数指数被过高估价了，因此它的市场收益就比较低。然而，按照资本市场总值配置指数仍然是确定国际股票投资基准最为普遍的方式。

收益预测

对多数投资者而言，投资收益预测是国际股票投资中最重要的环节。从理论上讲，所有国内股票投资的收益预测方式同样适用于国际证券投资，但是在实际操作中，大多数投资管理人均采用一些自上而下的预测方式，如利率分析法或允许检验多种证券的因素分析法等。由于产业结构、规章和会计制度的国际性差异使跨国间的比较更为复杂，收益预测很快引起了人们的关注。例如，一家欧洲银行与一家美国银行的比较，与两家欧洲银行之间的比较迥然不同，因为它们之间有完全不同的管理规则。自20世纪30年代美国颁布《格拉斯—斯蒂格尔法案》至今，美国的银行被强制分拆为货币中心银行、投资银行或地区性借贷银行。而欧洲的银行则可以毫无限制地混合经营各种业务。

同样地，人们很难就日本和西方国家的混合经营公司进行比较，因为日本的会计制度与西方国家的会计制度完全不同。

不同的市场有不同的主导产业。例如，英国几乎没有黄金勘探企业，日本的医药产业毫不出名，而瑞士则恰恰相反。任何人想在澳大利亚寻找航空产业恐怕最终都会失望而归。

为了制定连贯的国际股票投资战略，投资者必须确定下述事项：

■ 将资产按国家（地区）、产业或其他混合性类别归类。

■ 把新兴市场列入全球性的股票投资组合，作为独立的资产类别或完全忽略。

■ 全球性因素的应用。

■ 把货币预测和货币管理列入国际证券投资组合，或者把货币看成一个独立的资产类别。

■ 把风险管理引入收益预测和投资组合构建过程或者单独管理风险。

将资产按国家（地区）、产业或其他混合性类别归类

投资组合中资产怎样归类是一个决定性的因素，因为它决定了股票收益预测是如何产生的，以及如何选择股票等问题。

理想化的国际股票投资组合应该是在单一资产的条件下进行组建、分析和管理。但是不幸的是，这一方式所涉及的规模和范围却给工作本身制造了麻烦。面对数以千计的可能性投资有必要对投资组合的评估、分析、执行和管理进行分工，这就意味着要花费大量的人力。由于技术水平和特殊化的要求，需要认真界定分工的责任

界限。然而目前还没有明确的、能够实现这一要求的最佳方案，所以，在给定投资目标、应用技术、成本和风险容忍度的前提下，投资者必须对投资结构做出合理的评估。

按国别（地区）分类表面上是最简单的分类方式，因为大多数投资者是依照居住国来考虑问题的。多数企业毕竟还是要选择某一国家作为公司的基地。例如，公司的总部设在伯尔尼，那么它就是一家瑞士的公司，如果设在多伦多，那它就是一家加拿大的公司。这一分类方式最大的优点在于，它可以把整个世界简单地看成是所有分类国家的总和，而且我们在第八章中介绍的所有收益预测方式都可以适用。这一分类方式还对许多只有一种或两种产业占主导地位的市场具有吸引力，例如南非的黄金产业和钻石产业、瑞士的医药产业和银行产业、芬兰的通信产业等。因此国家（地区）对国家（地区）的分类方式可以视为产业分类的替代方式。这一分类方式的另一个优点是，它可以有效地显示税收和管理环境。例如，美国的银行与世界其他地区的银行就有所区别，因为它们是在一个不同的管理环境中发展的。

这种分类法还能使投资者对新兴市场加以有效区分，因为新兴市场是另外一种形式的国家集团。但是这一想法存在着很大的局限性，它会对国际投资者获取真正的投资机会产生误导。鼓励做出假设——把资产的货币计数形式看成是证券的主要特征——或许是国家分类法最大的危险。例如，它会假设按瑞士分类的股票与瑞士的其他股票比其他国家和地区的股票有更多的共性。这一分类方式会把资产的多重货币风险主观地视为单一货币风险，以较少的联系去指导实际的收益预测，从而模糊了全球性的观点，导致投资机会的错失。引入新兴市场有多种其他方式。

把国家风险等同于货币风险是国家对国家的分类方式中一个更为严重的缺点。换句话说，人们很容易做出这样一个假设，即所有瑞士资产具有的风险仅是货币风险。

表 9-2 表明了在成熟市场按照资本市场总值配置的国家股票指数是如何随时间的推移而变化的，从中可以看出一些股票市场的发展要比其他证券市场的发展迅速。

表 9-2　按国家（地区）划分的国际投资组合分类　　　　　　单位:%

国家/地区	2001 年加权指数	1995 年加权指数
比利时	0.40	0.70
芬兰	1.30	0.30
法国	5.50	3.60
德国	4.10	3.90
爱尔兰	0.30	0.20
意大利	2.20	1.30
荷兰	2.70	2.30

国家/地区	2001 年加权指数	1995 年加权指数
葡萄牙	0.20	0.00
西班牙	1.40	1.00
欧元区	18.10	13.30
奥地利	0.10	0.20
丹麦	0.40	0.50
挪威	0.20	0.30
瑞典	1.30	1.20
英国	10.00	9.60
其他欧洲国家	12.00	11.80
整个欧洲	30.10	25.10
瑞士	3.40	3.40
欧洲合计	33.50	28.50
加拿大	2.40	2.20
美国	50.60	40.80
北美	53.00	43.00
澳大利亚	1.30	1.50
中国香港	1.00	1.80
日本	10.70	23.40
马来西亚	0.00	1.20
新西兰	0.10	0.20
新加坡	0.50	0.70
亚洲太平洋地区	13.60	28.80
世界	100.00	100.00

资料来源：MSCI Perspectives。

产业分类法可以产生较为权威的结果，因为它避免了国家（地区）分类法中很多主观臆断的行为，如以公司股票的上市地点为主要依据。其实，公司最显著的特征并不以股票的上市地点为依据，而是以公司的主营产业为依据。例如，称某一公司为原油生产商就是一个明显的定义，无论它是以英国、美国还是以其他地区为生产基地都不重要。同样，英国电信公司与德国电信公司之间就比英国的卡德伯里·施韦普斯公司（Cadbury Schweppes）有更多的相同性。因为投资者必须用通用货币来换算所有的资产价值以实现最基本的收益分析目标，所以，把币值与收益量和风险挂钩的做法对投资者来说没有太多的吸引力。相反，投资者反而会强迫自己重点分析货币对投资组合收益造成的影响。

然而，单纯的产业分类方式也存在着一些局限性。当公司的业务本质发生改变、产业内部经营发生变化时，对产业集团的区分和股票的认定就很难操作。但是，这一点并非难以克服：投资管理人的工作就是要紧跟形势的发展变化，了解重点，揭示形势发展所带来的投资机会。

产业分类法还面临一个更为棘手的问题，即并非所有的产业都具有全球性或者国际性的特征。有一些产业就具有顽固的地域特征。把零售业作为一个证券类别分类没有实质的效用：它必须区分是英国的零售业还是日本的零售业，因为零售业本身就属于一项区域性的业务。

涵盖若干个产业集团的股票给投资组合和证券分析提出了难题。最普遍的解决方案是，在投资组合和证券分析时只选择那些能代表公司主要销售量的部门作为参照。这一方法能有效地选择对公司的盈利能力贡献最大的部门，而且也能为大多数人所接受，但是这一方法也有操作的难度，因为公司并没有提供部门盈利能力信息的义务。这样做就意味着公司必须按产业公开成本结构的细节，而这是大多数公司所不情愿的。这种以最大盈利部门为参照，将公司归入某一产业集团的做法即便很实用，但仍然会导致某种程度的错误归类。

并不是所有的预测方法都适合于产业分类法。最适合产业分类的分析方法包括单一股票理论、套利定价理论（ATP）、宏观经济指标、因素和其他的均值—方差分析法。

采用产业分类法还暗含着必须把新兴市场融入主要的国际股票投资组合中的意思，要么把它视为特殊的资产类别，要么完全在投资组合中被忽略。多数投资者采用按全球性产业分类的方法，为的是把投资重点放到成熟的证券市场，而新兴市场则被视为一个独立的资产类别。这一方法的缺点在于，区别新兴市场和成熟市场的做法本身就存在着主观臆断和可变性，例如葡萄牙、希腊、以色列、南非和中国台湾都具备既加入新兴市场又加入成熟市场行列的合法条件。西欧和北美的许多汽车制造商均有进入东欧和南美市场开展经营业务的想法。许多新兴市场国家的电信公司也选择了既在纽约证券市场上市同时也在他们的"家乡"证券市场上市的做法。

表9-3表明了成熟市场的国际性产业，其股票指数是如何随时间的推移而变化的。

表9-3　按产业分类的国际证券投资组合　　　　　　　　单位：%

产业集团	2000年加权指数	1995年加权指数
能源原材料业	5.40	5.90
公用事业	3.60	5.00
能源	9.00	10.90
建筑材料	0.60	1.20
化工制品	1.70	3.50

产业集团	2000 年加权指数	1995 年加权指数
农林产品与造纸	0.40	1.20
有色金属	0.50	1.10
钢铁	0.20	1.10
其他原料与商品	0.20	0.80
材料	3.60	8.90
航天与军事设施	0.90	0.90
建筑与住房	0.40	1.20
数据处理与复制	1.80	2.10
电器与电子	4.90	3.80
电子元件	6.30	2.10
能源设施与服务	0.50	0.30
工业元件	0.80	1.50
机械与工程	0.90	2.00
固定设备	16.50	13.90
家庭用品		
家庭耐用品	1.10	1.40
汽车	1.80	2.70
饮料与烟草	2.40	3.80
食品与家用产品	2.40	3.70
健康与个人保健	12.40	8.50
其他消费品		
消费品	0.90	1.20
纺织品与服饰	0.20	0.30
消费品	21.20	21.60
广播与出版	2.60	2.00
商业与公众服务	7.80	4.00
休闲与旅游	1.30	1.60
广告推销	4.50	4.60
电信	7.80	5.00
运输——航空	0.50	0.60
运输——公路与铁路	0.60	1.20
运输——水运	0.20	0.40
国际贸易	0.30	0.70
贸易	25.60	20.10
银行服务	10.00	13.20

产业集团	2000 年加权指数	1995 年加权指数
金融服务	4.40	2.60
保险	5.40	4.20
不动产	0.80	1.50
金融	20.60	21.50
多种经营	3.50	2.70
金矿	0.10	0.30
总计	100.00	100.00

资料来源：MSCI 指数，该指数是以原有的 MSCI 分类标准——国家产业指数（CII）为基础的，2001 年 7 月 13 日以后不再按这一分类标准计算。目前采用的分类标准是包括 MSCI 和标准普尔指数在内的全球产业分类标准（GICS）。

把新兴市场列入全球性的股票投资组合，作为独立的资产类别或完全忽略

单独对待新兴市场的做法有一定的争议，因为新兴市场有时也被看成是一个集团。我们可以从亚洲"金融危机"期间——于 1997 年下半年开始爆发——找到有力的佐证来说明这一点。许多大投资者开始把资金投入他们以前很少介入的国家。这些投资考虑了多种因素，具有较高的投机性。

投资者认为在南美洲和中美洲这样的经济体内投资存在着难度，因为从历史上看，这两个地区的宏观经济政策一直不够稳定，因而它们的增长预期也就无法确定。在东欧投资的主要障碍是政治风险、政治腐败、法制不健全，投资者的合法权益容易受到损害。亚洲虽然已经证明具备了经济快速增长的能力，但是在亚洲许多地区推行的西方式的证券市场管理规则并不是拉动盈利增长的有效途径。其中存在的不按市场估价资产和政府出资干预股市的行为给很多投资管理人的管理造成了麻烦，增加了他们错误解读投资风险的概率，结果证明，实际投资风险要比预期的风险高得多。

虽然经济实力对拉动投资的增长在不同地区会有不同的影响，但是在许多欧洲和北美的投资组合投资者眼中，其还是会把拉美、东欧和亚洲的市场归为一类，这主要是因为欧洲和北美的投资者对上述这些市场不太熟悉。当人们认为东南亚的市场发展低于预期结果时，所有地区的股市都会下跌。

把新兴市场从其他市场中区分出来单独对待的做法存在着一个问题，即这种区分法带有一定的主观性，人们会带着这种判断对新兴市场公开加以解读，而新兴市场国家也会逐渐打破这种分类界限。

例如，1997 年"金融危机"席卷亚洲之初，马来西亚被摩根士丹利国际股票指数认定为成熟的市场（早在 1993 年就已被赋予这一地位）。但是在危机结束之后，

它又被重新划入新兴市场的行列。新兴市场的标准是由指数提供者预先制定的，而且也是为人们所接受的，因此，这进一步说明了客观的标准有时也不可避免地带有某种主观性，继而对标准造成了损害。

到底用什么方法把某个市场确定为新兴市场，并与成熟市场相区别是很值得公开讨论的。简单地用哪一种股票上市交易作为规则判断的标准并不是一个好方法，或者可以说，根本就没有多少有关上市股票的信息。许多新兴市场的资产与成熟市场的资产之间（如一些南美洲的电信股票）比其他一些在本国国内上市的资产具有更多的相同性。同样，许多在发达国家上市的股票，有很大一部分价值是来自在世界上被认为是在新兴市场中开展的业务。例如，许多石油生产商在撒哈拉沙漠以南的非洲和中东地区经营着大量的业务；与大型的航空公司一样，私营的公用事业公司和电信公司在世界各地都建立了合资企业。表9-4列举的国家（地区）通常被看作是新兴市场国家（地区）。

表9-4　以国家（地区）分类的新兴市场投资组合　　　单位：%

国家/地区	加权指数	国家/地区	加权指数
希腊	4.86	阿根廷	1.38
匈牙利	0.76	巴西	10.43
波兰	1.14	智利	3.26
土耳其	2.54	哥伦比亚	0.28
俄罗斯	1.91	墨西哥	9.78
捷克	0.51	秘鲁	0.30
欧洲新兴市场	11.72	委内瑞拉	0.41
中国香港	6.39	拉丁美洲	25.84
中国台湾	15.37	以色列	5.19
泰国	1.50	约旦	0.13
印度	7.03	中东地区	5.31
印度尼西亚	0.88	南非	8.50
韩国	9.23	新兴的全球市场	100.00
马来西亚	6.83		
菲律宾	1.07		
斯里兰卡	0.03		
巴基斯坦	0.27		
中国	0.04		
新兴的亚洲市场	48.63		

资料来源：MSCI新兴市场指数。

随着西方投资者对上述地区的投资认识逐渐加深，以及这些新兴市场发展得越来越成熟，横亘在新兴市场和成熟市场之间的界限会逐渐被打破，因而有力地证明了把新兴市场的投资组合列入全球性的股票投资组合中的论点。

全球性因素的应用

使用全球性因素分析法是避免按国家或产业分类的另一种途径。其使用原则与国内股票投资组合中采用的因素模型大体一致，不同之处在于，投资组合中可能会包含相对更多的股票种类，因素的选择也必须与全球性投资组合相关，以区别于国内市场。虽然计算起来很复杂，但是这一方法有很多好处：

■ 它可以避免股票分类中的主观性，消除收益和风险分析中的众多不确定因素。

■ 它有助于在收益预测中采用新的方法，因为收益预测是依据全球性原则制定的，不会因国家或产业的界限而受到影响。

■ 它能够揭示投资组合风险对全球性的影响，这些影响通常容易被忽略。

■ 它能够揭示投资组合中实际的货币风险，鼓励采用积极的货币管理策略。

■ 通过消除国家和产业的界限，它能够更加灵活地确定和应用最适合投资组合的全球性因素。因而，为调整选择因素提供了最佳的空间，使投资者能够做出最为准确的风险分析预测。

随着市场的日趋国际化，全球性因素分析法将变得越来越普遍。在一个典型的国际股票投资组合中，多数股票既可以多头上市，也可以横跨几个或多个国家分散经营。而传统的投资组合分类法及伴随产生的错误配置风险的问题会变得越来越尖锐和不被人接受。

把货币预测列为资产预测的一个部分，或者把货币看成一个独立的资产类别

货币对投资组合收益的重要性不言而喻。为了获得准确的个人资产收益预测，投资者或许会做出完美的无懈可击的分析，但是由于货币的波动性，仍然会造成资产的损失。

即便是一些专家也会认同，采用基本的分析方法预测货币收益是吃力不讨好的行为。经济学家们广泛认为一些对汇率产生影响的因素应该在预测中得到体现，如货币区内的经济增长率、利率结构、当前及预期的通货膨胀率等，但是多数经济学家也指出，即便考虑这些因素也无法准确地预测汇率。

选择最佳的货币管理方法要涉及投资组合中包含的货币集团的数量、股票的分类方法（如国别分类法、产业分类法）以及新兴市场是否被列入投资组合等因素。货币管理有三种方法可供选择：

- 货币中立，也称为被动的货币管理。
- 与基准货币进行对冲。
- 积极的货币管理。

货币中立（也称为被动的货币管理）是最简单的一种货币管理方法，其中，每一种外币的持有量应该与使用该种货币购买的资产的名义价值相吻合。投资管理人只需要确认他们总是拥有足够的货币去实现法定的购买并且能够满足因公司的行为所带来的一些义务。投资管理人同样还需要确认他们以该种货币收到的红利能够被重新投资。

一个完全被对冲为基准货币的投资组合具有一些货币中立策略的特征，即买入足够的外币实现对外国资产的购买。其不同之处在于，这种策略会在交易的同时把外币提前卖出成为中立货币或规避外汇的风险。投资管理人必须密切监控每一个货币集团的汇率平衡，保证远期外汇合约的价值正在给予适当的规避。但是这并不像想象的那么简单，因为一方面投资者持有股票的价值会时涨时落，而另一方面货币套期保值的面值却保持不变。投资者和投资管理人必须在这一点上取得一致，即国外投资的价值与货币套期保值之间多大的差价是他们能够容忍的限度，而且应该在什么时段对套期保值做出调整。例如，投资者或许会同意以整个投资组合价值的1%作为最大的差价，这一比例对小国来说很容易管理，但是在大国就很难操作。另外，或许还应该对差价的容忍度设定一个基准配置货币的百分比，或者选用一些其他的标准。在任何情况下，差价容忍度都应该在预先设定的时间段内有规律地进行审核并加以完善。

积极的货币管理的目的是，从货币预测中寻求额外的收益并控制风险，增加分散化投资的机会。这一策略要求要经常对实际的货币收益和预期收益加以监测。此外，提前确定决策的规则也必不可少，它可以保证利润的实现，控制损失，并且保证最大风险容忍度不被超越。

全球货币的贸易量已经超过了"传统的"货物贸易和服务贸易，投资通过大量的订单实现流动。大部分的汇率交易是在银行之间进行的，银行可以利用持股人手中的钱在未来的货币活动中进行投机交易。货币投机与股票和债券投机不同，货币投机采取的是零和对策。也就是说，获利一方与受损一方的数额能够得到抵消。这一事实以及货币管理分析中存在的难度，致使许多投资者把货币管理列为了一项单独的投资类别。这类投资可以交给特定的货币经理人进行管理，使货币经理人提供分析预测，从货币交易中赚取可靠的收益。

交给特定经济商管理货币或采取完全规避的策略区分货币管理，其隐含的理由是十分充分的。它可以集中国际股票投资管理人的注意力，通过对国际股票投资组合进行选择获取最佳的收益。同时，认识到股票的收益不可能完全脱离于货币的活动这一点也非常重要，因为公司几乎总是通过货币的相关活动来获取部分利润。

虽然表9-5中列出的投资组合的（以欧元为基准货币）名义外币风险已经被完全规避，但是，公司内部固有的外币风险还是容易受到外币波动的影响。按照无条件兑换的货币来计算，对"被规避"的投资组合，美元承受的风险较高，而相对于国际股票的基准货币，英镑则承受着较高的风险。在这一投资组合中，无条件兑换的货币的总风险占投资组合风险的36.12%，股票基准货币的风险占投资组合风险的22.25%。即使货币被完全规避，投资组合仍然需要承担较高的外币风险。这一特点既反映了构成投资组合的股票本身就具有风险，同时也强调了调节和管理风险具有潜在的好处。

表9-5 一个投资组合进行名义货币对冲的外汇风险

投资组合：DJ EUROSTOXX 50 对冲货币

基准 DJ EUROSTOXX 50

基础货币：欧元

	绝对数值		相对于基准的数值	
投资组合变异（%）	2.44		1.30	
投资组合循迹误差（%）	1.56		1.14	
	β系数	对风险的贡献率（%）	β系数	对风险的贡献率（%）
欧元	−0.0859	0.00	0.0735	0.00
日元	0.1980	3.57	−0.0099	1.73
英镑	0.1904	3.12	−0.0617	17.13
美元	0.6975	17.24	−0.0019	0.39
澳大利亚元	0.1756	2.07	−0.0093	0.54
加拿大元	0.6766	5.51	−0.0098	0.23
瑞典克朗	0.2550	1.98	−0.0023	0.04
瑞士法郎	−0.2894	1.00	−0.0250	0.62
中部美洲	0.1269	0.72	−0.0130	1.38
亚洲	0.0000	0.00	−0.0004	0.00
南美兰特	0.0000	0.00	−0.0016	−0.02
南部美洲	0.1177	0.91	0.0043	0.21
总体货币风险	36.12		22.25	

资料来源：QUANTEC，STOXX。

把风险管理引入收益预测过程或者单独管理风险

国际股票投资组合所承受的风险是复杂多样的，因此也就随之产生了多种不同的风险管理和风险控制的方法。投资者用什么方法把收益管理和风险控制挂钩受到一些条件的制约：投资组合结构中的国际股票组别是如何划分的；货币管理是否委托给特定的经理人管理或者被融入投资组合本身。

　　风险管理的一个功能是可以有效地估计投资组合的循迹误差。这一点非常重要，因为不仅是投资顾问需要它，而且投资管理人在风险管理时也需要考虑这一功能。没有针对性的风险计量，就不可能对风险进行管理。如果风险既没有计量也没有被有效地管理，那么投资组合风险只会加大收益的变异数，而对收益不会产生任何好处。国际化和非国际化的投资组合风险变得日趋错综复杂。由于目前被多数人广泛使用的风险计量手段——循迹误差预测——主要是协方差矩阵，所以对协方差矩阵所依据的风险要素的选择就极为关键。因为投资组合中资产的分类方法会影响风险要素的选择，因而分类方法也决定了循迹误差估计的可信度和循迹误差产生的原因。在给定了误差量的前提下，投资管理人就可以给投资组合提供两个或更多的风险分析报告，使用不同的模型，及时有效地获得"辅助意见"。这样做是有好处的，它可以使投资者对投资组合风险的原因有更为深入的了解，也可以确保对投资组合模型进行仔细的查验。

　　在较为全面的基础上对国际股票投资组合的风险进行估计是非常重要的。有一种观点——如对每一个国家的投资组合风险进行估计并把它们总计在一起——尽管诱人，但是它会对结果造成误导，因为国家风险不能简单地加以累积。协方差矩阵促进了风险估计，也可反映投资组合的全球性本质。

　　理论上，循迹误差预测应该包括一些对投资组合风险原因的分析，以检验其与分析师所做的收益预测的一致性，以及投资者自己所做的对重大宏观经济事件的预测的一致性。

实施

　　使用计量模型选择股票种类有一个主要的好处，可以促使投资者用规范的方法构建投资组合，并且有助于把提前确定的决策规则和风险控制与投资组合构建有机地结合在一起。鉴于这一点，明确投资过程中应该何时运行投资组合模型、使用哪些数据、如何解读结果、采取什么措施就变得十分关键。提前确定的决策规则应该明确如下内容：何时买卖资产、头寸持有的时间、对哪些附加收益进行预测、投资损失的容忍度是多少，等等。

　　很显然，投资组合如何构建、投资组合包括哪些资产，这些问题决定了国际股票投资组合实施过程中的一些相关内容。通常，一个国际股票投资组合的实施在一定程度上类似于一个具有追加购买及规避外汇风险能力的国内股票投资组合。股票一般是通过本国市场的国际股票经纪人或目标市场的本地经纪人来认购的。订单可以单独发出，也可以作为一揽子交易集体发出。在国际市场上，交易的成本和惯例有着实质性的区别，其中包括如下相关内容：

　　■ 经纪人佣金。

- 交易费。
- 税费。
- 保管人成本。
- 证券的结算。
- 记名股票对不记名股票。
- 外国所有权限制。

经纪人佣金的索价在不同市场有所不同。一些市场对经纪人和其他代理人应收取的佣金比例做出了规定。一般均采用比例梯次调整制，即每股佣金的比率随交易量或交易价值的上升而下降。多数大型市场允许经纪人和投资者就经纪人佣金进行协商，但是对一些正处于过渡期的市场，经纪人既可以按照官方规定的交易价目表收取佣金，也可以与投资者私下达成交易的"回扣佣金"，回扣佣金费用虽高却容易操作。

在多数市场，佣金的比率是按交易的面值百分比来表示的，但是也有一些市场，特别是美国市场，佣金是按每股价格或所有交易量的总和来报价的。

这里提供一个可行的佣金比率幅度：每笔交易中收取的折扣佣金应少于 25 美元，或者按不低于交易面值的 1% 收取全部服务佣金，即便是从事批发业务的投资者也应该照此办理。

许多市场对证券的买卖收取**交易费**。这一项费用可能很高，会达到买入或卖出证券面值的 0.5%。

外国投资者还需要缴纳一些**税费**，而这些税费并不适用于本地投资者。税费征收的差别依所持资产的性质而定，如对某些产业的资产收取与其他产业的资产不同的费用。在多数情况下，持有资产时间的长短决定了应付税款的数量。除了上述税费之外，投资者还需要给股息缴纳预扣税。

国际投资组合的**保管人成本**要比国内投资组合高得多，从这一点就可以看出，国际性资产的管理存在着更多的复杂性。保管人成本一般由投资管理人和保管人协商确定，投资管理人为双方工作。保管人费用可以依据多种方式进行征收，如提前确定的服务的年度费用、投资组合的面值或每笔交易的费用，或者结合使用上述所有的方式，等等。保管人提供的基本服务虽然是安排交易的结算，但是并不局限于此，他还负责对股息和息票的应计额和收据补平、调整现金流量、管理现款结存、对投资组合进行估价和提供报告等。

尽管外国股票交易的**结算**由保管人负责安排，但是为了管理的流动性，投资管理人仍然需要对每个市场的结算规则和惯例加以了解。多数大型证券市场已经建立了一套规则，对股票结算的最大时间间隔做出了规定，一般为 5~10 天，但是也有一些市场将其缩短为 3 天。如果没有对股票结算的最大时间间隔做出规定，投资管理人就应该与经纪人订立条文以保证在规定的时间内完成股票结算。如果由于结算被耽搁而延误了销售收入的重新投资会付出昂贵的代价，而且，如果投资组合中包含了复杂的货币对冲或其他衍生头寸，耽搁结算则会导致出现更为混乱的局面。

与股票结算相关的是**记名证券对不记名证券**的问题。这虽然不是所有证券市场的共同特点，但两者的区别却是广泛存在的。记名股票的持有人需要通过股东名册加以确认，而不记名证券的持有人却不需要确认：不管是谁，只要有股份证书，股票就属于他，这与持有一张50美元的工具没有区别。许多公司都会在证券市场上同时发行这两种类型的股票，而在该种情况下，两种类型的股票价格和收益率都会有所不同。因此涉及的股票收购活动和股息计算将十分繁杂，至于税费就更不用说了。在某些管理体制中，持有不记名股票的投资者也被要求登记注册，目的是赋予他分红的权利。

外国所有权限制会对国际股票投资组合的构建和实施造成严重影响。许多市场还对外国人所能持有的股票类型进行了限制。例如，一些市场对外国投资者的股票投票权进行了限制，因此，希望吸引外国投资的公司只能在为国内投资者发行普通股的同时，发行无投票权或有限投票权的股票。无投票权股票的定价与普通股票不同，收益率也相对较低。

另外一些市场对外国投资者投资的产业范围进行了限制，如具有战略意义或高度政治敏感性的产业。银行和传媒业通常就属于这一类。

鉴于国际股票投资组合实施的复杂性和高额成本，西方投资者采用了多种更为简化的降低成本的手段。例如，一些投资组合实施成本高或对市场有严格限制的国家的公司可以简单地在成熟的证券交易市场上市公司的股票。多数公司会选择既在伦敦证券交易所上市股票又在纽约证券交易所上市股票的做法，但是对公司来说，这种做法要承担高额的费用。一种方法是在成熟的证券市场建立一项信托，信托唯一的资产是公司的股票，而且该种股票在其国内市场很难购买或价格昂贵。信托无限制地持有股票，信托单位在上市的市场进行交易，因而采用成熟市场的规则和结算程序。**美国存托凭证**（ADRs）和**法定存款收据**（SDRs）就是上述股票的例子，两者均可在纽约证券交易所交易。

另外一种方式是建立一种可以投资于在特定国家上市的公司构成的分散化投资组合的信托，这种信托通常被称为**交易型开放式指数基金**（ETF）。与美国存托凭证和法定存款收据相似，这种信托可以在成熟的交易市场上市，并且允许投资者在熟悉成熟市场交易事项的基础上小额投资于欠成熟的市场。信托无限制持有目标市场的股票，投资者对在不成熟的市场购买信托单位承担风险。某些信托采取积极的管理策略，使投资者不仅可以获取有争议的市场的收益，而且还可以找到在市场内因选择股票而导致的业绩差的理由。其他类似的信托还对指数化基金的业绩提供了保证，从而使投资者的收益反映的仅是市场收益。

除了能简化结算程序、节约保管人成本这些明显的好处之外，信托依据建立的方式还可以克服最为苛刻的对外国所有权的限制，例如税务罚款。但是很显然，这些有利因素还需要以个案为基础进行评估，因为税务规则和信托产生的好处会随管理体制和投资者的不同而发生变化。

即时控制

对投资组合策略的效果进行监督，这是即时控制最重要的环节。也就是说，投资者需要确保投资组合得以创建的种种假设前提都能得到正确的贯彻。这个工作量很大，因为有大量的数据需要处理，同时还要对投资组合管理人和分析师的工作进行协调。

多数投资组合管理人都会定期举行会议，根据大量新的信息对投资组合结构进行评估。如果出现突发事件，诸如未预知的战争、政府决策失误等，还要以召开特别会议作为补充。

由于多数的国际股票投资组合极其复杂，因此在投资组合实施阶段制定决策规则——对投资组合损失的容忍度和风险损失加以量化——就显得尤为重要。它可以有效地指导投资者，使其了解何时应该对现有的投资组合进行调整，并对现行投资组合战略的假设加以改进。例如，当实际收益没有达到预期的收益目标，或者当重新运行投资组合模型并对模型的投入和假设进行改变的时候，投资管理人都需要对战略进行重新评估，并将其列为重点。

投资组合即时控制在很大程度上可以实现自动化，投资管理人的计算机管理系统既可以对投资组合的平衡提供定期检测，也可以在预期限制被取消时，把信息及时发送给有关的投资管理人。然而尽管如此，许多投资管理人还是倾向于使用常规的评估方法，即人工的方法对模型和投资组合进行检测。

不管采用哪一种标准，"早期预警"机制都可以作为投资战略量化的强有力的补充，它可以把因人为失误造成的损失降低到最小限度。但是总体而言，早期预警机制只能是即时控制中人力决策的一个辅助手段，不能取而代之。

现金流量管理

流动性管理是国际股票投资组合即时控制中的一个重要环节。与国内投资组合一样，现金增加就必须用于投资，而且投资管理人必须保证他或她总是能得到有关现金来源的报告，是来自投资组合内部、股息累积还是公司其他的经营活动等。国际股票投资组合存在较高的交易成本，但是如果能在一定的经济量内买卖期货，通过使用期货合约平衡现金流量则可以节省大量的成本。对国内股票投资管理人来说，每一个投资组合只需要考虑用一种现款结存，而国际股票投资管理人则需要根据投资组合投资的不同货币，用不同的现款结存，据估计，这种不同的现款结存大概有

15~20 种之多。因此，国际股票投资管理人需要建立一种完善的体制来确保基金变动的运行轨迹，同时保证投资组合能够达到充分投资，而不是过量投资。基金保管人的服务也极为重要，它必须为投资组合结构提供常规报告，内容必须涉及现款结存和应计账款。

衍生工具的使用

投资国际股票不使用衍生工具是无法想象的。事实上，有许多投资者为了避免国外实物资产投资的高额成本，只选择使用衍生工具投资。这种方法虽然为国际投资提供了有效的规避成本风险的方法，但是却在两个方面限制了投资：一方面，由于每一个国家都有一个有效的指数化投资组合，所以无法在国家内通过选择股票获取额外收益；另一方面，限制了对那些拥有衍生证券市场的国家的投资。

几乎所有的国际股票投资组合都要用到衍生工具，甚至只是因为要实现管理的流动性。除了这一功能，衍生工具还可以对货币风险进行有效的调控，并且对投资组合的国家配置实施短期调节。这种调整可以采用的规则和程序与第四章中介绍的对短期资产配置进行调整的方法相同。更为复杂的投资战略可能会使用资产掉期的方法来揭示不同市场相对资产价格在税收体制与瞬时无效之间的非正常状况。

业务管理

国际股票投资组合所涉及的一系列管理议题与国内股票投资组合完全不同。国际股票投资组合的管理更为复杂，这不仅是因为不同国家有不同的结算规则和监管环境，而且不同的税收体制，以及每一种体制与投资者本国的税收体制之间的相互影响和制约都会给投资组合的管理带来难度。出于这些原因的考虑，多数投资者和投资管理人都会聘用一名国际性的投资组合保管人，尽其所能地集中管理国际股票投资组合运行中所涉及的所有管理环节。

许多保管人还会根据协议，在一些国家聘用分公司的保管人，以了解本地经济，掌握进入该地区的市场规则。如果保管人的工作出色，对投资者来说投资组合管理就不会出现漏洞，他或她就不会考虑动用个人现金进行运作，也不会让私营金融机构作为保管人的代理参与其中。

评估

投资组合保管人为投资者和投资管理人提供投资组合估价的服务。国际股票投资组合的估价原则与使用外币结算的国内股票投资组合的估价原理基本一致。投资组合的价值通常是以所持单个投资组合的市值总和计算的。股票的卖出价按特定汇率转换为基准货币后乘以股票总数得出的数字就是所持每个投资组合的价值。

大多数投资组合估价都是以两种方式来反映所持有的投资组合的价值，即以本地货币计算的价值和以投资组合基准货币计算的价值。基准货币价值的总和反映了投资组合所持有的该种货币的数量，正如表9-6所表明的，这些价值总和再加上所持有的现金数量就是投资组合的价值。

表9-6　投资组合的估价

估价日期：2000年11月30日

投资组合：国际股票

基础货币：美元

投资组合概要	美元	基础货币（美元）	百分比（%）
实物股票		151688046	85.17
股票期货		18788167	10.55
全部证券	170476213	170476213	95.72
货币市场		25528174	14.33
收益		885790	0.50
净货币市场	6740007	6740007	3.78
全部投资组合		178102009	100.00
加拿大元		5429168	3.05
欧元		20320833	11.41
日元		9193214	5.16
瑞典克朗		2690480	1.51
瑞士法郎		3390653	1.90
英镑		17959952	10.08
美元		119117708	66.88
全部投资组合		178102009	100.00
汽车		2415797	1.59
银行		1724273	1.14
商业服务		13319015	8.78
计算机		10531371	6.94
电力		20241899	13.34
能源		7222851	4.76
食品加工		3812134	2.51
卫生		4267421	2.81
家用电器		1471305	0.97

投资组合概要	美元	基础货币（美元）	百分比（%）
保险		5132769	3.38
租赁与消费者信贷		3505206	2.31
休闲与旅游		1491526	0.98
媒体与交通		3466086	2.29
石油与天然气		4709320	3.10
医药品		15954745	10.52
商店与零售		6427173	4.24
电信		45995156	30.32
实物股票		151688046	100.00

业绩测量与定性分析

通过对投资组合收益期流入或来自投资组合的基金进行调节，我们可以用一个公式来计算投资组合的收益：投资组合收益＝期初价值÷期终基准价值－1。但是，投资组合收益与基准收益本身在不同收益期与投资组合的关系很小，因为收益结果会随收益期的不同而发生明显的变化。

相对而言，已经被检测到的投资组合循迹误差可以更为稳定地计量投资组合收益与基准收益之间的方差，并且还可以与预期的循迹误差进行有效的比较，从而进一步加深对投资组合业绩连贯性的认识。

由于收益本身提供的信息非常有限，所以投资组合的属性在业绩评估中起到了关键的作用，对国际股票投资组合而言更是如此，因为，计量外币风险在投资组合收益方差中的影响对国际投资组合是极为必要的。国际股票投资组合属性的区分原则与国内投资组合的区分原则相同，都是按照国别、产业集团或其他要素把投资组合划分为不同的类别，然后观察哪一类别对业绩的影响较大。两者的不同之处在于，国际投资组合由于会受到不同货币的影响，所以投资组合内的每一项资产既包含了本地货币计算的收益率，也包含了基准货币计算的收益率，这是两者的一个主要区分点。

在表9-7中，我们可以看到，投资组合的总收益率为-8.18%，与之相比，基准收益率则为-6.30%。实物股票的收益率为-9.55%，收益方差为3.25%（＝9.55%-6.30%），其中，-2.03%属于与产业有关的方差，-1.40%属于与国家有关的方差。以本地货币计算的投资组合加权收益率达到了-1.58%，这说明货币影响在很大程度上可以相互抵消，而整个投资组合实际受到的冲击率也只有-0.30%。

表 9-7 单期业绩定性分析 单位:%

时段:2000 年 10 月 31 日至 2000 年 11 月 30 日	百分比
投资组合:国际股票	-8.18
基准:MSCI 指数	-6.30
方差	-1.88
以当地货币记账的投资组合收益	-1.58
货币效益	-0.30
实物股票	-9.55
相对于基准的方差	-3.25
产业配置效益:	-2.40
产业内的股票选择	0.37
与产业有关的全部方差	-2.03
实物证券未解释的方差	-1.22
由交易附加的价值	-1.03
国家配置效益:	-0.65
国内的资产配置	-0.75
与国家有关的全部方差	-1.40
投资组合未解释的方差	-0.48

隐患

没有充分投资或许是国际股票投资中最危险的隐患。国际股票投资不仅具有很多好处,如通过分散化的投资提高风险调节收益和扩大投资机会等,而且还会给国际投资领域带来显著的规模经济。国际股票市场的范围比任何一个国内市场都要大得多,因此,即便是最大的机构投资者也要承担股票或股票组群带来的风险,这些风险在投资者整个的投资组合收益中占有相当大的比重。

由于任何一种资产分类的方法都不可避免地受到主观臆断的影响,因此,有必要对某些类别的资产进行数据管理,并且按日对资产管理进行分工。举例来说,有人认为成熟市场和新兴市场的区分可以通过资产类别加以判断,这是一个明显的误导。因为多数资产既在成熟的市场上市,也在新兴的市场上市,因而主观上既可以归入成熟市场类别,也可以归入新兴市场类别。而且由于风险存在于两种类别中,投资者不知不觉地考虑了两种预期风险。此外,资产和国家会从一种类别演变为另一种类别,而且有时还会发生回转,从而改变了它们依据的基准结构。因此,投资者为了满足投资要求不得不对大量的投资组合进行调整,从而把大量成本花费在对投资组合没有任何益处的工作当中。

不恰当的资产分类会加剧投资组合风险被错误估计的程度。国际性投资虽然为扩大投资收益提供了大量的机会，但同时也增加了风险的来源。如果管理得当，可以有效地控制风险，否则，只会加剧投资的风险。因此，投资者必须确保风险得到了充分有效的管理。

管理性和监管性的隐患通常是这样一些危险，即阻止投资者到国外投资，或对他们到国外投资的风险进行限制。股票经纪人在执行股票交易时，应该避免受到这些影响，而在多头市场经营的保管人也应该在这一领域提供一些担保。

如果投资者把投资组合的货币风险套期保值为基准货币，并且在国际市场使用了衍生工具合约，那么货币就需要被特别关注。这里可能存在的一个危险是，投资组合被过度或过低依赖于某一特殊的货币，从而加剧了投资组合的风险，无法获得补偿收益。

案例研究

这里提供的是一种集合信托，用于说明非市场风险较低的成熟市场的投资风险。正基于此，它不会被用来对具有较高业绩的国家或产业类别的资产进行预测，它只是一种指数化的基金。基金的基准是已被确认的发达国家的股票指数。投资者之所以选择这种信托主要是因为交易成本比较低廉。这种信托的单位**买卖差价**（买入价格和卖出价格的差价）比只有 0.5%，比较而言，其他指数化的国际股票信托的买卖差价比却达到了 1.5%或 2.0%。

这种信托之所以能够维持较小的买卖差价，主要是采取了降低交易成本的方法。为了把交易成本降到最低，投资管理人一般会持有股票价格指数期货，不会持有实物股票。投资者每次把新的基金配置为信托后，信托经理人即会买入国际性资产，以便把新基金投入国际股票期货当中而不是国际实物资产。基金一旦要撤出市场，管理人卖出的就只是期货而不是国际实物资产，从而使信托的交易成本接近信托的买卖差价。

因为多数基金的实物资产是以短期付息工具的形式被持有的，所以，基金可以通过投资具有短期投资级别的债券和工具而不是以持有的保证金来获取额外收益。这类工具带有一定的信贷风险，因此获得的利率要高于银行或政府的保证金利率。但是总体上的信贷风险仍然很低，而且随着发行人和国家的多样化，整个投资组合的预期风险可以被降低到最小限度。据预测，基金每年可以从该项业务中获取不少于 0.50%的收益率。

额外收益的另外一个来源是由一个结算月转入下一个结算月的滚动期货合约。在能够计算出从一个结算月转入下一个结算月的差价的"真实"价值后，投资管理人将对期权差价进行监督，并且当可以交易的期权差价具有优势时，投资管理人将进行所需的交易。期权差价交易每年可获取的收益率在 0.20%~0.50%。

投资期货而不是实物股票,这会限制投资组合的投资范围,因为这样的投资组合只能对拥有适当期货市场规模的国家进行投资。表 9-8 显示的内容包括了多数主要的期货市场。国家配置被尽可能地保持为基准配置,同时也考虑了地区配置。例如,新加坡的亏损被日本超出加权的部分补足,而缺少期货合约的欧洲小国可以从英国、德国、法国、荷兰和瑞士增加的配置中得到补偿。表 9-8 反映了投资组合与投资组合基准的国家(地区)配置。

表 9-8 国际指数化投资组合与基准的构成 单位:%

国家/地区	投资组合	基准
澳大利亚	1.56	1.48
奥地利		0.30
比利时	0.76	0.72
加拿大	2.50	2.38
丹麦		0.43
芬兰		0.12
法国	4.14	3.93
德国	4.17	3.96
中国香港	1.76	1.67
爱尔兰		0.00
意大利		0.96
日本	25.78	24.50
荷兰	2.12	2.01
新西兰		0.18
挪威		0.19
葡萄牙		0.00
新加坡		0.78
南非		0.09
西班牙		1.17
瑞典		0.76
瑞士	2.93	2.78
英国	11.88	11.29
美国	42.42	40.31
世界	100.00	100.00

信托在其存续期的前四五年里具有良好的运营业绩,不仅交易成本比较低,而且保管人费用也保持较低的水平。这主要是因为对交易的数量进行了限定——投资

组合要求的每次再结算量被降低为 11 股，而与之相比，实物股票投资组合平均每笔交易要达到 1000 股。如表 9-9 所示，在 1992 年早期开始出现了基金交割收益低于基准收益的问题。单位信托持有人开始变得焦躁不安，并且开始寻求解释。

表 9-9　国际指数化投资组合与基准的业绩：1992~1999 年　　　　单位:%

至下述日期时 12 个月	投资组合	基准	方差
1992 年 12 月 31 日	-6.52	-3.31	-3.21
1993 年 12 月 31 日	15.92	22.67	-6.75
1994 年 12 月 31 日	4.67	6.31	-1.64
1995 年 12 月 31 日	19.47	22.63	-3.16
1996 年 12 月 31 日	11.10	13.01	-1.91
1997 年 12 月 31 日	8.48	12.39	-3.91
1998 年 12 月 31 日	19.03	21.43	-2.40
1999 年 12 月 31 日	26.79	30.75	-3.96
按年计算，自 1991 年 12 月 31 日到下述日期截止			
1992 年 12 月 31 日	-6.52	-3.31	-3.21
1993 年 12 月 31 日	4.10	8.91	-4.81
1994 年 12 月 31 日	4.29	8.04	-3.75
1995 年 12 月 31 日	7.89	11.51	-3.62
1996 年 12 月 31 日	8.53	11.81	-3.28
1997 年 12 月 31 日	8.52	11.91	-3.39
1998 年 12 月 31 日	9.96	13.22	-3.26
1999 年 12 月 31 日	11.94	15.28	-3.34

　　投资者对业绩评估进行了详细的分析后发现，业绩问题的产生有多种原因，其中包括单独市场之间的配置不相匹配，事实是在市场内部投资组合收益与基准收益无法对应。而且更为明显的是，基准假设的收益还包括了所有股息递减税额的利益，作为一个外国投资者，即便是投资基金也无法获得这种抵免的税收。

　　表 9-10 反映了国家配置对 1993 年、1994 年、1996 年、1998 年和 1999 年出现的较差业绩所产生的影响，这主要是因为在一些国家，如西班牙、意大利、芬兰、瑞典和新加坡缺少期货合约。而美国、英国和日本出现业绩较差的原因是在国家内部选择证券，在这些国家，股票价格指数合约依据的期货合约的标准低于这些国家的基准业绩指数。

表 9-10　国际证券指数化投资组合定性分析概要　　　　　　单位:%

	国家配置效益	国内证券选择	剩余
1992 年 12 月 31 日	0.67	-0.40	-3.48
1993 年 12 月 31 日	-0.98	-1.38	-4.39
1994 年 12 月 31 日	-0.32	0.13	-1.45
1995 年 12 月 31 日	0.34	-1.08	-2.43
1996 年 12 月 31 日	-0.60	-0.25	-1.06
1997 年 12 月 31 日	0.67	-1.15	-3.43
1998 年 12 月 31 日	-0.82	-0.77	-0.82
1999 年 12 月 31 日	-0.81	-2.03	-1.12
	方差的来源	对收益方差的贡献率	
国家配置			
1993 年	西班牙	-0.24	
	美国	-0.24	
	新加坡	-0.14	
	意大利	-0.14	
	其他	-0.22	
1998 年	意大利	-0.61	
	西班牙	-0.39	
	其他	0.19	
1999 年	芬兰	-0.96	
	瑞典	-0.42	
	其他	0.57	
证券选择			
1992 年	美国	-0.73	
	英国	-0.37	
	其他	0.70	
1993 年	美国	-0.56	
	日本	-0.55	
	英国	-0.41	
	其他	0.13	
1995 年	美国	-0.97	
	英国	-0.16	
	其他	0.05	
1997 年	美国	-0.91	
	德国	-0.16	
	其他	-0.09	
1998 年	美国	-1.20	
	其他	0.43	

	美国	-0.99
1999 年	日本	-0.86
	德国	-0.17
	其他	-0.01

第十章　优化股票选择模型

一个优化程序就是一个计算机程序，它把股价的历史数据与这些历史数据之间的关系联系起来，用以估计可能的最高效率的投资组合配置。高效率的投资组合就是在给定风险等级的条件下能够产生最佳预期收益的投资组合，或者反过来说，在给定预期收益的情况下，投资组合可能承受的风险最小。

应用

多数量化的投资过程通常都会在某些阶段利用优化程序作为投资组合构建进程的辅助，同时结合使用其他的投资管理技术，如预期收益模型。一些投资管理人只依靠优化程序为他们选择一个"最佳的"投资组合，而另外一些人则使用完全不同的技术构建投资组合，优化程序只用于进行风险预测。

优化程序既可以用于资产配置，也可以用于证券选择，资产配置应用的技术要比用于证券选择的优化程序简单得多。

退休基金的顾问们非常希望投资管理人能够提供循迹误差和其他的风险预测，优化程序正好可以用于达成这一目的，但是，许多投资管理人使用优化程序仅是为了向顾问们提供风险估计的报告。

为了对现存的或者拟议中的投资组合进行分析，投资管理人输入了投资组合配置和基准配置。结合对循迹误差产生原因的分析，优化程序会计算出投资组合的预期风险。

使用优化程序构建一个新的证券投资组合或者对现存的投资组合再结算，投资管理人往往会输入如下资料：

■ 现存的投资组合和基准配置。投资组合配置可以由持有的股票数、持有价值或投资组合总价值的百分比来表示。基准持有物可以由百分比持有物表示。

■ 获准投资的范围。

■ 在投资组合和基准配置中每项资产的预期收益。

■ 投资组合易于招致的任何限制，诸如资产总数或者产业集团的最大风险等。

该程序能够结合每一项投资组合的预期风险和收益对一系列有效的投资组合进行识别，同时也能逐条识别一些令人感兴趣的信息，如超出目标收益的可能性有多大等。它还可以使投资管理人根据预期风险和收益的特征选择投资组合。

理论

优化股票选择模型的基本理论源于马科维茨（Markwitz）的均值—方差理论。这是一个与现代投资组合理论、资本资产定价理论紧密联系的理论，它基于的理念是，投资组合预期的收益越高，为获取收益所承担的风险也就越高。

均值—方差理论将分散化风险和非分散化风险进行了区分，这种区分的重要性在于只有非分散化风险才能吸引额外收益。因此投资者们急于想了解如何有效地分散投资组合，他们是否有可能获得风险与收益的最佳平衡。

投资组合的收益只是其各组成成分预期收益的加权总和，而投资组合的风险则不是。风险可以被理解为发生某种不利事件的可能性，如负收益。和骰子的滚动一样，一连 10 次掷出两点的可能性并不能简单地等于 1 次掷出两点的可能性的 10 倍。华盛顿哥伦比亚特区和日内瓦同时发生台风的可能性并不是其两地任一个地方发生台风的可能性的总和。所以两项资产的价格同时暴跌的可能性并不简单地等于它们独自下跌的可能性的总和。

估计投资组合风险的科学性依赖于估计两个事件同时发生的概率的能力。在资产价格运行的条件下，它指的是两项资产收益之间的相互关系或协方差。该协方差利用资产收益的历史数据分析得出一组数字来描绘两种资产之间的关系。协方差为 1.0 时表明两种资产一起变动：一种资产价格 10% 的变动将伴随着另一种资产以 10% 的相同趋势变动。协方差为零时意味着它们两者没有关联，而协方差为 -1.0 时则表明它们拥有可以相互抵补的收益。协方差为 1.2 时表明第一种资产价格 10% 的变动，将伴随着第二种资产价格在相同趋势内发生 12% 的变动。

尽管历史收益不能给未来的协方差提供可靠的预测，但是考虑到预测协方差的难度以及资产历史收益之间关系的相对稳定性，它们通常能够提出最为实用的解决方案。

如果投资组合各成分之间的协方差已被了解，或者能被准确地估计，那么各成分风险能够相互抵补的程度也可以计算出来，继而得出整个投资组合的风险估计。在一组只包含少量资产的投资组合中，这个工作相对来说就比较简单。例如，一个包含 10 种资产的投资组合可以用 10 乘 10 的协方差矩阵来表示。统计规则要求，如果想得出有意义的结论至少必须做 11 个收益分析。相对来说这不存在问题，但是绝大部分证券投资组合由几十种甚至上百种资产构成，会产生大量潜在的逻辑数据处理问题，并给计算造成麻烦。例如计算一个包含 200 种股票的投资组合已经相当困难，更不用说查证或者解读结果。

马科维茨的模型要求投资者对投资组合和基准中每一份资产的投资期限进行收

益和风险预测，并且预测每一对资产的协方差。对多数股票投资组合而言，这就意味着会进行大量的预测，并出现相对较高概率的错误。

1963 年，威廉·夏普推出了指数的概念作为整个市场的替代物。这极大地简化了所需进行的计算量，因为投资者现在只需对整个市场的预期收益做出估算，而单个的资产收益和风险则可以依据它们之间的关系进行估算，表示为协方差或 β 值（市场的替代物）加上一些 α 值，α 值是一些固定量，表示资产价值低于或高于市场相关定价的量。

这一模型可以由第三章中列出的等式描述：

$$r_i = \alpha_i + \beta_i \times (r_m - r_f) + e_i \tag{10-1}$$

其中，r_i 表示资产或投资组合 i 的预期回报，α_i 表示资产或投资组合的有意或积极风险，β_i 表示资产或投资组合对市场的关系，r_m 表示市场收益，r_f 表示无风险收益率，e_i 表示资产或投资组合的其他风险。

威廉·夏普的创新受到欢迎，但是多数投资者认为它使问题过于简单化了，因为除了市场之外其他的力量也能对资产价格产生影响。可以用多风险因素代替威廉·夏普建议的单一（市场）因素来解决资产价格变动的复杂性。基于这一方法的优化程序被普遍称为"多因素模型"。

因素，也称为风险因素，可以被描述为一系列收益，这些收益外在于某个投资组合或投资领域中的资产，并和这些资产有着稳定的可预测的关系。例如，交通股可以通过石油价格的变动加以预测，因此石油价格可以作为一个外部因素帮助描绘所有交通股票的走势。

因素的重要性在于它们可以减少协方差矩阵的规模，使用多因素法必然要量化各个因素之间的协方差，以及每种证券与每一个因素之间的协方差或 β 值。

用于资产配置和股票选择的优化程序

使用优化程序进行证券选择和资产配置的区别在于，证券选择问题是在大量可用资产之间做选择，而资产配置问题则是在最多 20 个或者 30 个资产类别之间做选择。因此，对于资产配置而言，没有必要寻找因素以减少协方差矩阵的规模，因为它已经处在一个可管理的规模之内。利用优化程序进行资产配置可以建立起完备的协方差矩阵，继而可以对每一对资产类别之间的直接关系进行观测。这会产生两方面的好处：一方面，由于不必选择正确的因素，它可以消除发生潜在错误的一个重要来源；另一方面，相对简单的计算可以极大地增加程序自身的灵活性，为投资管理人细化计算的过程提供了更大的空间。

风险因素模型的评估

对股票选择模型而言，应用的因素可能包括投资组合投资的市场收益、部门、产业和次要产业集团的收益，等等。也可能包括基于诸如市场资本总额、股利收益率和其他资产负债表项目等共同特征的资产集合的收益。

大多数因素模型都试图在努力辨认出备选的风险因素之后，再把它们应用到投资组合分析当中，从而使结果从某一阶段到另一阶段都保持了直观的吸引力和一致性。另一个方法是对主要成分进行分析，该方法可以直接从投资组合和基准收益数据中得到风险因素，为风险来源提供了潜在的有效解释。但是这一方法也存在一些缺点：首先，由于程序只是简单地寻找最为显著的关系，会使分析产生一些无定义的因素。然后取决于投资管理人的解读并给出经济上的解释。说来容易，但真正操作起来却很难，而且解读的结果也会不可避免地带有某种强烈的主观判断。其次，由于因素直接源自数据，数据中相对微小的变动都会改变已获得的结论。这就意味着投资组合的敏感因素会随时间的推移而变化，即便投资组合构成没有改变，也会给人一种投资组合或模型不稳定的印象。

这些缺点是很不幸的，因为它们把一个非常有力的分析工具排除在多数投资组合分析之外。对主要成分进行分析仍然被投资银行和投资者所广泛采用，目的是在短期投资期限内能够建立一个与股票指数相匹配的投资组合，这一期限可能是几天，也可能是几周。

投资管理利用优化程序选择股票多数会使用一些提前确定的因素。对这些因素的选择，以及它们如何被选择是优化程序模型的最大区别。计算的过程可能会有一些（至少对数学家而言是这样的）重要的差异，但是与因素的选择相比，为了达到解读结果的目的，这些差异就显得不那么重要了。

资本资产定价模型（CAPM）赋予每一项资产和投资组合有一个 α 值的可能性。α 值是资产或投资组合的无风险收益率，是资产被错误定价的参数。对一个准确定价的资产来说，α 值应该为零。投资组合的 α 值是投资组合中各资产 α 值的加权总值，就如同说投资组合收益是组成各成分收益的加权总值一样。

国内股票投资组合通常被假定和其交易的市场、产业集团以及其他共同的因素具有关联，每一种关联都可以由一个 β 值或投资组合与该因素之间的协方差所表示。和市场、产业或其他可辨认的因素没有联系的资产价格变动成分被称为资产的特殊风险。投资组合和资产可以具有基于众多市场、产业或其他因素的 β 值。它们也存在着独特的价格波动，但是可以完全由特殊风险、余值或误差表示。下面是一个两因素模型的方程式。

$$E_{ri} = \alpha_i + \beta_{ix} \times (E_{rx} - E_{rf}) + \beta_{iy} \times (E_{ry} - E_{rf}) + e_i \tag{10-2}$$

其中，E_{ri} 表示投资组合或股票 i 的预期收益，α_i 表示投资组合或股票 i 的 α 值，β_{ix} 表示投资组合或股票 i 相对于因素 x 的协方差或 β 值，E_{rx} 表示相对于因素 x 的预期收益率，E_{rf} 表示预期的无风险收益率，β_{iy} 表示投资组合或股票 i 相对于因素 y 的协方差或 β 值，E_{ry} 表示相对于因素 y 的预期收益率，e_i 表示投资组合或股票 i 的随机特殊风险。

这就是说股票 i 的预期收益等于：

■ 股票 i 的 α 值，即股票价格被低估或高估的量。

■ 加上股票 i 相对于因素 x 的 β 值乘以相对于因素 x 的预期收益率与预期无风险利率的差。

■ 加上股票 i 相对于因素 y 的 β 值乘以相对于因素 y 的预期收益率与预期无风险利率的差。

■ 加上某个错误率。

多数因素模型都会采用两个以上的因素，甚至经常采用三四十个因素。用来创建协方差矩阵支持某一优化程序的因素组常常被视为一个因素模型或风险模型，因为那些因素被设计出来就是为了解释投资组合收益或风险的方差。人们预期的风险因素特征应该包括：

■ 因素应该是投资组合和投资组合投资的市场有**关联**的因素。如果没有关联，那么股票相对因素的关系（β 值）应该接近于零，并且产生的投资组合将不具有人们期待的特征。

■ 它们应该是**直观**的。如果投资组合对某一因素承担明显的风险，那么这一点就尤为重要。对于投资组合如何应对现实世界中发生的事件，模型应该赋予投资者解释的能力。

■ **可见因素**比抽象因素更具有吸引力。它们不仅有极强的直观性，而且更易于数据的核对。例如，收益规模仅通过对市场内大盘股和小盘股已公布的指数加以比较即可获得。不过相对而言，对高股利收益证券和低股利收益证券的总收益进行比较就相当困难，因为只有创建了高股利收益证券的专有指数之后才能获得低股利收益证券的指数。

■ 它们应该是**独立统计**的，也就是说它们之间彼此的协方差应该为零。这虽然意味着它们不应该彼此交织在一起：某种程度的交织是多余的。只有少量完全互不相关的因素是最为理想的。

■ 它们需要获取**可信的数据**加以支持。可信的、准确的数据非常重要，因为协方差矩阵所依靠的是一系列月报收益。如果收益计算的基础随时间的推移而变化，问题则会随之出现，例如，风险因素收益按照这一基础计算，或者投资者对因素协方差估计的来源缺乏信心等都会产生问题。

■ **不要包括太多**的风险因素。太多的风险因素会加大优化程序计算的复杂性，并给解读结果造成困难。而且可以肯定的是，因素越多，计算或数据出错的可能性也就越大。

从理论上来讲，风险模型应该根据投资组合和投资组合投资的市场量身定做，但是这一想法在实际上很难操作，因为要涉及支持多数风险模型所需的大量的计算和复杂的分析。而且，投资组合和市场会随经济结构调整、老产业的转型或衰败、新产业的崛起等发生变化，甚至是小量的私有化发展也会极大地改变市场的面貌。

优化程序系统可大量应用于商业性开发，尽管许多投资管理人选择开发他们自己的系统。内部开发的优化程序具备的优势在于它们可以在很大程度上根据投资管理人的投资组合要求量身定做。这对于具有较高专业水平的投资管理人而言好处最大，例如，那些单纯投资于某一特定区域或证券类别的投资管理人。它的缺点在于成本和可信赖程度两方面。优化程序要求处理大量的分析、管理、数据、运行和维护，这些都需要专门的供应商高效率地工作才能完成。

设计用于单一市场股票选择的优化程序的商业程序本身可以提供多种方法。它们可以利用产业集团作为因素划分，也可以通过确认股票特征并根据资产负债表信息建立因素来划分。

单个股票的特征，诸如市值总额规模、股利收益率、股权债务和票面价格比，均能高效率地确定风险因素，尤其是相对于投资者利用上述特征作为资产分析和收益过程预测的市场就更为显著。股票集合具有共同的特点，因而随之产生的协方差矩阵可以在很大程度上对投资组合的收益方差做出解释。这种确定风险因素的方法是最为权威的，特别是以此方法确定某一特定市场或投资组合的风险因素更为有效。例如，资源型股票的重要特征就不同于重工业型、次级产业型经济中的股票特征，也不同于以金融和服务业为主导类型的股票特征。与投资组合无关的因素不应该被列入，否则就会产生潜在的误导信息。例如，对日本股票来说，使用股利收益率特征就是一个弱因素，因为日本股票的股利收益率特征很不明显。会计信息也没有被列入的必要，确定因素是为了与投资组合构建的方法相匹配。

资产负债表信息存在的一个问题是投资者很难得到它，而且在很多市场上它提供的信息并不可靠，且不具有时效性。由于会计制度存在着重要的差异，因而基于会计信息的风险因素会导致市场之间的比较不具有任何效率。结果是，尽管这些因素对构建单一市场的股票投资组合非常有用，但是依据资产负债表信息构建的模型却对国际股票投资组合的应用造成了限制。

与此相关的一个问题是源自会计数据的风险因素很难被检测。因为独立的指数或数据提供者无法全部公布这些数据，因此，优化选择的提供者必须创建和维护他们自己的风险因素收益数据组。这就意味着无法独立对因素收益计算的准确度进行检验，继而会产生对数据可信度的潜在疑问。此外，优化选择的专家无法抵御在不同市场上采用相同风险因素的诱惑，从而给可信度造成了疑问。许多投资管理人通过调整他们制定结果的信心来弥补这一缺憾，最多只有效地接受一个受限制的风险分析，最差也只采纳一个被误导的风险分析。

另外一个主要的方法是利用产业集团作为风险因素的替代物。这一方法的优势在于，它的劳动强度要比证券特征确定法小得多，继而发生分析错误和数据处理错误的情况也相应较少。不过或许产业集团本身就是该种方法最大的优势，因为产业集团是由本地证券交易所确定的，对本地的市场结构有很深入的了解，能够提供准确的市场风险因素。而且产业集团提供的本地化的收益数据组经常公布，在这种情况下确定的风险因素是可检测的，可信度也得到了广泛的保证。

如果本地化确定的产业集团是在独立统计的基础上被挑选的，那么产业集团风险因素确定法就非常具有效率且能够有效地解释投资组合的方差，继而可以根据可检测的关系把单只股票列入产业集团。其结果是，根据产业集团制定的优化程序的计算结果与本地指数提供者发布的结果不完全相符。

除此之外，产业集团因素确定法还有很多缺陷：第一个缺陷是产业集团的组成效率很低，依据产业集团选定的证券带有主观判断的意志。涵盖若干个产业集团的证券通常会根据产业的最大销售额来配置。根据销售利润配置或许会更为有效，但是要求获得的信息通常无法可靠地达到这一分类目的。第二个缺陷在于产业集团因素确定法很难为自身提供完备的针对单个投资组合而制定的风险协方差矩阵。完全依据产业集团制定跨国投资组合的比较分析需要特别注意。有很多产业明显属于国际性产业，如能源、医药和汽车制造业等，这一点毋庸置疑，但是也有很多产业带有地方特征，例如建筑材料业和零售业就不具有国际特征。我们也注意到，由于受不同国家管理规则差异的限制，在某种程度上很难把银行业归入国际性产业的行列。

股票选择与资产配置的关系

投资组合构建采用的一个普遍的方法是先把投资组合按不同的资产类别配置，然后在每一个资产类别中选择单个资产。表 10-1 所描绘的是一个典型的投资组合资产配置。在投资组合构建的每一个阶段都可以利用优化程序。

表 10-1　一个典型的投资组合资产配置　　　　　　　　单位:%

资产领域	长期资产配置
国内固定利率	15
国际政府债务	5
国内公司债务	10

续表

资产领域	长期资产配置
国内股票	30
发达市场股票	10
新兴市场股票	5
不动产	15
现金	5
外汇	5
总计	100

如果资产配置被确定，单一部门的投资管理人就会接到新的资产配置通知，并且按照指示对证券进行选择。在执行单一资产类别的投资组合之前，对整个投资组合的投资风险和投资影响加以量化很有必要。例如，美国汽车部门的低风险是否被日本汽车部门的高风险所抵消？金融部门的国际化影响是否在投资者预期的限度之内？

投资组合通常采用双重的国家对国家的构建过程，这不仅因为它必须要在构建程序上具备条理性，而且还有利于根据特别经纪人的技术水平，把分析和管理工作加以分工。但是就其本身而言，它可能不会产生最佳的投资组合结构或者提供最好的投资机会，而且它肯定会对投资组合风险的估计造成误导。

几乎没有哪个市场是孤立运作的。公司开展的竞争业务日趋国际化，从国外获取的收入份额也在不断增加。越来越多的公司把世界其他地区的本地化公司视为自己的主要竞争对手。例如，Novartis 公司不仅会和 Roche 公司展开竞争，还会与 AstraZeneca 公司、Glaxo Wellcome 公司、Pfizer 公司展开竞争。如今，通过在几个市场发行股票来突出公司的国际化特性的做法已经变得日趋普遍。但是对于像 Dymler Chrysler、BP Amoco 这样的大公司来说就没有必要这样做了；许多起源于亚洲、欧洲和拉丁美洲的小公司都着手在美国和其他地区上市股票。

多数国际股票投资组合，甚至是国内股票投资组合构成成分的大部分是由开展国际性业务的公司组成的。这些股票对传统的双重投资组合构建法提出了严峻的挑战。首先，按照双重构建法，这些股票被假设为仅对它们本国国内发生的事件具有敏感性。这就意味着该股票必须在主观指定的某一国家或另一国家进行运营和上市，结果，这种主观的分类改变了整个股票投资组合的风险曲线。其次，货币的问题也至关重要。双重构建法强调的观点是，股票使用的唯一货币是股票本身的计值货币，该计值货币可以被主观地加以改变。这一假设过于简单化：多数股票都承负着多重的货币风险。

在给定外国货币的波动幅度和外国货币的风险和收益对投资组合的作用的前提

下，许多投资者更愿意对货币风险进行管理和套期保值。但是如果投资组合真正的货币风险是未知的，那么这项工作很快就会变得毫无意义。

表10-2反映的是两组投资组合，每组投资组合都是由单一产业的瑞士股票组成的。银行业股票构成的投资组合对瑞士法郎的β值为0.71，而医药业股票构成的投资组合对瑞士法郎的β值仅为0.19，这就意味着两组投资组合都会随瑞士法郎对其他主要货币的比值在同一方向变动。不过，银行业投资组合会比医药业投资组合更容易受到比值变化的影响，而医药业投资组合更容易受到欧元和美元比值变动的影响。由于人们考虑到大部分瑞士银行的业务涉及的是本国的银行业，而医药公司很少涉及"本国"市场这一特点，因此出现上述这种结果就不足为奇了。至于随机的特定风险，两组投资组合对美元承负的风险最大，分别占到了投资组合风险（或称循迹误差）的12.76%和19.26%。外国货币在这两组"国内"投资组合整个的投资组合风险中所占的比例为1/5～1/3。

表10-2　两个国内投资组合中外汇的风险承受

货币	瑞士银行业		瑞士制药业	
	投资组合对货币的β系数	对投资组合风险的贡献率（%）	投资组合对货币的β系数	对投资组合风险的贡献率（%）
欧元	0.2207	1.60	0.6082	6.07
日元	0.1281	3.02	0.1802	4.42
英镑	-0.2457	-3.31	-0.2782	-5.02
美元	0.4368	12.76	0.5869	19.26
主要货币		14.08		24.74
澳大利亚元	0.2114	3.25	0.1885	2.32
加拿大元	0.1381	0.89	0.5906	4.73
瑞典克朗	0.3354	3.02	0.1137	0.55
瑞士法郎	0.7129	0.00	0.1893	0.00
次要货币		7.17		7.61
中美洲	0.0887	0.70	0.0000	0.40
亚洲	-0.0201	0.00	0.0000	0.00
南非兰特	0.0000	0.00	0.1107	0.00
南美洲	0.0344	0.00	0.0000	0.00
新兴货币		0.70		0.40
作为整体投资组合风险百分比的全部货币风险		21.95		32.74

资料来源：Thomson Financial Datastream，QUANTEC.

全球性因素的应用

避开这种两难境地的一个方法是应用全球性风险因素模型，把属地国家的因素从投资组合构建和分析过程中排除出去。为此，所有股票的分析应该被视为好像只属于一个单一的全球市场，也就是说，确定的风险因素都要与全球性相关，以区别于只与单一市场相关的因素。这种区别并非毫无价值。以产业集团为例，并非所有的产业都与全球性相关，即便它们是在几乎所有的市场中进行运作。交通运输业存在于多数市场之中，但是存在一个全球性的交通运输业是很难想象的，就其业务本质来说其属于一种地方性的业务活动。相对而言，化工产业和飞机制造业毫无疑问地属于全球性产业，尽管业内的一些公司只在一个国家运营。

除非市场是全球经济的一个组成部分，否则它无法在真空中运作，因此，不能把全球性风险因素模型的构建简单地视为国家风险因素模型的集合。

对货币问题加以解决是全球性风险因素模型的一个重要方面。很显然，所有价格和收益的计算必须在执行其他运算之前转化为单一的基准货币，其附带的作用是突出强调了货币风险的重要性。记账货币就等于风险货币这一假设条件是不成立的，放弃这一假设可以加深人们对货币风险的理解，从而迫使投资管理人必须对投资组合和货币组的关系加以计量。通过对劳斯莱斯公司投资组合的货币敏感性的分析可以得出一些有趣的结论。表 10-3 反映了货币对劳斯莱斯公司收益的影响，揭示出 3 个有关的论点：

■ 相对于无条件股票，反映出的货币因素对劳斯莱斯公司的收益影响要比现金敏感得多。

■ 相对于英国股票，反映出货币因素对收益的影响在劳斯莱斯公司和英国证券市场之间影响不同。

■ 相对于全球性股票，反映出货币因素对收益的影响在劳斯莱斯公司和全球性证券市场之间影响不同。

表 10-3 劳斯莱斯公司以英镑为记账单位的货币敏感性

货币	绝对数值		相对于 FTSE All Share		相对于 MSCI	
	投资组合对货币的 β 系数	对投资组合风险的贡献率（%）	投资组合对货币的 β 系数	对投资组合风险的贡献率（%）	投资组合对货币的 β 系数	对投资组合风险的贡献率（%）
欧元	0.1823	0.26	0.5449	0.95	0.5172	0.31
日元	−0.2339	0.38	−0.5432	4.81	−0.6069	6.75
英镑	0.2415	0.00	−0.3422	0.00	0.0885	0.00

货币	绝对数值		相对于 FTSE All Share		相对于 MSCI	
	投资组合对货币的 β 系数	对投资组合风险的贡献率（%）	投资组合对货币的 β 系数	对投资组合风险的贡献率（%）	投资组合对货币的 β 系数	对投资组合风险的贡献率（%）
美元	0.8101	3.69	0.3405	0.48	0.0011	0.00
主要货币		4.34		6.24		7.05
澳大利亚元	0.0734	0.22	-0.2825	0.74	-0.3240	1.36
加拿大元	0.7134	1.59	0.2584	-0.07	-0.0425	0.06
瑞典克朗	-0.1665	-0.12	-0.4643	0.79	-0.6117	1.68
瑞士法郎	-0.7655	1.37	-0.4957	0.27	-0.2445	-0.06
次要货币		3.06		1.73		3.04
中美洲	0.0000	0.00	-0.0621	0.06	-0.0426	0.02
亚洲	0.6382	6.29	0.6805	7.75	0.6352	6.46
南非兰特	0.0000	0.00	-0.0092	-0.01	-0.0214	-0.02
南美洲	0.0000	0.00	-0.1136	0.10	-0.0550	0.01
新兴货币		6.29		7.90		6.48
全部货币风险	13.69		15.86		16.57	

资料来源：MSCI, QUANTEC, IDC, FTSE.

在不受限制的条件下，该股票对加拿大元和美元的敏感性要比英镑高，β 值分别达到 0.71 和 0.81；然而相对于英国和全球性股票，欧元对收益的解释更为重要。股票之所以被认为与这些货币因素不相匹配，意思是说股票收益在某种程度上是由这些货币驱动的。货币因素对投资组合方差的作用表明，收益平衡的随机成分来源与误差（或称为特定风险）相等。这一分析还反映了在不受限制的条件下亚洲货币和美元对随机收益方差造成的影响，而相对于其他股票，日元的影响最大。

进一步解读这些结果就需要对所涉及的市场加以了解并做出判断。例如，加拿大元在不受限制的条件下对劳斯莱斯公司股票的特定风险的影响要比对其他两种股票指数大得多，这一事实表明，劳斯莱斯公司采用加拿大元和这些指数的其他成分对货币具有不同的敏感性。

由于双重风险因素确定法存在的局限性，投资者和投资管理人逐渐认识到全球性风险因素模型的重要性。它的优势在于，可以提供有效的和全新的方法，对可能影响投资组合收益和收益变量的因素做出判断。但是，这一模型的实施还需要进一步加以完善，其理由如下。

全球性的方法可以有效地把资产配置和投资组合构建中的部分证券选择联系起来，但是这种联系却对分析和复杂的运算造成了不便，而且不适用于已经建立的投资组合构建程序。

此外，全球性风险因素的确定也不是一蹴而就的。它不仅需要繁杂的计算，还需要对真正与全球性有关的因素做出大量的准确判断。没有理由认为相同的全球性因素集合都同样与所有的全球性证券投资组合有关，例如，与低速增长的世界经济的投资组合收益相比，基于快速增长的世界经济的投资组合收益要应对不同的风险因素。

对于纯粹的国内证券投资组合，投资者也很少会采用全球性的风险因素。这一点很容易理解，不过，仍然有足够的理由相信全球性风险因素模型对国内和国际证券投资组合同样重要。

投资组合风险分析

风险分析的目标是对投资组合收益方差的原因进行计量，并且对现金（绝对变量和波动性）和股票基准（相对变量或循迹误差）进行比较。根据风险因素制定的优化程序所依据的等式在本章早些时候已经给出。对于一个两因素模型，该等式为：

$$E_{ri} = \alpha_i + \beta_{ix} \times (E_{rx} - E_{rf}) + \beta_{iy} \times (E_{ry} - E_{rf}) + e_i \qquad \text{（同 10-2）}$$

其中，E_{ri} 表示投资组合或股票 i 的预期收益，α_i 表示投资组合或股票 i 的 α 值，β_{ix} 表示投资组合或股票 i 相对于因素 x 的协方差或 β 值，E_{rx} 表示相对于因素 x 的预期收益率，E_{rf} 表示预期的无风险收益率，β_{iy} 表示投资组合或股票 i 相对于因素 y 的协方差或 β 值，E_{ry} 表示相对于因素 y 的预期收益率，e_i 表示投资组合或股票 i 的随机特殊风险。

投资管理人进行风险分析，要对投资组合相对于风险因素模型中每一种因素的敏感性或 β 值以及投资组合中可能存在的随机变量进行计量。这也被称为循迹误差（不以基准变量计算）和波动性（以绝对变量计算）。随机变量是预期收益以外的风险，所以多数投资者都希望这种风险值最好为零。然而事实上，在多数投资要求中由于包括了预期中的 α 值必然存在着大量的通常被错误定义的循迹误差。α 值很难准确预测，所以通常与循迹误差的估计联系在一起。

多因素风险模型能够对来自因素风险的循迹误差的成分进行计量。这些估计不应该与投资组合因素的 β 值相混淆，因为两者是不同的，β 值反映的是风险的趋向，而随机变量包括了风险和自身的趋向。

表 10-4 反映了一个典型的标准普尔 500 股票指数相对于摩根士丹利美国股票指数（MSCI US Index）循迹误差的全球性因素分析。因素 β 值指的是投资组合内每一种与基准相关的因素的关系，每一种因素产生的投资组合循迹误差的程度决定了投资组合方差的影响。表 10-4 表明，在决定两种指数的收益方差方面，因素 β 值只起很小的作用，从而证明了两种股票指数在很大程度上是受相同因素影响的。由于

在很大程度上受到与能源相关因素的影响，标准普尔 500 股票指数相对于摩根士丹利指数总的循迹误差为 1.07%。这主要是由于标准普尔 500 指数持有荷兰皇家石油股票（Royal Dutch Petroleum）所致，摩根士丹利指数中并不包括该种股票。如果减少该种股票的持有量则会相应地降低投资组合的循迹误差。表 10-4 中还显示了基础产业和原材料业对循迹误差具有负面影响，因为该种因素的风险增加反而减少了循迹误差。这个分析中的各个因素结合在一起，说明了 37.72% 的投资组合风险来自于循迹误差（因素风险），62.28% 来自于特定风险。

表 10-4　β 因素和它对投资组合风险的贡献率

投资组合		标准普尔 500 指数
基准		摩根士丹利指数
基础货币		美元
投资组合方差（%）		1.14
投资组合循迹误差（%）		1.07
	β 系数	投资组合风险的贡献率（%）
欧元	0.0289	3.42
日元	0.0044	0.57
英镑	−0.0304	1.01
美元	−0.0029	0.00
主要货币		4.99
澳大利亚元	−0.0138	1.30
加拿大元	0.0139	−0.05
瑞典克朗	−0.0096	0.28
瑞士法郎	−0.0008	−0.01
次要货币		1.52
中美洲	−0.0008	0.00
亚洲	−0.0018	0.01
南非兰特	0.0064	0.37
南美洲	0.0152	2.08
新兴货币		2.46
全球化股票	−0.0053	0.24
全球化债券	−0.0052	0.03
全球化市场		0.26
与能源相关的	0.0211	5.24
基础产业与资源	−0.0150	−3.42
产业	0.0188	6.12

续表

	β 系数	投资组合风险的贡献率（%）
汽车	0.0038	0.57
消耗型原材料	0.0062	0.97
制药	−0.0278	8.10
金融	0.0270	7.53
计算机与电信	−0.0022	0.80
全球化部门		25.91
亚洲虎	−0.0006	0.01
澳大利亚/新西兰	−0.0038	0.02
比利时	0.0012	−0.02
丹麦	0.0026	0.06
芬兰	0.0012	0.04
法国	0.0010	0.00
德国/奥地利	−0.0012	0.00
中国香港	0.0012	0.07
爱尔兰	−0.0016	0.09
意大利	0.0012	0.06
日本	−0.0030	0.09
拉丁美洲	−0.0002	−0.01
荷兰	−0.0038	0.19
挪威	0.0060	0.30
南非	−0.0002	0.00
新加坡	0.0060	0.49
西班牙	0.0009	−0.01
瑞典	−0.0021	−0.02
瑞士	−0.0049	0.03
英国	−0.0241	1.27
美国/加拿大	−0.0067	−0.08
地区/当地		2.57
因素风险		37.72
特定风险		62.28
全部风险		100.00

资料来源：Thomson Financial Datasteam，MSCI，QUANTEC.

投资组合的创建

为了使用优化程序来构建一个投资组合，投资管理人通常会提供如下信息：

■ 现存的投资组合和基准配置。投资组合配置可以用持有的股票数、持有价值或投资组合总价值的百分比来表示。基准持有物可以用百分比持有物表示。

■ 获准投资的范围。

■ 在投资组合和基准配置中每项资产的预期收益。

■ 投资组合易于招致的任何限制，诸如资产总数或者产业集团的最大风险等。

初始投资组合可能是一些现存的投资组合、基准投资组合或现金投资组合。由于优化程序是在对现存投资组合进行小幅调整的基础上运行的，所以初始投资组合的结构对优化程序来说非常重要。如果可能的话，任何一个投资管理人都愿意把调整后的现存投资组合作为他们的初始投资组合，以便通过最小的调整达到最佳的效果。

投资管理人必须明确可以持有的证券类型和数量，如果某些证券禁止交易、难以买卖或交易成本过高，可以把它们排除在外。

投资管理人通常会针对每一种证券给出该种证券的预期收益率。如果忽略预期收益率，优化程序就会假定所有证券具有相同的收益率，并且在此基础上寻求最小风险的投资组合（最适合于指数化投资组合）。

多数优化程序认为，投资者或许希望对在程序中出现的投资组合的种类或方式加以限定。这些要求会在优化结果和优化进程中通过多种限制手段加以解决。例如，投资者或许会希望对投资组合持有的任何一种资产的百分比进行限制，或者要求百分比不超过产业集团基准配置的两倍。优化程序经常采用的限制手段是对投资组合内的资产总量进行限制或者对允许交易的总额度给出限额。多数优化程序会允许投资者指定交易成本，并且计算出每一种优化解决方案的实施成本。它们通常也会允许投资者对交易成本总额做出限定。

需要记住的是，优化过程中每一种限制都会使产生的投资组合进一步偏离最佳的风险收益轨道。过多或过严的限制会使投资组合很难或根本达不到风险和收益要求的结果。

表10-5给出了在一个典型的股票要求中可能存在的一些限制。限制的目的是保持投资组合配置尽量趋近于基准加权。这些限制能够切实帮助投资者控制投资组合的风险，但是它们必须与投资者的目的相一致。

表 10-5 受限的和不受限的优化 单位:%

	原始投资组合	基准投资组合	预期收益	最低持有率	最大持有率
美国国际	7.00	10	−0.05	7.50	12.50
美国在线时代华纳	8.16	10	−11.58	7.50	12.50
花旗集团	9.16	10	1.50	7.50	12.50
埃克森石油	11.21	10	−2.50	7.50	12.50
通用电气	17.65	10	18.00	7.50	12.50
英特尔	7.61	10	5.00	7.50	12.50
IBM	7.43	10	−5.64	7.50	12.50
微软	13.30	10	5.00	7.50	12.50
Pfizer	10.01	10	12.00	7.50	12.50
沃尔玛	8.47	10	15.00	7.50	12.50
投资组合	100.00	100	3.67		
优化概要	有效的投资组合				
不受限的优化	最低风险				最大收益
相对收益	0.000	3.582	7.164	10.745	14.327
循迹误差	0.000	2.828	5.863	9.962	17.490
受限的优化					
相对收益	0.000	0.458	0.916	1.374	1.832
循迹误差	0.000	0.362	0.732	1.200	2.259

资料来源: IDC, QUANTEC。

表 10-5 中的优化概要表明,保持投资组合配置趋近于基准会限制投资组合的风险和收益结果的空间。由于限制,不仅高风险、高收益结果会被排除在外,低风险、低收益的结果也会被排除在外。

在优化过程中最重要的数据是对每一种资产所做的收益预测。优化程序不仅对整个的预期收益水平非常敏感,而且对每个资产间收益预测的差异更为敏感。

收益预测至少由两部分组成。第一个部分是每个资产的 α 值,即资产被错误估价的程度。积极的 α 值指的是资产被过低估价的程度,消极的 α 值指的是资产被过高估价的程度。第二个部分是收益模型中每一种因素的收益预测。严格地说,有必要对每种资产相对的每种因素的 β 值做出预测,但是在实际操作中,多数投资管理人都会根据 β 值的历史数据做出估算。

许多投资管理人仅希望给优化过程指定预期收益的等级。如果是为了发现最佳的投资组合配置,并且对投资组合风险进行远期估算,这样做是完全合理的,但是它肯定会导致投资组合预期收益的计算产生错误。

由于优化程序主要依靠的是资产和因素收益的历史数据，所以数据来源以及如何加工数据会对结果产生重要的影响。多数商业性的优化程序系统都要有可靠的定期进行更新的数据。优化程序供应商通常会从已被确认的数据提供者那里购买数据，应用某种清除程序删除明显的错误数据后，再利用它们计算资产和风险因素的收益。不过错误的数据是逐渐产生的，因此投资管理人有责任对数据的正确性进行核对，如果有必要还要对计算过程和数据来源进行监督。

但是，对使用历史数据过分依赖的潜在问题反而会加重数据的错误量。有这么一种假设，即历史数据对未来具有指导作用。尽管人们普遍承认这一假设并不适用于资产收益，但是仍然有很多投资管理人（尽管不是多数）认为在连接资产和风险因素上，历史数据与未来存在着一些稳定的关系（β值和协方差矩阵）。尽管这些关系肯定不是永远不变的，但是随之也会产生一些问题：是不是最好只使用与现在或未来密切相关的近期历史数据，或者使用较早期的历史数据，因为较早的历史数据涵盖了更多的经济周期，更有可能广泛地反映阻碍投资期限的经济状况。

从多种角度考虑，按月观察的 5 年期历史数据是可行的，尽管对于包含众多资产的投资组合或包含众多风险因素的风险模型来说，可能需要更长的观测期。不过，只有很少的优化过程会保证获得 10 年期的历史数据，而且多数投资管理人也认为，这一期限包括了过多的市场结构变化，不太可能做出与远期目标相关的完备分析。

尽管优化过程使用了长期的历史数据，许多投资者仍然会通过采用独特的重要观测数据来最大限度地降低早期观测数据所产生的混乱影响，而且随着多数近期发生的事件被最大加权，较早观测的数据的重要性会降低并逐渐消失。这一做法的优势在于，较久远的事件会立即从程序中消除而不是逐渐消除，从而增强了风险分析从一个阶段到下一个阶段的整体稳定性。

货币管理

利用优化程序构建投资组合、分析风险的好处之一是，能够使投资者把货币管理作为一个部分并入整个投资组合之中。这一点非常有用，因为投资管理人可以对资产和货币应用不同的收益预测，从而可以充分利用多种投资工具分散化影响的优势。优化程序允许投资者指定整个投资组合承负货币风险的程度。在优化过程中经常被使用的限制手段之一是对外币风险做出限定，如果愿意的话，还可以规定货币的对冲比率。

衍生工具的使用

投资组合优化程序完全适用于期货、远期外汇合约和外汇掉期，但是标准的优化程序不适用于期权的优化。远期外汇合约、期货和外汇掉期合约都具有最终与实物资产相类似的收益分配率。也就是说，它们正常的收益分配率接近于预期收益率，高于或低于预期收益率的部分可以互相持平。这一假设对优化程序来说是必要的。期权之所以不适用，是因为从其本性来说，高于或低于预期收益的部分很有可能会根据该期权是看涨期权还是看跌期权而被忽略。因此可以说，它们的收益分配率是被删节的或不对称的。正是由于这种不对称性，它不适用于优化程序。许多其他的衍生工具，如可转换债券等，也是由于同样的原因而不适用于优化程序。

如果优化过程中包含了远期外汇合约、期货和外汇掉期，投资管理人就需要对现金的持有量做出必要的调整，以便与投资工具的面值保持一致。如果衍生工具高于或低于估计的合理价值，还有必要对预期收益做出调整。

即时控制和业务管理

优化程序通常很容易维护，因为程序供应商通常会按照规定的时间段更新（一般是按月更新）数据和所有的运算结果。投资管理人也需要对每一种资产的预期收益以及投资组合和基准配置进行更新。

现代软件技术使数据可以在几分钟之内就完成更新，而且差错率很小。互联网技术使所需的数据传输变得更为简单，从而极大地提高了例行分析的时效性。

业绩测量与定性分析

优化程序有两个主要功能：有助于投资组合构建的远期规划功能和投资组合风险的预测功能。就其本身来说，优化程序不会为投资者解释投资组合的运行会超过前一阶段的收益率的原因。

幸运的是，根据投资组合业绩属性和投资组合分析建立的系统标准正在迅速地得到改进，而且还会逐渐对远期风险预测和投资组合优化的不足加以补充。除了能够对定性于资产类别、部门和产业类别的业绩变量进行分析之外，许多系统现在也能够对与投资组合收益变量不相匹配的因素的影响做出计量。

逆向优化

优化程序经常被引述的缺点之一是，它们对输入数据的改变，特别是预期收益数据的改变过于敏感。许多投资者注意到尽管预期收益只有细小的变动也会导致"最佳"的投资组合加权发生戏剧性的变化，这一点非常令人失望。如果优化程序这么容易受到变动的影响，其优化就很难达到最佳结果，因此他们认为优化程序优化的结果值得怀疑。

表 10-6 至表 10-8 反映了一个预期收益相对适中的数据变化对优化结果产生的影响。第二组优化分别反映了低风险投资组合高度集中的配置和高风险投资组合不同方法的配置。结果证明，正是由于预期收益、股票和因素协方差的相互作用才导致了这种变动。

表 10-6　经过变化的预期收益对优化的影响　　　　单位:%

证券	预期收益#1	预期收益#2
美国国际	−0.05	1.25
美国在线时代华纳	−11.58	5.00
花旗集团	1.50	−2.25
埃克森石油	−2.50	5.00
通用电气	18.00	5.00
英特尔	5.00	−6.00
IBM	−5.64	−7.00
微软	5.00	10.00
Pfizer	12.00	7.00
沃尔玛	15.00	10.00

表 10-7　预期收益#1 的优化　　　　单位:%

优化的投资组合	最低风险	百分比	百分比	百分比	最大收益
美国国际	10.00	3.90	0.00	0.00	0.00
美国在线时代华纳	10.00	8.26	6.20	0.28	0.00
花旗集团	10.00	8.91	4.78	0.00	0.00
埃克森石油	10.00	2.59	0.00	0.00	0.00
通用电气	10.00	21.67	35.05	53.51	100.00
英特尔	10.00	10.85	11.87	11.04	0.00
IBM	10.00	7.25	1.77	0.00	0.00
微软	10.00	9.52	8.85	6.26	0.00
Pfizer	10.00	14.13	16.17	12.73	0.00
沃尔玛	10.00	12.93	15.32	16.18	0.00
所有权的数额	10	10	8	6	1
相对收益（每年百分比）	0.00	3.58	7.16	10.75	14.33
循迹误差（每年百分比）	0.00	2.83	5.86	9.96	17.49
Tracking R-Squared（%）	100.00	98.21	92.33	77.95	48.31
投资组合平衡:夏普比率	0.32	1.27	1.22	1.08	0.82
增加的平衡:λ 系数	0.00	1.17	0.97	0.65	0.31
绝对收益（每年百分比）	3.67	7.25	10.84	14.42	18.00
绝对风险（每年百分比）	21.02	21.15	20.90	19.89	23.41

资料来源:IDC, QUANTEC。

表 10-8　预期收益#2 的优化　　　　　　　　　　　单位：%

优化的投资组合	最低风险	百分比	百分比	百分比	最大收益
美国国际	10.00	5.61	0.00	0.00	0.00
美国在线时代华纳	10.00	10.96	11.79	10.70	0.00
花旗集团	10.00	7.38	3.66	0.00	0.00
埃克森石油	10.00	12.26	14.06	6.88	0.00
通用电气	10.00	11.76	13.54	5.02	0.00
英特尔	10.00	7.72	4.14	0.00	0.00
IBM	10.00	3.64	0.00	0.00	0.00
微软	10.00	12.85	15.87	22.87	39.97
Pfizer	10.00	13.38	17.29	22.33	0.00
沃尔玛	10.00	14.44	19.64	32.20	60.02
所有权的数额	10	10	8	6	2
相对收益（每年百分比）	0.00	1.80	3.60	5.40	7.20
循迹误差（每年百分比）	0.00	2.90	5.89	9.81	18.64
Tracking R-Squared（%）	100.00	98.09	92.30	81.13	53.67
投资组合平衡：夏普比率	0.34	0.62	0.61	0.55	0.39
增加的平衡：λ 系数	0.00	0.57	0.52	0.30	0.15
绝对收益（每年百分比）	2.80	4.60	6.40	8.20	10.00
绝对风险（每年百分比）	21.02	20.84	20.98	22.53	27.35

资料来源：IDC，QUANTEC。

多数投资管理人发现协方差因素并不是一个合理的解释，因为解释本身就模糊不清。如果逆向观察优化进程，或许能对变化产生更加直接的了解。

优化程序会最大限度地估算出收益预测和协方差预测的结果。只等投资管理人按下按钮，程序就会计算出两个或多个投资组合配置集合的结果。优化程序只会根据实际的数字进行计算，所以它不可能计算预测幅度，尽管这些幅度是投资管理人最为关心的。

收益很少会依照实际的数字进行预测，投资者通常都是按照幅度进行预测的。为了协调这一现实，逆向投资组合优化的进程是一个可行的方法。具体做法是，输入投资组合配置的有关数据，然后通过优化程序计算出的收益是该投资组合资产配置必须达到的收益。如果"必须达到的"收益在投资者预期的幅度之内，那么现有的投资组合配置是可以接受的。如果该收益高于投资者预期的幅度，那么就应该减少证券的配置或者对预期收益的幅度做出调整。

逆向优化法可以为投资者提供有限的监督手段，更好地保证预测和投资组合构建的一致性。

表 10-9 反映了投资者预期的收益和"必须达到的"收益之间的差异。投资者预测美国国际（American International）的收益率为 -0.05%，但是通过优化程序对现有投资组合配置进行计算后证明，投资者预测的收益率应为 4.53%。投资者要么对已经估算的预期收益率做出调整，要么就大幅度减少该种资产的持有量。不过在有些情况下，特别是花旗集团和微软公司的股票，其必须达到的收益有可能确实是在预期收益的幅度之内，尽管它们给人的第一印象完全不同。

表 10-9　逆向优化

单位:%

	隐含收益	预期收益
美国国际	4.53	-0.05
美国在线时代华纳	3.80	-11.58
花旗集团	1.95	1.50
埃克森石油	10.13	-2.50
通用电气	-6.64	18.00
英特尔	-11.26	5.00
IBM	4.77	-5.64
微软	9.03	5.00
Pfizer	-5.60	12.00
沃尔玛	7.16	0.00
投资组合价值	5.18	5.18

资料来源：IDC，QUANTEC。

隐患

与其他的计算机程序一样，优化程序遵循的也是"无用输入—无用输出"原则（**GIGO**）。数据错误这一产生多种问题的"罪魁祸首"主要有三种类型：简单的数据错误、数据处理错误和预测错误。

简单的数据错误难以避免。因为一个典型的国际化的优化程序不仅要从成百上千种证券中收集价格数据和收益数据，还要从几百个指数提供者那里获取有关指数的数据。因此，某些数据提供者提供不可靠的数据毫不为奇。而且多数提供数据的中介和优化程序供应商还经常运行"数据清理"程序。这些程序或许是为了寻找零指数收益、零价值或高得不正常的零收益率。但是它们不可能检测到所有的数据错误，所以一些错误不知不觉地对分析造成了影响。

数据处理错误也是一个值得关注的错误来源。它既有可能是计算过程中的小故障、程序设计中的小瑕疵，也有可能是严重的优化程序运算模型中存在的缺陷。其中一种原因可能是由于某种证券的标识符改变导致资产定性的因素 β 值不相符。如果证券得到确认，那么这一问题就很容易得到解决。程序设计的瑕疵通常也很容易被修复。这类问题之所以需要引起重视，是因为如果运算部分的设计过于简单，可能会使人认为当前使用的数据对运算结果不会造成影响，然而市场条件和新数据的变化却证明这些运算数据是非常重要的。如果确认了这些问题，那么这种缺陷便会很容易得到修复。第三种类型的数据处理错误是最难确定的，因此也是最难弥补的。模型规范的问题只有随时间的推移才会逐渐显现出来，因此投资管理人注意到优化程序预测的结果经常会出现多个标准。既然所有的风险模型都会出现某种程度的错误，因此不可能明确地把非预期的结果归咎于哪一个模型。在这一点上，必须做出仔细认真的判断。如果模型存在严重的缺陷，就必须采用新的方法。但不幸的是，由于模型在投资组合构建过程中处于核心位置，优化程序模型的任何变化都会导致对收益预测和投资组合构建所依据的基础做出重新调整，甚至还会导致整个投资策略的改变。

优化程序还需要对单个资产的预期收益做出预测。如果这些预测不准确，那么使用优化程序构建投资组合就不会实现预期的目标。这类错误本身很难确认，即便确认了也为时已晚。

简单的数据错误、数据处理错误和预测错误造成的优化程序缺陷如果很难发现，情况会变得更糟。对于某些优化程序，使用者很容易发现它的缺陷，但有些则不然。这是一个重要的不同点。如果投资管理人依据优化程序做出风险分析或投资组合构建，但是却不知道结果是如何产生的，或者对输入的数据或计算的过程是否存在错误不甚了解，结果只会导致无效率的投资组合构建。

解读结果是优化过程中的一个重要环节。这项工作有时并不简单，例如，在非正常的市场条件下，优化程序会提供完全出乎投资者预料的风险分析。投资管理人需要对被使用的模型的限制条件以及如何使用数据得出结果进行深入的了解。投资者也可以借助辅助系统解读结果，这种系统允许投资者对输入的数据和计算过程进行监督。

第十一章 指数化

指数化又被称为消极投资。作为投资管理的一种方法，它的设计目的是通过一种指定基准而不是证券选择去获得较好的收益回报。

应用

最大的指数化投资群体包括养老金计划主办人和信托受托人、共同基金和保险公司。指数化投资首先在美国的长线投资者中开始流行，在那里，这些基金的投资中将近30%的份额被指数化了。英国的指数化程度接近20%。与此同时，它正在欧洲大陆和亚洲变得流行起来。

学术研究最早把指数化的重要性和证券管理人的相对业绩联系起来。研究显示，自从酬金减少之后，积极管理人的业绩很少连续优于他们投资其中的标准普尔市场。这似乎表明积极证券管理收益不佳，而指数化投资虽然保守一点，但很可靠，因此是更好的选择。

指数化的主要魅力在于它是巨额投资的有效方式，其主要表现在下述方面：

- 受到控制的风险，这意味着较低的特定风险。
- 最小化的交易成本。
- 最小化的市场冲击。

任何资产种类的投资组合都可以进行指数化，甚至资产配置也可以进行消极管理。不过，指数化还是在国内和国际普通股票的投资组合中应用最多。

理论

指数化的出发点是市场的运作非常有效，也就是说，没有任何机会可以通过购买过低定价或者出售过高定价的资产去获得超额回报。要增加回报，只能承受更多的市场风险。

不必为了发现指数化的优点而去相信这些，因为指数化产生的是低价购买并持有的投资组合，和一个积极管理的投资组合相比，它占有成本上的优势。自然地，它的重要优势取决于个股的交易成本。举例来说，一个流动率为30%的国内股票投资组合，其每年的交易成本是 30~80 个基点（1 个基点等于 0.01%）。而作为对比，指数化投资组合每年的交易成本低于 10%。对于一个国际化投资组合来说，指数化在成本方面的优势更大，这是因为国际化投资组合的交易成本和保管成本都远远高于国内投资组合。

与积极管理的投资组合相比，指数化投资组合还有另外一个成本优势，那就是较低的管理费用。由于不需要对个股进行代价高昂的研究和分析，所以管理人为投资者节省了成本。如所预料的那样，不同的市场和管理人之间，管理费用的差异是很大的。就一个国内股票投资组合而言，积极管理投资组合和指数化投资组合在管理费用上的差异可以大到每年 0.5%，或者 50 个基点。而对于国际股票投资组合而言，两者之间的差异则是大约 35 个基点。

除了成本较低以外，指数化投资组合还有风险较小的优势。两种投资组合的盈利与亏损都取决于它们进行投资的市场，积极的投资组合还承担着额外的风险：它所购买的股票业绩会比市场业绩更好或者更差。相比之下，指数化投资组合只反映市场业绩的情况，不把赌注押在单个证券上。

分析员大军的工作就是发现并且应用驱动股票收益的所有重要信息。如果一个市场中所有的资产都被指数化了，那么这种信息就得不到使用，它会被浪费掉，其结果是价格不会在合理的价格上进行交易。在这样的一个世界里，指数化投资组合管理人很快就会无事可做，因为所有理智的投资者都不会允许有价值的信息被浪费掉，相反，他们会用它进行投资，以便赢得更好的市场回报。

积极投资组合的管理人经过努力，可以维持一个有效的市场。只有在这样的市场中，指数化的投资组合才能取得成功，搭上免费的便车，从所有这些狂热的活动中和富有成效的市场效率中获得益处。在这样做的时候，他只需要付出少量的成本，承担少量的风险。

在指数化投资组合中进行投资的理由有很多，主要包括以下几方面：

■ 指数化投资组合是核心—外围投资策略的一部分。
■ 指数化投资组合可以节约成本，并能增加全球化投资组合的效率。
■ 指数化投资组合是资产掉期交易的一部分。
■ 指数化投资组合可为股票指数套汇创造机会。

大型基金把它们的投资组合管理承包给同一市场上的几个或者几十个资产管理人。这导致了一个问题：在同一个市场对多个管理人的使用，会把所有这些积极管理人的投资决策集中在一起，其结果是一个非常庞大的指数化投资组合，而该基金需要为这个投资组合支付费用。这被称为**堆积指数**，它显然不利于投资者获取最大收益。

投资者可以通过采用被称为"核心—外围"的方法来克服这个问题。在任何一个指定的市场中，基金将其资产 50%~60% 的核心部分投资于一个指数化投资组合，其余的部分则分配到小数额的外围投资组合中，这些投资组合是由拥有委托管理权的积极管理人进行进取型管理的。外围投资组合可以包括对冲基金、多头空头投资组合以及其他一些另类投资。如果运用得当的话，这种方法可以具有很多好处：

■ 和大型投资组合相比，中小型投资组合获得市场收益要容易得多，因此这些积极投资组合更有可能实现它们的指定目标。

■ 每个外围投资组合都可以进行独特的委托，所以它降低了堆积指数的可能性。

■ 它在投资组合的整体结构上为包容对冲基金和其他另类投资提供了条件。

■ 它认可这样的现实，即所有传统的投资组合都由基准和一个多头空头的投资组合构成，这个多头空头的投资组合代表了投资组合和基准之间的分配差异。

■ 它把市场冲击的问题最小化，而这些问题可能会限制投资管理人的能力，使其无法承受获得差强人意的收益时所必须承受的风险。

■ 它有助于识别并奖励积极管理人优于市场业绩的业绩表现。

■ 它可以降低总体的管理费用，因为大型的投资组合只需要很低的费用。

全球化资产管理者发现，当在国际市场上获得低成本高效率的风险暴露时，指数化是一种有效的方法。指数化可以通过两种方式提高全球化投资组合管理效率。第一种方法是简单地把每个目标市场中的证券都指数化，管理的重点可以集中到目标投资国家的选择上。对全球化多种投资组合的业绩调查显示，投资收益70%的变数是由于市场选择的影响，而市场内部的证券选择只能决定其中的30%。因此从逻辑上讲，全球化管理者愿意把管理资源倾注到带来最好收益的基金上，也就是说，把精力投入目标投资国家的选择和分配上。同时全球化管理者还排除了在单一市场上，尤其是在令人不便的不同时区里，对投资组合的特定风险进行控制的烦琐。这样一来，投资管理人就可以集中时间优化和控制对市场产生影响的风险，并在它们之间进行分配。指数化的一个额外好处是，它能把经营、交易和业务管理的成本最小化。

第二种方法是把指数化和**资产掉期**结合起来。对于接受国内税收的全球化管理人来说，这种方法是特别有用的。它的工作原理是，通常安排由一个财务中介对一份资产的收益进行掉期，或者由另一个中介对一份资产集中进行收益掉期。在经过一段固定的时间之后，通常是1年、2年或者3年，全球化投资管理人将获得经过同意的国际资产的收益。管理人需要支付国内资产的收益和保证金。这种方法给全球化管理人带来的好处是，尽管投资组合实际上是在国际上进行投资的，却可以在国内持有实物资产，并因此享受红利的课税扣除。这种利益的部分好处以向中介支付保证金的方式放弃了，但是还有一部分被保留在基金里。如果结构合理，那么对于一个应当纳税的投资者来说，这是最有效的一种全球化投资方式。

基准的界定

如果说基准为投资组合提供的风险来源不是唯一的，那也是主要的。由于这个缘故，对基准进行界定就更为重要了。一个指数化投资组合具有下列特征：

■ 它必须符合投资者的投资目标。通常情况下，这意味着它必须广泛覆盖进行投资的市场。在某些情形下，有可能必须在经过认可的资产种类中设计一个定制的基准，或者必须设计一个定制的基准，把它作为不同资产种类的构成或资产种类的某些部分。

■ 它应当是可供投资的，也就是说，组成基准的证券应当能够在一个普遍认可的交易所进行自由交易。

■ 由它可以得到衍生工具，这很有帮助。出于流动性管理和定期再结算的目的选择一个基准，在此基准之上进行期货合约的交易，这有着巨大的优势。甚至国内股票投资组合都不一定总能做到这一点，国际化的资产种类更是经常无法得到这样的基准。

■ 公开报价减少了模糊性。一方面，识别一个公开报价的基准很有好处；另一方面，如果构成成分公开报价的话，那么定制的或者认可程度较小的基准就可以发挥很好的作用。由此，投资者、投资管理人和保管人可以对基准业绩进行独立的计算，从而避免了与投资组合相关的业绩混淆。

建立指数基金的步骤如下：

■ 建立一个循迹误差的标准。
■ 确定投资组合的类型。
■ 决定再结算的规则。
■ 设计执行步骤。

循迹误差的标准

投资组合能够容忍多大的循迹误差，这是由投资组合的规模和目标及其接近零风险时的难度和成本决定的。

理想状态下，指数化投资者会把目标瞄向零循迹误差。从理论上讲，这种零循迹误差和精确的 β 系数结合在一起，产生了理想的基准收益。但是这种说法忽略了交易成本以及其他成本，而这些成本是可以对结果产生重要影响的。循迹误差和交易成本之间通常存在一种平衡，在这种平衡关系中，循迹误差只会随着成本的增加而提高。由于这种弹性可以帮助减少投资组合的其他成本，所以投资者几乎总是能与循迹误差相处得很好。循迹误差对投资组合收益的影响可以是积极的，也可以是消极的，而交易成本对投资组合的影响则总是负面的。

投资组合的创建

在确定了基准和对循迹误差容忍程度之后，指数化投资者必须确定创建投资组合的最佳途径。它需要考虑以下内容：

- 基准。
- 对循迹误差的容忍程度。
- 指数化投资组合的目标和预期的存续时间：是长期的还是短期的。
- 现有指数化投资组合的形式：现金、股票等。
- 对每种证券交易成本的评估。
- 对每种证券 β 系数的估量。

应该注意的是，这个过程不需要对证券收益进行任何预测。指数化隐含这样的一个假定：由于所有资产都是合理定价的，所以预期收益为零，因此对收益进行预测的行为是多余的。另外，指数化投资者转而寻求尽可能低的特定风险或者循迹误差。

这个过程的第一部分是确定采用完全基准指数，还是采用取样方法。如果是后者，那么需要确定在样例中包括多少种证券。全部复制是按照精确的指数比例购买每种证券，而当只购买部分证券时就用到了取样方法。

上述的选择通常是由投资组合对循迹误差的容忍程度和基准的结构所决定的。如果基准由大量的证券构成，那么就几乎可以肯定取样是适当的办法了。如果基准里只有几十种证券，而每种证券又都具有足够的流动性，交易成本又不是太高，那么答案可能就是全部复制。

全部复制可以产生非常接近但不等同于基准的投资组合业绩。其间的差异是由于这样的事实：所有基准都经常改变它们的构成，而进行复制的指数化投资者必须跟上变化，与之相适应。与基准不同，投资组合受到交易成本的影响，而交易成本和业务管理成本一起，对业绩产生消极的影响，从而使全部复制型投资组合的收益总是少于与它"相似"的基准。取样会导致更大的循迹误差，但是全部复制引起的再结算成本和业务管理成本较低，原因在于进行交易的证券数量较少，而且不必严格地顺应基准中的变化。

取样指数化投资者的目标是让这种循迹误差最小化，从基准尽可能积极化的较小变异中产生出投资组合的业绩。取样的方法很多，其中包括随机采样。我们只集中讨论其中的两种：经常一前一后使用的层次化取样和优化取样。

层次化取样就是把基准分成适合操作的不同部分，从每部分中选出证券，组成一个投资组合。在国内股票投资组合的事例中，这些适合操作的部分通常与产业集团保持一致，结果是对每个产业的分配同于投资组合和基准的分配。国际化证券指数可以从国对国进行的方式开始，而不动产投资组合可以把指数分配给不同的不动产部门，如商业不动产、工业不动产和住宅。而对于定息，投资者则可以尝试一下基准中的各种信贷风险承受。

例如，为了根据一个包含 500 种股票的基准创建一个包含 100 种股票的投资组合，最简单的办法可能就是根据市场股本选择出 100 种最大的股票。这个投资组合被称为 TOP100，并且经常给出令人满意的结果，而计算起来更加复杂的层次化取样给出的结果通常更有魅力。

然后，指数化投资者注意到，基准被分成 50 个产业类型。由于根据基准进行产业分配的企图至少是有意义的，因此指数化投资者决定根据产业种类挑选出 100 种股票。

第一步是决定选择哪些股票。每个产业集团里最大的股票显然应当被包括进来（如果产业集团的数量超过了股票数量，也就是说，产业集团超过了 100 个，那么就要根据市场股本从 100 个规模最大的产业集团中各选一只最大的股票）。下一步是每个产业集团中挑出第二大的，注意要只挑选实际流通的股票。

接下来指数化管理者必须确定每种证券的分配。根据产业集团在基准指数中的重要程度，对产业集团进行分配。在产业集团内部，股票的分配则是根据它们在产业中的相对重要性。因此，个股的分配不同于它们在基准指数中的分量。

通过这个方法选定的 100 种股票投资组合被称作 SAMP100。表 11-1 显示了有关的基准和两个投资组合。

表 11-1　层次取样

产业集团	基准		TOP100		SAMP100	
	权重（%）	股票数量（种）	权重（%）	股票数量（种）	权重（%）	股票数量（种）
航天和国防	1.26	7	1.12	2	1.27	2
航空	0.25	4	0.00		0.25	1
汽车配件	0.94	13	0.69	1	0.28	1
汽车	0.27	1	0.38	1	0.28	1
银行	7.17	28	7.33	11	7.20	5
酿酒和蒸馏	0.44	3	0.56	1	0.45	1
经纪人业务	0.25	2	0.00		0.25	1
商务服务和数据处理	7.00	26	8.20	5	7.04	3
化学制品	1.84	15	1.84	3	1.85	2
计算机	5.21	20	5.99	6	5.24	6
分子合成	1.39	12	1.00	2	1.40	2
建筑材料	0.05	1	0.00		0.05	1

续表

产业集团	基准		TOP100		SAMP100	
	权重（％）	股票数量（种）	权重（％）	股票数量（种）	权重（％）	股票数量（种）
压缩与建筑	0.09	4	0.00		0.09	2
电器和电子	8.48	27	10.42	7	8.52	2
电力工具	1.42	14	0.60	1	1.43	3
能源设备与服务	0.82	6	0.45	1	0.82	2
食品加工	2.97	14	2.38	2	2.98	2
食品零售	0.91	5	0.76	2	0.92	2
黄金	0.13	4	0.00		0.13	1
健康与个人护理	7.34	33	7.78	9	7.37	4
家用电器	0.11	4	0.00		0.11	2
家庭用品	0.34	2	0.41	1	0.34	1
产业配件	0.63	5	0.48	1	0.64	1
保险	4.13	23	3.28	3	4.15	2
风险投资服务	1.32	5	1.43	2	1.33	2
风险投资信托	0.44	1	0.61	1	0.44	1
钢铁	0.08	5	0.00		0.08	2
租赁与消费品信用贷款	4.10	8	5.31	4	4.12	2
休闲与旅游	1.43	11	1.27	2	1.44	2
机械与工程	0.39	7	0.00		0.39	2
媒体和交通	2.29	14	1.92	3	2.30	2
金属加工	0.11	1	0.00		0.11	1
其他	0.46	5	0.00		0.46	2
其他基础产业	0.06	3	0.00		0.06	2
其他消费商品	0.93	4	1.02	1	0.93	1
其他金融交易	0.30	3	0.00		0.30	2
其他交通	0.37	4	0.00		0.37	2
有色金属	0.48	5	0.42	1	0.48	1
办公设备和复制设施	0.18	3	0.00		0.18	2
石油	6.61	24	7.09	5	6.64	4
纸张和林业产品	0.49	10	0.00		0.49	2
制药	7.27	11	9.63	6	7.31	3
不动产	0.06	1	0.00		0.06	1
铁路	0.13	1	0.00		0.13	1
娱乐与其他消费服务	0.45	8	0.00		0.61	3

续表

产业集团	基准		TOP100		SAMP100	
	权重 （%）	股票数量 （种）	权重 （%）	股票数量 （种）	权重 （%）	股票数量 （种）
商店和零售	5.93	32	5.39	4	5.96	2
电信	7.96	22	9.47	8	8.00	4
纺织和服装	0.13	3	0.00		0.13	1
烟草	1.11	3	1.41	1	1.11	1
公共事业机构	3.50	32	1.36	3	3.52	2
合计	100	499	100	100	100	100

资料来源：Thomson Financial Datastream.

    TOP100 投资组合并非持有所有产业集团的股票，它在和基准相关的部分产业集团中权数过重。和它形成对照的是，SAMP100 在产业中的分配非常类似于基准。两个投资组合都可以进行优化，以便给出**优化样例**，并因此形成一个更有活力的投资组合。为了说明优化可能以何种方式对一个投资组合的预期风险产生影响，两个投资组合都被进行了优化，允许优化程序对股票分配进行调整，但是把它限制在同一个股票样例中。下一步是允许从 500 种股票中挑选出 20 种股票，把它们附加到投资组合中；这个新的投资组合被称为 SAMP120。其结果如表 11-2 所示。

表 11-2　预期的 β 系数和循迹误差——层次化样例和优化样例

	TOP100	TOP100 优化样例	SAMP100 层次化样例	SAMP100 优化样例	SAMP120 优化样例
预期的 β 值	1.0300	1.0000	1.0000	1.0000	1.0000
预期的循迹误差（%）	1.95	0.91	1.87	0.85	0.74

    层次化是 TOP100 简单策略的一种改进，但是优化才能产生更好的效果，特别是当可以另外附加股票的时候。

    只要种类选择得当，那么层次化取样明显具有吸引力，并且产生令人满意的风险控制。如果种类选择不当，那么风险控制很可能就会失败。优化取样几乎总是比单纯的层次化取样产生更有活力的结果。

    优化程序一个受人喜爱的特征是，它们像所有的计算机模型一样，受到无用输入原理的影响，因此进行优化的指数化投资者必须能够判断优化程序所界定的投资组合是否符合它的目的。市场、基准、投资目标和托管限制，这些因素决定了何种方法最适宜于一个给定的指数化投资组合。对于指数化来说，没有任何一种单一的方法总是优于其他方法。

可以运用同样的方法创建国际股票投资组合，或者通过简单地优化投资领域内最大的证券，或者进行某种层次化的取样。尽管全球化的风险因素可以对大多数投资组合产生较好的结果（较低的投资组合风险），但是大多数指数化投资者都是从一国一国的层次化开始的。

再结算

下一步应当制定再结算规则。再结算发生的频率取决于可以忍受的交易成本和明确的风险数量：对高风险的容忍能力允许较少次数的再结算，因为预期的循迹误差的减少不允许因再结算频繁而出现的成本，另外，低风险承受能力要求更加频繁的再结算。投资组合现金流动的频率和时间设定也会影响到再结算。通过时间设定，让再结算的成本和投资组合的现金流出或者注入相一致，这样做可以大大减少这些成本。

实施

指数化投资组合的实施通常需要大量的小额交易。这些交易可以被当成传统证券投资组合逐一进行安排，这种方法很耗费时间，成本很大，并且容易发生错误。因此，大多数指数化投资者都更喜欢通过一揽子交易或者整批交易，同时实施所有的交易。一揽子交易有效地把实施的风险转移给经纪人，后者为交易报出一个固定的酬金数目，这笔酬金要么是全部，要么是全无。期货经常被用来为实施过程铺平道路，其方法是提供所需资产种类的短期风险，直到有形投资组合全部实施为止。

货币管理

就大多数指数化投资组合而言，可以运用积极管理投资组合的方法对货币进行管理。因为大多数国内指数化投资组合都没有任何外汇风险，所以它们根本不要求货币管理。甚至无意的货币风险也可以忽略不计，因为投资组合的风险和基准的风险非常相符。国际指数化基金自然需要货币管理，但是通常情况下只是在现金流动管理和定期再结算这些方面。当然，如果托管书要求把投资组合的外汇风险套期保值到基础货币上，那么管理人就需要保证不定期对未实现的利润和损失进行套期保值，以便把外汇风险控制在指定的范围内。

如果投资组合中国际投资的重要部分是通过衍生工具进行的，那么货币管理就变成了一个严肃的问题。于是投资管理人必须保证适当的外汇结余，将其用于与首付保证金和价格变动保证金相关的监控方面，以便符合托管书所要求的货币风险。

衍生工具的使用

如同积极管理的投资组合，期货合约经常被用来为实施创造条件，并且通常在指数化投资组合的流通管理中发挥重要作用。因此，它们允许管理人维持现货流动资产的结余，以便满足短期流动的需要而不承担投资过少的风险。与此同时，可以利用期货合约对投资组合中累积起来的流动资产进行有效的投资，例如，由所收到的现金红利累积起来的流动资产，从而使得管理人能够以经济规模进行现货交易，这样可以节省交易成本。

指数化投资组合可以完全由股票价格指数期货合约组成。这种方法成本低效率高，对很小规模的投资组合或者过渡型投资组合来说尤其如此。一个过渡型投资组合就是一个临时的投资组合，它的设计目的是当建立起一个永久性托管时，对一个资产种类进行最基础的风险暴露。衍生工具投资组合的管理方法同于实物资产投资组合的衍生工具成分，要特别注意的是，保证在所有的时间内持有正确数量的期货合约份数，并且注意控制从一个期货到期月向下一个到期月滚动期货合约时相关的风险。

对于很多指数化投资组合来说，衍生工具的一个主要作用就是通过指数化增长来增加基础投资组合的价值。

指数化增长

指数化增长已经变得流行起来，原因是很多投资者都相信市场包含有足够的低效率，而这种效率低下可以允许额外的市场回报，并且他们相信可以很好地安排指数化的投资组合，从而从这种活动中受益。由于指数化投资组合在结构上非常类似于股票价格指数等衍生工具赖以确定的基准，同时也因为指数化是"买进并持有"的策略，所以它可以忍受在模糊的期限内期货合约和期权对单一或者成组证券所有权的替代。投资管理人青睐指数化增长，因为它们会比单纯的指数化带来更多的酬金。

指数化增长可以分为两个种类：无风险增长和风险增长。

无风险增长

面面俱到是不可行的，因为增长的可能性有很多，但是无风险增长的主要来源是：

■ 被错误定价的衍生工具——如股票价格指数期货和期权以及上市股票期权。
■ 红利再投资计划。
■ 税务疏漏。

错误定价的衍生工具是不成熟市场的特色，也是交易成本特别巨大的市场的特色。这个名目下的策略非常多样化，因此我们用一个简单的标本来代表整个类型。最简单的例子是股票指数**套汇**。这是利用了或者高于或者低于合理价格进行交易的股票指数期货。

不妨设想一下表 11-3 中的投资环境。投资管理人至 12 月底时可以有两种方式在股票市场上投资：买进股票或者买进期货并把现金储蓄起来。表 11-3 考察了每种情形下发生的结果。

表 11-3　充分利用错误定价的衍生工具和首期价格

当前日期	2001-07-07
实物股票价格指数	2202
SPI 期货	2215
期货的到期日	2001-12-29
按年计算的红利收益（%）	3.20
按年计算的收益率（%）	6.80

需要注意的是，12 月 29 日股市收盘的水平并不相关，因为根据界定，期货合约、现货以及期货在该日将完全处于同一水平上，不过为了举例说明，本书假定市场是在 2210 的指数上结束的。

表 11-4 显示了持有现金，并且希望在股票市场上投资的投资者正在很好地利用期货合约。只要卖出实物股票并且买进期货的交易成本低于 1.1%（3.0% ~ 1.9%），那么另外一个已经持有实物股票的投资者就会卖掉手中的实物股票，并且买进期货合约。大多数成熟的市场都不允许这样容易的盈利：股票价格指数期货合约往往在合理价格的范围内进行交易，而这个价格范围是由交易成本决定的。发展不够完善的市场上可以有很多套汇的机会，但是这种机会经常伴随着不同寻常的风险来源，如无法预测的交易规则和复杂难懂的结算制度等。

表 11-4　充分利用错误定价的衍生工具及其结果策略

	买进股票	买进期货
股票损益	8	0
期货损益	0	5
红利收入	33.8	0
利息收入	0	71.8
损益	41.8	66.8
初始风险投资的百分比（%）	1.90	3.03

红利再投资计划（DRPs）——很多上市公司都向其股东提供以股票而不是现

金的形式获得红利的机会。就公司而言，这种做法的好处是，既减少了有效现金以红利方式的支付，又鼓励了在公司中新的股票投资，因为它通过发行新的股票来代替现金红利。就投资者而言，这种做法吸引他们的地方在于，不管以什么方式，这笔股票可能总是要买的，而他们以红利的方式优先买入了这些股票，这样一来，如果这些红利再投资计划股票的发行在现有股票价格的基础上打折的话，那么这些投资者们既节省了交易成本，又增加了回报。而通常情况下，这样的股票都是会打折的。

税务疏漏——其他增长寻求利用税务体制之间的疏漏。通常情况下，这种行为集中体现在这样的事实上，即不同阶层的投资者受到不同的课税待遇，特别是当这些待遇和红利以及扣缴税额等相关的时候。

最简单的策略是，不缴纳当地税额的人，如外国投资者，在临近除息日之前向当地纳税人出售证券，并且在出售之后立即重新购进证券。此类交易通常附有重购协议，以便保护双方免受证券价格波动的不良影响，并且通过分享估算值，向非本地的纳税人提供物质刺激，鼓励他们参与交易。作为一种替代，可以把证券作为资产掉期交易或者证券转借协议的一部分进行转让。转让红利估算价值的原理是一样的，但业务管理和法律条件却可能有些不同。唯一美中不足的是，在某些辖区内，关于税收法律解释的不确定性可能会严重影响这种活动的潜在收益。

风险增长

由于这些增长不只是增加收益，而且也增加风险，所以理解并且量化这种额外风险的实质是很重要的。大多数旨在增加回报控制风险的增长策略都试图充分利用这样的判断：哪些证券或者哪些证券投资组合的业绩会比其他证券好一些。正常情况下，这种判断来自严格而完善的分析，它应用了何时买进并且卖出指定资产的预定"规则"及为风险控制和损害管制而明确制定的策略。正是这些预定的规则和策略让这些增长有别于传统的现行投资组合管理，但是它们之间的差异可能只是程度上的，而不是本质上的。

偏向指数化增长策略是以实物资产的预测收益为基础的，它经常被称为投资组合偏向，意味着投资组合只是发生轻微的偏离。它偏离于真正的指数比例。偏向的方向可以由因素事项、宏观经济变量或者现行评判分析等予以确定。

因素偏向指的是朝向这样一个因素：这个因素影响某只股票的业绩，使之有异于其他股票。此类偏向会朝向增长股而不是价值股。因此，热衷于高技术或者电信等增长产业里新生公司的投资组合会被预期其将有较好的业绩表现。反过来，如果代表"价值"的部门——可能包括打折零售和食品制造等非周期性股票——超过了增长股的业绩，那么该投资组合就会业绩不佳。

受到宏观经济驱使的偏向试图充分利用出色的经济分析，这种分析通常是关于某种宏观经济变量均衡水平的意见，如利率。因此，一个预期利率水平发生变化的投资者可能会偏爱显得对利率变化敏感的那些股票，如银行和金融服务机构或者资本非常集中的产业。一次预期的石油价格下跌可能会导致对运输股票的偏爱，如此等等。

期权可以代表重要的增长机会，因为投资者可以不只是从资产价格的变化中受益，而且还可以从被错误定价的波动性中得到好处。这是因为任何期权的价格不只是取决于基础资产的价格，而且像其他事物一样，还取决于它预期的波动性。

如果一份资产实际上的波动性不同于一个特定期权投资组合的价格所暗示的波动性，那么投资管理人就可以赚取新的价值，其方法是购买过低定价的期权，并且通过出售或者买入适当数量的实物股票或者价格较为合理的另外一个期权投资组合，从而复制一个相互抵消的期权。这种头寸必须得到严格的管理，因为时间的流逝和股票价格的变化都会对这种头寸产生新的、出乎意料的风险。甚至是在头寸得到谨慎管理的情况下，如果最初的波动性估算不精确，那么投资者也会承担受到损失的风险。还有可能保证损失绝对不会超过预定的最大值，其方法是让持有的看涨期权略多于看跌期权。

如果投资组合碰巧持有足够的现金，那么**现金增长**也能够向指数化的投资组合添加新的价值，如为衍生工具头寸提供担保。现金增长添加价值的方式是向投资组合添加两种类型的风险：收益率曲线风险和信贷风险。

添加收益率曲线风险的方法是购买一天以上时间才能成熟的有息资产。正常情况下，比起仅用于补偿投资者较长时期基准资产相关额外风险的现金来说，此类资产获得的收益率较高的传统风险对投资者进行补偿。投资者承担的风险是利率同时上涨，从而增加资本的成本和没有把资金投资在收益率较高领域里的机会成本。

信贷风险是有息证券的发放者，即借入者，无法履行自己的债务或者遭受"重新评定等级"的信贷风险，借入者的这种行为将导致所发行债务的市价下跌。添加信贷风险可以提高有息证券的利率收入，从而提高投资组合的收益。这种风险通常可以控制在投资组合的水平上，其方法是对多个借入者的证券进行投资，从而有效地分散风险。

定制的指数化投资组合

因为没有预期的较好业绩表现或者没有 α 系数可以危及，所以指数化投资组合特别适合。投资者可以选择定制基准，或者定制投资组合，或者同时对两者进行定制。

定制的基准更受欢迎，这是因为它们更容易进行测量、审查，并且容易得到。另外，定制的基准可以为业绩评估提供更有意义的基础，特别是如果投资组合的规范多少有些不同寻常的话。

定制最流行的形式与风险的水平和投资组合可以维持的成本有关。指数化投资者确定投资组合中证券的精确数量，以便对预期的循迹误差和成本进行平衡。

如果在持有投资组合的辖区内，不同种类的投资者适用不同的税务待遇，那么该投资组合可以进行定制，以便满足明确的税后目的。

对指数化投资组合进行定制的另外一个原因是，投资者有理由禁止特定的股票交易，举例来说，一只和伦理道德有关的基金可能会希望避免交易军火或者烟草产业类股票。当资产种类发生重叠，导致对一些证券的双重风险时，定制的投资组合和基准特别有用。如果普通股票投资组合包括大额和小额的资本股票，但是投资者却需要把它们当成独立的资产种类予以对待，那么上述情形就会发生。要解决这个问题，可以创建两个定制的基准；两者加在一起等同于原始的混合基准或者广泛基准；第一个是把小额股票的集体措施排除在外的广泛基准；第二个则是把大额股票排除在外的广泛基准。

国内定息投资组合的指数化

可以运用全部复制或者取样的方法对定息投资组合进行指数化。如果基准包含数量很小的证券，那么通常进行全部复制。如果基准中的证券数量很多，那么它暗示着某种层次化的取样。

均值—方差优化对于定息投资组合不起作用，这是因为不存在个体资产收益的时间序列数据。定息和股票指数之间的差异是，定息资产有一个被界定的到期日期，而股票资产一般没有。因此，定息投资组合和基准可以迅速改变自己的构成，尽管它也会预先发出通知。这样一来，不管那一天的价格如何，指数化投资者都不得不买进新的资产。表 11-5 和表 11-6 说明了典型的指数化国内定息投资组合。

表 11-5　国内定息指数化投资组合样例　　　　　单位:%

种类	到期日期	息票	收益率	基准权重	投资组合权重
现金					1.46
NSWTC	1997 年 4 月 1 日	12.50	7.10	2.81	0.00
NSWTC	1998 年 2 月 1 日	7.50	7.18	5.39	7.35
NSWTC	1999 年 7 月 1 日	11.50	7.31	4.07	5.99
NSWTC	2000 年 2 月 1 日	7.00	7.36	3.56	0.00
NSWTC	2001 年 12 月 1 日	12.00	7.53	6.57	9.68

续表

种类	到期日期	息票	收益率	基准权重	投资组合权重
NSWTC	2004 年 4 月 1 日	7.00	7.75	5.67	8.99
NSWTC	2006 年 5 月 1 日	6.50	7.94	3.51	0.00
NSWTC	2006 年 5 月 1 日	12.60	7.94	0.39	0.00
QTC	1997 年 5 月 14 日	8.00	6.85	2.53	0.00
QTC	1997 年 5 月 15 日	12.00	6.85	0.22	0.00
QTC	1999 年 7 月 14 日	8.00	7.05	3.97	6.15
QTC	2001 年 8 月 14 日	8.00	7.24	4.89	6.61
QTC	2001 年 8 月 15 日	12.00	7.24	0.40	0.00
QTC	2003 年 5 月 14 日	8.00	7.40	5.22	7.07
QTC	2003 年 5 月 15 日	10.50	7.40	0.54	0.00
QTC	2005 年 6 月 14 日	6.50	7.60	4.52	5.22
QTC	2007 年 9 月 14 日	8.00	7.81	2.86	0.00
SAFA	1996 年 10 月 15 日	12.50	6.69	1.86	0.00
SAFA	1998 年 3 月 15 日	12.50	6.82	2.20	4.16
SAFA	2000 年 10 月 15 日	12.50	7.06	1.88	0.00
SAFA	2003 年 1 月 14 日	10.00	7.27	1.99	2.53
TASCORP	1998 年 3 月 15 日	12.50	6.82	1.37	0.00
TASCORP	2001 年 1 月 15 日	12.50	7.09	1.58	3.68
TASCORP	2004 年 11 月 15 日	9.00	7.44	0.74	0.00
TCV	1997 年 9 月 15 日	12.50	6.78	2.16	0.00
TCV	1998 年 10 月 22 日	12.00	6.88	3.00	7.72
TCV	1999 年 9 月 15 日	10.25	6.96	2.54	0.00
TCV	2000 年 7 月 15 日	12.50	7.04	2.58	5.36
TCV	2001 年 9 月 22 日	12.00	7.15	2.19	0.00
TCV	2003 年 10 月 15 日	12.50	7.34	2.79	0.00
TCV	2006 年 11 月 15 日	10.25	7.63	3.40	5.39
WATC	1997 年 1 月 15 日	10.00	6.82	1.65	0.00
WATC	1998 年 4 月 1 日	12.00	6.93	2.35	3.51
WATC	1999 年 4 月 15 日	9.00	7.03	2.07	3.76
WATC	2001 年 8 月 1 日	10.00	7.24	1.89	0.00
WATC	2003 年 7 月 15 日	8.00	7.42	2.51	5.37
WATC	2005 年 7 月 15 日	10.00	7.61	2.12	0.00
合计				99.99	100.00

表 11-6　风险和存续期概要

种类	基准权重（%）	投资组合权重（%）	基准存续期	投资组合存续期
NSWTC	31.97	32.01	3.5705	3.5675
QTC	25.15	25.05	4.4603	4.4790
SAFA	7.93	6.69	2.4205	2.7025
TASCORP	3.69	3.68	3.1902	3.5027
TCV	18.66	18.47	3.5892	3.6280
WATC	12.59	12.64	3.3566	3.3418
现金	0.00	1.46		
合计	99.99	100.00	3.6653	3.6662

这个投资组合与信贷资产质量和存续期相匹配。层次化取样没有考虑任何历史收益或者它们之间的关联；它假定每次债券发行都是按照市价进行合理定价的，并将保持接近合理的价格。对这个标准的背离将是该投资组合循迹误差的主要组成部分，但是在实践中，由于投资组合中的每份资产都在流动中，从而有助于有效地定价，因此这些背离很可能会是非常小的。

国际定息投资组合的指数化

有两种主要方法可以用来处理指数化的国际定息投资组合。第一种是把它当成国内指数化投资组合的一个集合，在这种情形中，层次化样例的一些投资组合可以很好地发挥作用。如所罗门全球政府债券指数就是一个典型的基准指数，它包括澳大利亚、奥地利、比利时、加拿大、丹麦、法国、爱尔兰、意大利、日本、荷兰、西班牙、瑞典、瑞士、英国和美国15个国家的政府债券指数。原则上，层次化取样方法对这个指数化投资组合的作用和对国内指数化投资组合的作用一样好，而在实践中，有待分析的大量证券和数据要求这种方法的自动操作成分更强一些。

第二种是运用定息期货合约，以便获得广泛的风险机会。这种方法适合小数量的或者临时的投资组合。它的局限在于很多国际定息市场都缺乏流动性较强的期货合约，这样一来，就对投资组合可以进行投资的国家有了限制，从而也限制了它的多元化。

不动产投资组合的指数化

指数化投资者普遍接受这样的看法：直接资产无法进行指数化，因为有些不动产进行交易的频率太小，以至于不可能对资产价值进行定期的评估，所以要编制相关的基准极其困难。尽管存在这样的障碍，但是人们有时仍然勇敢地尝试创建直接不动产所有权指数，甚至创建基于这些所有权的衍生工具市场。这种做法的成功是微乎其微的。

由于这个原因，不动产指数和不动产指数化几乎总是被界定在上市不动产市场上。对于严肃的不动产指数化投资者来说，这并不令人满意，因为上市不动产证券的市场行为不同于不动产市场。之所以存在市场行为上的差异，可能是因为直接不动产缺乏上市工具的流动性，或者是因为上市不动产证券的表现往往像普通股票一样，包含了对基础资产未来的预期收益。也可能是这些因素以及其他一些不详因素综合作用的缘故。

即时控制

有人曾经说过，管理指数化投资组合就像是"二战"时乘坐着四引擎侦察机在比斯开湾上巡逻。长时间的单调乏味不时地被狂暴活动的爆发所打断，而这种狂暴活动的结束就像它们的开始一样突然。不可能每个人都亲身经历这两种情况，这里的对比一定存在着猜想的成分。

指数化投资者的目标是在把成本维持在最小量的同时，维持着投资组合对基准的风险机会。如果投资组合创建得很好，那么基准构成通过正常的价格浮动所表现出来的变化就不会导致问题的出现，因为投资组合的构成会自动地跟着变化。

另外，基准由于外部因素而发生的变化可能需要采取某种行动。它的指导原则是，如果基准的资本结构或者它的组成部分中的一个发生变化，那么投资组合就需要跟着变化，以便与之适应。如果资本结构没有任何变化，那么指数化投资者就可以不采取任何行动。

基准发生日常变化的事例有：

■ 只要投资组合同时包含了发盘公司和接盘公司，那么就不需要采取任何接管行动。指数化投资者通常采取观望态度，直到接管事宜发展到不得不采取行动或者投标失败的时候。

■ 股票分割不要求采取任何行动，因为公司或者基准的总体价值没有发生变化。

■ 现金红利被用于积累现金，它必须尽可能快地被投资在投资组合中。

■ 以实物股票的形式接受股票红利，因为红利代表了公司已发股票的增长。

■ 接受股票回购，因为公司的已发股本受到协议的约束。

■ 股票在基准中的添加和去除总要求进行复制的指数化投资者采取行动。大多数添加或者去除的股票都是正在加入基准的小额股票和脱离基准的落败股票。只有当股票的添加或者去除代表着基准比例的重大变化时，层次化取样才需要采取行动。

此类重大变化包括通过私有化创建的股票或者不在基准之中的大型股票的涌现。当指数发生变化时，不管价格或者成本如何，进行复制的指数化投资者必须当即买进或者出售股票。取样指数化投资者可以判断在什么时候以什么方式买进和卖出股票。

就定息基准而言，这些变化是可知的，而且是可以预知的。而对于普通股票，指数化投资者必须维持适当的信息联系，通常是通过预订相关的指数服务。

现金流动需要在个别案例的基础上进行处理。小额现金流动以一种类似于现金红利的方式得到处理，在这种处理中，它们作为现金被累积起来，并在可能的时候通过期货合约加以证券化，直到积累为足够大的资金储备，用以保障对实物股票的购买。如果需要的话，这个股票购买活动可以被用于再结算投资组合，以便把交易成本最小化。如果现金流动量很大，那么除非期货合约的价格低于合理价格，如表11-3 和表11-4 所示，否则指数化投资者可以直接购买实物资产。正常情况下，指数化投资者会把任何大批量的股票购买看成一次调整投资组合分配并把交易成本控制在最小值上的机会。

业务管理

一般来说，较少的交易次数意味着简单的业务管理，而这可以是投资者节省成本的一个主要来源。指数化投资组合业务管理可以被看成是投资组合进行积极的业务管理的一个瘦身版本。

这条规则也有一些例外，它们是具有大量频繁现金流动的指数化投资组合，出于增加收益等目的，其要大量利用衍生工具的投资组合。因为指数化投资组合往往比积极管理的投资组合持有更大量的股票，而业务管理的费用往往是根据交易的数量进行征收的，所以大量的现金流动迫使管理人以相应的巨额业务管理成本安排实物股票的交易。

衍生工具合约总是要求频繁地交易，其目的是保证维持首付保证金和价格变动保证金，并且随着期货和期权合约的到期，对头寸进行调整。因此，对衍生工具异乎寻常的大量运用可以明显地增加业务管理成本。

评估

指数化投资组合往往比积极管理的投资组合持有更多的资产，除了这个差异之外，指数化投资组合在同样资产种类的估价方面遵循同于积极管理投资组合的原则。也就是说，指数化投资组合中资产种类的价值是投资组合中每份个体所有权以基础货币记账的市场价值，加上衍生工具头寸和现金两者未实现的利润及损失。

业绩测量与定性分析

将其资金投入指数化投资组合的投资者们预期了一个不引人注目的结果。他们预期自己的投资获得或者多于或者少于基准的上涨和下跌。

这种投资组合明显的业绩表现取决于进行测量的特定阶段。表 11-7 给出了一个国内股票投资组合的结果。这个投资组合的测量日期截至 1996 年 6 月 30 日，它的业绩表现和基准如表 11-8 所示。一个月前进行的同样的业绩评估如表 11-9 所示。

表 11-7　国内股票指数化投资组合月份业绩　　　　　单位：%

时间	投资组合	基准	差异
1994 年 5 月 31 日	1.00	1.15	-0.15
1994 年 6 月 30 日	-3.95	-4.03	0.08
1994 年 7 月 31 日	3.80	3.72	0.08
1994 年 8 月 31 日	3.00	3.04	-0.04
1994 年 9 月 30 日	-4.05	-3.88	-0.17
1994 年 10 月 31 日	1.36	1.29	0.07
1994 年 11 月 30 日	-7.06	-7.23	0.17
1994 年 12 月 31 日	1.80	1.65	0.15
1995 年 1 月 31 日	-4.16	-4.25	0.09
1995 年 2 月 28 日	5.00	5.07	-0.07
1995 年 3 月 31 日	0.02	0.07	-0.05
1995 年 4 月 30 日	7.98	7.78	0.20
1995 年 5 月 31 日	-1.28	-1.19	-0.09
1995 年 6 月 30 日	0.65	0.48	0.17
1995 年 7 月 31 日	4.91	4.91	0.00
1995 年 8 月 31 日	0.80	0.94	-0.14
1995 年 9 月 30 日	0.65	0.74	-0.09
1995 年 10 月 31 日	-2.27	-2.34	0.07
1995 年 11 月 30 日	4.43	4.43	0.00
1995 年 12 月 31 日	2.33	2.53	-0.20
1996 年 1 月 31 日	3.85	3.93	-0.08
1996 年 2 月 29 日	0.38	0.39	-0.01
1996 年 3 月 31 日	-2.18	-2.28	0.10
1996 年 4 月 30 日	4.20	4.38	-0.18
1996 年 5 月 31 日	-1.89	-1.87	-0.02
1996 年 6 月 30 日	-0.30	-0.59	0.29

表 11-8　国内股票指数化投资组合截至 1996 年 6 月 30 日的收益概要　　　单位:%

期限	投资组合	基准	差异
3 个月	1.92	1.82	0.10
6 个月	3.93	3.82	0.12
12 个月	15.53	15.81	−0.28
2 年	22.74	22.42	0.32

表 11-9　国内股票指数化投资组合截至 1996 年 5 月 31 日的收益概要　　　单位:%

期限	投资组合	基准	差异
3 个月	0.00	0.09	−0.09
6 个月	6.68	7.07	−0.40
12 个月	16.63	17.05	−0.42
2 年	18.25	18.18	0.07

任何一种结果都无法很好地显示相对于基准的投资组合业绩。事实上,并不能明显地看出两个收益概要指的是同一个投资组合。接下来需要进行某种形式的连续测量,以便显示投资组合在什么程度上遵循了它的基准。由于资本资产评价模型(CAPM)告诉我们,资产收益一直在浮动,但是风险特征却较为稳定,因此需要对风险进行某种测量。

当创建投资组合的时候,投资管理人得出了关于循迹误差和 β 系数的评估。这个 β 系数几乎总是接近于 1,这表明该投资组合的变化和基准保持一致。循迹误差的理想状态是零,但是在实际中,它通常在 0.10% ~ 0.50%。指数化投资组合业绩分析的目的之一就是对预期的和观察到的循迹误差进行比较。

如果投资组合在一个或者多个时期内显示出和基准相比较大的收益差异,那么投资管理人就可能需要进行一个定性分析。就一个国内股票投资组合而言,这通常需要寻找产业或因素投资组合的投资组合和基准分配之间大于正常情况的差异,并且计算这些差异对总体收益差异的影响。这是一个简单的计算,在这个计算中,针对每个产业或者因素投资组合,投资组合和基准分配之间的差异被乘以该因素投资组合的基准收益和总体基准收益之间的差异。

收益差异的另外一个潜在来源来自于产业或者因素投资组合的构成,而这种构成是和投资组合与基准不一样的。这其中应用的逻辑是相同的:该因素投资组合的投资组合和基准收益之间的差异被乘以该因素投资组合的基准分配。

把收益差异缩小到一两个产业或者因素投资组合上,这种做法可能会起到辅助作用。如果必要,那么也可以在因素投资组合内应用同样的原理,以便识别对收益差异产生影响的单个证券所有权。

产业内部产业集团配比不当和收益差异的总数大致就是投资组合收益的总体差异，这个差异由于交互作用的结果而有所不同。

隐患

指数化投资组合的创建和管理看起来好像很简单，且有些指数化投资组合也确实容易管理。这种理解会导致管理酬金下降。

最大的隐患是使用一种方法应付到底。这经常意味着指数化投资者进行整体复制，而不考虑它对于讨论中的投资组合运营成本意味着什么。第二大隐患很可能是把优化程序或者其他证券选择软件当成一个"黑箱"使用。有经验的指数化投资者根据要被指数化的市场选择他们的优化程序，并且比较重视数据的来源和结果的解释。为了保证所获得的最佳投资组合在实施时切合实际，高效率、低成本，首先需要对所有证券进行可投资性的审查，这一点是非常重要的。

一旦确定了投资组合并且将其投入运营，那么指数化投资者就需要细心管理其流动性，并且避免不满意的投资组合交易额。这种事情经常是有利必有弊，而它们的处理可以依赖衍生工具的使用，如运用证券价格指数期货对流动性进行管理。

当一家公司偶尔获取一个投资组合时，如果该投资组合中的证券在多样化方面没有任何要求，而只是增加交易和业务管理的成本，那么这样的公司行为就可能会导致问题的出现。优先购买的行为可以避免这种现象。类似地，私有化的公用事业公司或者其他公有实体经常会导致基准所有权的重大变化，这种变化可能会向指数化投资者提出以膨胀的价格成批买进大量股票的重要挑战。这些问题需要在个案的基础上予以解决，并且需要很好地理解基础市场的结构。

案例研究

经常会有这样的事情，即根据投资者关于何种因素会使股票业绩增值的想法，试图对指数化投资组合进行修改。当然，这种想法可能是很有价值的，甚至能为投资增加收益，但需要注意的是，它只是束缚了投资管理人，限制其产出稳定结果的能力。

举例来说，试图从投资领域中剔除流动性很小的股票，这是可以理解的。非流动性股票会不成比例地增加一个投资组合的交易和管理成本，并且经常会导致令人失望的结果。因为当管理人试图按照市场价格出售它们时，它们所实现的价格可能会比最后一次有记录的市场价格低出很多。

但是，特别是当一个投资组合将被长期持有的时候，坚持只投资流动性强的资产可能会是很有局限性的，而且根本无法轻易地找出一个取舍点，把非流动性股票排除在外，而把折现能力强的股票列入候选资产的名单。至于制定一个决策规则，出于排除和吸引的目的对资产进行界定，就是更加困难的事情了。

大多数指数化投资管理人都运用一些决策规则，而这些决策规则的基础通常是可以实际进行交易的股票数量或者交易活动中的近期数额，当前递盘发盘之间的价差等，或者他们在交易时进行仔细观察。这完全涉及在向经纪人递交交割单之前，对每一只受怀疑股票的活动进行审查。这些措施通常能够获得成功，但是对于有些投资者来说可能过于特别，因为这些投资者在投资过程中更喜欢一刀切的方式。

过于严格的决策规则存在着这样的危险，即管理人的判断可能会受到忽视，其结果是失去一些信息，有时候会导致令人失望的结果。

一个相关的情形是，一个投资者要求低成本、低循迹误差的投资组合。由于认识到非流动性股票的交易可以大大增加投资组合的成本，于是决定把投资组合中的股票数量限制到基准指数中数量的45%。基准指数当时持有的股票数量刚刚超过200只，从而指定的托管股票不能超过90只，但是当时没有认为这个限制会引起太多的麻烦，因为从股票的角度来看，90只股票代表了基准的将近94.5%的比重。

同时，投资者希望该投资组合具备较低的循迹误差，同样地，他不愿意太多地依赖于管理人的决断能力。除了对投资组合中股票数量的严格限制外，投资者还预期管理人相当靠近产业分配基准，并且尽可能把不可避免的规模风险最小化。

股票市场发生了重要的发展，结果是基准中的股票数量得到了增加，其中有很多都是来自电信和航空业的私有化。这时，问题开始产生了：两年之后，基准中的股票超过了300只。表11-10显示了90只股票的投资组合和以300只股票为基准、包含更多股票的投资组合进行比较时的情况。

表 11-10　循迹误差与股票数量　　　　　　　　　　　　单位:%

资产种类	基准	150只股票	125只股票	90只股票
预期的循迹误差	0.00	0.59	0.72	1.01
航天和国防	1.29	1.89	1.94	2.66
航空	0.24	0.00	0.00	0.00
汽车配件	0.91	0.52	0.55	0.61
汽车	0.27	0.34	0.40	0.00
银行	6.69	9.20	9.80	10.27
酿酒和蒸馏	0.36	0.44	0.56	0.60
经纪人业务	0.29	0.37	0.41	0.00
商务服务和数据处理	0.04	0.00	0.00	0.00

资产种类	基准	150 只股票	125 只股票	90 只股票
化学制品	7.85	7.52	7.80	7.60
计算机	1.82	1.60	1.82	1.44
分子合成	5.56	5.53	5.44	5.65
建筑材料	1.44	2.06	2.02	1.05
压缩与建筑	0.09	0.00	0.00	0.00
电器和电子	0.00	0.00	0.00	0.00
电力工具	9.13	9.23	8.86	8.57
能源设备与服务	1.64	1.56	1.39	0.63
食品加工	0.86	0.85	0.56	0.73
食品零售	2.73	2.08	2.30	2.42
黄金	0.84	0.73	0.84	0.00
健康与个人护理	0.13	0.00	0.00	0.00
家用电器	6.76	6.19	5.68	5.34
家庭用品	0.10	0.00	0.00	0.00
产业配件	0.33	0.30	0.32	0.00
保险	0.70	0.88	0.99	1.31
风险投资服务	3.92	3.02	2.62	2.08
风险投资信托	1.40	1.42	1.54	1.90
钢铁	0.41	0.52	0.54	0.78
租赁与消费品信用贷款	0.09	0.00	0.00	0.00
休闲与旅游	4.04	3.97	3.86	4.28
机械工程	1.39	1.08	1.18	1.46
媒体和交通	0.41	0.34	0.41	0.00
金属加工	1.58	1.96	2.34	3.39
其他	0.09	0.00	0.00	0.00
其他基础产业	0.43	0.00	0.00	0.00
其他消费商品	0.06	0.00	0.00	0.00
其他金融交易	1.03	0.96	0.99	1.09
其他交通	0.31	0.00	0.00	0.00
有色金属	0.35	0.00	0.00	0.00
办公设备和复制设施	0.52	0.97	1.15	1.84
石油	0.21	0.00	0.00	0.00
纸张和林业产品	6.69	9.09	9.98	10.51
制药	0.50	0.58	0.40	0.00
不动产	7.02	6.96	6.94	7.35

资产种类	基准	150 只股票	125 只股票	90 只股票
铁路	0.06	0.00	0.00	0.00
娱乐与其他消费服务	0.13	0.00	0.00	0.00
商店和零售	1.22	1.14	0.95	0.98
电信	5.78	5.61	4.62	3.57
纺织和服装	7.72	7.95	8.15	8.72
烟草	0.13	0.00	0.00	0.00
公用事业机构	1.08	1.08	1.13	1.14
合计	3.34	2.06	1.53	2.04

注：预期的各 β 系数均为 1。

资料来源：Thomson Financial Datastream。

　　各种限制结合在一起，对投资者的收益产生了不利影响，它们增加而不是减少了风险。表 11-10 显示随着所允许的股票数量的减少，循迹误差和产业集团不当的配比数值都增加了。

　　减少交易成本的愿望是可以理解的。交易成本是投资组合中的一个重要因素，只要可能就应当将其最小化。但是循迹误差的效果既可以是消极的，也可以是积极的，所以一方面是对它进行控制和管理总是对投资者有利，另一方面并不能明显地看出较少的循迹误差总是好于较多的循迹误差。

　　一个可供选择的方法是在计算交易成本之后计量投资组合收益，在此基础上完全放宽对规模和成本的限制。这种方法有效地产生了流动性限制的冗余。

第十二章　定息投资组合

定息投资组合是由在其存续期间支付预定数量收益的投资工具构成的。所有的利率投资都是借贷，包括贷方和借方（分别指买方和卖方）。在标准的利率交易中，贷方对借方的资产没有任何看涨期权，贷款数额和所得的收益除外。借方在履行全部偿还义务的情况下，保留拥有其资产的权利，并因此享有其资产的全部权益，承担这些权益的风险。

应用

政府、银行、公司和个人在不与他人分享其资产所有权的情况下，借入资金以满足其对流动资金或者投资的需求。

尽管大公司可以直接向公众发行债券，但许多定息工具还是首先由银行发放给公司的贷款。当把资金借给公司时，银行把这笔资金记录为一份资产。与许多其他资产一样，这笔贷款可能会被再次出售。银行可能选择以原始形态将其转卖，这种情形下，银行会把这笔资金描述成：ABC 公司，到期日 x，息票收入 y，如此等等。从银行购买这份债券的买方知道，如果 ABC 公司不能承兑贷款，那么它们就可能失去部分或者全部的投资。如果银行先以某种方式担保一笔贷款，那么该银行经常可以以一个更高的价格将其出售。在担保该贷款时，银行实际上会这样声明："如果 ABC 公司不能全部偿清贷款，我们将担保这笔贷款的执行。"于是买方的风险就转移到了银行的身上。不管采取哪种方式，在最后到期之前，这笔贷款可能会被买入并售出数百次。

投资管理人持有利率工具的投资组合（贷款）的原因有多种：

■ 有时候规章要求他们持有规定数量的政府债券。

■ 人们通常认为定息比股票的风险小。在通常情况下，定息和股票的联系较少，因而投资者经常通过持有债券来调整其总体投资组合。

■ 短期定息有价证券经常被当成期货、期权以及其他衍生工具等头寸的附属担保物。

■ 投资者可能预期债券有相对较高的收益。

理论

对于借方，利率是当前价值和延期消费相比的价值度量。对于贷方，它则是延迟消费的报酬。可以说，收益的任何指定比率都由下述三个要素确定：

■ 利率的大体标准。

■ 贷款的期限——在其他条件相同的情况下，长期贷款通常比短期贷款具有更高的利率水平。图 12-1 通过一条收益曲线描述了各种到期日期的利率之间的差异。

■ 贷款的风险——借方能否偿还这笔贷款及其利息。这种风险包括该贷款是否用资产做过担保、借方是否已有其他贷款等。这种风险被称为**信贷风险**。

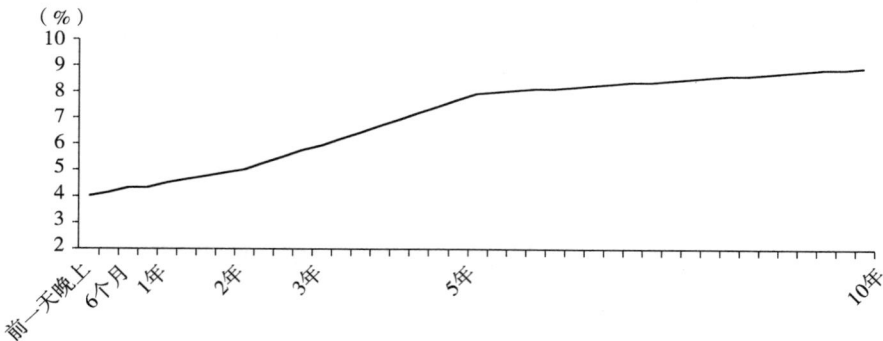

图 12-1　收益率曲线

在现代金融市场中，利率的一般水平主要由需求和供给决定，而需求和供给又受到多种因素的影响。并非所有的经济学家和利益方都认可这些因素对利率产生重要的影响，甚至不是所有人都同意这些因素都可以产生影响。下面列举的是通常认为具有一定重要性的影响因素：

■ 政府政策。政府经常为短期利率制定某种参考比率。这种参考比率对所有其他收益率产生重大影响，政府之所以设定利率，原因也就在于此。设定利率的行为通常被当成是对通货膨胀率和经济活动总体水平的部分控制，它在历史上曾经取得过多次成功。

■ 通货膨胀是利率的一个重要驱动力。投资者希望他们投资的价值比通货膨胀率有更大的增长，这样一来他们投资的实际价值就不会下降。通货膨胀是如此重要，以至于大部分投资管理人和经济学家要区别实际利率（实际比率）和包括通货膨胀的利率（名义比率）。名义利率是通货膨胀率和实际利率的总和。

■ 和现有的明显通货膨胀相对的预期通货膨胀是很重要的。在借贷结束之前，投资者不太可能为比通货膨胀率还低的名义收益率感到满意。

收益率曲线的形态引起了学术上的大量关注，同时它也是投资者和借方十分担心的原因。没有放之四海而皆准的收益率曲线。在实践中，每种货币都有其自己的收益率曲线，每一收益率曲线都描述了指定风险水平的借贷情况。例如，英国政府债券的收益率曲线不同于地方政府使用的投资工具，而银行和公司的债券也有它们自己的收益率曲线图，并且由于银行和公司涉及多个风险水平，所以可能每一家单位都会有多个收益率曲线图。收益率曲线可以彼此独立地发生变化。不只是利率可以作为一个整体上涨和下跌，而且短期和长期之间的差额也可以改变。人们已经提出许多假定，以便解释收益率曲线的结构和特性。

■ **预期值假定**。这个概念说的是，长期利率反映了在该时间点上对短期利率的预期值，它顾及了这样的规定：这些短期利率应当略高一些，以便对随着时间的推移而发生增长的其他不确定因素进行补偿，而这些不确定因素包括预期的通货膨胀率。在长期利率低于短期利率的情况下，这个假定有时候是有用的：它所说的内容就是已经预计到短期利率的下降。

■ **流动偏好的假定**。投资者更愿意在短时间内收回他们的投资，因此对于长周期运作要求更高的补偿。

■ **环境/市场偏爱区划的假定**。这个概念指的是，短期和长期工具的市场大体上是排他的，我们所看到的是两条（或者更多的）不同的收益率曲线。

定息证券的价格计算

债券价格计算的重点是贴现和复利计算的概念。贴现是一种简单的计算：一笔指定的资金总数其现在的价值比以后的价值多多少。利率的确定是看今天的价值比下个星期或者下一年的价值多出多少。例如，知道你会在一年的时间内轻易地获得100美元，但是现在取得100美元将会更加容易。如果一年的利率是8.0%，那么现在的92.59美元在1年后的价值为100美元。

$$一年后 100 美元的价值 = 100 / (1 + 利率)$$
$$= 100 / 1.08$$
$$= 现在的 92.59 美元 \tag{12-1}$$

换句话说，以年利率为8.0%投资92.59美元会产生价值100美元的投资。反过来算：

$$现在的 92.59 美元 = 92.59 \times 1.08$$
$$= 一年后的 100 美元$$

只要在贷款结束时一次性地征收并支付收益，那么贴现就会发生作用，换句话说，它只是以单利形式计算的。在到期日以一项单一利率予以支付的有价证券被称为**贴现证券**。多数贷款并非这样运算，而是更频繁地以复利计算利息。如果同样的贷款利率每半年以复利计算，并只在贷款结束时支付，那么它的公式如下所示。

$$一年中 100 美元的价值 = 100 美元 / (1 + i/p)^p \tag{12-2}$$

其中，i 表示年利率，p 表示每年支付利息的次数。

一年中 100 美元的价值 = $100/(1 + 0.08/2)^2$

$= 92.46$（美元）

所以，有效利率为 8.16%，即 $(1 + 0.08/2)^2 - 1$。

实际上，到期时间在一年以上的所有贷款都使用某种形式的复利利率，而且一些很短期的贷款也使用复利。同样数额的贷款，如果其利率以半年为单位进行计算，并且还有两年的时间可以运作，那么其计算公式如式（12-3）所示。

一年中 100 美元的价值 = $100/(1+I/p)^{p \times y}$ （12-3）

其中，y 表示年数。

2 年后 100 美元的价值 = $100/(1+0.08/2)^{2 \times 2}$

$= 85.48$（美元）

复利因素也可以被表示为截止日期的天数除以一年的天数，因此年利率为 8.0%、90 天的复利计算可以被表示为 100 美元/$(1+8\%)^{90/365}$，或者近似地表示为 100 美元/$(1+8\% \times 90/365)$。由于一些有价证券的定价以 360 天为一年，因而在进行这类证券的运算时，应当顾及关于一年中天数的通行惯例，这一点是很重要的。当然，一年 360 天的方法在计算上要比一年 365 天的惯例简单一点。在运用这种方法时，分析员还必须对润年进行调整。

复利计算的基本形式是**连续复利计算**。顾名思义，这个概念的意思是在贷款存续期限内，利率连续累积。它主要用于利率的理论应用以及复杂衍生工具的定价，例如期权。当同一笔贷款运用连续累积利率时，计算公式如式（12-4）所示。

一年后 100 美元的价值 = $100/(1+e^{I \times y})$

$= 100/(1+e^{0.08 \times 1})$

$= 92.31$（美元）   （12-4）

所以，实际利率为 8.33%，即 $(1+e^{0.08} \times 1) - 1$。

尽管是连续征收的，但是这个公式仍是假定利率在贷款结束时一次性支付。不过，在大多数场合下，人们定期地进行复利计算，并在整个贷款期限的固定时间间隔上支付利息，因此为了计算贷款或者债券的价格，有必要知道什么时候和多长时间计算一次利率，以及什么时候和多长时间支付一次**息票**。

根据完全相同的原理，可以得出标准债券的定价公式，如式（12-5）所示。

$P = v^{(f/d)}[c(x+\alpha_n)+100v^n]$ （12-5）

其中，P 表示债券票面价值每 100 美元的价格，v = 1/(1+i)，i 表示通过息票次数分割的到期收益，c 表示债券票面价值每 100 美元的定期息票支付，x 表示如果债券是无息的，其值为 0，如果债券是有息的，其值为 1，$\alpha_n = (1+v^n)/i$，f 表示到下次息票日期的天数，d 表示从上次息票日期到下次息票日期的天数，n 表示从下次息票至到期的全部周期数。

无息的意思是下一次支付的利率收益不包括在债券的价格之内。按照惯例，在任何息票支付之前都有一个无息阶段，而这个阶段的长短由债券进行交易的市场予以决定。如果债券在此期间内进行了交易，那么由原始持有者而非买方领受息票收入。

例如，具有以下特征的债券每 100 美元票面价值具有 99.10 美元的**结算价格**：

结算日期：2001 年 1 月 20 日

到期日期：2020 年 9 月 30 日

下次息票日期：2001 年 3 月 30 日

上次息票日期：2000 年 9 月 30 日

年息票利率：8.00%

年息票次数：2 次

附有股息：0

年到期收益率：8.35%

结算日期很少会在债券交易的那一天。多数市场都有一至两天的一个固定的结算周期，这意味着交易在推后一至两天进行结算。与任何外汇交易一样，交易发生时的日期是没有意义的。界定实际支付价格的是到期收益和结算日期。

式（12-5）假定收益是在息票日期自然增加的。它所用的**到期收益率**同表 12-1 至表 12-4 中所使用的年利率。这个债券价格公式有一个重要的假定：息票按照到期收益率进行再投资。这是一个有争议的假定，而许多 α 都试图在此基础上予以改进，这并不令人感到吃惊。不过，在大多数日常场合下，这个公式被用于到期收益率和结算价格的平衡。如果该债券没有剩余的息票需要支付，那么计算它的价格时，可以把它当成一份贴现债券。

对于贴现债券以及对于支付息票的债券，重要的是，要记得当债券的到期收益率上涨时价格会下跌，反之亦然——但这种关系却不是线性的。因此，债券的买主们预期这些债券的利率下降。

大多数债券定价涉及还有息票需要支付的债券。如果被定价的债券为有息票的债券，那么应计收益率或者息票收入就是债券结算价值的一个重要部分。图 12-2 说明了随着应计息票价值的累计，债券的结算价值在息票周期内是如何增长的。

信贷风险

债券进行交易的到期收益由资金的时间价值和该特定债券的风险两者构成。该债券的确定风险是，借方不能根据贷款条件履行义务，换句话说，也就是信贷风险。为了帮助投资者评估债券的价值，大多数的借方大户（例如大公司和银行）都是通过一个或者更多的大型信用评级代理（如标准普尔和 Moody's）来确定信用等级的，如表 12-1 所示。

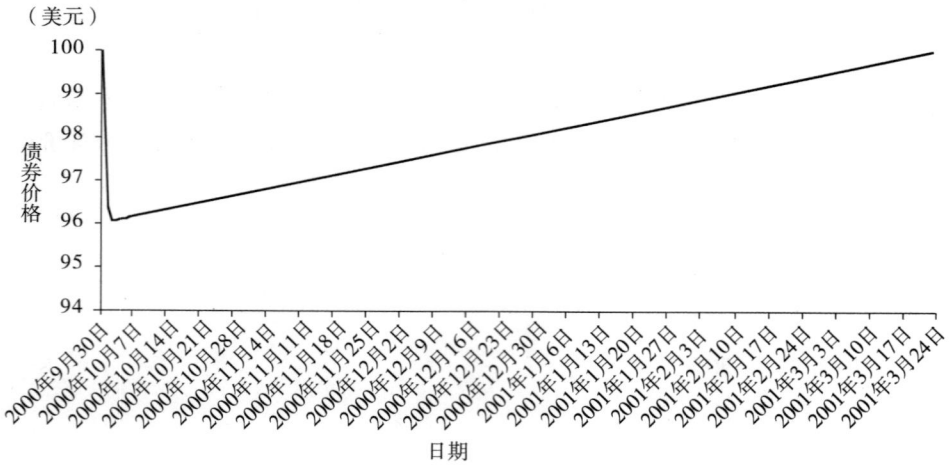

图 12-2 债券价格在息票同期内的增长趋势 （有息）

表 12-1 客户信贷分类样例

Moody's	评价	标准普尔	评价
Aaa	最高质量	AAA	极强
Aa	高质量	AA	很强
A	有利的投资特征	A	强
Baa	中等级别	BBB	适当
Ba	投机因素	BB	不太适当
Caa	信誉不好	B	比较脆弱
Ca	高度投机	CCC	目前脆弱
C	最低评级——前景不好	CC	目前高度脆弱
		C	目前脆弱到没有收益

资料来源：Moody's，标准普尔。

    这些等级评定把每个借方归入一个风险种类中。这些种类有政府债务银行、投资评定公司、投资评定公司的分支机构等，需要特别指出的是，大多数发达国家的债务被认为是几乎没有信贷风险的，而后几种债务有时则被称为垃圾债券。

    借方所属的种类决定了对于类似到期日的债券，必须支付超出政府债券一定数额的利率，以便吸引债券的买方。等级评定当然要定期进行调整，但是它也可能出人意料地保持不变。两个评定等级之间任何指定到期时间的收益保证金由于供需情况的不同而涨落，到期日期和信贷资产质量之间的收益差异完全受到这种变化的影响。例如，对于一笔为期 5 年的贷款，一个 BBB 级（适当）的借方可能只需要支付高出政府债务 2% 的利率。第二天，市场显示的结果可能会是投机企业的业务前景已经恶化了，因此，收益差异可能会突然加大到 2.25%。而对于期限较短的贷款，如果市场一致认为借方的近期前景还不至于那么糟糕,那么,其差异可能只会浮动 0.10%。

贷款与冲销资产价值的比例越高,借方能够享受到的产权收益率就会越大。股票分析者们称之为投资的**杠杆作用**。从贷方的观点来看,杠杆作用越大,那么投资的风险就越高,这是因为借方没有能力履行义务,或者资产价值低于贷款数额的概率也就越大。

可以认为构成信贷风险的因素包括下述内容:借方的风险、借方的举债经营、贷款剩余的时间以及利率对信贷资产质量的潜在冲击。这些因素是互动的,例如,某一次利率的上涨可能同一次普遍的经济衰退联系在一起,这种经济衰退将影响借方的举债经营以及其偿还贷款的能力。与此同时,如果借方债务的利率是浮动的,那么他需要支付的利率就会上涨,进而影响到杠杆作用的效果。

大多数投资管理人都根据他们对每一个借方的风险暴露来考虑信贷风险。他们对每个借方不能履行债务的可能性进行分析,并且预测一旦发生这种履行不能,那么其潜在的**挽回率**有多大。这种挽回率通常用以美元为基准的美分数来表示。

对这种履行不能的可能性以及潜在挽回率的测量不是一件简单的事情,进行这种测量的量化方法很少有能经受得住时间考验的。已经得到广泛应用的一种方法是 Z-Score 模型,它是由纽约大学的爱德华·阿特曼教授于 20 世纪 70 年代研究出来的。为了鉴别资产负债表信息和面临破产的公司之间的关系,阿特曼教授进行了相当复杂的统计分析。通过这种工作,他对似乎能够预示拖欠贷款的财政比率的重要性进行了量化,很是可靠。

这种方法的实际应用当然是有限的。阿特曼教授的研究对象是在美国负有债务的公司,在美国,人们很容易就能及时地得到这些公司高质量的资产负债信息表。还有一个巧合的因素是,他研究的市场恰好是公司债务中最好的一份。不难想象,Z-Score 方法很难应用于许多其他市场,在这些市场里,政府和半政府的贷款主宰着固定的利率,而数据的质量也低劣得多。

通过参考专门化的信贷衍生工具市场,如信贷掉期市场,还可以对信贷风险进行更加精确的评估。对于政府债券等安全投资,这些市场制定出一个关于信贷资产质量的"价格"。由于这个价格或者"信誉差额"是由供求双方决定的,所以它被认为是非常可靠的信贷资产质量评估。

不难想象,定息投资组合的风险只是其各部分风险的总和。到了相对较晚的时候,才有分析工具的出现,通过这些工具,人们可以进行较为复杂、成熟的分析,相对于投资组合所有权的总和,对投资组合的信贷风险进行评估。信贷风险管理的关键是保障有效的分散。

一种分析方法是均值—方差优化技术的运用,这种方法被广泛应用在证券投资组合中。举例来说,这样的一种方法可以测量投资组合对产业集团或者宏观经济事件以及其他因素的暴露。通过这种测量以及对因素的关联分析，可以在投资组合的水平上对信贷风险产生出某种有益的见解。

令人遗憾的是，事情并没有那么简单，这是因为定息市场的两个特性导致了两个难题。一个问题是，和普通股票不同，债券和其他定息工具不在交易所进行交易。它们通常是"屏幕"市场或者"电话"市场，没有一个固定地点作为它们的交易中心，也没有关于单一证券交易价格的集中记录。由于缺少市场价格的可靠记录，所以几乎不可能形成一个关于资产收益的时间序列，而必要的相关系数却正是在这些时间序列的基础上得以形成的。

另外一个问题是定息证券的到期日较短。在大多数国家中，所发行债券的到期日都在2~10年。有些市场上甚至存在为期30年的政府债券，但是这种情形并不多见，大多数流动性债券的序列通常都在5~10年到期日的范围内。均值—方差优化程序需要至少5年的月收益数据，因此当数据积累到可以使用的时候，证券也已经到期了，很多证券就属于这种情形。

当相互孤立的时候，这些问题是严重的；当结合在一起的时候，它们是致命的。一个可取之处可能是，大部分发行债券的公司以及几乎所有发行债券的银行在其他地方也有一些上市的普通股票。普通股票的数据或许能够用于解决这些问题，但是现在为时尚早，在付诸实践之前，这种技术还需要时间的检验。

普通股票优化程序的设计目的是用于分析投资组合的波动性，通常是相对于某种普通股票基准的。对于股票分析者来说，微小的价格变动几乎与重大的价格变动一样令人产生兴趣，而且两种方向的变动都很重要。通过对比，借方资产价值的微小变化不会显著地改变定息证券的价值，而根据界定，这种价值在到期日应当具有固定的价值。定息的分析者对履行不能的可能性更感兴趣，换句话说，对大幅度的下跌更感兴趣。

信贷风险的任何模型都必须考虑这样的事实：信贷风险与利率的总体水平以及收益曲线的形态密切相关。这个方面的研究很有可能改进目前正在使用中的信贷风险方法，不管它是基于均值—方差的方法还是某种更适合定息投资组合的方法。

投资组合的创建

人们把大多数定息投资组合与某种基准指数进行比较，通常都指定一个宽泛的风险水平和一组宽泛的到期日。举例来说，基准可以被界定为政府发行的、到期日为3~5年的债券，或者也可以包括半政府化的债券及公司债券。到期日的范围一般为3~20年，有些市场上有为期30年的。当投资管理人创建一个投资组合时，基准是他最重要的向导。

在创建定息证券投资组合时，投资管理人需要确定是匹配基准的到期日并为增值而明智地利用信贷风险，还是大致地匹配信贷风险并通过对到期日的判断，或者通过对信贷风险与到期日两者的结合，以达到增值的目的。

通过信贷风险的失配而进行增值，这需要依靠专门的分析，而这种分析的目标通常是借方的盈利能力，它类似于某种股票研究。这种方法中的增值余地取决于基准和托管中委托书的大小。举例来说，一个政府债券不承受任何信贷风险，而一个公司债券基准则隐含着这样一种预测：除了基准中固有的风险之外，还存在着某一种信贷风险。

通过改变投资组合期限而获得额外的收益，这很大程度上依赖于宏观经济分析，同时也依赖于对明确到期日内利率的预测。收益曲线模型可能会产生这种益处，本章稍后会对它进行讨论。

最令人心动的额外收益来自错误定价的证券。由于某些定息证券很少进行交易，具有类似到期日和信贷资产质量的证券可能具有不同的价格，所以很多市场都提供了利用这种错误定价的充分机会。错误定价有两个主要来源：债券价格可能有异于同一收益曲线值域内具有类似风险水平的一种债券的价格，或者也可能被错误地分配到了不适当的组群里，因此需要重新进行等级评定。其危险是双重的：首先是因为债券的风险受到错误评估；其次是因为证券交易的费用是十分高昂的。大多数错误定价的债券还严重缺乏折现能力，这意味着递盘价格和接盘价格差别很大。投资者以诱人的价格买下这种证券，却有可能发现只能以一个很不诱人的价格将其售出。起初看起来是个便宜货，然而它的收益却有可能在实现利润的过程中损失掉。

利率风险管理

除了借方不能履行义务的风险，还存在着利率变化的风险。因此，当利率发生变化时，投资管理人相当关注他们的定息投资组合的价值变化。

利率风险最简单的测量就是每个基点的投资组合价值（PVBP），又被称为**债券波动性**或者**1 个点的美元价值**（DV01）。顾名思义，也就是利率变动一个基点（0.01%）时测量出的投资组合价值的变化数值，如表 12-2 所示。

表 12-2　两种债券每个基点的投资组合价值

	债券 1	债券 2
面值（美元）	100	100
结算日期	2001-01-20	2001-01-20
到期日	2020-09-30	2012-06-18
年息率（%）	8.00	5.75

续表

	债券 1	债券 2
年息票数	2	2
下一次息票时间	2001-03-30	2001-06-18
上一次息票时间	2000-09-30	2000-12-18
是否有息（1=是，0=否）	1	1
至到期日的收益率（%）	8.50	6.00
债券价格（美元）	97.72	98.47
债券价格减去一个基点（美元）	97.76	98.51
债券价格加上一个基点（美元）	97.67	98.43
每1百万美元每个基点的投资组合价值（美元）	457.04	403.59

对当前的到期收益加减 0.01%，得出一个新的到期利率，运用这个新的到期利率对债券价格计算两次，就得出了结果。有息价格之间的差额就是每个基点的投资组合价值。

尽管这种测量标准可以用于收益率曲线很小的区段或者利率很小的变动，但是对较大的利率变动就不那么有用了，因为每个基点的投资组合价值根据利率而变化，在同一个时间点上，投资组合中不同的债券变动各异，而且就是同一种债券也会随着利率的涨跌而变动。

一个投资组合的**存续期**，又被称为**麦考利周期**，它对债券的合计到期日进行测量。其方法是根据每次现金流动出现的时间对每次现金流动进行加权，并用现金流动的次数去除加权的结果。通过这种方法，它就测量出该证券什么时间支付出它的一半息票，而这些息票反过来又成为证券之间的一个比较点。该投资组合的存续期完全就是其各个组成部分存续期的加权总和。

存续期是一种粗略的测量方法，有意思的是，作为定息的一种测量方法，它不考虑货币的时间价值。**经过修订的存续期**在进行测量时，首先对现金流量的当前价值进行评估，然后应用存续期公式。经过修订的存续期是证券将其股息率支付到当前价值的刚好一半时的时间点，如表 12-3 所示。

表 12-3　两种债券经过修订的存续期

	债券 1	债券 2
面值（美元）	100	100
结算日期	2001-01-20	2001-01-20
到期日	2020-09-30	2012-06-18
年息率（%）	8.00	5.75

	债券 1	债券 2
年息票数	2	2
下一次息票时间	2001-03-30	2001-06-18
上一次息票时间	2000-09-30	2000-12-18
是否有息（1=是，0=否）	1	1
至到期日的收益率（%）	8.50	6.00
利率变化（%）	0.01	0.01
债券价格（美元）	97.72	98.47
每1百万美元每个基点的投资组合价值（美元）	457.04	403.59
经过修订的存续期	4.6773	4.0986

存续期是关于任何债券或者债券投资组合的一个基本的测量标准。通过对债券和投资组合进行有益的对比，可以显示哪一个存续期长一些，哪一个风险小一些。存续期较长的投资组合从利率增长中遭受的损失，要大于存续期较短的投资组合，这是一个规律。对于到期日也是一样的：30 年期的债券要比 5 年期的债券更容易受到利率的冲击。但是债券的到期日却根本不能显示现金流动发生的时间，而现金流量又是债券价格计算的一个重要组成部分。因此，存续期提供了较多的信息，但仍是有限的。

每个基点的投资组合价值和利率之间的关系是通过债券的**凸性**进行测量的。债券或者投资组合凸性越大，当收益率增加时，每个基点的投资组合价值的变化就会越大，如表 12-4 所示。

表 12-4 两种债券的凸性

	债券 1	债券 2
面值（美元）	100	100
结算日期	2001-01-20	2001-01-20
成熟日期	2020-09-30	2012-06-18
年息率（%）	8.00	5.75
年息票数	2	2
下一次息票时间	2001-03-30	2001-06-18
上一次息票时间	2000-09-30	2000-12-18
是否有息（1=是，0=否）	1	1
至到期日的收益率（%）	8.50	6.00
利率变化（%）	0.01	0.01
债券价格（美元）	97.72	98.47

	债券1	债券2
每1百万美元每个基点的投资组合价值（美元）	457.04	403.59
经过修订的存续期	4.6773	4.0986
凸性	0.3323	0.2091

当一个债券到了到期日时，它的价值就等于它的票面价值或者面值。这意味着，在其他条件相同的情况下，随着债券的成熟，债券交易时的贴现或者优先购买价将会减少或者最终消失。债券价值的这种变化效果被称为**面值化**。表 12-5 显示了到期收益率为 8.0% 的面值化效果。

表 12-5　面值化

半年支付的年息票			
按年计算的到期日	6.00%	8.00%	10.00%
20	80.21	100.00	119.79
15	82.71	100.00	117.29
10	86.41	100.00	113.59
8	88.35	100.00	111.65
5	91.89	100.00	108.11
3	94.76	100.00	105.24
2	96.37	100.00	103.63
1	98.11	100.00	101.89
0	100.00	100.00	100.00

资料来源：Das, S. *Risk Management and Financial Dervatives*, *A Guide to the Mathmatics*, Sydney, The Law Book Company, 1997, p. 43.

一种债券在其信贷风险质量上的变化也会对其价值产生影响。信贷风险的一个给定变化对债券的结算价值产生影响，这种影响尤其取决于到期日的初始收益率。换句话说，这种影响并非对所有的债券收益和到期日都是线性的，如表 12-6 所示。

表 12-6　信贷风险变化对债券价格的影响

面值（美元）	100	100
结算日期	2001-01-20	2001-01-20
到期日	2020-09-30	2012-06-18
年息率（%）	8.00	5.75
年息票数	2	2

下一次息票时间	2001-03-30	2001-06-18
上一次息票时间	2000-09-30	2000-12-18
是否有息（1=是，0=否）	1	1
利率变化（%）	0.01	0.01
至到期日的收益率（%）	8.50	6.00
债券价格（美元）	97.72	98.47
每1百万美元每个基点的投资组合价值（美元）	457.04	403.59
经过修订的存续期	4.6773	4.0986
凸性	0.3323	0.2091
风险等级评定的变化（%）	0.25	0.25
至到期日的收益率（%）	8.75	6.25
债券价格（美元）	95.47	96.48
每1百万美元每个基点的投资组合价值（美元）	440.78	393.28
经过修订的存续期	4.6169	4.0764
凸性	0.3184	0.2033

收益率曲线模拟

　　关于定息投资组合管理的理论很大程度上建立在收益率曲线的水平和形态及其在一定时期内变化的方式上。但是在实践中，存在着许多不同的收益率曲线，每一个都涉及一个货币领域。在各种货币中，又涉及不同的风险水平。不方便的是，收益率曲线在实践中往往难以进行观测或者不可能进行观测。这是因为债券交易的价格往往没有正式记录，而且一些定息的市场部门很少发生交易，即使知道上一次的交易价格，但是它也可能已与本次交易没有什么关联。为了避免这个问题，有些组织采用专门小组的方法，即他们邀请许多银行和经纪人对一定范围内的债券进行报价，然后对所报的价格加以平均，就得出了一个舆论价格。这种做法聊胜于无，但是它存在这样的一个问题：专门小组的成员们通常知道他们不是在对真实交易报价，因而可能不会费心劳神地提供一个认真的价格。很少发生交易的债券甚至更不容易处理。许多投资者试图用两个实际价格的平均值来解决这个问题，但是这样做也只能给出接近值。再投资风险也存在这样的问题。债券进行交易时的收益率包括再投资的风险，因为债券的结算价格假定，所有的息票都是以债券当前的到期收益率进行再投资的。很明显，即使曾经出现过这种情况，它发生的次数也不会多，因此鉴别一个把再投资风险排除在外的收益率曲线会是有益的。

　　收益率曲线模拟是出于这样一种企图：填补观测得到的收益率曲线中的差距，

并且详细审察到期日时"聒噪"的数据——很多类似的债券在此时以略有差异的价格进行交易。收益率曲线模拟还试图排除所观测到的债券价格中内在的再投资风险，其方法是得出一个被称为**零息票曲线**的东西。一个成功的收益率曲线模拟应当具有下述特征：

■ 它将符合可以得到的数据。

■ 它不会过分"聒噪"。也就是说，它里面将不会有太多的拐点。这些拐点通常是"过分适合"的征兆，它们表明有必要再平滑一些。

■ 在正常的收益率曲线和零息票曲线之间应当具有一致性。换句话说，这两种价格不应当存在任何套汇机会。

■ 零息票曲线的产生是一个综合的过程，它需要使用所有可能的收益率曲线信息，包括贴现债券、期货、远期和掉期价格。远期贴现因素因此需要估价和推断，目的是修正观测得到的价格中内在的再投资风险。

收益率曲线模拟通常使用一些非线性的数学方法，例如：

■ 可以利用回归的方法，以便找到一条曲线，从而使它和观测得到的债券价格之间的合计距离最小化。这又被称为**拟合曲线**，如图 12-3 所示。

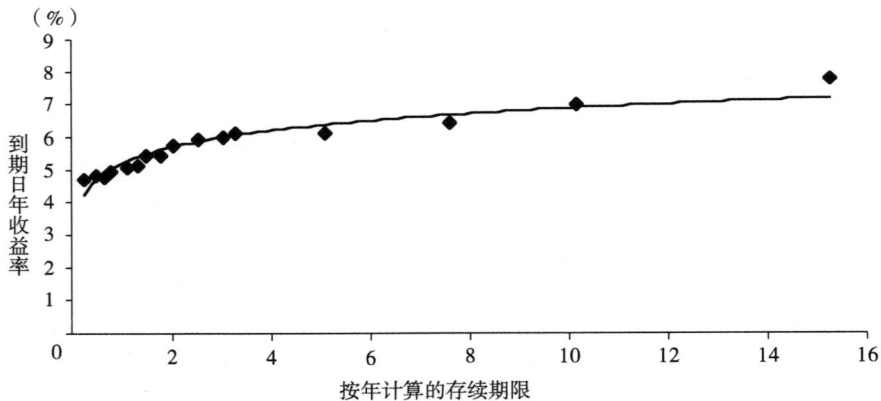

图 12-3　一条简单的拟合曲线

■ 可以运用三次样条函数把观测得到的收益曲线分解成片断，然后让曲线适合只与邻近略有差异的每个区间，以便得出一条平滑的整条曲线。

正常情况下，可以通过这种方法为任何货币得出两条收益率曲线：无风险的曲线，它通常由政府证券组成；经过风险调整的掉期曲线，它由非政府的证券组成，通常是由银行发行的。后一条曲线通常是从银行间的**拆借利率（LIBOR）**（伦敦同业拆借利率）得出的，或者是欧元利率、短期银行利率以及能够得到的期货市场与掉期收益率。

因此，收益率曲线模拟是一种不精确的方法，在实践中往往得不到完美的解决方案。当模拟一条收益率曲线时，在市场结构、数据的完整性、估价的精确性、计算的效率和成本的效率之间总是存在平衡的问题，这些因素要求相互妥协。

当应用这些因素得到一条收益率曲线时，应当记住所用工具各不相同的本质区别，它们是信贷风险、交迭日期和符合保证金要求的期货与远期价格中内在的偏差。了解这一点非常重要。

实施

与大部分普通股票市场不同，多数实物债券并不在中心交易所进行交易，而是利用投资者和经纪人之间的双边基础。尽管有些公司提供依靠屏幕的服务，如路透社（Reuters）和彭博（Bloomberg），而且这些服务目前已经得到广泛的应用，但是在传统上，这种交易是通过电话完成的。在应用电话的时期，债券的买方要打电话给其他经纪人和投资者，询问他们是否持有自己所需要的那种债券以及是否持有所需要的数量。如果有，那么到期日收益率是多少；如果没有，那么他们是否持有类似的债券，等等。当一种合适的债券确定了适当的价格和数量时，就通过电话或者传真对交易予以确认。屏幕技术改进了这种方法。通过屏幕技术，大型投资者们，如银行和经纪人，可以显示他们准备买进或者卖出债券的价格。然后投资者给他们打电话，确认价格、数量和结算日期，而交易的确认则是通过传真或者电子邮件。尽管技术的发展提高了交易的确认效率，但是这种方法的原理却一直没有改变。

债券市场的重要特征如下所述：

■ 买方和卖方之间不存在交易所。这意味着债券价格的实际确定只是买方和卖方之间的私人事情。大多数大型债券投资者和经纪人，如提供 Reuters 和 Bloomberg 屏幕的那些机构，都发布一些交易价格，但是这些价格的质量可能会参差不齐，而且无法提供关于交易的综合记录。

■ 佣金不是直接收取的，而是隐含在债券递盘接盘的价差中。进行债券交易的经纪人或者银行从这个价差中获得利润。

■ 不存在交易所意味着投资者进行交易时不需要通过经纪人。事实上，在很多市场中，大量定息的大宗交易都是在投资者之间直接进行的，通常由银行扮演经纪人的角色，为较小投资者的交易进行合计。

■ 当直接和另一方进行交易时，投资者完全相信另一方兑现债券购买或者出售的能力。正常情况下，这不是问题，而且大多数债券交易商也不会为此多虑。如果 XYZ 银行刚好确认了 1 千万美元国库券的出售，那么投资者就会假定该银行手上确实持有这笔证券可以交割。但是由于结算通常是在确认交易一天或两天之后，所以 XYZ 银行拥有充裕的时间察觉一个骗子交易商并令其阴谋破产。而且投资者也没有为该债券付钱，因此这种牵连可能并不可怕。但是关于这份国库券，还是需要另外一份消息来源，这项工作可能会是难度很大的，因为要在市场上找到一家主要银行履行不能的情形是比较困难的。类似地，XYZ 银行不经调查就相信了你有办法支付这笔债券的费用，这种风险被称为**交易对手风险**。

■ 对他们定期与之进行交易的每个投资者、银行和经纪人，大多数定息交易商和投资者都进行关于净值购买与出售的无条件美元价值限制，从而试图对他们的交易对手风险进行控制。在市场比现在小得多、社会节奏也似乎比今天稍慢的时候，这项工作是由一个被称为"笔杆子"的书记员来做的。每当一笔交易得到确认的时候，交易商就会大声叫唤书记员，而书记员通常则会将其记在一个便笺簿上，并且标注交易对方的净头寸——当达到这个限制的时候，书记员便提醒首席交易商。这种功能在大多数交易室里都已经实现自动化了。对交易对手风险进行控制的想法似乎具有普遍意义，而对于大多数投资管理人来说，它也不难处理。然而对大型银行而言，特别是当交易刚开始的时候，处于世界各地的多个交易地点，分布在不同的时区里，每分钟成交几百起交易，它可能就是一件非常严肃的事情了。

衍生工具的使用

对于几乎所有进行计量管理的定息投资组合来说，衍生工具就是它不可分割的一部分。掉期和期货是基础性的衍生工具，在此基础上，可以形成复杂多样的期权。大多数定息期货都是在**交易所交易**的，因此是标准化的，而且它们是围绕一种假定的政府债券或者债券集总而构建的。掉期属于柜台交易，可以建立在任何实际或者假定工具的基础之上。期权可以在期货或者实物债券的基础上进行运作。

定息衍生工具的另外一个主要种类是信贷衍生工具，它可以是期货、掉期或者期权，并且通常也是在柜台交易的。它们的结算是根据不同信用等级之间的利率差价，并且允许投资者对信贷价差的变动进行投机，或者在保持利率灵敏度时对信贷风险进行对冲。由于这个市场交易频繁，所以也就具有着合理的高效率，并且被投资管理人用来对债券或者债券发行人的信用级别进行目标评估。

在一个定息投资组合中，衍生工具最简单的应用是购买替代实物债券的期货或者掉期。这可以节省交易成本，但是需要进行持续的监控，以便确保价格变动保证金和定期结算受到控制，并且确保当工具到期时，头寸可以滚动。

衍生工具也可以用于流动性的管理。例如，当息票收入发生累积以及其他现金流进或流出投资组合时，可以利用期货合约以便确保投资组合受到充分投资。

期货合约通常用于调整一个投资组合的存续期和凸性，允许投资者调节投资组合对收益率曲线变化的灵敏度，而不必花费高昂的代价去出售和购买实物股票。因此它们可以提供一种重要的方式，从而对经济信息或者经济预测的变化迅速地做出反应。

对冲是衍生工具的另外一个主要应用。例如，简单的债券期货可用来改变投资组合收益率的灵敏度而不触及信贷风险，或者投资者为了保持利率的灵敏度，会利用信贷衍生工具对投资组合的信贷风险进行调整。

许多债券市场为套汇提供了重要契机，而掉期、期货以及期权则被大量用于对这种机会的利用。由于如此众多的工具，套汇的机会不但巨大，而且多种多样，因为各种工具为彼此之间的错误定价留下了大量的空间。

货币管理

对于国内定息投资组合来说，外汇没有任何用处。然而，投资者们正在日益寻求国际债券的风险机会，而这显然意味着外汇交易及其管理。定息投资组合的外汇管理包括两种方法：

■ 货币中立。

■ 对基础货币的套期保值。

对于一个货币中立的投资组合来说，投资管理人只需要买入足够的外汇，以便用每种外汇结算债券。因此投资者本人将承担债券的风险，包括利率风险、收益率曲线风险以及债券用来记账的货币本身的风险。在这种情况下，当货币贬值、产生令人失望的总体结果的时候，就存在着这样真实的可能性：债券本身将显示出诱人的回报。

如果投资者不愿意使国际性债券暴露于外汇风险，那么解决方案是对货币进行对冲。这完全是一个远期卖出债券购买价格的简单问题。为了做到这一点，投资管理人需要知道自己准备持有债券的时间。由于息票是以外汇形式收取的，于是就产生了一个关于现金流动的问题。因为投资管理人知道现金流动会在何时发生，并且知道现金的流量，所以他在购买债券的同时，或者在购买债券之后的任何时间里，都有可能对债券进行套期保值。当做完所有这些工作之后，由于债券的市价会发生变化，而且很可能是持续的变化，所以债券仍然没有受到充分对冲，债券总会拥有一些没有受到对冲的、以外汇记账的未实现损益。因此，投资管理人需要建立一项政策，以便在固定的时间间隔内，或者当未被对冲的价值达到预定的价值时，对套期保值进行修正。当债券被出售时，投资管理人需要确保必要的总数额得到返还或者再投资，并且确保对冲得到相应的调整。

即时控制

定息投资组合日常管理的主要任务是，确保所需的收益率和借贷风险暴露得以维持。这一点非常重要，其原因在于即使收益率曲线保持不变，单是时间的流逝就会改变投资组合的灵敏度。这项工作通常需要结合对经济环境的定期监控以及对收益预测的回顾。大多数管理者至少每周进行一次这样的工作，而对收益预测的回顾则是每月进行一次，或者是在重大经济事件之后进行一次。

如同其他类型的投资组合，现金流动需要管理和投资，而衍生工具的头寸则需要受到监控。

大多数管理者都运用收益率曲线模拟和其他监控手段，对不同工具之间的价格差异进行监控，寻找相对的错误定价以及其他机会，以便增加投资收益。此类方法通常符合一些预定的决策规则，而这些决策规则会详细说明进行交易所需的价格差异以及应当实现利润的时刻。

业务管理

由于衍生工具合约的大量使用，尤其是由于掉期、信贷衍生工具以及掉期期权等柜台交易工具的大量使用，业务管理可能会相当复杂。其复杂性往往围绕着一些柜台交易协议非标准化的性质，以及为维持保证金并满足定期结算而进行的流动性管理展开。

此外，就实物定息工具而言，它的业务管理近些年来已经由于清算与结算中心的建立而大大地简化了。这些机构担当了档案仓库的角色，因此在债券每次易手的时候，不必再把实物债券文件从卖方送到买方。

评估

对定息投资组合中实物债券和贴现工具的估价相对简单，而该投资组合当然就是它的各个部分的总和。每种证券的价值计算都是通过运用适当的定价公式和当前的市场利率。当息票在估价日期上自然增加时，事情就会变得复杂：由于失误，可能会对这些息票重复计算或者忽略它们。这些失误都是细微的，而且也容易检测到并予以矫正，甚至很容易就可以避免。交易所交易的债券期货合约在进行估价时甚至更直截了当，因为它们没有息票。另外，对柜台交易衍生工具进行的估价可能会相当复杂，这是因为没有相应的市场价格可以作为估价的基础，还因为许多柜台交易协议包含了非标准化的条款。

非标准化的柜台交易掉期或者期权协议有时会嵌入一些不同寻常的结算条件或者期权，这些东西的估价工作可能会非常困难，而且每一种情形都需要个别处理。如果期权或者某个类似的工具不经常进行交易，那么该期权就有可能引起另外一些估价上的难题。大多数估价模型都利用某种资产最后一次交易的价格，对投资组合所有权的市场价值进行估价。如果资产近期没有进行过交易，那么就必须对市场价格进行评估。就债券和贴现证券而言，在估算市场价格时可以把通行收益率套进估价公式中。但是期权却需要对基础工具进行前瞻性的波动性评估，而这个信息则只能从相关的市场交易中得到。如果没有关于基础资产预期波动性的信息，那么可能需要从某种类似的工具上推断它：真实的评估需要一定的判断力和专心投入。

业绩测量与定性分析

测量定息投资组合的收益和测量其他投资组合的收益在原理上没有什么区别。由于债券的风险来源有异于普通股票，所以定性分析在实践上存在着差异，但是其原理也与之相同。在理想状态下，定性分析应当解答如下问题：

■ 一般利率水平变化的影响是什么？
■ 收益率曲线形态变化的影响是什么？
■ 信贷价差变化的影响是什么？
■ 交易行为的影响是什么？

对于国际定息投资组合，还存在着国别分配和货币影响的问题。

隐患

在定息投资中，最难的部分是对利率的预测。投资管理人经常犯的一个错误是，他们想当然地以为利率的表现会像他们在不久之前那样，在对投资组合风险进行评估时，这种想法可能会导致严重的错误。

另外一个潜在危险来自于对信贷风险的控制不当。信贷风险可能难以进行分析，但是由于公司债券可能会是额外收益的一个重要来源，所以一个管理良好、具备信贷风险暴露的投资组合可以显著提高投资组合的整体收益，同时把信贷风险充分分散到不同种类的借方种类和成熟日期上，这是很重要的。

定息衍生工具也可以是问题的一个来源。许多投资者在到期日隐含收益的基础上，对工具之间的差异进行比较。对于期限很短的工具来说，这经常是充分的，但是随着到期时间和持续期的增加，每个基点的结算价值会发生惊人的增长，正如每个基点结算价值的变化所表现的那样。这可能会导致这样的结果：从到期收益的角度来看，一项交易似乎是盈利的，但实际上却是亏损的。

案例研究

这个案例研究提供了一个关于最后一个隐患的事例：对于每个基点的结算价值所产生的变化，无法计量这种变化可能产生的影响。它还举出了这样一个事例：投资管理人如何分析不同工具的相对价值。这个案例围绕着一份交易所交易的 10 年期债券期货合约以及关于这些期货的期权。由于实物债券通常是根据到期收益率进行报价的，所以期货和期权也经常按照类似的方式报价。这可能会引起期货业务管理系统的某种混淆，原因是结算价值会随着收益率的减少而增加，反之亦然。为了处理这个问题，债券期货和期权合约有时被报价为 100 减去到期收益率乘上 100。因此，在 7.56% 的到期收益率上进行交易的债券期货会被报价为 92.44，不可把它混淆为每 100 美元面值的结算价值碰巧为 92.44 美元的债券。

期权优先购买价也以收益率的点数进行报价，因此一个 1.00% 的期权优先购买价会被报成 100。

如附录 5 中所示的那样，期货和期权可以被用于建立彼此的合成形式。当和一个具有同样交割价格的售出看跌期权结合在一起时，一个买入看涨期权所产生的结果将完全等同于一个买入的期货合约。类似地，当和一个具有同样交割价格的买入看跌期权结合在一起时，一个售出看涨期权也会产生一个合成的售出期货合约。

它的含义是，看涨期权和看跌期权之间的价格差异应当完全等于当前期货价格和期权交割价格之间的差额。如果不相等，那么就有了套汇盈利的机会。表 12-7 中的交易似乎是一个显而易见的赢家。

表 12-7　根据收益率计算的看跌期权—看涨期权比价

合约面值（美元）	100000	
到期时间（年）	10	
年息率（%）	10	
年息票数	2	
利率变化（%）	0.01	
	收益率（%）	期货价格
当前期货价格	11.00	89.00
看涨期权的交割价格	6.00	94.00
看涨期权优先购买价	1.50	1.50
看跌期权的交割价格	6.00	94.00
看跌期权优先购买价	5.80	5.80
策略		
购买期货		0.00
出售看涨期权		1.50
购买看跌期权		−5.80
交割看涨期权		0.00
交割看跌期权		5.00
总计		0.70

根据结算价值计算的看跌期权—看涨期权比价

	收益率（%）	期货价格	DV01（美元）	结算价格（美元）
当前期货价格	11.00	89.00	24.82	59786.19
看涨期权的交割价格	6.00	94.00	34.44	74442.74
看涨期权优先购买价	1.50	1.50	34.44	5166.18
看跌期权的交割价格	6.00	94.00	34.44	74442.74
看跌期权优先购买价	5.80	5.80	34.44	19975.88
策略				
出售看涨期权		1.50		5166.18
购买看跌期权		−5.80		−19975.88
交割看涨期权		0.00		0.00
交割看跌期权		5.00		14656.56
总计		0.70		−153.15

　　这似乎是一笔没有风险的交易。在这笔交易中，买入期货完全被合成的售出期货头寸抵消了，而这里的头寸是由同一交割价格上的售出看涨期权和买入看跌期权构成的。然而，一个期权优先购买价结算价值的计算通常是 1 个点的美元价值乘以期权报价。这个结算价值的应用让这个交易变得不再那样具有吸引力。每份合同 0.70% 的利润似乎是没有风险的，现在却变成了每 10 万美元的面值损失 153.15 美元。盈利变成了可望而不可即的梦想。

第十三章　不动产投资组合

应用

很多大型的机构投资者都直接对不动产进行投资，还有很多这样的投资者对上市的不动产证券进行投资。这个产业部门一贯拒绝量化分析，因此传统的投资行为往往占据主导地位。

不动产通常被作为一种多样化手段，并且由于经常认为它和经济增长具有相当密切的关联，因此它被包括进投资组合里。大多数不动产投资组合都被界定在国内市场上，国家间的不动产投资组合很少见。

理论

从理论上讲，不动产和股票没有任何区别。投资者买进资产，或者买进它的股份，在享受资本收益或者损失的同时也享受一个相当稳定的收益流。不动产不同于固定收入，因为固定收入收益流是固定的，投资的最终价值从一开始就是已知的。

但是实际上，直接不动产的价格表现一点也不像股票价格，并且上市不动产的价格又与两者各不相同。由于这个缘故以及不动产投资的很多其他特殊性，投资管理人把它看成是完全不同的一个资产种类。事实上，它可以表现出多个资产种类，如商业的、产业的和农业的不动产，每个种类都和不同的经济部门相关，每个种类都有它的特殊性。

举例来说，一个大型购物中心的所有者所得到的收入直接与购物中心的收入相关，因此不动产的市场价值应当和那里的零售商运营的市场价值密切相关。有时候，同样的原则也可以适用于工厂、仓库和旅馆。但是在每一种情形中，不动产资产的收益和占有这些资产的公司的股份收益，两者之间关系的直接性往往比人们最初预期的要小得多。

对于不动产价格的表现和普通的不动产价值相差很大的原因一直存在争议。不动产价格和普通证券价值都应当反映经济体中各个部门的经济增长，而且存在两者确实一前一后涨落的时间段。但是极大程度上，这两个部门的收益之间的联系是非常微弱的。

一个可能的解释是，两个部门中占据主导作用的所有权结构上的差异导致了这种微弱的关系。直接的不动产资产往往在一个时间段上只有一个所有者，而在大多数市场上，买进和卖出这些资产的过程是复杂的和耗费时间的。由于这些原因，这些资产的买进和卖出不太频繁——通常每隔几年才有一次。这意味着该资产的市场价值很少受到观测。当然，在任何需要的时候，都可以对它的价值进行评估，但是在投标人和要约人相互竞争的环境中，这样的估价结果很难成为买方和卖方进行结算的交易价格。

实施

实施并管理一个关于直接不动产股份的投资组合和实施并管理直接证券存在较多的共同之处，而在实施和管理方法上，关于上市不动产股票的投资组合非常类似于普通的国内股票。本部分将集中讨论直接不动产的实施。

买进和卖出直接不动产的过程是复杂的，它要求一系列不同于股票、债券和衍生工具市场交易的技术。买进一宗现有的不动产和出于再开发的目的买进一片空置的土地或者一栋旧建筑之间存在着相当大的差异。

买进一栋**现有建筑**的情形很可能是这两种情形中的一种。这种过程的开始是进行研究，以便适当地获取这栋楼房。不管是自己居住还是为了投资，任何购买过房屋或者公寓的人都知道这可能要花费几个月甚至几年的时间。投资管理人首先对市场趋势进行分析并且对产业能力进行预测，其目的是确定最有可能产生最高利润的不动产类型，以及前景最好的地点。这个分析应当鉴别最有保障的不动产投资都有何种特征。在这个分析的基础上，投资管理人开始下一步工作，找到大量的候选不动产，以便进行更加详尽的研究。在这个过程中，他通常得到一个或者更多的专门研究代理机构的帮助。投资管理人会按照正常的程序对其简短名册上的每份不动产进行详尽的估价，包括与出售者及其代理人进行初步的价格商谈。在这个过程中，投资管理人有时候会缩减名册上的项目，最终选定目标不动产。

在经过大量的商谈之后，通常会对价格达成一致意见。而在交易的结算方面，不动产的出售可能会涉及某些特殊安排。它甚至可能包括一项贷款，以对销售价格的全部或者一部分提供资金支持。然后就是补充性的一些方面，如命名权，对于一栋重要的商业建筑物来说，命名权可能会占用一笔重要的资金。很多商业不动产交易还把即时控制合同和销售协议联系在一起。

一旦在价格和其他方面要求达成了协议，那么真正的过程就开始了，并且可能持续数月的时间，其时间的长短取决于该不动产权利的复杂程度以及适用于不动产交易的法律。就法律成本和代理人佣金而言，所有这些可能极其昂贵，而当交易税被包含进来的时候，全部交易的成本可能高达资产销售价格的 10%。因此，投资者往往对该资产持有相当长的时间，预期通过收入和资本收益对这些成本进行补偿。

对于一个新的开发项目，投资管理人刚开始是找到进行开发的适当地点，然后判断何种投资会在这个地点上产生出最佳的收益。找到一个地点同找到一栋现有的建筑同样复杂，而确定这个地点是最适合的开发种类，通常要求对市场和产业趋势进行广泛的研究。此外，投资管理人需要考虑一些事情，如当前的和将来的区划管理，其可能对开发批准形成官僚化障碍。

在很多情形下，只有在所提议的开发得到批准之后，才会对地点进行购买。这极大地降低了投资者的风险，但是在正常情况下，投资者需要花费掉一笔重要的资金，即卖主会为其所承担的风险和为开发准许所花费的努力而要求补偿。

一旦到这个阶段，那么剩下的就是最后确定计划，并且签署建筑楼房的合同了。需要对建筑过程保持密切的监督，以便确保成本和时间限制得到遵守。这样的话，楼房就可以像预期的那样能够盈利。任何经历过住房建设的人都知道，这个过程可能会有很大危险。大型建筑物通常更加危险，特别是如果它们处于触及当地敏感性的位置上的时候，因此政治方面的因素也需要予以考虑。

在买进现有建筑和买进一片空地或一栋旧房之间，前者承担的风险较小，在管理时间上的成本也较低。但是如果对项目管理得好的话，其潜在收益是非常具有吸引力的。

衍生工具的使用

一般来说，**交易所交易**的衍生工具在不动产投资组合的管理中只能起到很小的作用。不动产和与不动产有关的资产实际上是不存在交易所特征和选择性期权的，因为不动产转手的价格通常是不予公布的。因此，不起作用的衍生工具合约往往是柜台交易。

大量的方法可以用来管理直接不动产投资中的风险。举例来说，在出于购买的目的而寻找不动产时，投资管理人可能购买期权，以便购买各种各样的不动产。这可以提供一种保险，以防目标不动产的价格在漫长的调查阶段（通常是漫长的）突然暴涨，因此它向投资者提供了足够的时间，以便后者进行彻底的调查研究，而不至于为避免迟入一个升值的市场而匆忙购买。

在不动产的开发中，投资管理人可以在建筑或者开发合同中加入期权，以防成本和时间超出限度。这有助于保障不动产产生出预期的利润。

一旦不动产开始运作并且赢得收入，生产管理人就可以使用大量衍生工具类型的合约，以便将他们的收益最大化，并对风险进行控制。这些合约的目的通常是保障稳定的租金收入，或者增加一个具有吸引力的销售价格的可能性。

举例来说，商业化租赁经常包括关于最短租赁期限的协议。这些租赁可以通过这样一个协议加以实施，即在有吸引力的租金价位上延长租赁时间。很多业主确实通过提供有吸引力的租金比例以延长租赁的期限。显而易见的是，投资管理人提供此类条款的意愿取决于他对不动产未来潜在租金的估价，但是拥有稍低却稳定的租金收入通常比潜在较高但不稳定的收入更有价值。因此，投资者实际上是买进了不动产未来收入的期权。

投资管理人还有可能同意以有可能产生具有吸引力的收益的价位买进不动产的期权。如果不动产价值升高超过了那个价位，那么持有期权的买主就可以行使他的期权，而投资管理人虽然丧失了更有吸引力的收益，但却获得了他的目标收益，外加为同意这项期权而收到的费用。如果不动产价值未能达到行使期权的价位，那么买主将放弃期权。投资管理人未能从不动产上获得所预期的资本收益，但是他至少以收到期权费用的形式获得了部分补偿。

衍生工具帮助投资管理人管理不动产风险与收益的另外一种方式是通过掉期进行的。单就它们可以减少交易成本而言，这些方式可以是非常有用的。举例来说，一个持有大型办公楼的投资管理人可能注意到，经济预测正在显示未来的较好收益来自郊区的大型购物中心。他不会不惜血本地卖掉办公楼，然后去寻找并买进或者建筑一个大型购物中心，而是有可能简单地同意把办公楼的收入流和大型购物中心的收入流进行交换。当然，要做到这一点，有必要找到另外一个愿意用大型购物中心的收入流交换办公楼收入流的投资者。除了节省交易成本之外，这个掉期协议还有其他的一些好处。例如，可以对它的成熟性量身定制，以严格符合投资者的预测，或者还可以加入对两处不动产资本收益的一些评估。在掉期期满时，每位投资者恢复到最初的、现货的投资的收入流上。

即时控制

关于实施的问题，对上市不动产资产投资的管理非常雷同于关于股票的投资组合，因此本部分将集中讨论这样一些明确的问题，即怎样管理持有直接不动产股份的投资组合。

大多数投资管理人都雇用职业管理人对不动产资产进行日常管理。这种日常管理通常包括常规维护、清洁、保险、处理承租人、地方政府和其他有关利益方提出的要求。通过雇用职业管理人，投资管理人可以有闲暇时间留意策略性的事务，如估价一项可以替代该不动产的投资等。

需要进行管理的风险是要保障租金收入的延续，并且让不动产潜在的资本收益能力最大化。这些问题当然是相互关联的：不动产越有吸引力，人们就越会支付更多的租金去占有它，其转售的潜力就会越大。但是在当地经济增长非常缓慢的时期，即使是最具有吸引力的建筑在吸引高价承租人时也会遇到麻烦。

很多投资管理人购买保险或者期权，以使自己对抗闲置时间延长的事件，但是此类保险可能会是非常昂贵的，只能补偿有限的阶段，对于一个好的管理和结构完善的租赁协议来说，它不是一个很好的替代方式。

把建筑物价值最大化也具有根本性的重要意义。对于潜在的买主来说，一栋维修得很好、管理得很好的建筑比一栋管理很差、维修也很差的建筑更具有吸引力，这是自然而然的一件事情。但是外部因素也可能对投资的价值产生影响，这些因素包括附近一些开发项目的类型、当地交通和福利生活设施的有无与质量等。对于一项重要的投资来说，投资管理人需要关注当地的开发情况及其对环境的敏感程度，以保证当地的环境持续有利于投资者的利益。不动产管理在这一方面的成功不只要求在管理上花费大量的时间和精力，而且还将从专家的经验中获得巨大的收益。

业务管理

在直接不动产所有权的购买、开发和出售中，对业务管理的要求一般是非常繁杂的。需要进行的具体工作取决于不动产的性质和适用于不动产交易和开发活动的当地法律要求。

正常情况下，持有不动产期间的即时控制被包括在关于建筑物的管理合同中，投资管理人只起到监督的作用。

评估

对直接不动产所有权的估价是这种类型投资中最为困难的。对于投资组合中其他的组成部分，如普通股票、债券、衍生工具和上市不动产投资，都可以通过运用该资产在最近交易中的已知价格进行估价。但是对于最近没有进行过交易的直接不动产来说，这种方法通常是不太可能的。要想知道投资的价值如何，投资管理人必须进行一定种类的评估。

由于对不动产的评估直接影响报告给投资者的投资回报，因此投资管理人可能会乐于过高地评估投资的价值。为了避免潜在的评估错误，很多投资者都坚持对投资进行独立估价。

估价直接不动产投资的过程有很多步骤，其设计目的是为尽可能精确地评估一项不动产在某个时间点上能够实际卖出的价格。估价者首先对不动产以及该不动产涉及的活动进行非常详尽的描述，这种描述包括关于建筑物状态的大量细节，包括被判断为必要的或者预期的任何维修。该报告还概述该建筑物的当前租金和其他收入，以及可能影响收入流持续状态的任何合同性协议。

估价的下一个步骤集中在类似不动产的市场上。估价者对目标不动产附近建筑物以及更广泛的地理范围内类似建筑物最近的销售情况进行研究。通过这种研究，对同一地理位置上类似建筑物进行某种基准市场价格的评估，并且根据目标不动产的具体特征进行调整。大多数估价都力争科学，但是最终结果难免受到人为判断的影响。

拥有一个独立估价者的好处是，从理论上讲，该估价者和该估价没有任何利害关系，因此他的估价保持公正的可能性较大，至少估价太高或者估价太低的机会是均等的。它的缺点是此类评估既费时间又费资金。为了减少成本，投资管理人可能会在利益的诱使下，雇用同一个估价者进行连续估价，甚至减少估价的次数，或者在雇用同一个估价者的同时减少估价的次数。雇用同一个估价者进行每一项估价，这可以降低成本，因为该估价者已经熟悉该不动产及其周围的环境，但是随着时间的流逝，可能会危及评估的独立性，因为估价人对利益各方的熟悉程度增加了。

估价的频率可以对投资组合的业绩产生重要的影响，这一点将在下一部分得到证明。

业绩测量与定性分析

由于对直接不动产投资的估价是建立在猜测的基础之上的，因此对投资组合收益的测量就更加缺少精确性。对于其他投资组合来说，收益是投资组合在一个期限结束的价值除以投资组合在这个期限开始时的价值再减去 1。现金流进、流出投资组合的收益周期被分割成亚周期。对每个亚周期的收益进行计算，其结果混合在一起，就得出了总体收益。

对股票、债券、衍生工具和上市不动产资产的典型做法是至少每个月估价一次，有时候是每天估价一次。估价直接不动产的频率却少得多。对它的投资在固定的时间间隔内经常不予估价。在详尽的独立估价之间，不动产一般被假定为持有其名义上的价值，或者为适应不动产总体市场上的波动而设计出某种因数，根据这种因数对名义上的价值进行核算。

表 13-1 和图 13-1 说明了在不同的时间间隔内扭曲估价效果的潜在可能性。1999 年 1%的收益差异掩盖了一起一落的事实，而机会主义的估价甚至掩盖了更大的波动性。

表 13-1　评估的具体情况　　　　　　　　　　　　　单位：%

截止下面日期 6 个月内的 半年度收益	投资组合	基准	差异
1996 年 6 月 30 日	2.11	−6.26	8.37
1996 年 12 月 31 日	16.49	8.71	7.78
1997 年 6 月 30 日	28.32	9.33	18.99
1997 年 12 月 31 日	10.34	2.03	8.31
1998 年 6 月 30 日	−15.62	0.39	−16.01
1998 年 12 月 31 日	2.47	9.73	−7.26
1999 年 6 月 30 日	−3.61	−8.91	5.30
1999 年 12 月 31 日	−3.90	−0.52	−3.38
2000 年 6 月 30 日	5.41	3.81	1.60
2000 年 12 月 31 日	11.54	4.98	6.56
截止下面日期 12 个月内的 年度收益	投资组合	基准	差异
1996 年 12 月 31 日	18.95	1.90	17.05
1997 年 12 月 31 日	41.59	11.55	30.04
1998 年 12 月 31 日	−13.54	10.16	−23.70
1999 年 12 月 31 日	−10.84	−11.98	1.14
2000 年 12 月 31 日	17.57	8.98	8.59
截止下面日期的期限内基于 机会主义评估的收益	投资组合	基准	差异
1996 年 10 月 31 日	31.58	0.38	31.20
1998 年 2 月 28 日	28.00	21.44	6.56
1999 年 1 月 31 日	−10.42	2.39	−12.81
2000 年 11 月 30 日	3.49	−7.03	10.52

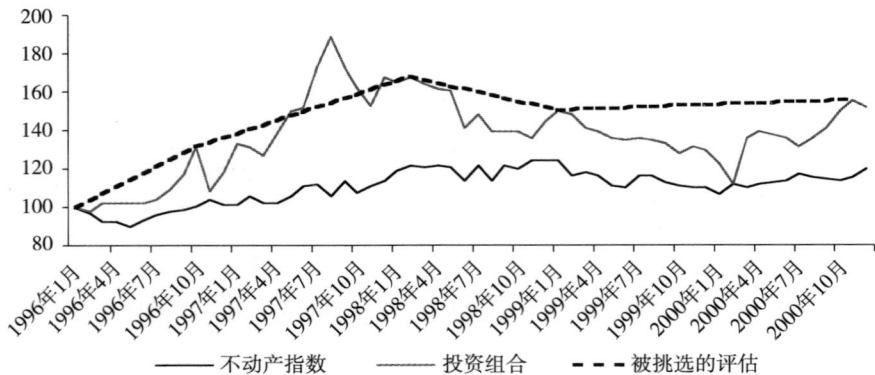

图 13-1　评估的频率

资料来源：IDC.

隐患

直接不动产投资中的危险原则上类似于风险资产中任何其他投资的相关风险。也就是说，不精确的预测导致令人失望或者是消极的回报。直接不动产的差异是缺少有关市场价格的信息，实施的时间和成本为不精确预测留下了更大的空间，特别是当投资是一项开发或者再开发项目的时候。而改变进程的代价是巨大的，而且可能是惨重的。

进程变动包括，由于已经察觉到地方经济放缓，所以在项目完成之前对成本进行削减。这种削减取决于经济持续放缓的时间，而其可能导致的结果是，当需求回升时，已经投入生产的项目却因为削减成本而不合规格。这样的一个项目存在着永远也不能实现其投资目标的风险，这完全是因为其不是按照初始的规格建造的。因此，一个设计得很好的项目最终可能是令人失望的。

另一个极端也是代价很大的。存在大量这样的事例：在一个设施不完善的地点，投入巨大成本开发并精心建造办公联合体和旅游设施，这要求该项目产出足够的收入来满足投资者的要求。

对当地敏感性的错误解释可以让一个设想很好的项目导致错误的结果。有时候，成功与失败之间的差别就取决于以下方面的努力程度：向利益各方表明开发给他们带来的益处，并且倾听和理解他们关心的问题。

一项不适当的再评估政策可以影响报告给投资者的投资回报。过于频繁的再评估代价是很大的，而且随着时间的流逝，可以变得不那么具有独立性和不那么严格。如果不经常进行再评估，那么将导致投资组合总体收益上的偏见。如果不动产是份额信托或者共同基金的一个组成部分，则就更加危险，因为投资者们经常对份额资产进行买进和卖出。

案例研究

不妨设想一个在某个自然风景很美的地区进行的与旅游相关的大型开发项目。正常情况下，这样的一个开发项目将显示出巨大的利益和资本收益潜力，但是在刚开始时出现了几个错误评估。投资者是一家大型的、地位稳固的社团养老金基金会，它的投资涉及国内和国际上的好几个部门，既有上市的资产，也有未上市的资产。

第一个错误评估是计划在该地区建立一个娱乐场。建立娱乐场的这个想法当然是为了向投资者和政府提供更高的收益，而不是单纯地建立一个场所。当地的法规限制娱乐场许可证书的发放，但是这个项目得到了一个许诺，即可以得到该证书；这个事实被看成是对该项目的一个重要利益。

第二个错误评估是该项目的设计，特别是它的规模。由于渴望充分利用娱乐场许可证书，这个项目被设计得比该地区的其他旅游设施都大得多。当地的居民们表示了他们的关切，认为这样巨大的一个开发项目与现存的结构不协调，会对环境造成潜在的破坏，而这种环境是他们很多人维持生计的来源。此外，对于拥有一个娱乐场，尤其是这样巨大的一个娱乐场，他们缺乏信心，因为他们认为这可能会影响到当地村庄友好、轻松的气氛，他们认为这种气氛增添了对游客的吸引力。

现有旅游场所的业主们感到不高兴，因为一个庞大的新的竞争者将会在饮食和住宿方面截留他们的收入，从而潜在地削弱他们的势力。

项目正在建设，但是比计划的规模稍小一点。完成这个项目所花费的时间比计划所用时间长得多，成本也大得多。对当地做出的各种各样的让步、低于预期的占用率（由于公众对这个项目的反对意见以及所收取的高昂住宿费用）、高于预期的运作成本，所有这些都导致了低于预测结果的运营利润。

投资者们曾经计划每年对这项不动产进行一次再估价，以便将其用于与其他直接不动产投资上的政策保持一致。但是在该项目竣工一年后，独立估价的结果是该项目的价值低于它的成本。接下来，地区旅游业的一次放缓导致了该项目在接下来的一年中出现负收益。养老金基金会的成员们变得不耐烦了。

投资者们感到了压力，他们必须迅速地做些什么。最适宜的做法是不再频繁地进行评估，因此它采用了一个3年估价一次的周期。碰巧的是，这个地区的旅游业又开始回升了。和该项目上一次名义评估时的价值相比，其现在的业绩严重不如其他地方的类似项目。

现在的压力是卖掉这份不动产，最好的理由是释放资金，然后把它投资到其他更有前途的风险投资中去。但是问题在于，对于如此庞大的一个投资来说，短时期内找不到大量有潜力的买主。投资者采取了一个温和的革新方案，即把这份不动产转变成一份信托不动产，让它在证券市场上上市。这个过程一般需要几个月的时间，而相比之下，这份不动产的直接销售可能需要一年或者更长的时间。这个方案还有另外一个好处，即可以部分地出售这份不动产，而投资者仍然保留它的部分利益，任由它所具有的潜力自行发展。从更长的期限来看，它肯定会带来回报的。

于是一个信托组织便形成了，由最初的投资者拥有其所有的股份。接着，这些股份被放到证券市场上，它的价格暗示该项目的评估高于它的总成本。换句话说，投资者准备卖掉这些股份的价格将保证这个总体项目能够盈利。问题出在很难有人愿意在这个价位上购买它的股份，因此大部分股份还放在原始投资者那里。事情变得越来越紧迫，但是投资者不愿意在遭受损失的情况下出售这些股份，因为这将向其他投资者表明他的一个重大失败，结果会对他的声誉造成损毁。

该项不动产在投资组合中仍被归类为不动产，它成了不动产部门总体收益的一个醒目的阻碍。有一个办法可以解决这个问题，那就是把这项投资作为证券进行重新分类，把它放入该基金会中比不动产大得多的证券部门，这样一来它的冲击力就变得不那么引人注目了。这会让证券管理人感到不快，因为它将拖投资收益的后腿，会对他的业绩，进而对他的声誉和报酬造成不良的影响。

争执随之发生了，这项不动产在不同的部门之间被推来推去，股份也在市场上被逐渐卖掉。最后，它在一个致力于"另类投资"的部门里成为了精髓。通常认为，这个部门是从事长期盈利的，不需要在短时期内产生出具有竞争力的收益。

从这个例子中可以看到，拙劣的计划、对估价的时间设定和对原始投资策略的背离是如何改变一项本来很有潜力的投资，把它变得前途黯淡的。

第十四章　市场中立（对冲）投资组合与其他另类投资种类

在阅读本章之前，建议不熟悉期权理论和市场的读者先读一读附录5，这一章是专为期权而设的。

可以认为对冲基金和市场中立基金是被称为另类投资种类的投资对象。这些投资种类已经存在很长时间，但只是在最近几年里才受到广泛的关注。这很可能是由于它们在上一个十年里经历了快速增长，某些投资收到了可观的回报，它们的持有者和管理人赢得了可观利润，这些因素也是人们留意它的原因之一。

另类投资基金之所以能够增长，是由于它们能够满足非传统投资的需求，这些投资对养老基金、份额信托和共同基金中的传统投资起到了辅助作用。

另类投资基金的特点

在投资方法上，对冲基金和其他另类投资基金的结构比任何其他共同因素都更有特色。它们大都在美国运作，但是却在欧洲变得越来越受欢迎。另类投资基金的特征如下所述：

- 高风险，有举债经营的可能性。
- 寻求绝对的收益，以现金为基准。
- 专家、小商店式的投资管理人。
- 适合于财力雄厚的个体投资者。
- 巨大的最小投资限额。
- 最大化的资金规模。
- 基于业绩的管理酬金。

第一批另类投资基金是由**小商店式的投资管理人**兴起的，它们是专门为管理投资而设立的一些投资管理公司。这些投资管理公司共享一些明确界定的投资策略，而这些策略则运用一些明确指定的工具，如衍生工具或者未上市的投资。

典型的做法是，它们保证一个巨大的最小投资限额：从50万~1000万美元的任何东西。确定巨大的最小投资限额之所以对投资管理人具有吸引力，是出于两个主要原因。第一个原因是，它能够吸引已经体验过其他投资因而更有可能欣赏非传统的投资策略的顾客们。这些顾客也更有可能有能力忍受收益的高波动性，因为他们拥有其他一些较为稳定的投资，这些稳定的投资可以提供必要的缓冲。

对于这些专为财力雄厚的个体投资者们服务的投资管理人来说，它的另外一个原因是，那些个体投资者们愿意支付合乎情理的高额酬金，但是业务经营和行政管理的成本却是一样的，而且他们的账户管理并不比小数额投资更为复杂或者成本更高。

大多数基金还规定了某种最低投资期限，通常最短时间为一年，其随后用于退股的通知期限相当漫长。这些限制允许投资管理人维持最小的流动资金结余，因此在大部分时间里都让资金保持在充分投资的状态。

一个普遍的做法是，另类投资基金为资金规定了一个最大的规模，超过这个规模的任何进一步投资都不予接受。这种做法认可了这样一种认识：在最好的机会消失之前，最成功的风险投资策略适宜于有限的风险投资。就风险投资管理人而言，它还显示了非凡的成功，从而潜在地为基金获得了更多的收益。

另类投资管理人比传统基金管理人更有可能获得基于业绩的酬金：投资者按照高于某种基准或者最低业绩的标准，对该基金的业绩按份合计，向管理人支付定期的管理酬金。典型的做法是，定期酬金将是每年投资资金的 1%～2%，另外加上收益的 10%～20%。在其他基金中投资的基金（基金的基金）可能还要支付一笔额外的律师费用，如果属于这种情形，那么管理酬金就会取其最低值，一般是 1% 和 10%。

另类投资基金允许在它们的基金中进行举债经营，允许它们用多于投资者给予的全部货币进行投资，这种事情并不稀奇。这等同于借钱增加所投资基金的名义价值。大多数传统的投资基金都不允许这样做。重要的是需要记住，这不是另类投资基金的本质特征，也不是它们中的每一个都能够这样做，而有些不属于另类的投资基金也能够这样做，而且也确实利用举债经营，把其作为它们投资策略的一部分。

大多数地方都让另类投资基金隶属于和传统基金一样的规章制度和详细审查，这些另类基金有责任遵守其交易所在的交易所提出的任何交易规则和报告规则。在这一方面，它们和传统基金没有什么区别。

传统管理人为了分享另类投资部门持续增长的前景，于是建立起另类投资的分支机构，而且他们还从另类投资管理人那里借鉴某些更加成功的策略。由于这个缘故，另类和传统之间的显著区别变得更加模糊。

应用

另类投资基金最初是为财力雄厚的个人投资者而设计的高收益投资，目的是扩大他们传统投资的投资组合。另类投资基金可以参与高风险、高收益的投资机会，而一些人认为，这种机会对于较为不愿承担风险的投资者和传统投资的投资组合来说是不合适的。因此，它们被设计为传统投资的投资组合的一个补充，而不是它的一个替代。

随着这些基金的成功引起大量投资者的注意，于是对它们的需求也开始不再只来自它们最初的客户。由于很多投资者无权获得另类投资基金所要求的最小投资量，因此就产生了这样一种要求，即通过另外某种方式赢得它们所提供的回报。一种方式是建立基金的基金，在这种方式中，投资者购进一个基金的份额，而这个基金是由其他基金的份额构成的。另一种方式是由传统投资产品的提供者们，如共同基金和份额信托，在它们结余的投资组合中包括进一些另类投资组合。通过这种办法，普通投资者们也可以得到以前只有财力雄厚的投资者才能享受到的传统与另类的结余。

很多大型的基金都喜欢在利用另类投资的同时，还消极地利用传统资产管理，把它们形成一种核心—外围结构。如果处理得当，这种方法可以产生一个精明的投资混合，它的收益令人心动，总体的管理费用却较低。可以对核心和外围的混合进行调整，以便产生所需的收益和风险预测。

很多投资管理人都提供传统投资和另类的混合投资组合。对于传统投资，他们亲自进行经营，而对于另类，它们则被承包给专门的管理人。其他一些投资管理人也提供类似的混合形式，两种形式的投资都在一个机构下面进行经营，但是投资"团队"之间独立的程度各有不同，这种程度各异的独立反映了投资政策之间的显著区别。

理论

设计另类投资的目的是对传统投资进行补充而不是替代，因此它们所提供的风险和收益具有另类特征，这是十分重要的。换句话说，它们应当充分利用与传统资产种类投资较少联系的投资机会。这些投资的"另类特征"一眼就能从所选资产上看出来，如直接的普通股、风险资本和商品衍生工具，而投资于上市资产的另类投资基金经常大致抵消买入和售出风险投资，排除掉了在传统风险投资中占据主导地位的市场风险和收益。

通过测量另类投资基金和传统基金两者的收益同传统基金或者传统资产类别之间的关联，可以对另类投资基金和传统基金之间的关系进行量化。如果关联性强，如超过了 0.3，或者关联性弱，如低于 -0.3，那么这项投资就纯粹是添加或者抵消传统投资的风险，而不是为了充分利用完全不同的投资机会。投资者可以简单调整传统的风险投资和无风险资产的混合形式，或者对期货或者对掉期进行对冲，从而获得类似的结果。

另类投资策略

根据它们的定义，另类投资基金所运用的策略存在着很大的差异。尽管任何分类都伴随着严厉的安全警告，但是所遵循的策略都可以被描述成下述内容的某一种：

- 在上市资产中的投资。
- 在未上市资产中的投资。
- 在其他基金或者基金的基金中的投资。

此外，还有一些基金会参与到由这些种类中的一个或者多个组成的混合体，这是不可避免的事情。

上市资产

上市资产可以包括在证券交易所上市的普通股票、期货和优先认购合约，以及定息和货币衍生工具、在交易所进行交易的实物期货商品、商品衍生工具和在交易所进行交易的现货的定息资产。

利用上市资产的策略大致分为下面两个类型：

- 相对价值，包括如下策略：
  * 多头与空头。
  * 市场中立。
  * 可转换的对冲。
  * 波动性交易。
  * 商品期货与自由期货。
  * 熊市基金。
- 事件驱动，包括如下策略：
  * 交易套汇。

随后是对每种策略的简短描述。

相对价值

相对价值策略对资产之间的关系进行考察，以便计算它们理论价格之间的差异。在这个理论价格关系被量化的同时，管理人对市场价格进行监控，以便鉴别有异于理论价格的市场价格差异。接着，对资产折现能力的分析显示是否存在对显而易见的错误定价进行利用的机会。

投资管理人可以根据自己的判断和想象对资产的种类进行比较，不过它们可能包括具有某种共同特征的普通股票投资组合，如参与类似的混合业务。举例来说，投资管理人可能对两家银行的业务进行比较，从而得出结论，认为两家银行之间仅有的重要区别是其债券投资组合的存续期。于是他就能够很容易地为任何指定的利率价格计算出存续期差异。如果两家银行的股票在市场价格上的差异明显地大于或者小于理论差异，那么投资管理人就买进廉价银行的股份，同时卖空较贵银行的股份。由于知道**合理价格**的差异是多少，所以当市场价格汇合到它们合理的价格差异时，管理人就会逆转这个交易。如果最初的分析是准确的，那么不管这两家银行股份最终的绝对价值如何，这个策略都会产生利润。在实践中，很多相对价值策略都充分利用衍生工具之间的错误定价，或者充分利用衍生工具和相关实物资产之间的错误定价。

多头与空头

多头与空头是经典的相对价值策略。在这种策略中，资产的买入（**多头**）头寸与售出（**空头**）头寸密切匹配，在理论上让风险资产处于一个总体的零风险中。由于是管理人对予以分析比较的关系进行界定，所以对于什么内容构成资产之间的对比，并没有固定的规则。上面的例子描述了在同一个市场里进行交易的两家银行，但是在实践中，跨越边界的经营很可能会更有成效。举例来说，对美国的两家医药公司进行比较，不太可能凸显出任何可以产出利润的错误定价，因为即使是最初步的分析，它们之间的比较结果也是显而易见的。而很多投资者都可能利用这个策略，包括只限于美国国内的共同基金和养老金计划。而相比之下，用美国的一家医药公司和瑞士的一家医药公司进行比较，就可能有意思得多，这不仅是因为由主导货币产生出的复杂性，而且还因为只限于美国国内或者瑞士国内的投资者们无法利用这一策略。

市场中立

市场中立是多头与空头策略的一个子集。它们所适用的原则是一样的，但是市场中立策略被应用在市场内部，因此理论上不存在对每个市场的风险。投资管理人可以自由界定正在讨论中的市场。

可转换的对冲

可转换的对冲对于一只股票来说一般是明确指定的。经典的交易是，投资管理人指出相对于普通股票而被定价过低的**兑换券**或者**可转换债券**。利用这种策略的最简单办法是，买进该兑换券或者可转换债券，同时卖空普通股票。在一个兑换券的情形中，作为结果的头寸是一个多头的看涨期权；或者在可转换债券的情形中，是关于普通股票的多头期货头寸。投资管理人可以决定以卖出作为结果的综合衍生工具，从而提高该策略的价值。要实现该交易的这一部分可能是需要技巧的，因为它通常需要柜台交易，而且无法确定是否能够在具有吸引力的价位上找到买主。由于这个原因，很多管理人将衍生工具放在一边，希望从它们的价格增长中受益；或者作为一种选择，他们可以卖空一个小数量的普通股票，复制一个售出看涨期权。

波动性交易

通常不认为这是一种相对价值策略，但是从所有重要的方面来看，它的确又是。在这种策略的运用中，投资管理人不是在市场内部或者市场之间分析和比较资产的相对价格，而是对单一资产在交易所交易的期权价格进行分析，通常是根据**隐含的波动性**。在最简单的波动性交易运用中，投资管理人卖掉高价的期权，同时买进低价的期权。创建头寸时必须十分小心，力求尽可能少的遗留，而其方法则是承受基础资产价格变动的风险。如果头寸创建并且经营得很好，那么这种交易可以产生纯粹的无风险利润，这意味着不管主要资产的价格发生什么变化，或者无论交易所在的市场发生什么事件，它都能产生积极的结果。

波动性交易稍微复杂的一种形式是对各种资产期权隐含波动性的长期水平进行分析。当一个期权系列在一个过高或者过低的隐含波动性上进行交易时，期权就被卖出或者买进，或者通过关于基础资产的其他期权或者通过资产本身，对头寸进行动态对冲。动态对冲所采用的原则同于投资组合保护，它要求相当程度的判断和分析，执行和经营时的风险可能会很大。因此，投资管理人将只在错误定价大到足够补偿风险的时候才会接受这个头寸。

商品期货与自由期货

这些基金在创建投资组合时经常运用某种相对价值原理。自然地，有数百种方法可以评估一种商品或者远期交易合约相对于另外一种的价值。相当流行的一个技术是，鉴别长期关系，如黄金价格和白银价格之间的关系，棉花价格和羊毛价格之间的关系，或者降雨量与旅馆和旅游场所股票价格之间的关系。当从它们长期的差异中得到实际上的价格差异时，投资管理人就买进价格较低的一种，卖出价格较高的一种，并预期价格会恢复到它们的长期关系中，这种过程被称为**回落**。

大多数利用这种策略的投资管理人都对关系的正确性进行大量的调查研究。毫不令人感到奇怪的是，长期价格差异的巨大与否取决于所分析时间期限的长短，因此在多种时间段里对用来计算这种价格差异的模型进行测试具有重要意义。另外，价格差异恢复到它们的长期关系之中的速度也可能各有不同，因此还必须对影响这一过程的力量进行调查研究。

一些商品基金更多地依赖于对商品价格的简单预测。宏观经济变量或者其他经济事件可能会对所认识的关系起到驱动作用，而管理人则经常运用综合的模型方法，以便产生出预测结果。依赖于对基金的托管权，管理人可能会运用资本配比或者举债经营，以便增加对预测结果的收益，他或者是通过借钱买进更多的商品，或者是通过运用衍生工具合约。衍生工具可以在没有向市场拆借或者没有向银行贷款等经营因素的情况下，被用来获得杠杆作用。管理人只是简单地买进综合面值大于基金总体价值的商品或者其他期货或者期权合约，如表14-1所示。

表14-1　通过借款和买入期货头寸进行的举债

借款		期货	
基金的价值（美元）	100	流动中的基金价值（美元）	100
借入的数量（美元）	25	风险资产中的期货（美元）	125
风险资产中的所有投资（美元）	125	风险资产中的所有投资（美元）	125
基金举债的百分比（%）	25	基金举债的百分比（%）	25

基金中的投资数额是100美元，但却买进了面值为125美元的远期交易合约，举债率为25%。这种情况类似于其借入25美元以便买进价值125美元的现货投资。

熊市基金

熊市基金运用一种专为从跌落的市场中赢得利润而设计的简单策略。实物资产被投资在短期的有息证券上，为一个或者多个市场上欠缺的期货合约头寸提供**担保**。如果市场下跌，那么它从中受益，如果市场增值，那么它遭受损失。熊市基金有各种各样，这取决于卖空市场的数量和种类，以及允许存在多大的资本配比。举例来说，被卖空的期货面值可以被限制在该基金中现货投资的价值上，或者可以允许该基金卖出更多，从而导致更多的风险。如果这个策略能够盈利的话，那么它将产生更大的收益。

相对价值策略通常意味着总体上对风险资产的零风险机会。在实践中，每笔交易经常都会存在一个残留风险，但是如果基金被经营得很好，那么这些残留风险数额应当很小，并且由于它们本质上是随机的，所以在投资组合的水平上应当多样化。这些策略有时候还被称为**纯粹阿尔法策略**。这个名称来自资本资产定价模型中的 α 系数。一个"纯粹阿尔法"策略意味着和"β"或者市场相关的部分回报已经被相互抵消的多头和空头排除掉，只留下了 α 系数，而这个 α 系数就是资产被过低或者过高定价的数额。

事件驱动

事件驱动，如**套汇交易**，实际上是另外一种类型的多头与空头并用的策略。它的重要区别在于它们推测哪些即将到来的市场事件会导致一组资产中现存的价格关系发生改变，即使是资产当前没有被过高或者过低地定价，管理人也像赌博似地坚信它们很快就会发生这种情况，并且在多头和空头的情况下卖出，以便充分利用将要到来的事件。此类事件的常见例子有合并和接管、规章制度的改变以及市场中其他结构性的变化。

通常的理解是，在导致接管的一个投票中，目标公司的股票价格会上涨，有时候这种上涨会是戏剧性的。之所以发生这种情形，有两个原因：第一个原因是在一开始时它的股票就被定价过低了，这可能也是获得方想要获得它的原因；第二个原因是获取方公司经常需要支付高于市场价格的一笔额外费用，以便保护一份受到控制的收益。一方面，大量的学术研究给出广泛的证据：合并后的实体其价格在业绩上经常差于类似的资产；另一方面，人们期望合并的成本能够带来盈利能力，而结果证明，计划中的合并优势不如预期的那样有利。价格相对性的这种模型就是驱动套汇交易的因素。但是由于很多有争议的合并和兼并会在最后一分钟取消，所以套汇交易可能会是风险很大的一种业务，即使是最精心的计划和分析，有时仍会导致损失。

其他一些事件驱动策略依赖于某个产业的规章制度的变革，或者一个市场/产业中某种结构上的其他主要变化。在航空和电信产业里，这种活动近些年来特别重要。有时候，将要开始的变革所产生的冲击力几乎是令人难以理解的，更不用说对它进行量化了。这种情形另外加上预期变革没有发生或者以另外一种方式加以实施的可能性，可能对策略产生相当大的风险。一般来说，投资管理人在承担事件驱动策略的风险时，要求得到重要的潜在报酬——这取决于每个情形中被估测到的风险。

由于大多数相对价值和事件驱动基金对风险资产的风险都接近于零，并且驱使着其他资产种类的力量通常不会对它造成影响，所以它们和传统投资的关联性很弱，这使得它们成为结余资金或者核心—外围策略的一个具有吸引力的来源。而熊市基金是一个例外，它们是传统投资的镜像。因为它们实际上抵偿了市场风险，所以它们不是传统投资组合或者核心—外围策略的多样化。

未上市的资产

以未上市资产为基础的另类投资可以包括下述内容：

■ 私人普通股票。

＊回购。

＊风险资本。

＊重组。

■ 私人债券。

■ 直接不动产。

＊农业。

＊森林。

＊基础设施。

大多数选择性的未上市投资通常都包含一个对实物资产的买入头寸，而没有任何复杂的衍生工具策略或者货币对冲措施，从这一点上看它们类似于传统的投资，但是它们在高风险和潜在的高收益上又有别于传统投资。举例来说，风险资本通常意味着在公司发展的早期对公司进行投资，这时还远远不能确定这家公司是不是能够生存下来，更不用说其是否能够产生具有吸引力的投资收益了。类似地，并购也可能是风险很大的事件，而对投资者的潜在收益则是对这种风险的反映。

在对风险企业或者项目进行投资之后，另类投资基金持有它的投资，直到投资的成功得到进一步的保证，这时基金可以把这些资产卖掉，赢得很大的利润。于是投资者从投资的增长中获得利润，把它作为较低风险的投资重新评定等级。

除了项目本身固有的风险之外，未上市资产还存在着在不同程度上对上市资产产生影响的大量风险。其主要原因是难以对未上市的投资进行套期保值。当然，货币风险和收益率风险这一类事情如果可以计量的话，那么也就可以进行对冲，但是其代价也是很大的，而且只能提供部分抵偿。

由于没有上市，所以就无法对这些资产进行卖空处理，因此投资者被限制在买进并且持有这些投资上。相关衍生工具的缺乏又是它的另外一个局限。

如果投资管理人出于某种原因希望早些放弃投资，那么结果可能是非常令人失望的，因为可能找到潜在的买主，而那些可以被认定为买主的人则可能会要求一个具有吸引力的价格，以承担遗留在资产中的风险。

不过，成功的风险投资可以产生出令人难忘的结果，特别是当这种成功导致资产在证券交易所上市的时候。如果发生这种情形，那么和未上市相关联的风险就会马上消失，于是投资管理人可以或者把这项投资和某种相对价值策略混合在一起，或者把它卖掉并折现成资金，以便在新的风险企业上进行投资。

在项目的开发中，投资管理人密切监控没有经验的公司，或者对项目进行管理，从而对单个项目的风险进行控制。这个层次上的风险控制只能在就事论事的基础上予以应用，因此每个风险企业或者项目都有自己的特殊性和风险控制标准。

在投资组合的层次上，风险控制可以得到更加系统的管理，而影响它的方法通常是多样化的。做到这一点的方法是寻求某家其业务跨越不同的产业和市场的风险企业，理想的状态是处于不同的成熟阶段，这样的话可以避免对新基金需求量的急剧增加，同时用成熟的风险投资为新基金提供资金服务。

基金的基金

顾名思义，它们是在其他基金里持有重要投资的基金。它们经常和**管理人的管理人**形成投资组合。这两者之间的区别是，基金的基金的投资是买进其他投资管理人提供的基金的份额，而管理人的管理人则是让经营投资组合的投资管理人从事定制的托管。因此，管理人的管理人在设计托管和雇用投资管理人并在投资管理人之间进行分配时拥有灵活性，而基金的基金则没有这种灵活性。基金的基金和管理人的管理人向这样的个体投资者们提供服务，即要求跨越另类管理人的多样化，但是不希望进行每个基金所要求的最小投资限额。

这两者之间的差异并不大，所以两种类型的投资可以一起作为基金的基金进行讨论。

基金的基金管理人的作用是设计总体投资策略。正常情况下，这种策略界定了基金将进行投资的另类类型，例如，专门投资在国内市场的市场中立基金中，或者包容大范围的未上市投资。于是，基金管理人对所有声称自己在该类型投资上具有专长的另类管理人进行仔细审查，并把资金分配给被认为最有可能产生最佳效益的那些人。

基金的基金当然可以把另类混合在一起，并且允许自己在合适的时候改变策略。

利用基金的基金而不是直接投资在一个或者多个另类投资基金上，这给个体投资者带来许多益处。它们包括：

■ 基金的基金管理人负责基金评估，寻找出最有可能为投资策略产生出最佳效益的基金。这个过程通常要求对每个基金的收益、投资策略进行详细的分析，通常包括个体投资。

■ 由基金的基金管理人进行投资组合创建。这是在所选择的基金之间进行分配，以便在给定的风险水平上产生出尽可能好的预期收益。它试图利用个体基金在方法上的差异，以获得适当水平的多样化，而这种多样化可能是投资者们无法得到的。

■ 对个体基金投资的详尽考察是基金的基金管理人的一个重要职能。这种职能保证了该基金和其所宣布的投资策略保持一致，并且因此保证了将全部资金用于投资者预期该基金进行的事情。

■ 可以获得大量投资机会，以便进一步多样化。

■ 横跨多个或者很多个基金的多样化方式降低了管理人风险。这样一来，即使是一个或者多个个体投资管理人未能实现其目标，基金的基金也能达到目的。

■ 基金的基金管理人可以利用它的规模，对酬金的重要削减进行谈判。

实施

由于另类投资基金中运用的策略与工具的多样性，围绕着实施的问题也多种多样。另类投资要求熟练地掌握传统投资管理人所应用的所有实施技巧，但是另外还需要应付传统投资中不常用到的其他一些技术。

另类投资基金的实施中最常遇到的一个问题是卖空某些资产的必要性。**卖空**就是卖出你还不曾持有的东西。在所有的衍生工具市场上，卖空属于司空见惯的行为，但是当涉及一个实物资产的所有权时，事情可能会变得非常复杂。于是就产生了大量的实际问题。

首先，大多数证券市场对卖空进行了强制性的规定和限制。很多市场完全禁止这种行为，而其他一些市场则把卖空限制到相对较小数量的证券上。通常都有关于公开卖空事项的规定，举例来说，当卖空实际发生时，投资者可能有责任告知交易所，于是交易所可能进行记录，以便公司中被卖空的股票数量不超过某个预定的限制。

其次，由于证券交易所的规定要求呈现股票的所有权，以便在明确指定的时间内完成交易，如10天、5天或者2天，所以投资者可能需要借入股票进行交割。直到交割股票证书或者股票的正式权利之前，投资者无法收到被出售股份的支付。如果他在这个时间段内回购这些股份，那么就可以避免借入股票的要求。在借入股票时，需要找到一个在该公司中持有股份并愿意在收取酬金的情况下借出股票证书的投资者。这个交易的进行是通过一个起到中介作用、通常作为监护人的银行进行的，银行接受一笔酬金，对这笔交易进行安排。转借协议通常对下述内容予以规定：讨论中的股票、它们被借入的价格、应当支付的租金。该协议可以规定也可以不规定借出的时间限期，因此借入者可能不知道自己将来需要将这些股票保留多长时间。尽管一些交易所对红利的情况也有规定，但是根据协议，红利的增长可以划拨到借入者一方，也可以划归借出者一方。

对于这样的转借合约，借出方通常都要求某种形式的担保。计算可支付担保的数额时，通常是按照股票的原始市场价值，同时考虑到借入方为人所知的信誉情况以及该股票的持有情况。借出方所要求的担保数额可能会超过该股票的市场价值，也可能以某种价格变动保证金的方式予以增加，这样一来，当该股票市场价值高于该股票被借入时的价值时，该股份的借入方可以向借出方或者中间人支付两者之间的差额。这种做法向借出方提供了双重保证，即使该股票的价格在协议期间发生了很大的上涨，借入方也能够归还该股票。

根据股票借出协议支付的租金取决于对该股票的供求关系，通常还取决于它的收益率。由于借入股票的成本可能会很高，所以投资管理人在制定投资策略时必须把这一项成本考虑在内。

和卖空股票相关的主要危险是回购它们时可能会非常困难，例如，如果对该股票的需要量增加的时候。如果当大量股票被卖空时发生了这种情况，那么可以肯定股票价格可以迅速上涨，而卖空者发现自己不得不在他们能够支付得起的任何价位上回购这些股票。这个过程经常导致惨重的损失。这就是**空头挤压**。

尽管通过掉期也能使未上市资产达到同样的效果，但是一般情况下，卖空只用于上市资产。

买进和卖出未上市证券可以涉及实施直接不动产交易时所遭遇到的许多难题。

特别是，寻找对直接普通股和债券的投资是一项艰巨的工作，协议价格的法律成本和其他成本以及协议的条款都可能会很高。

此外，一旦管理人通过调查研究对基金进行了选定，并且决定了对每份基金购入多少，那么基金的基金的实施可以是直截了当的。于是，如果计划买进的份额已经上市的话，那么剩下的工作通常就是在市场上买进该基金，而如果它是公开但未上市的基金，那么就是申请买进这些份额。

货币管理

很多另类投资基金只在国内市场上进行投资，因此货币管理不会成为一个难题。买进上市外国资产和衍生工具的基金处理外币交易和管理的方式同于在类似资产种类中进行投资的传统基金。卖空外汇资产时需要特别小心，特别是当该种货币的头寸属于净售出的时候，即当该货币中不存在可抵消的买入头寸的时候需要小心，因为这会导致货币的非意料风险。在跨货币区域内实施多头与空头策略的投资管理人往往在"净利"基础上对它们的货币风险进行管理。这意味着对这种货币来说，买入和售出头寸都被相互"赚取干净"了，因此只有留下的结余还需要进行对冲或者进行控制。不过，由于频繁交易的货币需求量、关于衍生工具头寸的保证金和卖空担保要求每天都对总体外币结余和对冲措施进行调整，这种办法可能会变得更加复杂。

原则上讲，用于另类投资的货币管理方法和用于传统投资的方法是一样的，无非就是货币中立、对基础货币的全部对冲或者积极的货币管理。不管采用哪种方法，正常情况下货币管理都是由另类投资管理人予以负责的。不过，由于基金所包含的任何货币风险都会对投资者的总体投资组合的风险产生冲击，所以投资者应当了解管理人所遵循的政策。

即时控制

另类投资基金即时控制的本质和复杂程度取决于基金所使用的具体策略和工具。一方面，它所运用的所有原理和传统基金的即时控制完全相同，如对投资策略和重要假定的持续评估；另一方面，另类投资基金需要运用适当的程序对这些原理予以补充，以对卖空、未上市证券和在其他基金中的投资采取即时控制。

当管理人寻找产生利润的机会、在市场中为被卖空的股票寻找进行折现的预警信号时，管理人至少每天都对相对价值策略进行监控。大多数采用相对价值策略的管理人都会制定某种对投资组合进行常规性详尽考察的办法，以便将花费在管理上的时间最小化，让管理人有更多时间来辨别新的可以产出利润的交易和策略。

另类投资的即时控制劳动强度最大的部分很可能是对直接普通股、直接债务和直接不动产的处理，特别是直接普通股。因为直接普通股涉及对一个新投资的股份持有，从另一个角度来看，这是一种高风险的投资，所以它值得被持续不断地关注。这就涉及要定期对财政和运营报告进行详细审查，还包括和该风险资产的管理人举行会议，甚至对运营地点进行考察。另类管理人还可能对该风险企业赖以运营的市场进行分析，以便对其增长前景保持乐观。

直接债券和直接不动产要求类似的方法，尽管不像直接普通股那样详尽。这其中的原因是，债券管理人主要关心的是提高信贷资产质量并对失败的可能性进行控制，而不动产管理所要求的复杂程度要小于普通股票。

基金的基金也要求大量的即时控制。基金的基金管理人需要对每个基金的投资组合进行监控，以便确保其持续符合所宣布的投资方针。不但单个基金需要进行孤立的分析，而且基金的基金作为一个整体也需要进行详细的考察，以便保证单个基金结合在一起能够形成一个明智的投资组合，即在假定风险的基础上获得最高的预期收益。

业务管理

就业务管理而言，另类管理要求特别关注的领域是卖空、未上市证券和基金的基金。大多数其他投资的业务管理都是运用传统的程序。

卖空需要业务管理上的大量关注，特别是如果借入股票支持头寸的话。举例来说，可能需要对担保和增收保证金通知予以安排，此外还有卖空协议中间人可能规定的在业务管理方面的其他程序。

未上市的定息、贴现债券和大多数掉期交易通常可以适用标准的业务管理程序，因此不需要特别的关注。

基金的基金在进行管理时可以合理地简化，大部分日常业务管理都是由基金投资目标的基金管理人进行的。

评估

大多数投资管理人在估价他们的投资组合时，都是把该投资组合中所持资产最近的市场价值合计在一起。对于所有上市的或者交易频繁的投资来说，这种方法最直截了当。只有当该基金包括不经常在市场上进行交易的未上市投资时，事情才真正变得复杂起来。

对于这些投资，大多数管理人在对其市场价值进行某种评估时，经常雇用专业的价格核定人对类似投资最近的销售情况进行研究，根据目标投资的特殊性，评估出一个市场价格。

对直接债券的估价遵从着类似的原理。价格核定人需要对投资的风险等级分类进行评估，需要考虑作为债务发生基础的业务所存在的风险，以及任何其他未解决的债务或者义务——如果该业务失败，那么这些债务或者义务将对公司的资产拥有优先催偿权。换句话说，价格核定人对公司无法交割债务的可能性进行评估，接着计算出在这些特殊债券得到偿还之前其他需要履行的债务。这个分析被用来评估一个利率的保证金，而该利率高于具有同样到期日的债券的无风险利率。它把市场信息用于具有类似风险水平的交易债券。

对直接普通股估价要复杂得多。存在着各种各样的简略方法，如评估合理的价格与账面价格比或者价格与销售价格比。如果所涉及的业务有类似的公司在交易所进行交易，那么这些方法可以得出非常接近的结果。但是如果这项业务真的是新近建立的，那么要找到进行交易的类似公司虽然不是没有可能，但也是非常困难的。对于一家新产业中的新公司来说，这正是风险资本和私人证券基金最想寻找的风险类型——估价就需要以经过折算的现金流量综合分析为基础，这种方法又被称为**当前纯价值**，它类似于经常用于上市证券的红利折算分析。如表 14-2 所示。

表 14-2　经过折算的现金流量

当前的现金流量（美元）	2.00
现金流量的年增长率（%）	2.00
年折算率（%）	3.50
以年为单位假定的时间范围（年）	30
时间范围内上一次红利的当前价值（美元）	1.29
未来现金流量的当前价值（美元）	50.23

业绩测量与定性分析

一旦对投资组合进行过评估，那么对收益的测量就相对简单了。和其他投资组合一样，它是投资组合在周期结束时的价值除以投资组合在周期开始时的价值再减去 1。如果在此周期内出现过现金流动，那么这个周期就被分割成亚周期，把各个亚周期的收益累计起来，就得出了总体结果。

如果投资组合由上市的证券和资产以及频繁进行交易的资产组成，那么其收益按月进行计算和报告。对于其资产不进行交易的投资组合，可以不那么频繁地进行评估，因此收益的周期往往较长一些。

投资组合定性的原理同于其他投资组合。其定性分析的目的是鉴别在此周期内对该投资组合贡献最大的部门和不动产。

上市证券的投资组合是在全国和部门范围内的水平上进行定性，而直接不动产、直接债券和直接普通股的投资组合更多的是在单一资产的层次上进行定性分析。

隐患

对于未上市的投资来说，关于风险资本项目和其他直接投资的即时控制存在着很多潜在的陷阱。其中最重要的很可能是这样一个长期存在的难题，即当渴望或者需要卖掉资产的时候无法卖掉这些资产，或者无法在上一次评估指定的价位上卖掉它们。

对于上市投资来说，卖空股票头寸可能会出现严重的折现能力问题。卖空头寸和在一份资产中正常的买入头寸不同。正常的买入头寸最大的损失是为股票支付的价格，而卖空头寸的潜在损失却是不受限制的，因为一只股票的价格不管在理论上还是在实践中都是没有上限的。卖空股票的投资者预期价格下跌，不管是在绝对意义上还是相对于其他资产或者证券。如果在此期间某个事件导致该股票的价格上涨，那么投资者最初的策略就不再具有盈利能力了，并且开始回购股票以便结束这一策略。即使是他决定不结束这一头寸，股票借出方要求的价格变动保证金给他带来的压力也有可能强行其结束这一头寸。不管属于哪一种情形，可能都需要全速回购已经卖空的股票。被迫买进可能会比被迫卖出还要糟糕。当一份资产的价格开始急剧起伏时，很多其他投资者都在顺势而动，于是价格的变化可能会加快速度。考虑到证券交易所保存并且通常公布所有股票卖空数量的记录，因此投机者们知道这个市场上有多少被迫的买进者正在买进股票。这些投机者们可能会试图从中赢得利润，他们知道自己可以在晚些时候在更高的价位卖掉它们。

案例研究

直到 20 世纪 90 年代末网络公司繁荣发展、另类投资管理人普遍进行卖空之前，一直存在着这样一个普遍被人接受的常识，即股票价格几乎总是上涨得相当缓慢，但是下跌得非常迅速，用行话来说就是"走楼梯上去，坐着电梯下来"。通过运用在交易所进行交易的不稳定资产期权，如普通股的期权，有时候可以对这种现象加以利用。此处描述的事件是关于私人基金的，对公众投资开放的基金与此无关。不管怎样，这种策略可以算作一个流派，有些另类管理人就应用这种策略。受命管理具有高度投机性的投资组合的交易商注意到，很多股票的优先认购权正以历史上相对于重要股票来说很高的价格进行交易——和最近 20%~30% 的波动性相比，它们表明的波动性在 40%~80%。于是他认为自己应当尽力利用这个明显的异常现象。

　　他的策略是同比卖掉大量蓝筹股的看涨期权和看跌期权。通过出售期权，他获得了最大值的期权优先购买价。这样做的风险是，不管是看涨期权还是看跌期权，都分别将以低于当时价格买进或者高于当时价格卖出的形式结束，并且得到交割。而股票的价格会急剧地上下起伏，迫使交易人或者买进市场上的股票以较低的价位进行交割，或者买进股票并在遭受损失的情况下把它们再次出售，如表 14-3 所示。

表 14-3　同一交割价格上的卖空看涨期权和看跌期权

当前的股票价格（美元）	50.15
期权的交割价格（美元）	50.00
股票波动性（%）	60
期权到期的天数（天）	90
收益率（%）	8.50
看涨期权价格（美元）	6.46
看跌期权价格（美元）	5.32
获得的优先购买价（美元）	11.78

　　图 14-1 中的期权净盈利情况显示，只要股票保持在 38.37 美元（50.15 美元-11.78 美元），或者低于 62.03 美元并支付较少的交易成本，那么这个头寸就有可能盈利。

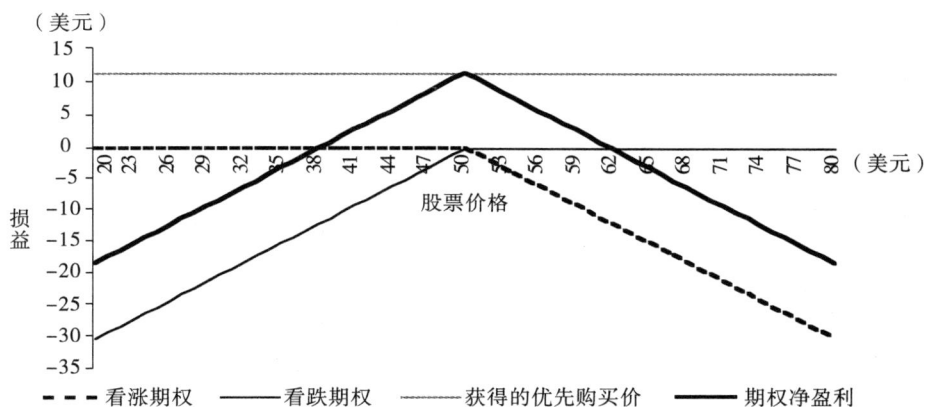

图 14-1　同一交割价格上的卖空看涨期权和看跌期权

　　交易者知道重要的股票价格变动可以导致损失，也知道价格更有可能出现急剧下跌而不是上涨，因此他决定在卖空股票的头寸上加大持有量，以便对被卖出的出售期权进行补偿。他的想法是，如果价格上涨，那么就可以在抵消售出看涨期权的同时回购股票，从而会有补偿潜在损失的巨大机会。新的盈利如图 14-2 所示，该图显示，在空头股票的情况下，头寸不受股票价格跌落的影响，但是 56 美元价位以上的价格上涨会导致严重的损失。

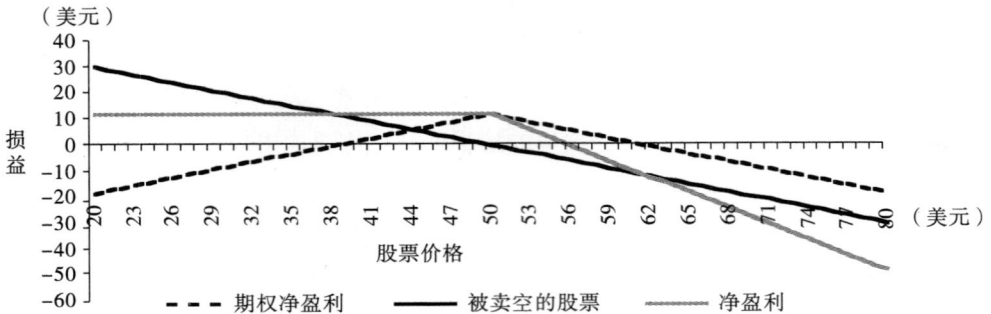

图14-2 在卖空股票头寸上同一交割价格上的卖空看涨期权和看跌期权

该交易发生在一个通过公开叫价进行运作的交易所里，公开叫价的意思是说，递盘与接盘都是口头进行的，人们就站在交易所的大厅里，相距不远地互相喊叫。这种制度已经运作了好几个世纪，令人吃惊的是，它很少有什么变化。它很受欢迎，尽管非常古老，但是它的拥护者坚持认为它是合理交易大量资产时最为有效的方式。

公开叫价的劳动强度可能会很大，因为每一笔交易都必须单独进行。在这种情况下，每笔交易都有三条"腿"：售出看涨期权、售出看跌期权和售出实物股票。这个交易所和很多其他交易所一样，期权是在交易所处理实物股票的一个独立区域里进行的。由于期权流动性较差，更难进行交易，因此这些期权被率先安排妥当，当期权交易实现之后，再出售股票。

可是卖出期权所花费的时间比预想的更久了一些，在实物股票被卖出之前，标志收盘的铃声响了。这没有被当成一个问题是因为：首先，售出股票头寸还完全是计划中的安全净值，还没有对策略的成功构成重要威胁；其次，讨论中的所有股票都是一些主要公司，它们可以在其他时区的其他交易所里进行交易。因此，这些股票有可能在未来的几小时内在另外一个市场上卖出。交易人指示他的同僚递交交割单，在另外一个市场上出售这些股票，然后他就下班了，疲惫不堪但是心情愉快。

更有经验的交易人以前就曾经审视过这个策略，并且看到了它在不稳定的市场上可能会有多么危险。他们还知道期权市场上隐含的高度波动性通常标志着优先证券异乎寻常的高度波动性。有些交易人甚至把这种策略命名为"机场价差"，他们评论说交易人下一步最好的行动是前往机场，溜之大吉。

碰巧的是，这位交易人不得不到海外旅行两个星期，他的出行和这次交易无关。

与此同时，他那位也已经忙碌了一天的同僚自信地以为卖出这些重要股票不会构成一个难题，可以把出售订单的事情放到第二天，这样的话他也可以有更多的时间计算并且检查所需要的精确数值。第二天，股票指数开低40%。售出看跌期权正在以低于买价的价格进行卖出。

当股票价格是50.15美元的时候，交易商以50美元的成交价格出售了看跌期权，现在，期权买方的交割迫使他以 50 美元的价位购买股票，不管它们的市价如何。50 美元买进，30.90 美元卖出这些股票，导致每份股票损失了 19.1 美元。空头期权头寸的**首付保证金**标准是大约每份期权 1 美元，因此对于每份同等的股票，其交易的资本支持应当是大约 2 美元，结果导致了 -507% 的投资收益率。

值得注意的是，在 60% 的隐含波动性上，股票价格 40% 的下跌并不是完全不可预知的。事实上，交易人还是幸运的，因为泡沫在它该破灭的时候破灭了；而同一尺度下的价格上涨可能会导致 31.41 美元或者 -1670% 的损失。

表 14-4　期权策略的盈利　　　　　　　　　　　　　　　单位：美元

期权策略	价格下跌 40% 情况下的盈利
新股票价格	30.09
看涨期权的价值	0.24
看跌期权的价值	19.16
看涨期权损益	6.22
看跌期权损益	-13.84
理论上的全部损失	-7.62
被交割的看跌期权	—
股票看跌期权的损失	-19.10
获得的优先购买价	11.78
净损失	-7.32

投资在这个基金中的那些基金属于投资银行的业主们，他们为遭受这样的损失而恼火，这是可以理解的，因为他们不清楚自己被暴露在这么多的风险之下。幸亏这项基金没有对公众开放，因为公众对巨大损失的忍耐更有限度。如果是那样的话，那么其结果还有可能更加糟糕。

第十五章　投资组合的移交与移交型投资组合

投资组合的移交

对于养老金计划的主办人、基金的基金以及接受投资管理人服务的其他投资者来说，更换投资管理人既浪费时间又潜在地浪费资金。投资管理人之间的投资组合移交应当受到控制，对这种控制的方式产生影响的因素包括如下内容：

- 更换的原因。
- 资产种类的混合。
- 衍生工具市场的可得性。
- 投资组合的管理是积极的还是消极的。

投资者之所以更换投资管理人，要么是因为对现任者的服务或者业绩不满意，要么是为了执行一项新的投资策略或资金结构。

更换的原因如果仅是对现任管理人提供的某些服务不满意，那么给新任管理人的委托可能和给现任的一样，或者相似。如果是这样的话，那么除非所给的委托是进行消极管理，否则新的投资组合就可能采用与之前不同的策略，因为新的投资管理人希望利用他自己的调查研究和他认为优于其竞争对手的其他资源，从而推行自己的投资组合"品牌"。

如果投资计划和资金结构需要更改，那么就有可能出现如下要求：

- 长期资产分配的变化。
- 资产种类分配的变化。
- 风险预测的变化。
- 以上三个方面的某种结合。

对现任投资管理人来说，长期资产分配的变化可能意味着简单地增加或减少资产分配，也可能涉及在新资产种类中的投资。在对新资产种类进行投资时，首先需要调查研究一个资产种类对该基金收益率和风险的潜在贡献率，然后再调查研究基准、委托规范以及管理人。这是很耗费时间的工作。

改变资产种类基准时，需要对投资管理委托进行重新规范或者对现有的规范进行修订，还需要一个允许投资管理人调整投资组合的移交期限。

由于风险预测的变化，有时候需要任命新的资产种类管理人。

资产种类混合可能会很重要，原因是如果投资组合受到重新平衡或者清算，那么这种资产种类混合会对重新平衡或者清算所引起的交易成本产生影响。资产种类混合还显示进行移交所需的时间期限。就上市资产和频繁交易的资产而言，如上市的股票和债券，尽管大多数投资者都愿意提供两三个星期的期限，但是投资管理人只需要几天的时间就可以清算完毕了。但是如果是未上市的、较少进行交易的资产需要进行清算的话，如直接不动产，那么就可能需要好几个月的时间，虽然大多数投资者都选择按照原样移交这些资产。原样转让是把管理资产的委托从一个管理人移交给另一个管理人，却不发生物权的任何改变。

衍生工具的可用性市场可能会大大减少从一个投资管理人移交给另一个投资管理人时的成本和损耗，不管这种移交是发生在同一资产中还是不同的资产种类之间。

在某些情况下，一个投资组合是**消极管理**、**积极管理**还是**非常积极管理**的，这个问题会对变更的成本和损耗产生影响。从理论上讲，一个投资组合如果是消极管理的，那么当它从一个投资管理人移交给另一个投资管理人的时候，所引起的成本和损耗会是微不足道的；相反，当一个非常积极管理的投资组合被移交向另外非常积极的委托或者一个消极的委托的时候，或者当一个消极委托正被一个非常积极的委托替代时，可以预料它将需要相当可观的成本和管理时间。

移交管理

大多数投资管理委托都有固定的期限。针对在委托期限内希望取消委托或者在期限结束时希望不再进行更换的投资者，这些委托带有关于更换的条款，并且规定了最短的通知期限。更换投资管理人最好是在委托结束的时候。通知期限各不相同，其依据是资产种类、清算或者移交一个投资组合所需的时间，有些委托只提供两个星期的时间，而另外一些则规定一至两个月。投资组合的移交应当受到怎样的管理，这取决于新旧投资组合的性质以及移交的原因。

如果移交仅是简单地**更换投资管理人**，而在委托书和基准方面没有重大变化，那么投资者就可以简单地要求资产的原样移交。投资者可以询问新的投资管理人（或者对委托进行竞标的每个候选管理人）：为了实施他们所提议的投资组合，并且为了因重新均衡而产生的成本，现有的投资组合必须受到多大比例的清算。这可以构成管理合同总体建议的一部分。当然，在这样做的时候，有必要把现有投资组合的构成（正由该候选人的竞争者经营管理着的）告知候选管理人，这样一来，某种机密条款就有了正当的理由。现金形式的移交不会遇到这个问题，而且从业务管理的角度来看，现金移交也要简易得多。

在进行原样移交时，一些管理人要求很低的移交成本，其原因是，他认为他自已可以抵消现有客户投资组合的交易成本。在某些时候，情况或许的确如此，但是如果这位管理人将受雇于具体类型的投资组合，那么人们就不得不提出疑问：处于管理之下的其他投资组合为什么会购买这个投资组合正在售出的股票呢？这个问题反过来提问也是一样的。如果投资组合是消极管理的，那么当事人可以辩解说，只要整个投资组合符合预期的循迹误差或者其他规范，具体股票的选择就是无足轻重的。但是，对于消极投资组合来说，流通量较低是它的一大优点，因此人们会想，上述目的的实现是不是通过超过必要次数的频繁交易而得以达成的，从而引发了不必要的交易成本呢？

通常情况下，原样移交不需要运用期货合约为从一个投资管理人到另外一个投资管理人的移交创造条件，尽管接任的管理人可能会运用期货合约，以便实现随后的重新平衡。

如果投资者决定清算投资组合，以使移交更为容易，那么即将离职的管理人就必须在某一规定日期前售完投资组合中的全部资产。一些投资组合可以在几天内出售完，但对于数额巨大的一些投资组合，可能需要一个月或者更长的时间（因为当处理直接股本、债券、不动产时，清算时间可能会拖上几个月），目的是避免由于强迫出售而人为地导致资产价格下跌。在这个外销过程中，对投资组合的投资会持续不足，这对投资者来说是一种风险。

如果正值投资组合投资不足的时候，将要投资的资产种类增值了，那么基金的收益率就会低于基准。有两种方法可以解决这个问题：一种是让新管理人做好立即运作新投资组合的准备，通常这种做法在业务管理中无法预见地会被暂时中断，所以这在实际操作中几乎是行不通的。在离职管理人进行的外销期间，无论如何都不要处理投资不足的问题。另一种解决办法是利用期货合约，如果有期货合约可以利用的话。有一个办法可以做到这一点，那就是指示离职管理人购买期货合约，以便抵偿售出资产的价值。于是，该投资组合就能够以现金持有另加买入期货合约的方式进行移交。继任管理人于是渐次地出售该期货合约并购进实物资产。剩下的问题就是监督管理了：投资者如何才能确保离职管理人购买了适当数量和适当类型的期货合约呢？不管怎么说，投资者对确保该投资眼下的成功没有太多信心。随后任何不尽如人意的收益率都可能归咎于新管理人的管理不善。而新管理人又可能反过来责备他的前任购买了数量不当、类型有误的衍生工具。某种客观的建议或者监督也许既是大受欢迎的，也是必要的。

如果新的投资组合与原来的组合相比属于**不同的资产种类**，那么就有必要对原来的投资组合进行清算。这可能耗资甚巨，可是也没有别的方法，因为原样移交没有可行性，其原因是继任管理人可能对自己即将接管的资产并不熟悉，因此也就无法指望他安排一个较为顺利、成本效益较高的重新平衡。在这种情况下，如果存在衍生工具的话，那么外销和移交期间的投资不足问题只能通过衍生工具的运用予以避免。

　　如果**还没有指派新管理人**，而投资者又希望能够终止与现任管理人的合同，那么就必须寻求某种临时性的解决方案。这个问题听起来比实际情况更要极端一些。尽管投资者对投资管理人的服务不满意，认为其连最基本的管理水平都没有，但这种情况极少发生。更多的情况是投资者发现，投资政策或者长期策略已经箭在弦上，但是尚未完成。由于此类修正，几乎总有必要更换或终止一些投资管理委托。修正所花费的时间一般总是会多于预期，而投资管理委托通常至少需要 12 个月才能得到同意。如果投资管理人的委托已经到期、需要续签了，可是投资者却不太愿意续签，因为他知道这份续签的委托合同需要中期终止——这样做既麻烦又不经济。投资者更愿意寻求并签订一份临时合同，而不是续签现有的委托。

移交型投资组合

　　当投资组合从一个投资管理人移交给另一个投资管理人的时候，特别是当这种移交要求对原有投资组合的部分或者全部进行清算的时候，移交型投资组合可能会是很有用处的。移交管理人的作用是确保投资组合在必要的资产种类中保持充分投资。移交委托需要在较短的期限内进行成本较低、指定风险较小的投资，因为整个投资组合将在很短的时间内进行调整。

　　如果发生下述情况，那么移交管理可以控制从一个投资管理人移交给另一个投资管理人时的成本和损耗：

- 在雇用新管理人之前必须终止现有委托。
- 资产必须从一个资产种类移交到另一个资产种类。
- 在一个资产种类范围内，新旧投资委托之间存在重要的差异。

目标

　　移交型投资组合的宗旨如下：

- 确保在从一个投资管理人（或一组管理人）到另一个投资管理人（或一组管理人）的移交过程中，投资组合保持充分投资。
- 确保在移交期间绝对不要投资过量。
- 确保自始至终要符合投资者的投资政策和限制条件。
- 把移交成本减少到最小。

　　对于一个资产种类内的原样移交，负责移交的管理人可以实施低风险、低成本的资产管理，并保持最低成本资产种类的基本风险承受，通常是一种指数化的投资组合。

在同一个资产种类内，当两个和更多的管理人以现金方式移交一个投资组合的时候，移交管理人可能会确保对适当数量和类型的衍生工具的使用，为离职管理人和继任管理人有效地发挥一个调解人和替角的作用。

对于资产种类之间的移交，移交型投资组合会提供一种媒介，以便确保离职管理人已经落实了适当的衍生工具合约，然后出售它们并用以购买新资产种类中适当的衍生工具或者实物资产。

实施

移交型投资组合几乎总是利用衍生工具，如期货合约，或者指数化的及其他消极的投资组合。

表 15-1 阐述了一个资产种类发生改变的移交管理委托。该基金正从负责国内证券和固定利率的全部积极管理人那里流向一个按照"核心—外围"型 50/50 比例对国内证券进行投资的一个投资组合，同时在资产配置上也有一个从固定利率到国内资产的 10% 的变化。该基金需要 3 个月的时间，以便鉴别并指派两名积极股票管理人和一名指数化投资组合管理人。新投资组合中从固定利率流向普通股票的 10% 需要进行清算，30% 保持固定利率的形式，而以股票形式移交的 60% 则可以原样移交，并在移交期间转换给一个指数化投资组合。

就表 15-1 而言，移交管理人的作用是：

■ 为总体移交进行规划。

■ 利用股票价格指数期货，确保从定息中移交的 10% 得以清算。

■ 决定原样移交与市场交易的最佳结合方式，以使客户的移交成本降低到最低程度。

■ 将部分证券投资组合转换成一个指数化投资组合。

■ 计划并实施所需的交易，以便完成移交。

■ 在移交给新管理人之前，确保该投资组合所有的必要交易都得以完成和清算。

■ 向客户做移交汇报。

不管是经营跨市场衍生工具还是经营基础资产，移交管理人都需要具备丰富广泛的经验。这就是说，移交管理人应该从容地接受一个证券投资组合并最终将它转变为固定利率，或反过来也一样。因此，移交管理人需要熟悉各种各样的定价、交易、清算和业务惯例，必要的时候，还需要评估适当的外币交易，对投资组合的业务非常有帮助。

表 15-1　投资组合的移交

起始投资组合	移交型投资组合	完成移交的投资组合
40%的债券	30%的债券	30%的债券
60%的股票	60%的指数化股票	35%的指数化股票（核心的）
—	10%的股票价格指数期货	35%积极股票（外围的）
交易概述		
移交型投资组合	出售债券	10%移交管理人
移交型投资组合	购买股票价格指数期货	10%移交管理人
完成移交的投资组合	出售积极股票	60%新管理人
完成移交的投资组合	购买外围积极股票	35%新管理人
完成移交的投资组合	购买核心积极股票	25%新管理人

货币管理

只要移交是在两个国内资产种类间进行的，那么就不需要进行货币管理。但是如果新的或者原有资产种类暴露于另外一种货币，那么移交管理人就必须考虑投资者关于货币管理的政策了。

不管投资者是要求货币中立，还是要求对基础货币进行对冲，在移交阶段都需要对货币风险进行精心管理。这项工作是通过实施和经营适当的外汇兑换及外汇合同予以完成的，它确保了所实施的外汇交易提供所需要的货币风险，还确保了所有未结算的期货交易都被移交给新管理人，其方法通常是通知经纪人和保管人。

如果货币管理是积极的，那么货币管理人就必须不断地得到有关投资组合构成变化的信息，以便根据操作章程维持整体的货币风险。

即时控制

大部分移交型投资组合至多需要几个星期、两个月或者三个月，但偶尔也可能持续好几个月，跨越一个或者多个报告期限。

即时控制的原理也同样适用于同一资产种类中的其他投资组合，只是需要特别注意成本的最小化。作为"照料与维持"特殊委托，通常不要求通过有效管理来增加投资收益。

业务管理

移交期间发生的大部分业务管理问题都是由投资组合交易结算的延误、未偿红利以及其他应计收入引起的。出于这个原因，大部分投资者要求离职管理人在移交日期到来之前处理资产的必要出售以及衍生工具的补进工作。大部分交易频繁的上市证券清算周期较短，通常为十个营业日，或者不到一个营业日，所以当终止一份委托时，三至四个星期的通知期限是足够的。然而，几乎总会存在一些未清算的项目，如未支付的应计股息和应计票息；其他法人行为，如需要认购的认股权等，更不用说未结算的远期外汇交易了。因此，这个过程容易发生失误。

在离职管理人任职的最后一天，要确保移交管理人得到一份关于投资组合财产情况的详细报告，以及任何应计费用和其他未清算交易的清单。应该尽可能早地准备好这份报告，并且对其予以核实，以便确保移交管理人可以立刻进行必要的调整和重新平衡。

在移交管理人向继任管理人移交时，需要重复这一过程。

评估

移交型投资组合的评估完全同于持有资产与工具组合的任何其他投资组合，只是需要特别注意所有可能延误结算的项目。

业绩测量与定性分析

根据基准对正常投资组合的业绩进行测量和定性分析时所涉及的大多数问题也都是和移交型投资组合有关的，此外还有一些其他原因。

第一，由于期望投资组合的移交能在相对较短的时间内予以完成，所以其构成可能与现有的投资组合存在很大区别。例如，与现有投资组合相比，它通常包含更大比例的衍生工具。如果基准是实物资产种类，那么就应该牢记移交型投资组合的运作可能会和现行投资组合有所不同。如果其间的差异仅是移交型投资组合被投资在衍生工具上，而现行投资组合则是一种指数化的实物投资组合，那么业绩方差就应当随着时间的流逝而变得均衡。这样的结果是，投资组合在数月期限内的收益率将类似于指数化投资组合的收益率。如果该移交型投资组合是一个指数化基金，而现行投资组合是受到积极管理的，那么业绩差异就不会均衡，其原因是移交型投资组合无法获得一个积极管理型投资组合的附加收益率。

第二，由于重新均衡的成本所造成的扭曲，新任管理人或者移交管理人的第一个报告期没有计入长期的收益表中。根据投资者和投资管理人的协商意见，这样忽略的期限可能会是一个月，也可能会是一个季度。这种处理事务的方式引起了很大争议，特别是当投资组合收益率被用来评估投资管理人的标准时。然而，这不应该阻碍投资管理人向投资者详细报告投资组合重新平衡的实施方式及其成本分析。

隐患

　　在实施一个新的投资策略时，或者在单纯地优化现有的投资组合构成时，会存在很多造成混乱和失误的机会。因此当发生混乱和出现失误时，如果投资策略对其他投资组合的管理功能保持平稳，那么就会减轻混乱、减少失误。管理人的角色尤为重要，他的作用是协调清算并确保投资组合在评价、运作、规模等方面的连续性。

　　一个潜在的误区是对移交型投资组合委托的错误描述。因为移交型投资组合的目标是保持投资组合对所选资产种类进行暴露的连续性，因此人们经常假定同样的基准和其他规范能够适用于同一资产种类中关于永久性投资组合的移交投资组合。这种做法在大部分时间都能令人满意，但是由于移交管理人通常受到成本和风险方面的限制，有时甚至是获得类似于永久性投资组合的结果都是不可能的。管理人很容易就会对差异的影响估计不足。大部分移交型投资组合都像某种消极的或者指数化的投资组合那样受到管理，或者是通过衍生工具的运用，或者是通过实物资产的运用。不管是采用哪种方法，移交型投资组合都无法获得超过基准的收益，其原因是该投资组合没有承担足够的特定风险。因此，在同一个资产种类中，移交型投资组合不是永久性投资组合的最佳替代物。

　　如果该投资组合的经营管理运用了衍生工具，而在永久性投资组合的管理中运用了实物资产，那么即使该永久性投资组合是一种指数化投资组合——其基准所依据的指数就是衍生工具据以进行结算的指数，也同样会出现重大的差异。大部分的衍生工具都是按季清算的，即每季度一次，这与衍生工具的价格与指数、基准资产价格或者资产集总等的价格恰好是一致的。在该季度里，包括介于其间的月底，衍生工具合约的价格围绕着实物基准上下波动，其依据是衍生工具相对于实物的定价有效到什么程度，以及实物资产的交易成本高到什么程度。如果市场的效率程度很高，而交易成本又很低，那么相对于实物资产，衍生工具的价格就几乎总是接近于"合理"的数值，而且价格的波动将会很小。如果市场效率较低，或交易成本偏高，那么在实际的和"合理"的衍生工具价格之间，就会出现相对于基础实物资产的巨大差额，这种差额既可能是正值也可能是负值。这些差额转变成移交型投资组合与基准之间显著的、有时令人困惑的收益率方差，而这个移交型投资组合以前曾被认为是风险较低的。在积极—消极的类比中，收益率的影响是永久性的。和积极—消极之间的差异不同，如果衍生工具是用合理的价格购进的，那么当衍生工具价格和实物资产价格汇集到一点时，衍生工具—实物之间的差异对收益率的影响就应该逐渐减少并最终消失。

　　此外，从一个管理人向另一个管理人移交投资管理委任时的潜在危险涉及对离职投资管理人的管理。尽管在绝大多数情况下，这并不成为一个问题，但如果一个投资管理人认为由于未能实现收益目标，从而使得他的合约受到了威胁，那么它就成为了一个问题。投资管理人可能会认定，如果收益率的不足数额得到补偿，那么还会有一线继任的机会，否则别无他法可以留任。因此，投资管理人的动机是承受组合特定的过度风险，希望它能产生足够的收益率，从而弥补差距。

此结果对投资者来说可能是明显的，也可能是不明显的，而且这种手段也可能确实可以发挥作用。但是即使是亏空得以补偿，投资者仍是失败者，因为该投资组合已经遭受了比预想大得多的风险。更加危险的是，投资管理人可能会得出结论，认为额外风险是有益的，从而在将来也保持这样一个类似的风险值。

案例研究

这个案例非常简单，它是实施移交型投资组合的一个运作。这个移交型投资组合利用股票价格指数期货合约，目的是保持它向一个投资组合中的国内证券暴露，而该投资组合通过纯粹的实物资产受到正常的积极管理。该投资组合最近已经被重新调整，并且注入了大量新的资金。该投资组合的托管人和管理人有条不紊地进行调查研究，为这个资产种类寻找适当的投资管理人。根据设想，寻找投资管理人的工作需要花费 3 个月的时间，但是实际用了 6 个多月。

资产被以现金的形式移交给移交投资管理人。投资组合的价值大约是 5000 万美元。由于是短期性的，所以投资者认为汇报周期可以短于平常。投资管理人同意每周、每月都做收益汇报，因为对于一个由流动资金和股票价格指数期货组成的投资组合来说，汇报工作在业务管理方面非常简单，无须花费太多的时间。

与永久性投资组合管理人不同，移交管理人不享有"宽限"期。按照要求，在现金移交的当天他就应当按照期货的"合理价格"对投资组合予以落实。考虑到相对较小的投资数额，这种要求绝对不能算是不合情理。问题是就在那天，衍生工具合约的交易价格异常高于相对于基础实物基准指数的"合理"价格。双方商定的基准是为期货合约提供基础的实物指数。当刚开始其被认为是明显的基准选择时，它就把人们引入了歧途。

投资管理人不得不以高于合理水平的价格购买衍生工具合约。从一开始，这就损害了投资组合的收益，但是投资管理人却得出了这样的结论：在可以获得一个较为有利的价格之前，这种已知的不良业绩优于延误衍生工具合约购买的未知风险。在此过程中，投资管理人是积极负责的，它避免了比衍生工具被错误定价而造成业绩不良严重数倍的较大风险。

衍生工具合约通常要比基础实物资产具有更大的波动性，这是因为衍生工具合约进行交易的价格往往不是高于合理价格，就是低于合理价格。决定合理价格范围的主要因素是实物资产交易成本的高低，其原因是实物资产交易成本的高低决定着套利者在何种价位上进入市场并让价格恢复到相对合理的状态时可以盈利。在接下来的几个月里，衍生工具合约呈现出高于通常情况下的波动性，以至于每周的收益率与基准的收益率大不一样。投资者对此感到不安，这是可以理解的。

　　表 15-2 和图 15-1 对结果进行了概述。理论上的期货是投资者希望看到的，而实际上的期货则是实际发生的。起点并不尽如人意，但是该投资组合的运作符合规范。

表 15-2　移交型投资组合的业绩

		至下述期限	投资组合（%）	基准（%）	差额（%）
期货到期日期	1999-06-30	1999 年 1 月 31 日	-0.22	4.10	-4.32
利率（%）	6.50	1999 年 2 月 28 日	-2.73	-3.23	0.50
股息（美元）	1.50	1999 年 3 月 31 日	4.01	3.88	0.13
—	—	1999 年 4 月 30 日	4.03	3.79	0.24
投资组合的规模（美元）	50000000	1999 年 5 月 31 日	-3.05	-2.50	-0.55
买入期货的数量	81	1999 年 6 月 30 日	6.10	5.44	0.66
期货的点价值（美元）	500	6 个月	8.02	11.67	-3.65
—	—	年度循迹误差			6.68
		不包括第一个月			1.44

（美元）

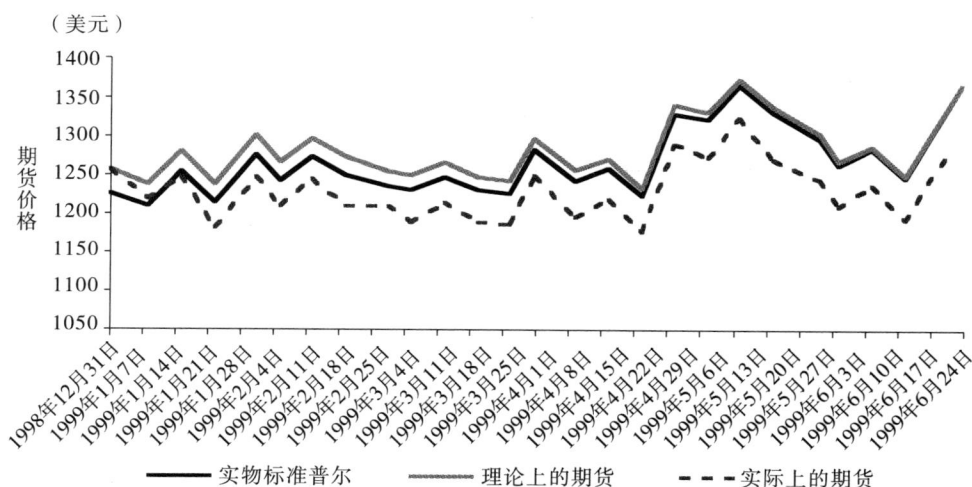

图 15-1　移交型投资组合的业绩

第十六章 货币管理

应用

一些投资者认为外汇风险是海外资产投资中不可缺少的一部分，并且认为这是一种勇敢的面对，或是只有待在家里才能避免的风险。而其他投资者则认为外汇是一种独立的资产种类，因此是获得额外收益的又一个良机。这种观点认为，资产收益与记账货币之间的关系有时较为微弱；有时候，资产价格以地方货币形式的增值会受到货币贬值的抵消，反过来也是一样的；在另外一些时间里，货币的变动还有可能夸大地方货币的收益率。

其最终结果可能是，投资管理人可以从地方货币中精选一种业绩优良的资产，即那种在同一货币领域内比其他资产收益好的股票，但是最终却发现，当转为基础货币时，收益却相当低。所有珍贵的股票挑选能力（以及特定投资组合的风险）都被浪费了，因为人们并没有足够重视对货币风险的管理。

表16-1说明了这一问题。按照地方货币计算，投资者获得了5%的收益，但是货币的不利变动却使基础货币的收益减少到了0.23%。

表16-1　地方与基础货币的单期收益率：未对冲

	期初	期末	地方货币收益（%）	基础货币收益（%）
资产价格	100.00美元	105.00美元	5.00	0.23
汇率	1.1000	1.0500	-4.55	

当中和投资组合中的外汇风险时，唯一的办法就是运作一种严格指数化的消极投资组合管理，其结果是所有资产的持有都能和基准相匹配。这种做法可以清除相对于基准的外汇风险，而且如果投资者正在寻找一种纯粹消极的投资组合的话，这是再好不过的方法。但即使是这种非常保守的投资策略也会把投资组合暴露于绝对意义上的外汇风险。

要在绝对意义上排除外汇风险，投资者可以将所有的外汇对冲为投资组合的基础货币。从理论上讲，如果基准也进行全额对冲，不论是采取相对的还是绝对的形式，那么就都可以排除货币风险。在实践中，国际资产的投资组合总会存在某种货币风险，其原因如下：

■ 资产价格频繁地涨跌，时而会有盈利。这意味着以外汇记账的投资组合总有一些未兑现的损益、累计的收益或应计的收益。由于这些情况，由售出的外汇远期合约所组成的对冲需要进行定期的调整。但是持续地对冲调整缺乏实际上的可行性，在调整对冲的间隙中，总是要承受对外汇的某种风险。

■ 对冲的调整或者更新是按照新的即期外汇汇率进行的，因此，当截至售出远期合约的结算日期时，对冲可能是很有效率的，但是新的售出远期合约头寸却反映了同一时间内货币的变动。这样一来，对冲可能消除投资组合由于短期货币波动而产生的波动性，并且把某些货币影响延后，但却不能把它们全部排除。

■ 投资组合中的资产本身暴露于其记账货币以外的货币。甚至国内证券投资组合中一些股票的价格也受到货币波动的影响，其原因或者是这些公司本身在国外进行业务运作，或者是它们大量出口产品，或是大量进口材料、部件。事实上，单是在其他货币区域进行运作的竞争对手就完全可能引发外汇风险。

如表 16-2 所示，可以通过对冲或者出售远期外汇对外汇风险进行修正。地方货币 5%的收益率与对冲 2.61%的收益率之间的差额就是对冲的成本。

表 16-2　地方货币和基础货币在单个时期的收益：对冲

	开始期	结束期	地方货币收益（%）	基础货币收益（%）	对冲收益（%）
资产价格	100.00 美元	105.00 美元	5.00	0.23	2.61
汇率（%）	1.1000	1.0500	-4.55		
地方货币利率（%）	7.50				
基础货币利率（%）	5.00				
远期汇率（%）		1.1262	2.38		

许多投资者采用了货币中立原则，因为他们知道这是货币管理中的一个消极的方法。这意味着他们购买足够的外汇，用以支付购买国外资产的费用。实际上，这种做法伴随着相当程度的外汇波动风险，原因是它不能合理地解释构成投资组合的证券其固有的外汇风险暴露。

货币具有波动性，其收益率与资产收益率有着很大的不同，所以它们对投资组合业绩的潜在影响十分巨大。如果投资者对投资组合的外汇风险不加以积极的关注，那么他就会使投资组合处于风险之中，而且寻找不到任何可以补偿这种风险的收益。是对冲还是积极管理投资组合的外汇风险，人们的争论非常激烈。

理论

货币变动对一个国家经济良性发展的诸多重要方面以及投资组合的收益率有着深刻的影响，因此专家学者和从业者们都竭尽全力研究到底是什么因素在驱动着货币收益。这些努力的结果是产生了一系列解释汇率及其变动的理论。

首先是购买力平价理论（PPP）。该理论认为，经过长期的传播，通过货币管理体系，可交易商品最终的实际价格都是相同的，因此从一个国家（地区）到另一个国家（地区）去购买更便宜的商品没有任何意义。表 16-3 对这一理论进行了阐述。对购买力平价理论来说，货币区域之间的相对通货膨胀率十分重要，这是因为如果一个国家（地区）的通货膨胀率高，而另一个国家（地区）的通货膨胀率却相当低，那么为了保持相同的价格，通货膨胀率高的国家（地区）的汇率必须比通货膨胀率低的国家（地区）降低得快。

表 16-3 购买力平价

货币	汇率	以地方货币支付的小器件初始成本	运输成本（%）	税款差额（%）	以地方货币支付的小器件最终成本
美元	1.0000	1.00	0.00	0.00	1.00
澳大利亚元	0.6378	1.57	15.00	0.00	1.80
奥地利先令	0.0711	14.06	5.00	2.50	15.12
比利时法郎	0.0243	41.23	5.00	2.50	44.32
加拿大元	0.6902	1.45	5.00	0.00	1.45
丹麦克朗	0.1315	7.61	5.00	2.50	8.18
德国马克	0.5002	2.00	5.00	2.50	2.15
荷兰盾	0.4440	2.25	5.00	2.50	2.42
欧元	0.9784	1.02	5.00	2.50	1.10
芬兰马克	0.1646	6.08	5.00	2.500	6.53
法国法郎	0.1492	6.70	5.00	2.50	7.21
港元	0.1285	7.78	7.50	2.50	8.56
爱尔兰镑	1.2423	0.80	5.00	2.50	0.87
意大利里拉	0.0005	1979.02	5.00	2.50	2127.45
日元	0.0093	107.04	7.50	2.50	117.75
卢森堡法郎	0.0243	41.23	5.00	2.50	44.32
新西兰元	0.4952	2.02	15.00	0.00	2.32
挪威克朗	0.1209	8.27	5.00	2.50	8.89
新加坡元	0.5881	1.70	7.50	2.50	1.87
西班牙比塞塔	0.0059	170.06	5.00	2.50	182.82
瑞典克朗	0.1137	8.79	5.00	2.50	9.45
瑞士法郎	0.6084	1.64	5.00	2.50	1.77
英镑	1.6209	0.62	5.00	2.50	0.66

不幸的是，由于两个国家受制于不同的税务和制度，此外还有许多其他的因素影响着汇率，这个简单的计算程序甚至不能大致地解释货币变动的情况。

即便如此，购买力平价理论还是有助于解释汇率变动及其关联，尤其是货币贬值对一个国家通货膨胀率的潜在冲击。经济学家谙熟这种关系，部分原因是存在大量的此类事例：货币贬值之后，受到测量的通货膨胀率随即上升，而且两国之间的汇率受到相对较高的通货膨胀率的影响。简单地说，当一种货币贬值时，所有进口商品的价格都会上涨，包括从国外引进部件在国内生产的商品，其原因是商家会把较高的成本转嫁给顾客。如果存在纯粹由国内厂家生产的同类商品，那么他们可能会把价格定得稍高一些，部分原因是和竞争者上涨的价格相匹配。当出现这种情况时，国内对于进口商品的需求量将会下降，从而局部地扭转先前货币贬值的情况。

大多数经济体都允许其商品价格随着供求关系的变化而波动，这一效应在该经济体的诸多部门中变得非常明显，因此政府用于评估通货膨胀率的消费商品集总就会显示出价格的上涨。由于生产力的充分利用以及劳动力市场的形势，价格的上涨也许会导致劳动力对增加工资的要求，这将潜在地导致进一步的通货膨胀。

出口商从货币贬值中获利，因为他们的商品价格在国际市场上下降，或者为了与国际物价保持一致，他们可以提高本国货币的价格。这样一来，他们就赚取了较高的利润，或出口了更多的商品，或者两者兼而有之。如果他们出口更多的商品，那么这些出口商对货币贬值的需求也会随之增加，他们会使本国货币价格再次上涨，这样也许会减少通货膨胀。

当购买力平价理论要对货币之间的长期关系进行评估时，利率平价理论可以提供一个更为直接的视角。利率平价理论将短期利率、即期汇率和远期汇率联系起来。如表 16-4 所示。

表 16-4 利率比价：计算远期汇率

即期汇率英镑/美元	0.6500
英镑 90 天的利率（%）	6.50
美元 90 天的利率（%）	5.00
到期时间（天）	90
90 天远期汇率英镑/美元	0.6524
90 天远期汇率英镑/美元＝0.6500×（1+0.065×90/365）／（1+0.050×90/365）＝0.6524	

这表明即期汇率和远期汇率之间的关系是由任何两种货币管理制度之间不同利率的关系所决定的，因此，除非投资者做好承担货币变动风险的准备，否则用一种货币借贷，然后用另外一种货币放贷的做法不会得到任何利润。

利率平价理论擅长描述此时的情况，但是作为一种预测汇率的手段，它的应用是有限的，除非投资者还有某些可靠的手段可以用于预测国内和国际利率的变化。

人们常常认为汇率受到某种长期均衡的驱动，而且认识到虽然经常出现背离，但汇率最终总会趋于"正常"的水平。这就是我们通常所称的均值回归。投资者有时会以此为理论根据，采取一种"消极的"或是中立货币的方法来管理货币、购买足够的外汇并买入基金资产，任由货币风险随着货币的变动而波动。他们的设想是，在中等长度的期限里，货币的收益和损失会相互抵消。然而问题是汇率经常不能回归，如图 16-1 所示。

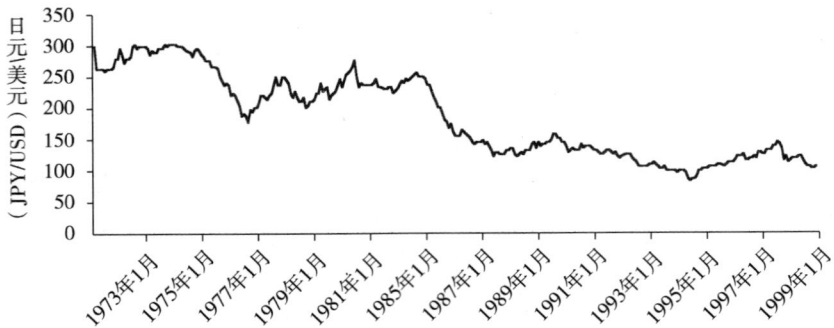

图 16-1　长期汇率趋势

积极货币管理的方法

许多投资管理人投入大量的资源，对整个经济体的健康性进行分析，试图估算出汇率的合理价值。这是一个可行的方法，但是由于任务的复杂性，要想取得有效的成果并非易事。设计和应用模型并把它用于预测汇率有其优点：它们迫使投资者和分析家详述和计量影响汇率变动的因素及它们之间的关系。这有助于确保在预测所有资产门类的努力中采取一致的方法，其结果将产生出一种有力而和谐的投资策略。这一模型也有风险，即诱使人们过于相信分析结果。这些模型的输入值通常既繁多又复杂，而且容易出错，因此，这样的模型很少产出一致而可靠的预测。预测结果需要谨慎地阐释。

另一种方式是忽略所有的汇率预测，并把注意力集中于货币风险的管理上，购买足够的外汇以便支持国外资产的购买并实行货币中立。接下来要做的是密切注意各种经济事件、利率和衍生工具市场，尽力识别出货币异常波动的早期迹象。当发生此类情况时，投资管理人应当对冲投资组合的外汇风险，其方法通常是购买期权头寸。这样一来，投资组合就有可能维持正值的货币收益率。这种方法不但胜于束手待毙，而且如果投资管理人善于发现即将出现的外汇波动迹象且又不能向擅长预测货币收益率的投资管理人进行咨询，那么这种方法可能是非常有效的。它的缺点是，对早期重要的预警迹象会导致不必要的期权购买，随后的期权溢价也会妨碍收益率。但是反过来说，如果不能适当地安排所需的对冲，那么投资组合就会受到外汇风险波动性的影响，从而不能获得附加收益。

由于货币收益率和其他资产收益率的关联往往较低，所以有效的货币管理能够大大地增加总体投资组合的收益，同时还可以降低总体投资组合的波动性。当在投资组合中作为一个独立的资产种类来处理外汇风险时，这种和其他资产种类的较低关联可能会引发激烈的争论。货币在下述的两个重要方面与其他种类的资产有所不同：

■ 对于其他资产，投资者用无风险资产的风险承受取代风险资产的风险承受。换句话说，现金被兑换成另外一种更具有风险性的资产。就货币而言，一种货币可以被兑换成另外一种货币，因此，购买一种货币需要售出同样数额的另一种货币。

■ 货币市场是一种零和游戏，这意思是说，一个投资者的收益恰好和其他投资者的亏损相等。相比较而言，其他资产，如股票，在整个期限内会产生净盈利或净亏损。

对所有的其他资产和衍生工具而言，大部分投资组合都将其对被投资基金的风险承受限制在该基金数额的某个基数上。例如，大多数的互助基金、单位信托投资基金以及养老基金投资组合不允许投资者的投资超过基金的100%。因为每个买入货币头寸与数量相等的卖出头寸相互抵消，净货币头寸总是为零。因此，在理论上，潜在的总体货币风险是无限的。当然，随着货币的波动性导致投资损益的上升，潜在的总体货币也会很快发生变化，但是它说明了规定限制的重要性。

对积极货币管理施以怎样的限制，这取决于对投资组合风险的偏爱程度、投资组合中其他的资产种类存在多大货币风险和何种货币风险以及货币和其他资产之间的关联。

货币管理可以和另外一种资产种类合并管理，如国际证券或定息；或者也可以作为有着独立基准的资产种类受到管理。对于后者，许多投资者寻求专家货币重叠委托管理人的服务。这种做法可能会导致管理费用较大幅度的上升，但是却可以使投资组合获得额外收益。

货币管理委托的界定

首先要规定基准。从理论上讲，基准可以是零收益率，因为总的货币市场是一个零和游戏。但在实际中，大多数基准被当成是收益率的正向标准，以便支付管理费和其他费用。应当明确规定哪些货币可以进行交易。这是一个十分有趣的问题，因为当货币收益与其他资产种类具有较低的关联时，货币之间的关联却很密切。同时，关联密切的两种货币在其他方面却截然不同，如它们的流动性以及应用衍生工具的可行性。例如，丹麦克朗与欧元关联密切，但欧元的波动性却强于丹麦克朗。

假设其他条件相同,那么投资者会尽可能地从广泛的投资机会中获益。不过,非流动性会给投资组合带来风险,而不会产生补偿性的收益。从理论上讲,进行交易的货币范围应将投资组合中已有的外汇风险考虑在内,尽可能地实行分散化:这种风险的存在是由于其他资产的持有,它们受到流动性的限制。需要建立风险和收益的目标水平,该目标水平通常建立在收益率预测和风险预测的基础之上。风险预测通常被表示为循迹误差或预期收益范围的概率权数,并且通过预测单个货币组的收益率和协方差进行计算。

实施

外汇投资组合通过结合使用即期和远期货币合约,包括期权和期货合约加以实施。如果投资委托书包括实物资产管理,那么依据委托书,外汇资金可以投资于每个货币领域。尽管可以通过承担信贷风险获得特别收益,但大部分专家货币管理人仍将投资放在低风险工具上。这样做可以增加信贷风险量,以便增加收益,其方法是用信贷资产质量稍低的债券取代短期的政府或银行担保工具。为了对这些机会加以利用,投资者应指定投资组合许可的信贷风险量。

即期货币(即在两个交易日内完成的货币交易)、远期货币(即在大于两个交易日的时限内完成的货币交易)和掉期都是通过电话进行交易的,而货币期货和货币期权交易则是采用和其他期货合约相同的方式,即在期货交易所进行交易。由于路透社、彭博和其他赞助商提供了交易显示屏,电话交易市场得以扩大。外汇交易经纪人可以在交易显示屏上显示选定交易的买入和卖出价格表。大型银行控制着外汇市场,它们以委托人(承受损失股东资金的风险)和经纪人的身份,和其他投资者、进口商、出口商以及外汇购买商和出售商进行交易。每天的外汇交易量有时大得令人惊讶,因为其交易量是世界范围内交易商品量和投资流量的好几倍。该市场交易量和参与者的数量意味着买入和卖出之间的价差非常小,大型的交易尤其如此。例如,一美元对一欧元的汇率报价可能在卖出时为1.0573,买入时为1.0578,即在500万美元的交易中只有0.04%的差额。

为了通过电话进行外汇交易,投资管理人首先要查看某种市场信息系统,该系统显示的交易价格和将要进行交易的价格存在类似之处。然后,投资管理人给许多经纪人打电话,询问所需交易的指定价格,说明要买入或卖出的货币、清算日以及大概的数量。经纪人在报价时应报他们认为在具体时间内能够保持"稳定"的价格,通常是在两三分钟的时间内,具体情况要依货币种类而定。这两三分钟的时间是为了让投资管理人进行价格比较,然后回电话确定交易。在指定的时间间隔之后,同一个经纪人就会报出截然不同的价格。经纪人的报价虽然总是和当前价保持一致,但也会受到银行本金的影响。例如,如果银行所持的日元多于银行的实际需求,而且如果此时有人给银行打电话说要买入日元，此时银行就会报出比要求卖出日元的人更低的价格。

当价格达成一致后，投资管理人就会把交易信息填写进某种交易登记表中；或者是填写表格，将其交给业务管理助手，然后由这位助手将其存入计算机系统中；或者直接由投资管理人存入公司的计算机系统内。在交易日结束之前，经纪人通过发送传真或电子邮件，将交易的确认发送给投资管理人和托管人。

衍生工具的使用

不论是作为重叠委托还是作为另一资产种类的一部分进行管理，外汇投资组合几乎总是广泛地使用衍生工具。这些衍生工具既可以是简单的远期交易，也可以是更为复杂的期权和掉期。如果是作为具有规定基准或预期收益的重叠委托投资组合，那么投资管理人还需要使用利率衍生工具，如基于短期工具的期货交易和掉期，这取决于委托所制定的目标。

除了把各种衍生工具用于日常的货币风险管理之外，投资管理人还可能会用期货和期权来影响短期总体头寸的变化。这是为了分享预测收益趋势的短期变化，或完全是为了利用一些短期价格的异常。

即时控制

几乎所有的外汇投资组合都需要对全球经济事件以及货币市场动态进行仔细、彻底的检查，以便及早发现重大的价格波动迹象，或是发现可能引起价格波动的事件。当发生了这样的事件，投资者必须判定是否有必要对货币策略进行重新考虑，或者判断微调是否奏效。

制定良好的决策规则对管理外汇风险具有很大帮助。例如，投资管理人可以预测两种货币进行交易的范围，然后制定一条规则，例如，当上限或下限偏差大于10%的时候，就应当重新考虑战术或者某些规定的交易，如撤销一半的头寸。另外，可以进行定期的检查，以便重新考虑应采取的策略或者采用某些组合。如果这些规则考虑周全并且在实践中受到充分的考验，那么即使是空前的汇率波动，也能防止其发生最坏的结果。

货币重叠委托管理人需要对该投资组合进行调整，以便应对其他投资组合持有情况所发生的变化。例如，如果基础投资组合从一种资产重新平衡到另一种资产，那么就一定要对货币重叠委托书进行重新平衡。同样地，当外部资金流入和流出投资组合时，该投资组合也需要进行调整。

货币期货和其他衍生工具头寸需要从一次交割滚动至下一次交割。这是一种日常事务，通常情况下被委托给实习生和（或）资历较浅的交易商。他们记录下即将发生的重新平衡，在某些情况下对其加以实施。如果短期资产是以外汇的方式持有的，那么货币管理人就应当负起责任，确保这些资金的合理投资。

业务管理

货币投资组合的业务管理始于外汇交易的确认，它是由经纪人发送给投资管理人的文件，通常另有一份复印件发送给托管人。投资管理人确认交易的细节后，把它输入到公司的计算机系统，以便日后进行调整。交易只作为银行/经纪人、投资管理人和托管人的分类账入账。股权证书和股票登记不能转让或修订，因此业务管理相对简单。

大部分外汇结算都是当天进行的，它运用的是一种净额结算制度。这意味着一旦确定下结算日期，那么交易就会在某个时间予以完成，如在某天上午 11 点。为了确保交易结算的正常进行，几乎所有的即期交易都要在两天内进行结算，即 **"交易日两天后"**。这种做法的目的是给托管人、银行和其他当事人提供时间，以便安排必要的资金转账。银行和其他金融机构的转账被累加起来，让买入和卖出相互抵消，这样一来，实际转账的数额就是各个机构所欠的净额。日常结算几乎在任何时候都可以发挥作用，但是当一家银行不能对一个时区的交易方与另一个时区的交易方进行结算时，就会发生故障。在德国的一家小型银行发生了此类事件之后，它就被命名为**赫斯塔特风险**。为了减少赫斯塔特风险，一些国家正在推行实时结算业务。因为目前的大部分资金交割都实现了电子化，很少再使用纸张，因此，即时结算外汇交易的目标是可行的。通过缩短交易和结算之间的时间，可以大大减少这些交易的风险，特别是它减少了一家机构可能会无法结算的风险，这种风险耗费大量的资金，并且可能会引发银行间的多米诺效应。实时结算也有缺点：由于不再具有根据交易计算净值的能力，所以所有的利润都需要按总额进行结算。

外汇交易常常出错，这在运转如此迅速的市场上不足为奇。但是人们很快就会察觉这些错误，部分原因是单个交易和交易净额之间通常存在密切的关系，所以外汇交易活动中产生的差异会在相对较早的时期就变得十分明显。

评估

一宗外汇交易的价值完全就是用该投资组合基础货币记账的利益损失。

这听起来似乎非常简单，事实上也的确如此。外汇市场不同于其他金融市场，表现在以下方面：外汇市场从不收盘。就在人们经常谈论在全球范围内建立衍生工具和证券市场的不间断交易和结算的时候，外汇市场每天连续 24 小时营业的情形已经持续多年了。在一个从不收盘的市场上，从来没有收盘价。因此就产生了这样的问题：在对交易进行估价时，应当采用何种汇率？最普遍的做法是，采用格林尼治标准时间（16：00GMT）**16：00** 时的汇率，对交易进行估价。人们对这个时点的买入和卖出价格进行调查，把此时的价格用于估价每一组货币的某些中心参考价格，然后予以广泛公布。

出于评估的目的，拥有一套标准汇率是很有好处的。其中最明显的好处是，每个人所感受到的困惑将会少得多，包括投资者在内。它的另外一个好处是，由于有很多参与者对不同的头寸进行评估，所以由一小群人操纵价格的状况会是比较困难的。作为对比，只有少部分人使用的**参考价格**才会比较容易地受到控制。虽然格林尼治标准时间被广泛地应用于投资组合和基准的评估，但它们绝对不是放之四海而皆准的，而且投资管理人可能会选择其他的方法来评估外汇交易。假设外汇市场处在极端的不稳定状态，那么细微的时间变化就会引起投资组合评估上的巨大差异。

业绩测量与定性分析

由于估价是由外汇交易的损益构成的，所以货币型投资组合的收益率测量并不很难。如果投资组合的货币组分以重叠委托的形式受到管理，那么收益率测量和定性实际上就是自动进行的。如果货币被当成投资组合资产种类的一部分或是平衡投资组合的一部分受到管理，那么就需要进行一些筛选，以便鉴别投资组合收益的哪个组分引起了货币效应和其他资产效应。

在表 16-5 中，本地货币形式的资产产生 5% 的收益率，但是，由于该货币对投资组合中基础货币的比价下降了 4.55%，所以其净额，即持有资产的未对冲收益率为 0.23%。为了对冲外汇风险，投资者在有效地出售远期货币的同时，又买入了远期货币，结果得到了一个基于利率差额的汇率。远期汇率为 1.1262，对冲收益率为 2.38%［＝（1.1262÷1.1000-1）×100%］，总体投资组合对冲收益率为 2.62%［＝（1.0023 ×1.0238-1）×100%］。对冲成本作为收益率差异的一种功能，被包括在远期汇率之中。

表 16-5　本地货币与基础货币的单期收益率：经过对冲

	期初	期末	本地货币收益率（%）	基础货币收益率（%）	对冲值收益率（%）
资产价格	100.00 美元	105.00 美元	5.00	0.23	2.62
汇率	1.1000	1.0500	-4.55		
本地货币利率（%）	7.5				
基础货币利率（%）	5.00				
远期汇率		1.1262	2.38		

隐患

就投资型投资组合中的外汇风险而言，最为严重的错误可能就是低估货币波动对总体投资组合收益的潜在冲击了。尤其当国外资产配置在投资组合中占有较小比例的时候，很容易发生这种错误。对于一个和基准精心匹配的投资组合，即使是和基准不相关，也仍会存在绝对意义上的外汇风险。

任何未意识到的或意外的风险都会使投资组合出现额外的收益率波动，而这种收益率波动则是额外预期收益所不能弥补的。

用于辅助预测货币收益率的模型趋向于极端复杂化，它需要输入的数据即使没有几百项，那么也有几十项。由于有了这些令人印象深刻的数据辅助，许多投资管理人倾向于认为如此获得的结果是可靠的。这种认识是错误的，这些模型虽然复杂，但它们毕竟是经过简化的真实世界。即使它们不是，真实世界也照样拥有这样一种特性：它发生了变化，却不把这种变化告知其模型或者模型的制定者们。因此，即使没有错误的输入，仍然需要谨慎对待货币模型的输出数据。当模型被输入进一些模糊的、不精确的数据时尤其应当如此，所以要对输出结果进行大量的解释工作。这并不是说货币模型一无是处。它们迫使分析人员们改进并计量他们的设想，确保它们相互一致，甚至自信地做出评估。清楚说明和计量的设想有利于即时检查，同时有助于确保方法的一致性。在非常复杂的部门中，这项规定可以获得巨大的收益。

此外，缺乏原则性也是一个主要危险。货币市场蔑视分析，并倾向于凭借直觉跟随市场趋势进行交易。这和跟随一群人走，却不事先询问他们去往何处是一样的道理。这会导致令人失望的结果，并且很难从经验中吸取教训。

第三部分

外围方法

第十七章　股票投资组合的实施

传统方法

股票投资组合是通过经纪人而得以实施的，这个经纪人为每份单个的投资组合份额寻找可能的最佳价格。投资管理人制定的指导方针支配着股票型投资组合的实施。它的目标是尽可能快地实现预期的股票买入和（或）卖出，同时将成本压至最低。

几乎所有的股票交易都是在证券市场进行的。证券市场中存在许多不同的交易体系，它们会影响投资管理人获得的信息种类和数量。有些证券市场仍在使用交易大厅。在交易大厅内，经纪人派遣他们各自的代表在证券市场代表的监督下进行交易。其他证券市场则利用计算机进行交易。由于使用了计算机，经纪人可以通过计算机终端在办公室内进行交易。前者显然比后者更加富于戏剧化，但是有证据显示，后者的成本效益更高，而且似乎有理由认为，即使计算机化交易不能降低交易成本，但至少在记录单个要价、报价和交易的目录方面更为有效。

除了实物交易厅与电子化交易所形成对比之外，**订单驱动**的交易和**报价驱动**的交易也有所区别。两者都能在实物或电子化的环境下进行操作。订单驱动的交易始于投资者发起的买入和卖出订单。当买方和卖方同意以同样的价格进行交易时，一笔交易就发生了。无论是以直接的方式还是通过经纪人的方式，为保证业务的正常进行，只要买方得知卖方准备出售的价格（反之亦然），那么买方就有必要对价格进行调整。经纪人的作用是向投资者提供有关可利用的价格和数量信息，而且就特定数量的证券帮助投资者确定可行的价格。在订单驱动体系中，某些证券可能会既无买方也无卖方。在这种情况下，经纪人可能会转而招徕其他投资者，或者一个投资者可能会更愿意等待一段时间，直到一位自然的买方或卖方出现。

报价驱动的体系依赖于**庄家**。庄家是由交易所任命的主要交易商，他们用自己的资金买入和卖出股票，通常专门进行少数几种股票的交易，有时和好几位庄家专做某种特定的股票。庄家的任务是确保配置给他的每种股票既有买入价又有卖出价。大部分使用报价驱动体系的交易所都规定庄家买入价和卖出价之间的差额不应超出指定的额度，并且要求庄家在买入价和卖出价上进行指定的最低限量交易。投资者并不一定非要和庄家打交道，如果有其他的买方和卖方，那么投资者可以自由地和他们进行交易。大多数投资者都是如此，因为其他的投资者通常做大宗的证券交易，而庄家则通常局限于几种股票。

无论是哪一种体系，投资者一般都给经纪人打电话或发电子邮件，通知他在指定的价位上购买一定数量的股票。如果可以在指定价位上买入该数量的股票，那么很快就能完成交易，并通报给投资者。在波动的市场中，投资管理人通常给予经纪人某些自行处理权，以避免因价格上涨超过指定界线而不能进行交易所带来的成本增加。如果投资者急于完成交易，那么他会通知经纪人"按市场指令购买股票"，最后由经纪人在短时间内完成可能实现的最佳价格。

当交易完成后，经纪人会打电话或发电子邮件向投资者进行汇报。在一个交易日结束的时候，经纪人把一份书面证明发送给投资者和证券交易所。结算则在过后的某个时间进行。大部分证券交易所现在都坚持实行定期结算，期限可以是 1 个、2 个、5 个或者 10 个交易日。这时，卖方必须交付自己持有的股权证书和其他相关文件，而买方则要支付资金，购买这些证书和相关文件。一段时间过后，即股权登记后，新的股票持有者从公司的股票注册处领取证明股份拥有权的股票证书和其他文件。如果股票是无记名转让票据，那么股权证书在结算时过户。

在一笔简单的交易中，相关的费用可分列如下：

- 税款。
- 佣金。
- 买卖价差。
- 市场冲击。
- 机会成本。

以上各项中，税款通常是人们都熟悉的，或者是能够事先精确地估算出来的。经纪人一般按交易值的百分比提取佣金，但有时按每股的固定价格收取提成。例如，对于每股价格为 50 美元的股票，佣金可以是交易值的 0.30%，或是每股股票收取 0.15 美元，两者的比率是一样的。经纪人抽取的佣金通常因进行交易的价值而异，大宗交易的佣金率要低一些。一些证券交易所制定出定额的佣金，但是总体上倾向于放松管制。在这种情况下，投资者和经纪人就佣金比率进行协商。这种趋势促进了市场上贴现票据经纪人队伍的成长。**贴现票据经纪人**提供某种基础性质的服务。他们通常对一笔交易收取固定的费用，如 65 美元，而不考虑交易股份的数量或价值。

在佣金管制到放松佣金管制的转变过程中，投资者和经纪人可能会达成一个非正式的协议：在进行交易的时候收取管制佣金，随后对协商部分予以退款。

买卖价差是买入和卖出股票时报价之间的价格差额，报价是由庄家或其他投资者进行的。买卖价差的额度受股票流动性的影响，经常进行交易的股票买卖价差最小。反过来说，股票的流动性在很大程度上是由股票的发行数量及其可正常进行卖出和买入的程度决定的，也称之为"自由浮动"。"自由浮动"不包括不进行交易的股票，这或者是因为这些股票为联营公司所持有，或者是因为它们为主要股东所控制。

　　市场冲击可以看成是每股附加股票的交易成本。例如，买方接受卖方的出价买入一种股票，其价格很可能维持不变。如果同一投资者买入 1000 股同样的股票，那么在交易完成后，价格也许会发生轻微变动，因为每一个边际卖主已经依次完成了股票交易单，从而排除了大部分的进取型买方，只留下较高价格的卖方。买入 100 万股同样股票的买方会发现卖出价格（有可能是递盘价）甚至在交易完成之前就会发生变动，因为其他市场参与者已经察觉到有关股票需求量的信息，股票的固有价值因此上升。

　　机会成本适用于可改变交易时序的积极投资管理人。当一个投资者开始以某价格进行一种股票的交易时，由于股票价格超过了设定的限度而没能完成交易，发生在这一过程中的成本就是机会成本。此时，投资者不得不提高递盘价或降低卖价。如果修正的幅度不够（这在多变的市场中经常发生），那么这个过程就会在交易完成之前多次重复，结果会导致平均交易价格比期初价格更缺少吸引力。看到股票价格持续不变，从而会进一步增大机会成本，于是投资者常常会决定放弃交易。

　　因此，简单的交易不但代价高而且风险大。当投资管理人需要同时经营数十甚至数百种交易时，问题将变得十分棘手。为了避免此类情况的发生，很多投资管理人都进行集总交易。

集总交易

界定

　　集总交易又称**大宗交易**，它的意思是一次性地买入或卖出大量股票。通过这种做法，交割成本和风险可以得到控制。一个"集总"一般由小批量的股票组成。对于投资者而言，它的优点体现在整体投资组合可以立即得到实施，并能立即获得预期收益。在交易实施时，集总交易可以有效地将交割风险从投资者那里移交给股票经纪人。集总交易还可以减少可能发生的交易失误，并且能够让作为结果的个案资料更加合理。这一策略的引人之处要依其成本而定。进一步讲，成本又取决于下述各个方面：

　　■ 哪些股票将要进行交易，以及以多大的比率进行交易。
　　■ 交易进行时市场的流动性有多大。
　　■ 经纪人进行交易的意愿。

运作机制

集总交易依赖于经纪人使用自有资金从投资者手中买入所需的集总股票，随后在市场上转卖。原则上，经纪人所出的价格既反映了他在市场上或者根据现有的客户交易单出售或者购买每种股票的价格，也反映了为弥补将本金头寸纳入股票的风险所索取的费用。这里所说的价格包括税款在内。索取费用的多少取决于经纪人希望持有头寸、利率以及其他资金成本和对冲交易成本的时间长短。在其他条件相同的情况下，交易或者对冲方便的集总股票的本金费用少于交易或者对冲不便的集总股票的本金费用。例如，如果集总股票类似于进行交易的股票价格指数期货合约，那么经纪人的本金头寸就会十分容易进行对冲，财产持有的费用应当反映这一情况。

可以通过多种方法向经纪人提议集总交易并得到报价。最直接的方法是编写将要进行交易的集总股票目录，然后用传真或电子邮件的形式发送给两个或更多的相互竞争的经纪人以获得报价。通常，投资管理人要求在特定的时间内得到答复，如15分钟，给经纪人留下时间，让他们对交易进行分析，并准备递盘价。这里的问题是，最终只有一位经纪人进行这一交易，而有关本金头寸的信息却被一个或更多的竞争者所知晓。在一个小型的市场中，由于从事这一专门业务的经纪人之间有着很强的道德规范，所以这很少成为问题，其原因是未能成功的递盘人其任何不当的举止都会不可避免地给远期业务带来高昂的成本。如果没有这种道德规范存在，或者市场大到足以掩盖这些不当的举止，那么投资管理人必须寻求其他的方法来提出交易。

另一种方法是只向相互竞争的经纪人描述集总交易的特点而不泄露其内容。这些特征包括该集总交易的近似值、β 系数、基于著名股票价格指数的循迹误差、股票数量，以及相对于某种特定产业，多少种 50 强或者 100 强之列的股票算是数量过多，等等。然后，针对合乎此类描述的集总股票，经纪人估算成本的范围，并提出递盘价。由于对集总股票结构的一无所知给经纪人增加了风险，为了弥补这种风险，通常需要进一步增加保证金。此外，还有一种风险，即投资者对投资组合的描述不甚精确，因此递盘价可能会需要包含一些额外的保证金。

这种安排存在很多变数，如经纪人保证交易将以当日每种股票的收盘价或平均交易价进行。两种价格究竟哪一种更为合适，这取决于投资管理人的具体目标以及进行交易时的市场惯例。

隐患

在集总交易的过程中，很多事情会出现错误，但是大部分错误对经纪人造成的影响远远大于对投资管理人的。在投资管理人看来，可能出现最糟糕的事情莫过于某个经纪人不能按时提交竞争性递盘价。如果进行竞争的经纪人只有两位，那么这将迫使投资管理人接受另外一位经纪人的报价，不论价格是否具有吸引力。

对于按照集总交易方式从事传统计量投资管理的投资管理人，尚有另一个潜在的问题。负责传统和集总交易的交易商会面临利益的冲突。利益促使他们代表传统的投资组合，即买入某种证券（这些交易商知道进行集总交易的投资组合在不久的将来会大量买入这些证券）。这样，在给投资组合带来未知成本的情况下，传统投资组合获得了短期毛利。内部交易和服从原则排除了交易商从此种做法中获取个人收益的可能性，这被称为正面控制。但是根据收益率目标，得到补偿的交易商或投资管理人会发现，代表客户投资组合的正面控制也是有利可图的。计量投资者担负着成本，他将要进行的证券交易刺激了正面控制。

股票的借入与借出

界定

为确保交易按时完成，大部分证券交易所都实行严格的管理制度。制度的核心是把股权证书或一些类似的股票所有权证书从卖方移交给买方。如果投资者希望进行卖空（卖出他们尚不拥有的股票），并把它当成买空—卖空或市场中立策略的一部分，或者希望抵消衍生工具的交易，那么就会产生问题。解决的办法是向暂时不急需股权证书的长期投资者进行租借。对于长期投资者而言，借出股权证书是一种增加投资组合收益的十分诱人的方法。

运作机制

股票租借通常由中间人安排进行。他们起草合同，确保股权证书的有效性，检查股票借方的信誉，并适当地安排追加保证金。中间人通常也是股票借出方的托管人。这样做合乎逻辑，因为托管人可以很方便地接触到股票持有记录以及适当的管理资源，因此能够掌握大多数股票的情况。当然，这首先应征得投资者的同意，因为这些投资者最终要承担在需要时不能拿到股权证书的风险。出于这个原因，投资者能够从股权证书中获得大量的租金，中间人也因提供服务得到佣金。

借方从借出方那里按照每股的名义价值借得股票，通常为市价。将来也以同样的名义价格将股票归还给借出方。同时，借方向借出方支付一定数额的股票租金，而长期投资者则承受股票价格上升或下降的风险。

租借合约的细节有所不同。例如，合约的条款可以是固定的，也可以依情况的变化而变化。在合约的开始部分，借出方会要求借方以不动产作为抵押，或在租借期支付追加保证金以补偿租借期股票价格的波动，或两者兼用。通常情况下，租金的收取不但需要考虑当前流行的收益率，还要考虑该股票的稀缺性价值和借方的信贷资产质量。租金可以是固定的，也可以是变动的。

股息的所有权可转由借方享有或由借出方自己享有，问题的关键在于借出股票或借入股票的目的是让股息课税扣除的最大化。例如，如果长期投资者是国外投资者，那么由于享有的股息课税扣除十分有限，他们可能会把股息权转让给可以充分利用这一权利的当地投资者，这样一来双方都可以获利。在这种情况下，租借合同规定借方获得股息，在归还股票时，其价格要进行调整以反映这种情况，以便长期投资者得到实际上的避税利益。通过资产掉期也可以达到同样的目的。如附录4所示。

隐患

在股权的借出方看来，最大的风险莫过于借方不能归还股权证书。如果借方不能归还股权证书，同时借出方出于某种原因不得不卖出股权，那么双方会急于买入股权来填补空缺。这种情况不大可能发生，因为大多数租借协议提供了足够的不动产抵押来抵偿整个租借期内的股权价值。因此，长期投资者可能已经接触到了至少是股权价值的流动资产，而且在任何情况下最简单的解决方法是从其他人那里借到股票来填补空缺。

股权借方经常是承担较大风险的一方，因为他借入股权通常是为了在市场上出售，期待股价在最高位上，或相对于其他资产或衍生工具的较高价位上跌落下来。如果基于交易的分析是错误的，或者股权价格直线上升，那么借方就不得不回购该股票。同时，他不得不为所借的股权支付追加保证金。如果不能支付追加保证金，那么借方就会被迫清偿头寸，这将造成更大的损失。

软美元

定义

软美元作为一种方案，是基于经纪人和投资管理人之间的相互信任。投资管理人利用许多渠道帮助自己进行投资决策和即时控制，包括用于分析交易和投资组合的在线数据和研究服务以及分析软件。为了提供交易手段，世界各地都有计算机屏幕，显示资产、衍生工具和货币的即时出价和要价。这些服务十分昂贵。

同时，由于需要许多数据和分析工具，投资管理人利用经纪人的服务，以便买入和卖出股票、债券、外汇和衍生工具。经纪人为了大型机构投资者的业务进行激烈的竞争。出于多种原因，该业务对他们很有价值。首先，交易数额大。由于大多数佣金都是以交易价值的比率收取的，而且无论交易大小，经纪人的成本都是一样的，所以大额交易更有利可图。其次，经纪人的声望和创利能力在市场内是相互作用的。通常，有声望的经纪人比只有创利能力却没有声望的经纪人能够吸引到更多的业务，所以经纪人十分热衷于提高他们的市场份额，尤其是提高与大型投资管理人进行的业务份额。

为了得到业务，经纪人对证券价格进行研究，并将该研究作为整个服务的一部分提供给他们的投资客户。这一服务的设计目的是鼓励投资管理人使用这些经纪服务，但这样做一般并不是出于义务。类似地，为了让投资管理人加深对证券和市场的了解，还有许多经纪人赞助单个投资管理人参加研讨会、出席会议以及研究性旅行，有时是在引人入胜的地点。这样做可以使投资管理人提高业务额，而这些业务则需要用到经纪人的服务。为了确保获得更多的业务，许多经纪人主动提出为投资管理人所需求的数据和分析支付费用，以便换取指定的业务量。

运作机制

软美元协议本身十分简单。投资管理人要求数据或服务提供商给经纪人寄去提供服务期间的费用发票。经纪人支付这笔费用并告知投资管理人数据服务费用已付。投资管理人同意在数据服务期间与经纪人处理一定数额的股权买入和卖出业务。交易量可以规定为固定的交易值，如所付服务费用的 1000 倍；但是通常情况下，交易量被规定为固定的佣金额，如所付服务费用的 5 倍；有时也规定为投资管理人所进行的总交易的比率，这项规定有利于那些热衷提高市场份额的经纪人。

对于经纪人来说，估计软美元协议的隐含价值并不困难。例如，如果规定的佣金额是支付的服务价值的 5 倍，那么经纪人从投资管理人那里得到的平均利润率至少为 20%。

很少会发生投资管理人不能提供规定的交易额或佣金额的情况。但假如发生了这种情况，经纪人会将交易额或佣金额加在下一个服务期的协议中，或要求某种按已付服务费的比例进行偿付。和其他经纪人向投资管理人提供的辅助性服务相比，软美元的最大差别在于，根据软美元协议投资，管理人具有与经纪人进行交易的义务。

隐患

软美元协议最为明显的隐患是，为了遵守该协议的条款，投资管理人可能办理超越投资者利益的事务，这样就增加了投资者不必要的交易费用。另外，投资管理人由于知道必须和经纪人打交道，所以可能不大注意经纪人所提供经纪服务的竞争性。同时，经纪人知道投资管理人也必须与他们打交道，所以可能会不大注意交易交割以及其他服务的质量。无论是哪一方面，都会造成费用的增加，尽管实际上不可能对其进行计量，但是这些增加的费用最终要由投资者来承担。

投资管理人使用的数据和分析服务而产生的费用是一项正当的提供投资管理服

务业务的费用。软美元协议有效地将这笔费用从投资管理人的损益中转移到投资者的损益中。

指定佣金

界定

几乎所有的经纪机构都是银行和顾问机构这类大型组织的一个部分。许多这样的组织都与使用投资管理人业务的公司和投资者有着商务交往。它们总是在寻找新的方法，以便提高经纪人喜欢的业务量。有时它们与投资者达成协议，根据协议，投资者可以获得这些组织的承诺，对服务费用打折。作为交换，投资者和指定的经纪人进行和其投资有关的直接交易。

运作机制

投资者与其服务提供商之间的协议可能会规定服务费用的折算或偿还额，按照规定给指定经纪人的佣金比率进行计算。投资者一般不规定最低交易额、佣金额或者所有周转额的比率，因为投资管理人直接管理这些项目。但通过指示投资管理人选择指定经纪人或指导该经纪人，投资者可以将总体交易定在某种额度或比率上。投资管理人可能意识到，也可能意识不到投资者遵守协议所享有的折算价值。

由于指导佣金是交易完成后的一种折算或回扣，所以并不代表投资管理人的直接义务，在选择经纪人时，投资管理人仍然可以行使处理权。但是很少有投资管理人公然拒绝与他们的主顾合作，除非是在极端的情况下。

隐患

如果指定的经纪人碰巧是投资管理人定期进行交易的人，那么这一协议就可能得到顺利执行。如果投资管理人通常不与指定的经纪人进行交易，如是由于该经纪人提供的服务不适合投资者的要求，那么投资者将在这些不合适的服务上遭受损失。

无论是哪种情况，当经纪人了解到投资管理人要么不得不，要么很有可能与自己进行交易时，经纪人可能就会不大注意协议执行的质量以及其他服务的质量。这会给投资者增加许多成本，其折算率会比协议规定高得多。

第十八章　业绩测量与定性分析

准确地核算投资收益率，对于整个投资管理过程十分重要。除了可以了解投资的运作情况之外，业绩测量和定性分析还可以帮助投资者和投资管理人判断他们的投资策略是否正确有效。有时候，投资管理人的酬劳是以投资组合的收益率为基础的。但是，要分析或核算投资收益率，最重要的方法是帮助投资者对投资管理和策略进行比较。

单一周期的投资收益率核算

从一定程度上来说，这种投资收益率的核算既直接又简单。对于一个没有外部资金流动的单期，其计算公式如下：

$$R_p = PV_t / PV_{t-1} - 1 \tag{18-1}$$

其中，R_p 表示投资组合收益率，PV_t 表示期末时投资组合的价值，PV_{t-1} 表示期初时投资组合的价值。

基准收益率是用完全相同的方法计算出来的，并且该收益率的方差通常被当成一个差额。它还可以被表述为一个算术方差：

$$V_a = R_p - R_b \tag{18-2}$$

其中，V_a 表示算术方差，R_b 表示市场收益率。

不过，有时它还可以被表述为几何方差：

$$V_g = (1 + R_p) / (1 + R_b) - 1 \tag{18-3}$$

其中，V_g 表示几何方差。

在大多数情况下，由以上两个公式计算出的结果差异不大。

用这样一个简单的公式对单一期限内的投资进行计算，很难会有含糊不清的余地。但是随着投资时间和投资量的变化，就会开始出现模糊不清的情况了。

■ 投资有不同的开始日期与结束日期，最常用的货币政策是用期末的最后一天进行核算，最典型的是一个月的最后一天。一些投资管理人选择用月末的前2天或前3天来估算他们的投资，这样得到的结果无法和以月末估价为基础的估价进行比较。

■ 估价中可能会运用不同的货币政策。虽然有些投资组合是以一天的平均价格

— 293 —

进行估量的，但是大多数估价却是以交易中提供的官方价格为主。

■ 存在许多不同的外汇定价方法。

显而易见，这些货币政策的微小差异可以导致最终计算结果的重大差异。因此，在对收益率进行比较时，一定要使用类似的货币政策，这不失为一个好主意。

当有额外资金流入投资组合时，收益率的核算会变得复杂甚至模棱两可。例如，假设一项投资组合的月初价值为 10000000 美元（见表 18-1），在这个月的某个时间段，有额外的 2500000 美元被注入这个投资组合，那么在月末的时候，投资组合的价值就有 15000000 美元。在这期间，基准收益率约为 8%。用来计算该月收益率的方法至少有五种，如下文所示。

表 18-1　现金流动情况下单一期限内的投资组合价值

期初的投资组合价值（美元）	10000000
期末的投资组合价值（美元）	15000000
期限的天数（天）	30
现金流量（美元）	2500000
现金流动的天数（天）	10
现金流动时投资组合的价值（美元）	12000000
简单的收益率计算（期限内周期的复利计算）（%）	20.00
简单的收益率计算（期末的现金流动）（%）	25.00
简单的收益率计算（期初与期末的现金流动）（%）	22.22
资金加权的收益率计算（10 天期和 30 天期的现金流动）（%）	21.43
时间加权的收益率计算（期限内周期的复利计算）（%）	24.14

最简单的方法是假设现金追加于月初：

$$R_p = PV_t / (PV_{t-1} + C_f) - 1 \qquad (18-4)$$

其中，C_f 表示资金流动的数量。

这样得出的结果是：

$$R_p = 15000000 / (10000000 + 2500000) - 1$$
$$= 20\%$$

另一种方法是投资者可以假设现金流动发生在期末：

$$R_p = (PV_t - C_f) / PV_{t-1} - 1 \qquad (18-5)$$

这样得出的结果是：

$$R_p = (15000000 - 2500000) / 10000000 - 1$$
$$= 25\%$$

这两种方法的随意性无法令人满意，因此投资者可能会把一半现金分配在期初，另一半现金分配在期末：

$$R_p = (PV_t - C_f/2)/(PV_{t-1} + C_f/2) - 1 \qquad (18-6)$$

这样得出的结论是：

$$R_p = (15000000 - 1250000)/(10000000 + 1250000) - 1$$
$$= 22.22\%$$

按照现金流动发生在一个月（30 天）的第 10 天进行计算，可以得出更加精确的结果：

$$R_p = (PV_t - C_f \times 20/30)(PV_{t-1} + C_f \times 10/30) - 1 \qquad (18-7)$$

这样得出的结论是：

$$R_p = (15000000 - 1666667)/(10000000 + 833333) - 1$$
$$= 23.08\%$$

按照现金流动发生，可以把收益率分为两部分，然后将两部分收益率合成一个整体的投资期间收益率，经常指的是巨额资金流动，要获得较为准确的计算，仍然如下：

$$R_p = (PV_t/(PV_{cf} + Cf)) \times (PV_{cf}/PV_{t-1}) - 1 \qquad (18-8)$$

其中，PV_{cf} 表示投资值优于资金流动。

这样得出的结论是：

$$R_p = (15000000/(12000000 + 2500000)) \times (12000000/10000000) - 1$$
$$= 24.14\%$$

计算收益率的方法必须得到投资者和投资管理人双方的同意，通常需要符合投资者的特殊要求。一笔资金的收益率计算需要和其他基金的收益率计算具有可比性。

毫无疑问，要让计算资金收益率数据的方法标准化，对投资管理来说具有相当大的压力。结果证明，实际做起来时比期望的还要困难。关于收益率的计算，存在着两个公认的标准以及其他许多相对不太为人所知的标准，但是这个事实对计算并没有太大的帮助。北美的投资管理人倾向于使用 **AIMR**（投资管理和研究协会）的标准，然而，欧洲的投资者倾向于用 **GIPS** 标准（全球投资表现标准）。这两个标准没有太大的差异。2000 年的一项调查表明[1]，在这两个洲，超过 90% 的投资管理人反馈说，他们或者已经采用，或者有意采用这两种标准中的一种。同一组织所进行的更深入的研究表明，在经过了仔细检查后，那些声称自己遵从所述标准的投资管理人事实上并没有真正遵从。这就引发了一个核查证实的问题。

当核查被用于对已呈报数字的准确性和可靠性进行独立汇报时，它是一种审计。并非所有的投资管理人都对提供给投资者的基金收益率进行核查，然而投资者核查基金收益率的愿望却日益强烈。

---

[1] The Spaulding Group, Porformance Presentation Standards Surveys, 2000.

多个周期的投资收益率核算

大多数投资管理人每月报告一次其投资组合和基金的收益率情况。但是对于更长的时间段内发生的事情，他们和投资者们具有同样浓厚的兴趣，其原因是这可以帮助他们判断这一月内收益率是否能够显示投资者的一贯技巧，以及投资组合和投资管理人在相同的市场条件下是否比其他投资组合和投资管理人做得更加出色。

研究基金收益率的分析家们经常将他们的研究结果公之于众，公布每月、每季度、每半年、每年、每两年、每三年和每五年的基金收益率。可以对单个月份的收益率进行复利计算，从而得出多个周期的收益率。例如，一个投资组合在一个月里取得 12.5% 的收益率，随后的一个月里得到 5% 的收益率，那么它在这两个月内的收益率便是：

$$(1+12.5\%) \times (1+5\%) - 1 = 18.1250\%$$

一年以上周期的收益率通常被称为年度化数字。例如，一个为期两年、25% 的收益率会被说成是：

$$\sqrt{(1+25\%)} - 1 = 每年度 11.8034\%$$

对于大多数投资者来说，只有在充分考虑了基准的情况下，投资收益率的核算才有意义，哪怕这一基准是针对现金的收益率、是被夸大的收益率或零收益率。对于混合了多个周期的投资收益率，算术方差与几何方差之间的差额显示着投资组合收益率和其基准的差异，这具有重要意义。表 18-2 显示，21% 的投资组合收益率与 10% 基准收益率之间的算术关联为 11%，**几何关联**却是 10% [(1.21/1.10 - 1) × 100%]。在随后的周期里，如果投资组合收益率和基准的收益率分别为 2% 和 2.1%，那么在第二阶段内，人们就会预期它们之间差额的降低反映出较差的相关业绩。把投资组合收益率与基准的收益率混合在一起，然后运用算术的方法对它们进行关联，会得出一个两个月期、11.11% 的差额，然后再对其进行几何关联，却得到 9.89% 的差额，这个数字正是人们所期望看到的。[①]

表 18-2　算术和几何方法的关联　　　　　　　　　　　　　单位：%

周期	投资组合收益率	基准收益率	算术关联	几何关联
周期1	21.00	10.00	11.00	10.00
周期2	2.00	2.10	-0.10	-0.10
两个周期	23.42	12.31	11.11	9.89

① Mendnero, Jose G., A Fully Geometric Approach to Performance Attribution, Vestek Pre-Publication Artule, 2000.

收益率比较的局限性

对于任何周期，如一个月、一个季度或一年，简单的投资收益率比较是有用的，但也是有限的。投资组合明显的业绩取决于一个正在进行测量的特定周期，对于以前或者之后发生的事件很少有或者根本没有暗示。表 18-3 显示了一个国内证券投资组合的一系列结果。

表 18-3 投资组合每个月的收益率　单位:%

时间	投资组合收益率	基准收益率	差异
1994-05-31	1.00	1.15	-0.15
1994-06-30	-3.95	-4.03	0.08
1994-07-31	3.80	3.72	0.08
1994-08-31	3.00	3.04	-0.04
1994-09-30	-4.05	-3.88	0.17
1994-10-31	1.36	1.29	0.07
1994-11-30	-7.06	-7.23	0.17
1994-12-31	1.80	1.65	0.15
1995-01-31	-4.16	-4.25	0.09
1995-02-28	5.00	5.07	-0.07
1995-03-31	0.02	0.07	-0.05
1995-04-30	7.98	7.78	0.20
1995-05-31	-1.28	-1.19	-0.09
1995-06-30	0.65	0.48	0.17
1995-07-31	4.91	4.91	0.00
1995-08-31	0.80	0.94	-0.14
1995-09-30	0.65	0.74	-0.09
1995-10-31	-2.27	-2.34	0.07
1995-11-30	4.43	4.43	0.00
1995-12-31	2.33	2.53	-0.20
1996-01-31	3.85	3.93	-0.08
1996-02-29	0.38	0.39	-0.01
1996-03-31	-2.18	-2.28	0.10
1996-04-30	4.20	4.38	-0.18
1996-05-31	-1.89	-1.87	-0.02
1996-06-30	-0.30	-0.59	0.29

它的测量日期截至 1996 年 6 月 30 日，该投资组合及其基准的收益率看上去有点类似于表 18-4，提前一月进行的同样的收益率测定看上去类似于表 18-5。

表 18-4　截至 1996 年 6 月 30 日的收益率概要　　　　　单位：%

期限	投资组合收益率	基准收益率	算术关联	几何关联
3 个月	1.92	1.82	0.10	0.10
6 个月	3.93	3.82	0.12	0.11
12 个月	15.53	15.81	-0.28	-0.24
2 年	22.73	22.42	0.32	0.26

表 18-5　截至 1996 年 5 月 31 日的收益率概要　　　　　单位：%

期限	投资组合收益率	基准收益率	算术关联	几何关联
3 个月	0.00	0.09	-0.09	-0.09
6 个月	6.67	7.07	-0.40	-0.37
12 个月	16.63	17.05	-0.42	-0.36
2 年	18.24	18.18	0.07	0.06

这两组数据的结果都没有明确显示投资组合相对于基准的业绩情况。事实上，甚至看不出这两个利润概要指的是同一个投资组合。很明显，一些持续的测定方式需要显示投资组合相对于基准的业绩情况好到什么程度。资本资产定价模型告诉我们，资产利润总在频繁地上下波动，而资产风险的特征却比较稳定，所以需要对投资组合的风险进行评估和测量。这些评估和测量是通过 β 系数和循迹误差进行的。通过观测得到的 β 系数，可以测量出投资组合对其基准的敏感性，而循迹误差则显示出从基准得出的随机利润方差。

除了观测得到的和事后分析得到的 β 系数和循迹误差之外，投资者还希望了解投资组合未来的或预期的 β 系数和循迹误差。对于新的投资组合来说，这些都是有益的测量，而且它们和实际取得的成果还具有可比性。投资组合不含成本的 β 系数只是该投资组合中过去证券 β 系数的简单的加权平均数（股票 β 系数的计算是通过股票收益率和基准收益率之间的定性分析进行的）。预期的循迹误差还考虑了投资组合中证券的波动性以及这些证券之间的协方差，如表 18-6 所示。

表 18-6　预期和观测的 β 系数与循迹误差

	预期数值	截至 1996 年 5 月 31 日观测到的数值	截至 1996 年 6 月观测到的数值
β 系数	1.0009	0.9946	0.9934
循迹误差（%）	0.4500	0.3962	0.4411

每年 0.4416% 的循迹误差意味着投资组合的业绩落在其基准范围内的概率为 68%。换句话说，如果基准指数一年内升高 15%，那么投资组合在这一年内盈利 14.5984%～15.4016% 的机会就有 68%。

这里需要重点指出的是，β 系数和循迹误差不会随着时间的推移而改变太多，而且，它们和简单的业绩比较不同，因为它们较少依赖于正被测量的周期。同样需要了解的是，这样计算出的循迹误差仍然只是一个估计。尽管是根据真实的收益率进行计算的，但它只是基于一个正被测量的周期对投资组合风险的评估。可能的结果有很多，它只是其中的一个。

对于一个投资组合或者一次投资，在了解有关其收益率和风险的某个方面之后，管理人就可以给投资者提供某种可供比较的基础，同时也能帮助他们区分各种不同的投资。如果能把这些信息资料运用到投资展望中，将会大有益处。

首先，就它本身而言，过去的收益率对未来收益率没有任何指导作用，不管是在绝对意义上还是相对于基准。出于下述原因，投资管理公司可能会改变它们的策略：

■ 如果已经选定的投资策略不能发挥作用，并且似乎在可以预见的将来也一样可能会表现不佳，那么自然而然地，人们就会期望修改或改变投资策略，以便提高未来的收益率。

■ 许多投资管理人都要经历非常剧烈的人事变动，因此即使投资管理公司非常希望遵循持续的投资政策和策略，但是它的技术基础和优劣势的平衡也总在不断地改变。

■ 以前发挥作用的因素在将来可能不再有用。即使拥有持续连贯的投资策略和稳定可靠的投资员工，但是可利用投资机会的范围却随着时间的推移而变化，因此获取更高收益率的机会可能会变大，也可能会变小。

其次，关于收益率和风险的数字很少说明获取结果的方式。举例来说，收益率方差是均匀地来自各个资产种类和证券，还是主要由于相对于基准的一两个重大的不平衡或者失配？了解收益率来自何处，并且知道投资组合正暴露于何种风险，可能会有助于投资者进行这样的判断：投资的收益率方差是出自运气还是出自技术、将来是不是能够做得很好、与其他投资混合在一起会有什么结果。探索收益率方差来源的过程就被称为定性分析。

单一周期的定性分析

定性分析的方法有多种，它们都是先把投资组合拆分成易于处理的几大块，然后查看每一部分是如何对收益率方差发挥作用的。对于分散化的投资组合，合乎逻辑的拆分单位是资产种类。在资产种类中，拆分需要依据资产种类的成分，如国内股票投资组合中的产业集团或代理商。对于国际股票投资组合，国家、产业集团或代理商都可以被用作拆分单位。如有必要，定性分析可在个体证券的水平上进行。

为了举例说明定性分析可能会是什么样的，本书从一个简单的国内股票投资组合中抽取出一个月的收益率进行分析。该投资组合是通过精选基准指数中 100 种最大的零星股而创建起来的。该投资组合在分散化的资源、传媒和银行等产业集团中权数明显过重，因为这些集团在基准指数中拥有不成比例的大型股票。

在正被讨论的周期里，投资组合的收益率是 -2.46%，而其基准的收益率则为 -2.35%，如表 18-7 所示。该分析试图确定这样的问题：有多少收益率方差是由投资组合在每个产业集团中的权数过重或者权数过轻引起的；有多少可以从每个产业集团内的股票选择中得到解释。

表 18-7　根据产业集团进行的定性分析概要　　　　　　　　　　　单位:%

定性分析概要	具体数值
投资组合收益率	-2.46
基准收益率	-2.35
差异率	-0.10
产业集团配置效果	0.25
产业效果内的股票选择	-0.31
残留	-0.05

首先，失配的结果可以计算如下：

$$AA_a = (W_{ip} - W_{ib}) \times (R_{ib} - R_b) \tag{18-9}$$

其中，AA_a 表示资产配置的算术结果，W_{ip} 表示投资组合中产业 i 的权数，W_{ib} 表示基准中产业 i 的权数，R_{ib} 表示基准中产业 i 的收益率，R_b 表示基准的收益率。

换句话说，对于每一个产业集团，投资组合与基准配置之间的差额需要乘以产业集团基准收益率与整体基准收益率之间的差额。

股票选择的结果影响着每一个产业集团不同构成的收益率方差。对每个产业集团，它计算如下：

$$SS_a = W_{ib} \times (R_{ip} - R_{ib}) \tag{18-10}$$

其中，SS_a 表示股票选择的算术结果，R_{ip} 表示投资组合中产业 i 的收益率。

表 18-8 给出了该分析的结果，它显示投资组合从银行所占的过重权数中获得了利润，其原因是这一部分产生了高于基准的收益率。运用式（18-9）计算如下：

资产配置的算术结果 = (21.94% - 18.84%) × (9.94% + 2.35%) = 0.38%

在这一事例中，投资组合的银行选择稍差于基准（9.89% 对 9.94%），股票选择的作用为 -0.01%。另外，投资组合因为持有较少的黄金股票而获得了重大的收益，但是如果它所持的小额黄金股多于某号大型股票，那么它就不会获得好的结果。投资组合在媒体类股票中的过重权数同样对收益率方差起到了重要作用。从整体上看，投资组合从产业集团配置中得到了益处，它对总收益率的贡献率合计为 0.25%，但是这一数字受到了产业集团中低劣股票选择的抵消，低劣股票选择的贡献率是 -0.31%。抛开 0.05% 的配置作用不计，它们一起说明了 -0.06% 的收益率方差。

表 18-8 根据产业集团进行的定性分析 单位:%

产业集团	投资组合的平均配置	基准的平均配置	产业集团配置的作用	投资组合的收益率	基准中产业的收益率	产业集团内股票选择的作用
黄金	3.62	5.01	0.15	-13.97	-13.00	-0.05
其他金属	6.17	6.16	0.00	1.80	1.43	0.02
分散化的资源	16.57	14.18	-0.02	-3.14	-3.04	-0.01
能源	4.23	4.23	0.00	-2.00	0.61	-0.11
基础设施与公益事业	0.92	0.99	0.00	-9.43	-9.32	0.00
开发商	2.94	2.93	0.00	-11.25	-11.13	0.00
建筑材料	4.57	4.23	-0.01	-4.53	-3.96	-0.02
烟酒	2.26	2.17	0.01	13.69	11.57	0.05
食品	3.39	3.21	-0.01	-6.94	-6.81	0.00
化学制品	1.50	1.60	0.02	-16.78	-16.39	-0.01
工程	0.32	1.81	-0.11	-1.60	5.30	-0.12
纸张与包装	2.37	2.24	0.00	-1.25	-1.19	0.00
零售	3.41	3.33	0.00	-2.34	-3.13	0.03
交通	3.31	1.56	-0.26	-17.26	-17.08	0.00
媒体	9.41	8.83	0.06	7.49	7.33	0.01
银行	21.94	18.84	0.38	9.89	9.94	-0.01
保险	2.33	2.33	0.00	-5.50	-4.55	-0.02
通信	0.00	0.55	0.00	0.00	-2.84	0.02
投资服务	1.11	1.77	-0.03	6.67	2.41	0.08
不动产信托	2.66	4.49	-0.05	-1.66	0.22	-0.08
其他服务	0.26	1.25	0.03	-17.77	-4.99	-0.16
其他产业	0.58	1.44	0.08	-9.85	-12.15	0.03
分散化的产业	3.82	4.03	-0.01	4.40	2.47	0.08
旅游	2.32	2.83	0.01	-3.93	-3.87	0.00
合计	100.00	100.00	0.25	-2.46	-2.35	-0.31

应该指出的是，这种定性分析通常比较简单，因为投资组合在这一周期内并没有交易。为把交易或现金流动包容进来，依据交易或现金流动发生的日期把投资周

期划分为若干亚周期。这在定性分析中又产生出了额外的一栏，称为"**市场时间控制**"或"**交易活动**"，这一栏试图从股票买卖中赢得附加的或扣除的价值。

根据资产种类、国家（地区）、产业或代理商集团进行的定性分析，可以大大提高对基准收益率方差根源的理解。投资管理人至少应该像投资者一样，对发现结果怀有浓厚的兴趣，因为他们应当从精心制定的投资政策中获得重要的收益率，而不是从间接的或意料之外的投资组合风险中获得利润，或者更糟糕的是，完全随机性地获得利润。如果投资未能达到其基准所确定的标准，那么投资管理人就应当深入地去了解研究下述问题：这是不是投资政策所带来的结果，在今后的周期中能否进行修正，或者投资组合是不是受到了多余风险的影响。

自重分析和积极资产持有

定性分析的另一个手段就是把投资组合看成是一个指数化投资组合，再加一个积极管理的买空卖空投资组合。从投资组合配置中简单地去除掉基准证券的配置，就可以做到这一点。它承认这样一个事实，即几乎所有积极管理的投资组合，其重要比率都可以被简单地当作基准。由基准而不是投资组合所持有的证券在投资组合的积极构成中是短缺的。因为基准持有对积极的收益率不发挥作用，所以它们是"**自重**"的，而且可以合乎逻辑地将它们从定性分析中排除掉，从而把分析集中在投资组合和基准的差异上。由于没有投资者愿意为指数化投资组合支付积极管理的费用，所以这一费用就分摊在了投资组合中的积极成分上。

在表 18-9 中，总利润的 38.78% 是由积极的买空卖空活动产生的，而 61.22% 则是市场收益率。积极成分的绝对价值被估量为是买空或者卖空的总价值，大约占投资组合价值的 12%，投资者可以预期通过提高投资组合的这一比率来赚取更高的利润。他们可以为投资组合的 87.99% 支付指数化管理费，为其余 12.01% 支付积极管理费用。

表 18-9　投资组合等于基准加上买空卖空

单一周期收益率		具体数值（%）		
投资组合收益率		9.11		
基准收益率		5.58		
差异率		3.53		
	价值的变化	投资组合的百分比（%）	收益率（%）	对收益率的贡献率（%）
基准	2789371	87.99	5.58	61.22
买空卖空	1766898	12.01	3.53	38.78
总计	4556269	100.00	9.11	100.00

多个周期的定性分析

完成定性分析后，投资者可能会有兴趣知道在单一周期内分析出的投资组合变化模型是否体现了这一基金或投资管理人的个性，或者这是不是一次不太可能重复发生的孤立事件。要找到这一答案，就有必要将单一周期定性分析扩展到覆盖若干个连续的收益率周期。

在进行多个周期的收益率计算时，单一周期的收益率就需要进行复利计算。作为对比，在收益率周期中，收益率方差通常只是投资组合和基准之间简单的算术差异。尽管这两个相似之物无法完全一致，但一般情况下，在其中一个还没有同多个周期收益率定性的工作相联系之前，不会引发太大的麻烦。

为了做定性分析而把各个收益率周期进行关联，这在概念上似乎很容易，但在实际操作中想要得到富有意义的成果却不简单。无论算术关联还是几何关联都无法给出一个理想的结果。所谓理想的结果是指，每一个收益率周期的所有资产和产业集团收益率相加或复合，以便准确地给出关联周期的投资组合收益率。

表 18-10 显示了算术关联和几何关联会得出截然不同的结果。

表 18-10　定性分析：三种资产、三个周期、算术关联与几何关联

概要	收益率		关联		股票选择的作用		配置的作用
	投资组合（%）	基准（%）	算术（%）	几何（%）	算术（%）	几何（%）	
1998 年							
标准普尔 500	30.49	26.67	3.83	3.02	1.53	1.21	-0.93
纳斯达克 100	80.52	85.31	-4.78	-2.58	-0.96	-0.52	5.24
10 年期的国库券	13.81	12.88	0.92	0.82	0.37	0.33	5.00
合计	43.00	32.88	10.12	7.61	0.94	1.02	9.31
1999 年							
标准普尔 500	18.93	19.53	-0.60	-0.50	-0.24	-0.20	-0.80
纳斯达克 100	95.90	101.95	-6.05	-3.00	-1.21	-0.60	7.71
10 年期的国库券	-8.44	-8.41	-0.03	-0.03	-0.01	-0.01	8.31
合计	37.91	24.84	13.08	10.47	-1.46	-0.81	15.23
2000 年							
标准普尔 500	-7.61	-10.14	2.53	2.82	1.01	1.13	-0.67
纳斯达克 100	-37.35	-36.84	-0.50	-0.80	-0.10	-0.16	-3.12
10 年期的国库券	14.94	14.45	0.48	0.42	0.19	0.17	-5.02
合计	-13.15	-5.64	-7.51	-7.95	1.10	1.14	-8.82

概要	收益率		关联		股票选择的作用		配置的作用
	投资组合（%）	基准（%）	算术（%）	几何（%）	算术（%）	几何（%）	
1998~2000 年							
标准普尔 500	43.38	36.05	7.33	5.39	2.93	2.16	-3.07
纳斯达克 100	121.56	136.34	-14.79	-6.26	-2.96	-1.25	7.98
10 年期的国库券	19.76	18.33	1.43	1.21	0.57	0.48	9.55
合计	71.28	56.52	14.76	9.43	0.55	1.39	14.46
1998 年	43.00	32.88	10.12	7.61	0.94	1.02	9.31
1999 年	37.91	24.84	13.08	10.47	-1.46	-0.81	15.23
2000 年	-13.15	-5.64	-7.51	-7.95	1.10	1.14	-8.82
1998~2000 年	71.28	56.52	14.76	9.43	0.55	1.39	14.46

算术方差的计算就是简单地从投资组合收益率中减去基准收益率。

$$V_a = R_p - R_b \qquad\qquad (同\ 18-2)$$

参照 1998 年的标准普尔 500 指数，它被计算如下：

$$V_a = 30.49\% - 26.67\%$$
$$= 3.82\%$$

几何方差的计算需要运用复合公式：

$$V_g = (1 + R_p) / (1 + R_b) - 1 \qquad\qquad (同\ 18-3)$$

参照 1998 年的标准普尔 500 指数，它被计算如下：

$$V_g = (1 + 30.49\%) / (1 + 26.67\%) - 1$$
$$= 3.02\%$$

计算股票选择对投资组合方差的贡献率时，用几何方差乘以资产种类的基准配置。

$$SS_a = W_{ib} \times (R_{ip} - R_{ib}) \qquad\qquad (同\ 18-10)$$
$$SS_g = W_{ib} \times [(1 + R_{ip}) / (1 + R_{ib}) - 1] \qquad\qquad (18-11)$$

其中，SS_g 表示股票选择的几何结果。

参照运用算术方差的 1998 年标准普尔 500 指数，它被计算如下：

$$SS_a = 40\% \times 3.82\%$$
$$= 1.53\%$$
$$SS_g = 40\% \times 3.02\%$$
$$= 1.21\%$$

配置的作用是用投资组合配置和基准配置的差额乘以资产基准收益率和总体基准收益率的差额。

$$AA_a = (W_{ip} - W_{ib}) \times (R_{ib} - R_b) \qquad (\text{同 } 18\text{-}9)$$

参照运用算术方差的 1998 年标准普尔 500 指数，它被计算如下：

$$AA_a = (55\% - 40\%) \times (26.67\% - 32.88\%)$$
$$= 15\% \times (-6.21\%)$$
$$= -0.93\%$$

如果加入交易活动和外部的现金流动——利用不同的方法将它们混编入结果——那么情况将会变得非常复杂。

有许多数学上的步骤可以抚平分析中的坎坷，每个步骤都有各自的优点和不足，然而迄今为止还没有发现标准的手段。正是出于这一原因，任何投资组合之间的比较都应非常仔细地予以解释，因为在任何方法论上的细微改变都有可能导致结果上的巨大差异。

因此，在进行比较时，很关键的一点是要从另一角度看待微小的数字差异，以便收益率分析确实拥有一个可供比较的一般基础。

第十九章　软件在投资管理中的应用

投资管理人，无论采用计量的还是传统上的，在其投资管理过程的所有阶段都越来越多地依赖于计算机系统。不必惊讶，软件业早已行动起来迎接挑战，它们通过计算机程序和数据库提供许多功能。计算机硬件和通信能力的不断升级与改进正在软件领域内显现出来，似乎只是其用户的想象力才限制了它的成熟完善。甚至就在不久前的 20 世纪 80 年代中期，大部分的高级金融与投资组合理论还不能常规地应用于处理合理价格的需要，其原因是要获得可以统一利用的必要数据并非易事。投资管理技术一直是低科技的，在证券分析、投资组合的创建和管理方面一直依赖于传统的方法。然而这种情况不复存在了。可以说，现在推出的主要投资理论，都是本着有利于用户应用原则的。

由于软件产品提供的功能和服务错综复杂并且相互重叠，这种危险比我们所说的要严重得多。本章将描述投资管理过程中每一阶段可以利用的工具的种类，从发现这个世界正在发生着的事情及其市场，到向投资者解释上个季度其投资业绩如何及其原因。最后，本章讨论了对所有或大多数软件功能的一般性问题，包括投资管理公司经常要面临的选择，以及不同方法的一些优点和不足。

市场信息

投资管理人饶有兴趣地关注着其投资所在的市场上所发生的事件，以及那些外部新近发生的可能影响到市场上资产价格的事件，包括有关市场情况在内的各种事件。这种关注会给投资管理人带来好处。股票投资组合、债券、短期利率、外汇交易、衍生工具等的管理人和资产配置的管理人需要迅捷及时、连贯一致的市场价格信息，以便评估投资策略、鉴别资产的错误定价并为投资组合的实施提供条件。对特殊投资策略的依靠一直在继续着，甚至十分微小的价格波动也会引发投资组合的巨大调整，因此及时准确的市场信息必不可少。

因此，几乎所有的投资管理人都订购一个或更多的在线市场数据服务，它们发来市场信息，诸如出价、要价及最终的售出价等。信息既可以**实时传送**，即在信息出现之时传送，也可以按照非常短的间隔传送，即每隔 5~10 分钟传送一次。

目前已有好几家大型在线市场信息的供应商，其中一些捆绑式发送新闻和市场数据服务，另外一些则分别提供各种各样的服务。其成本和所提供信息的数量与即时性是一致的。最具综合性的服务是为全球市场提供实时价格信息，它拥有广泛的信息范围，包括政治、体育及各种娱乐信息。许多供应商同样拥有一个广阔的在线分析范围，对其进行简单的价格比较、理论价格计算和有关工具之间价格差别的分析。投资管理人同样可以从精挑细选的证券经纪人那里获得有关单一证券和经济事件的研究性报告。这些信息可以通过各种各样的形式得到，包括公司、证券收益和收益率预测的详细描绘，这些都以标准化样式呈现，并且经常被制成表格以便于比较和分析。

数据可以直接传输到投资管理人办公室的专用电脑，也可以传送给投资管理人的计算机网络。前者通常要求投资管理人使用数据供应商的分析软件，而后者则可以让信息进入其他程序进行存储和分析，这使许多信息变得更为灵活，同时也能鼓励投资管理人进行革新，而不要只满足于简单的数据供给。

在支付订阅费后，可以获得及时有效的市场数据供应。这些费用都是一些基本的，其数额按照所需数据的范围和即时性而定，同时还有每位用户的额外收费。

投资组合的管理人以一个标准化的基准指数为基准，诸如股票价格指数或债券指数。他们有必要知道这些指数在任何时间的构成，以及指数提供者建议在什么时候改变这些构成。大多数指数供应都来自股票交易，但银行和独立的公司同样可以提供用作基准的指数。尽管一些指数供应者免费提供关键数据，但是人们还是愿意从大部分指数供应者那里获得订购服务，这使投资管理人可以及时获取这些信息，进而做出必要的分析处理，并对投资组合进行调整。

除流通市场和基准信息之外，人们还可以购买大量历史信息记录。如在线价格和证券的历史收益记录、货币与商品的价格，以及宏观经济的变异，包括诸如通过天气统计数据计算后得出的农业产量和具有产业特色的数据，如雨伞在马德里的销量等类似的细节项目。

资产种类和单一证券的投资收益率预测

资产种类和单一证券的投资收益率预测，实际上就是有多少投资管理人和其竞争对手迥然不同。综合型收益率预测模型的运用可以帮助我们做到这一点，这些模型典型地依赖于现今的和过去的数据，所以软件和数据服务非常重要。许多投资管理人声称要用一套独特的方法进行工作，这样一来，他们自己的收益率预测程序的发明创造就成为必要。

一些投资管理公司订购或购买宏观经济模型，以便帮助预测诸如利率和通货膨胀等的情况。这些模型通常都是定制的，并与自行开发的程序结合起来，用以解释各种事件如何对经济产生影响，并用自己独特的眼光去了解都是什么因素在影响着这些资产和市场的收益率。

风险模拟、投资组合分析和创建

一旦准备好了资产种类和证券收益率的预测工作，几乎所有投资计量管理人都运用某种分析工具，用以帮助创建一个投资组合，该投资组合带有所需的风险和分散化特征，以便符合投资目标。风险分析通常依靠某种优化程序，这样的优化程序有好几个，但每一个都有着特定的优势和缺点。

优化程序、风险模拟和用于投资组合分析与创建的程序，这些具体处理资产配置决策或者单一证券的问题，通常是普通股票的问题。**资产配置**优化程序在市场代理阶段进行运作，如参与制定价格指数、证券指数、商品指数及商品流通，等等，这些构成了输入计算机程序的基本资料。投资管理人需要输入下述资料：

- 投资组合的基础货币。
- 许可投资的领域或范围。
- 基准配置。
- 货币型投资组合的配置。
- 投资领域内每个资产种类的预测收益率。
- 投资组合成分的指标或限制。

该程序把这些信息和从以往收益率中测量出来的协方差矩阵结合在一起，该矩阵可能是由优化程序提供的，也可能是由投资管理人评估出来的。它能够鉴别并且确认一系列最适宜或最有效率的投资组合，同时还对当前的一些统计数字和每个最佳的投资组合进行计算。具体内容包括：

- 预期收益率，绝对的和相对于基准的。
- 投资组合相对于基准的预期 β 系数。
- 预期的波动性和循迹误差。
- 波动性和循迹误差根源的评估。
- 夏普比率，对预期收益率和风险之间关系的一种量度。
- 把货币转入每个最优投资组合时的实施概要。

优化程序和投资组合分析程序对资产配置和**证券选择**都很有用，后者在个股的水平上发挥作用。尽管证券市场的全球化趋势正在使这个过程成为一种时代错误，但是这些程序可能只牵涉单一的市场，如美国或者英国。投资管理人日益认识到证券投资组合的国际化本质，并且正在寻求可以在全球范围内运用的投资组合分析方法，因此，用于证券选择的程序在市场上得到了越来越多的应用。

对于资产配置优化程序，股票优化程序把下述内容当作它的基本输入项：

- 投资组合的基础货币。

- 证券投资许可的领域或范围。
- 基准配置。
- 货币型投资组合的配置。
- 对投资领域内每种证券的预测收益率。
- 投资组合成分的指标或限制。

　　然后，该程序利用收益率记录。对协方差矩阵进行计算，以便对现有投资组合的风险和收益率进行分析，并罗列出高效率的投资组合系列。同时还进行所需的简略统计和交易，以便把现有的投资组合转变成一个有效率的投资组合。

　　大多数优化程序都带有一系列附加的特征，如有能力对最佳投资组合及其基准进行某种记录分析；有能力根据一系列经过挑选的投资组合特性，如国家或产业风险承受、红利收入、股票的平均市场股本评估、账面价格比率，等等，对投资组合及其基准进行分析。这些程序通常还支持十分诱人的图解计算法，这一方法可以复制到文字资料处理软件，以便编入投资报告。一些优化程序还包含逆向优化。这就可以告诉投资管理人，当前具体的投资组合配置暗含着什么样的单一资产收益率，并让投资管理人有机会检查收益率预测与投资组合创建的一致性。

　　投资组合优化程序与风险分析程序包通常是通过订购予以出售的，这是因为它们依赖于以往资产价格收益率的大量记录。为了让该收益率数据保持最新，大多数的优化程序供应商都会定期向投资管理人出售最新的数据，通常是一月一次，但有时也会更加频繁。这有助于获得关于投资组合风险承受的适度精确的月中评估。必须小心对待用于优化程序的月中数据，这是因为该数据并不一定与协方差矩阵相符，而矩阵的设计目的通常是把每月的收益率包含进来。

　　有时投资管理人更倾向于建立自己的优化程序，其优点在于，可以围绕投资管理人的特殊需求设计程序，如在收益率预测与投资组合创建方面，而且还能适应单一投资组合的目标。例如，如果某一个管理人擅长管理新兴市场的股票型投资组合，那么就可以设计适应该管理人这一特长的优化程序，从而让它成为该管理人争夺市场的一个重要武器。它的缺点主要是它的成本和可靠性。因为优化程序需要大量的数据资料，所以为了支持该系统，管理人必须承受支持庞大数据库的全部费用，这就需要与好几个独立的信息商签约，而且每个月都要检查和清除这些资料，并把信息准备成电脑程序认可的格式。检查和鉴定优化程序模式和输出资料是一项相当复杂的工作，因此，自制模型可能会比不需要定制的模型更加引人注意，很多用户都愿意为此支付费用。

　　许多分析包都可以用于分析特定的**债券和债券型投资组合**，但是许多资产管理人发现，这些程序包需要进行重大的调整，然后才能更切中特定的债券和债券型投资组合。大多数工作都运用了事态分析的原理。凭借这一点，投资管理人便可清楚地知道与未来各种可能出现的经济环境相匹配的各种情况。每种债券在各种情况下的收益率情况都会受到预测，模型也对投资组合的各种特性进行计算。投资管理人可以对各种情况进行较小的调整，以便查看它们会带来什么样的后果，同时还能检测一下那些经过挑选的投资组合配置的健康状况。这些程序有时候可以直接买到，但是很多都是通过订购得到的，这样一来，购买者也就有权享受程序的改进和升级。许多投资管理人都喜欢创建自己的债券模型，以便他们自己独到的见解有用武之地，同时也反映他们在这一投资领域内独到的方法。

衍生工具的分析

简单的衍生工具，如远期合约、期货合约、标准掉期交易和另类投资等，通常都用标准的电子数据表进行定价和分析，并由单一投资管理人或分析人士当场记录。更复杂的衍生工具，如复合型的期权、掉期和复合型工具等，通常需要更强大的支持，而此类支持一般是由专门信息予以提供的。绝大部分此类信息都可以即时购买，如果当前的信息支持有此需要的话，也可以进行订购。针对复杂的衍生工具，许多投资管理人选择自行开发进行定价和分析的程序，因为这能提供更高的灵活性，并且可以让管理人对正在讨论中的工具运用更多的专门知识。

对交易的记录与核实

当组建完投资组合，并规定了所需的交易之后，下一步便是实施交易并进行记录。在人工处理交易的时代，当投资管理人进行一次交割时，如普通股票的买进，他需要在交易单上填写有关这一交易的许多项信息资料，其具体内容如下所示：

- 是买进还是卖出——通常情况下分别用蓝色或粉色交易单表示。
- 交易的日期和具体时间。
- 交易所属的投资组合。
- 股票名称。
- 股份数量。
- 价格。
- 经纪人的名称。
- 应付佣金的比率。
- 任何附言，如股票是无股利还是附红利的，以及结算特点。
- 交易商或者投资管理人的签字和身份。
- 确认该交易的另一位管理人的签字和身份。

这些交易单每天都要从每个交易商或者投资管理人那里收集好几次，并且被填写进一个分类账目，以便今后和经纪人的买卖合约进行核实，该经纪人对每一笔交易的同样细节进行核实、确认。

债券交易信息所要求的信息与之类似：

- 是买进还是卖出——通常情况下分别用蓝色或粉色交易单表示。
- 交易的日期和具体时间。
- 交易所属的投资组合。
- 债券发行人的名称。
- 债券的面值。
- 到期收益或者价格。
- 经纪人的名称。
- 应付佣金的比率。
- 任何附言，如债券是无息票的还是附息票的，以及结算时的任何特别之处。
- 交易商或者投资管理人的签字和身份。
- 确认该交易的另一位管理人的签字和身份。

书记员从早到晚对交易进行记录，他把这些信息记入一个分类账目，投资组合的总体情况需要受到总交易商或者投资管理人的监督。

许多投资管理人对交易进行私人记录，把它作为对这一记录系统的补充，以帮助解决任何疑点。

该程序的自动化明显地有助于淘汰所有这些粉色和蓝色的交易单，它可以减少出错的机会，并使即时获得投资组合财产情况的最新纪录成为可能，而不再是在每天结束的时候才能看到。大部分投资管理公司都有这样的系统，允许发行人和投资管理人从自己桌上的计算机终端直接进入每一笔交易的细节条款。从理论上讲，这完全摆脱了琐碎的纸张交易单。它不像以前那样多姿多彩了，但是效率却提高了。这种做法还限制了单一投资管理人主观地对一个投资组合的交易进行配置的可能性，而投资管理人进行主观配置的可能性有时让那些投资组合最诱人的价格配置与投资收益率背道而驰，而投资收益率却又正是对投资管理人工作进行评价和酬劳的依据。

如今大多数这种系统可以容纳相当数量的资产，包括大部分衍生工具。但复杂的衍生工具仍然是件麻烦事。在一个简单的系统内包容所有证券及衍生工具的类型，这需要强大的功能，因为它能够对投资组合的持有情况进行不间断的监视，进而可以让投资管理人在编制程序时设计一个关于特定暴露或者风险限度是否遭到破坏的警示，以便保证投资者的指导方针和委托的限度范围得到严格遵守。

日常投资策略应当能够反映投资管理人的态度，而最困难的工作之一就是确保投资策略尽可能始终如一地贯穿在带有不同风险承受和风险限度的整个投资组合之中。这一工作的完成通常需要对一个购买得来的软件进行自行调整。

记录交易的系统经常被称为"**办公前沿**"或"**前沿终端**"系统，因为有关投资组合资产状况的信息正是最先从这里发送出去的。这些系统可以随时购买，以后再对程序进行提高和完善，或者如果投资管理人估计任何购买得来的解决方案不能满足其管理委托的需求，那么他还可以自行开发一个系统。

投资组合记录的保存

用以记录交易的计算机系统通常被链接在一个用来保存投资组合资产记录的巨大的系统上，或者干脆它就是这个巨大系统的一部分。这种做法是合乎逻辑的，其理由是许多投资组合所持股份的变化并非起于市场交易，而是来自有规律的资产价格变化和日常事件，如股息和息票收入的接受、配股、红利的分发、合并、资产重组、债券的到期以及其他法人行为，同时它还受到衍生工具到期、保证金需求、掉期结算等的影响。

安装该系统是为了跟踪上述的所有事件，跟踪每个投资组合中每份资产的持有情况。该系统是投资管理人的核心软件，它记录下投资组合中总计的资产持有情况以及每个投资者账户上的进出款项，并且保存处于投资管理人管理之下的每份信托或者共同基金的记录。从概念上来看，这种管理非常简单，但它却能有效地利用计算机强大的处理功能和记忆功能，特别是在大量投资组合需要进行管理或这些投资组合需要频繁交易的情况下。

这些系统可以直接购买，如果另外再花些钱，还可以享受到辅助和改进服务。大型的投资管理人或者自行开发系统，或者是在更多的时候，约定一个专业的软件供应商对通过购买得来的程序进行修改，或者让该供应商开发出一套完全定制的系统。

税款

通常主管部门都要求投资管理人保存收入和盈利的记录，把它当成计算税款的根据，因此投资管理人有时不得不购买一套系统或辅助性程序，以便实现这一功能。很明显，该系统需要和当地的条件相一致，除了需要适合于国内外投资之外，还需要适合于国内外的投资者们。通过购买实物的手段，不一定能够得到合适的产品，因此管理人不得不自行开发，或者和专门的提供商签订合同，由该供应商进行专门开发。

投资组合的评估

投资组合的评估是记录制度的合理延伸，并且很可能也是由投资组合主要管理系统所提供的最简单的功能，其原因是针对大多数资产的投资组合评估都只是简单地用资产数量乘以市场价格。就投资组合估价的功能而言，各种投资组合管理系统之间的主要不同就在于，它们出于检查和分析的目的呈现投资组合资产持有情况时的灵活性和它们描述投资组合中各衍生工具风险承受情况的准确性。

大多数系统都允许管理人为独立的账户和基金制定下述的标准报告：

■ 投资组合或顾客账户所持有的投资组合资产，通常按照资产种类、国家（地区）和（或）产业集团予以组织。

■ 所有顾客和基金通过持有每种证券而进行的投资总计，显示每个账户所持有的数量。

■ 已经实施的单独交易，任何时候代表任何客户或基金进行的利息和现金流动。

■ 由经纪人或订约方实施的交易。

■ 由投资组合、经纪人支付的佣金和时间期限。

■ 每份资产和投资组合的应计收入。

现在许多评价程序都允许单一投资管理人自行设计关于投资组合的估价和活动报告，以便应对严格细致的信息要求，而且投资管理人还可以将这些内容插入已经通过文字资料处理的定期报告中。

投资组合估价程序最常见的一个缺陷就是，它们通常按照现金流量而不是经济风险承受来显示衍生工具的持有情况。这样一来，在描述投资组合的情形时就会导致严重的错误，造成投资组合投资不足的假象，甚至引发违约行为的发生。同样危险的是，如果因为投资过量而违反委托条约，那么这样的系统将无法向管理人发出警告。这样导致的问题是，买入衍生工具或者其他投资时支付的现金并不完全符合买入时该投资的经济价值。

表 19-1 显示的是，由于附有现金担保的基础衍生工具受到不同方式的处理，一个投资组合显而易见的暴露会因此而有何差异。它显示这个投资组合持有115000000 美元的流动资金，但是这些现金还要为普通股票的期货合约提供大量担保。该担保的设定方式将影响投资组合对股票的明显暴露。基于实物股票指数的经济风险承受评估出股票期货的有效面值，其方法是用所持合约的数额乘以期货合约的点价值。中间的一栏显示的是用期货价格代替实物价格后的效果，右边一栏则显示了基于现金的理论上的计算结果。它假定期货合约的**面值**同于所付的最初保证金和价格变动保证金。明显暴露于股票的数值在 33% ~ 74% 变动。左边一栏反映的是投资组合的经济配置，如中间一栏一样，它用期货价格替代实物价格，介绍了由于期货溢价的任何错误定价而引起的应付款差额。由于期货合约被滚动到下一个到期月份，它还导致了在投资组合资产配置中明显的改变。

表 19-1　期货的风险暴露

具体项目	基于实物股票指数的经济风险暴露		基于股票期货价格的经济暴露		基于股票期货价格的现金暴露	
	美元	%	美元	%	美元	%
实物持有情况						
实物股票	50000000	25.64	50000000	25.64	50000000	25.64
实物债券	30000000	15.38	30000000	15.38	30000000	15.38
流动资金	115000000	58.97	115000000	58.97	115000000	58.97
整个投资组合	195000000	100.00	195000000	100.00	195000000	100.00
风险暴露						
期货首期保证金	15000000	7.69	15000000	7.69	15000000	7.69
期货价格变动保证金	0	0.00	0	0.00	0	0.00
期货担保	60000000	30.77	78750000	40.38	0	0.00
全部股票期货	75000000	38.46	93750000	48.08	15000000	7.69
全部股票	125000000	64.10	143750000	73.72	65000000	33.33
全部债券	30000000	15.38	30000000	15.38	30000000	15.38
流动资金的风险暴露	40000000	20.51	21250000	10.90	100000000	51.28
整个投资组合	195000000	100.00	195000000	100.00	195000000	100.00
风险暴露概要						
股票	125000000	64.10	143750000	73.72	65000000	33.33
债券	30000000	15.38	30000000	15.38	30000000	15.38
流动资金	40000000	20.51	21250000	10.90	100000000	51.28
整个投资组合	195000000	100.00	195000000	100.00	195000000	100.00

基于现金的报告必须显示，包括现金在内的所有实物资产是在何处持有的。与此同时，它应当和投资组合的估价报告明显区别开来，后者显示的是投资组合的经济资产种类配置。

投资组合估价和报告程序最为重要的两个属性很可能就是陈述的灵活性和准确性了。对于呈报给客户的所有信息来说，正是该程序的这个部分构成了它的基础。

收益率测量、定性分析与报告

可以通过简单的自制程序，通常是通过电子数据表，对收益率进行测量，而收益率的定性分析却需要运用较为复杂的策略。其原因是收益率分析和利润率分析运用同样的数据和程序。该程序是为利润率的定性分析而开发的，不过通常也用于收益率的计算。现货供应的定性分析程序包种类繁多，它们在质量、准确性和复杂程度上各不相同。

一些系统提供一种非常简单的运算法则，按照资产种类和部门把一个投资组合拆分开来。运用这种运算法则，有可能估价出单一证券对投资组合收益的贡献率。简单的运算法则只能提供一个粗略的定性分析。为了得到更加可靠的答案，就需要较为复杂的程序包。当运用较为先进的系统时，收益率定性分析的进行不但可以按照简单的资产种类，如国家、产业集团等，而且可以将风险因素作为依据。它可以把预测的投资组合因素暴露和它们对实际收益率的贡献率直接联系起来，这样一来就导致了数据管理的问题。复杂的运算法则是为了对投资组合的定性问题提供准确的答案。此类运算法则必须要输入有关投资组合资产持有情况的准确的信息资料，通常是每月一次，此类信息包括分析过程中出现的有关交易的准确信息。

对于交易频繁或者现金流动频繁的投资组合来说，数据管理问题主要就是计算问题。出于这个原因，许多管理人已经开始自行研发复杂的定性分析系统，或者对现货供应的程序包进行用户个性化设计。此类系统可以直接从主要的投资组合管理和评价系统中读取投资组合的资产持有情况和交易数据。这种做法可以提供非常准确的结果，而这种准确的结果则取决于基础数学的品质以及创建高级定性分析函数的能力，如因素定性，但是考虑到编程和管理时间的问题，它的开发和维护成本可能会非常昂贵。

购买与自行开发

投资管理过程的许多阶段给管理人提供了购买非定制系统或自行开发系统，或者将非定制系统用户化的选择，每种选择各有利弊，但做一些概括是很有用的。自行开发系统具有下述两个明显的好处：

■ 它们可以根据投资管理人的需要，进行精确的定制，其内在的灵活性能够满足所设想到的未来需求。

■ 当该程序被运用于某种复杂的分析时，如收益率预测、投资组合的优化程序、复杂的衍生工具和定性分析程序，投资管理人于是可以宣称该程序汇聚了某种独特的见解或者专家意见，因此胜于其竞争对手们所使用的那些系统。这样一来，该程序作为一种营销工具就会身价倍增。

自行开发而不是购买软件的缺点是：

■ 通常自行开发的成本总是高于购买的成本，因为投资管理人承担着自行开发并维持系统的所有成本，而在购买非定制系统的情况下，开发与维护的成本会被分摊到许多用户身上。如果该程序的应用需要定期的数据更新予以支持，那么自行开发的相对成本就会直线上升。

■ 它可能会导致过分依赖于开发该程序的个别程序设计人员。通常情况下，该程序迟早会出现漏洞，或者需要应用某种新的或经过调整的函数。不管该程序的书面说明多么详尽，但是如果原先的程序设计人员不再为这一公司工作，那么问题就会变得复杂，而且有时候根本就无法解决。又如果问题出在主要的投资组合管理系统上，那么投资管理公司就有可能陷入风雨飘摇的境地。

和一个专业的软件供应商签订合约，由该供应商开发定制的程序，或者对非定制产品进行用户化，这通常是一种可行的办法。其原因是该供应商很可能已经为其他投资管理人开发出了相似的产品，因此部分地改编其已经成功应用过的程序，这样做既可以降低成本，又能缩短开发时间。

完整的系统与中间件

这样的一个软件系统同时服务于公司里所有部门的人员，发挥着相同的各种功能，而且它和公司以外各种组织的对接可能会有上千种之多，因此很难把所有不同的系统都成功地对接在一起，这一点也不会让人感到惊奇。即使是自行开发的系统，如果它们分别是在程序编制和硬件资源各不相同的时间里开发出来的，那么它们也可能会互不兼容。然而在投资管理的过程中，每一个系统的所有功能都按照某种逻辑方式相互联系，因此每种功能都需要按照某种方式和其他功能共享数据。

理想的情形是一个内部结构非常协调的综合系统，该系统在它的各种功能之间分享数据。人们已经开发出了好几个这样的系统，这给管理人员带来了极大的方便。但是仍然存在一个问题：综合系统的个别组件可能会质量各异、功能不同，很难为每位管理人都提供最好的方法。例如，一个系统在投资组合管理和纪录保持方面功能强大，但是在分析能力方面可能就会非常薄弱。如果管理人需要高质量的分析，那么就需要一种专门执行这种功能的独立系统，从而弥补该综合系统的不足。

一种折中的方法是购买或自行开发所需的个别组件，然后自行开发或者通过合约定制一套能够把这些系统对接起来的系统。这种对接方法经常被称为"中间件"解决方案。这项方案常被称为"混合经济"方法。但这项任务也很艰巨，而且容易出错，并且在该系统全部安排妥当准备启动之前，投资管理人无法肯定它是不是能够发挥作用。因此，至少到目前为止，理想的方案仍在开发研究之中。

第二十章　投资管理的趋向

投资管理公司的所有权和结构

20年前，最大的和最知名的投资管理人事实上就是大型的人寿保险公司的分支投资机构。这些机构代管着大批储户的大量存款，它们的长期投资常常和人寿保险政策相联系。相比之下，富有的私人投资者直接利用证券经纪人、私人银行或金融咨询机构的服务投资。在大多数国家，人寿机构的管理是相当严格的，例如，它们的证券业务量可以达到多少、它们的海外资产可以达到多少等，这些都有严格的限制。这就限制了它们的收益率，并且阻碍了革新。因为每个承保者管理着大量储户的存款，大家都被同样的规则所约束，都以同样的收益率和费用为客户提供同样的服务。在很小的竞争压力下，利益得到保障，风险降到了最低。

20世纪80年代，当金融市场出现波动时，个人存款和投资产品从保险政策中分离出来，投资管理作为一个相对于其他公司和机构的利润中心，它的吸引力是显而易见的。关于存款率大幅增长的预测有利于这种吸引力的凸显：许多个人都将在20年或者30年后退休，这些人日益意识到，他们不能依靠国家退休金为自己退休后的岁月提供资金。银行在这个过程中发挥了重要作用。20世纪80年代后期，银行业引进了《巴塞尔协议》，该协议明确规定根据贷款所持资产的比率，并且潜在地限制了通过借出贷款而获取利润的可能性。由于这些限制，银行很愿意增加从手续费收入中获得的收入份额，这种收入份额是和贷款差额相对立的。显而易见，投资管理是一种多种经营。

就在投资者寻求更加诱人的收益率时，竞争进入投资管理行业，并在他们管理储蓄的方法上逐渐成熟。到20世纪80年代末期，专门的投资管理公司从银行和保险公司中分离了出来，向投资者们提供真正的投资管理服务。面对这种挑战，人寿保险公司开始把它们的投资区域确定为需要优先发展的业务增长资源，而不再是作为人寿保险业务的简单附属品。他们开始推销自己的服务，以便吸引非保险类的投资管理业务。

精品管理与全方位服务管理人的比较

到了 20 世纪 80 年代末，尽管投资管理业仍然发展迅猛，但是已经开始展示出成熟产业的迹象。由于投资管理人力求自己的服务能够标新立异，并且发扬光大，于是投资管理业出现了一个较为有趣的变化，那就是它的细分。大多数营销专家都预见了这一变化的结果，但投资管理业却表现出了并将继续表现为大多数其他产业不甚明显的独特性。

专业化、独立化投资管理公司也就自然而然地出现了。这类公司通常被称为"精品管理人"，他们甩掉传统管理人的包袱，通常集中于某一个资产种类上。其中的一些管理人能够采取革新的投资策略，使自己获得比传统投资公司更为可观的投资收入。因此他们获得了令人羡慕的成功及相应的发展。

增长的结果是关于经营策略的决断。获得巨大成功的精品管理人认识到，他们的潜在发展存在一个自然的限度。专门经营一两个资产种类或者局限于一种特定的投资形式，通常会限制一个投资管理公司的发展。之所以如此，可能是因为投资者对特殊类型投资的喜好是有限的；或者在更多情况下，可能是因为只有受到管理的有限资金才有机会带来高额收益。与大额资金相比，从数额相对较小的投资资金中更容易获得高额收益。资产持有者已经习惯于利润的快速增长，因此对于精品管理人来说，保持继续增长会遭受巨大的压力。有时候，只有通过转入其他资产种类和采取其他策略，才能获得这种增长。

于是很快地，无论是外表还是具体行动，精品投资管理人都开始越来越像是传统的竞争者了，他们的收益率越来越平淡无奇。之所以出现此种情形，是由于该管理人在投资管理方面已经没有或者说已经显现不出特殊技能了。与此同时，大型组织对于精品管理的需求开始占了上风，它需要进行越来越多的业务管理而不是投资管理技能。这可能会导致原来精品投资业绩的恶化。

后来出现了两种常见的现象，这两种现象的出现都产生了极为有趣的结果。一种现象是，一位新的精品管理人出现在业界，提供的专业技能与第一个管理人所提供的颇为相近，并填补了前者留下的空白，有时还不断窃取客户业务；另一种现象是，那些率先开展精品业务的人们认识到了自己不可能在一家大型的、缺乏亮点的机构里获得持续的成功，因此他们就去另建一家新的精品管理公司，专门经营他们擅长的业务，并表现出极强的竞争力。

费用结构

投资管理业的竞争注定会对投资管理业的费用产生压力。对投资管理公司来说，无论管理的账目大小，只要其投资目标和准则相同，那么它们的管理成本就是一样的。尽管如此，投资管理公司仍然倾向于按照以管理资金的比例来征收管理费。由于意识到了这一点，所以许多的大型投资者们（如公司养老金计划）已经开始要对管理费用进行调整，以使其能够较为贴近地反映所提供服务的成本。

此外，指数化基金的出现及其令人瞩目的成功也对管理费的调整施加了明显的压力。指数化基金提供了一个可供比较的基点，而且突出了积极管理相对于额外收益率的额外成本。许多投资者转身而去，而另外一些则基本上坚持积极管理，只是他们要求降低管理费标准，或者实行不同的收费比例。

投资者日益把投资管理看成是一种商品服务，就像日常的银行服务和保险业务一样。其结果是，投资管理公司是否可以简单地依据被管理资金来收取费用，越来越多地取决于他们是否能够有别于其竞争对手，是否能够提供一些专项业务。

最明显的结果是专业化投资管理人的出现及其发展，如另类投资管理人。这些公司并不声称自己提供主流投资管理业务，而是把自己的目标瞄准那些通过高风险、高收益率、高投资费用，从而寻求补偿主流投资的投资者们。

由于指数化投资组合的日益成功和另类投资组合的出现，投资者们开始对传统投资组合的创建费采取一种不同的观点。由于认识到大多数投资组合与标准的差异不是很大（事实上大部分都是相同的），于是投资者们就有理由提出质疑：既然积极投资组合中的那一部分基本上是属于指数化投资组合的，那么他们为什么要为此支付积极投资组合的管理费用？在一个指数化投资组合中投资该投资组合中的大部分，并且为进取型的，积极的多头—空头委托保留较小的比例，这样会不会较好一些呢？这展示了提高总体业绩和减少费用的可能性。指数化投资组合提供了一种缓冲，而与此同时，以现金收益为基准的多头—空头管理人从众的动机弱于以一个证券收益为基准的管理人。它减少了总体费用，因为投资者们只为投资组合中实际上受到积极管理的部分支付。

积极投资管理下一个合乎逻辑的步骤是以业绩为准收取费用。许多管理人已经提供了这种替代性的方式，其原理是投资管理服务导致了一笔基础费用，而这笔费用类似于在同一资产种类中由类似规模的指数化投资组合所收取的费用。收取这笔费用的目的是补偿投资管理人的管理费用和其他固定成本，但是其本身不能产生实际的利润。管理人的利润来自指数化投资组合在此管理费用和其他成本的基础上所能产生的收益。如果投资的业绩确实优于其基准，那么投资管理人就按绩优数量的百分比受到奖励。如果投资业绩不佳，那么投资管理人在分享战利品之前，必须先用随后的优秀业绩表现补偿以前的业绩不佳。

这种安排具有很多益处。最明显的一个益处当然就是投资管理公司的利益和投资者的利益两者之间的联系比在传统费用结构下更加密切。它的另一个益处是，由于投资管理公司为其客户所获得的收益决定着该公司的创利能力，所以投资管理公司愿意按照员工的投资业绩对这些员工进行奖励。而作为对照，在常规费用结构下就不容易做到这一点。因为传统的费用收入和相对于基准的投资收益没有关联，所以，从中期的角度来看，根据这个标准奖励投资管理工作人员就意味着该公司的成本随着投资收益的增加而增加。与此同时，收入却保持不变，其结果是该公司的利润由于客户投资的成功而减少。当然，从长期来看，较好的投资业绩可能会带来更多的客户，这算是一种回报，但是这种关系是间接的，而且也是不稳定的。

作为投资管理人的托管人

托管人的传统作用是对正在经营中的资产进行实实在在的经营管理。托管人需要寻找一个储存所有文件的场所和一个查询文件内容及其归属的方法。随着投资管理人之间竞争的加剧，投资托管人还需要准备有关投资收益率的独立报告，对投资组合进行评估并对评估结果进行报告。

因为指数化投资组合的经营成本基本上是由管理成本组成的，所以已提供大部分管理服务的托管人还需要以很小的边际成本来提供指数化基金的管理。

随着对股权证书租借的需求越来越多，同时由于有可能从长期投资组合所持有财产中借出证书以满足这种需求。于是许多托管人认识到自己正是这种服务的自然提供者。因为他们比别人更清楚到哪里寻找股权证书、其他资产的所有权，并且他们拥有专门设定的电脑程序，可以用来追踪所有权证书的现状和变化情况。

在某些情形下，股权租借比提供监管服务更加有利可图，它可以和投资管理费用相媲美。一些托管人把基本投资管理和全球监管服务结合在一起，假如这种服务包括股权借出协议的话，那么其服务价格通常要比投资监管费用高一些。这些托管人——管理人有权借出股权，并收回所有的租金。这对投资者自然具有吸引力，但是也存在潜在的危险。第一个潜在的危险是，如果投资者接受了这个协议，那么他就需要确保托管人能够做到下述事情：公开股权租借的收入并且承担风险，包括无法归还股票的风险。第二个潜在的危险是，托管人和管理人的角色可能会产生利益冲突。投资管理人，特别是指数化基金管理人的目标之一，就是要减少和投资组合相关的交易与业务管理成本。但是，托管人却没有这样的目标，他们实际上可能会从更多的交易中获得利润。此外，托管人最重要的作用是让投资决策从结算中分离出来。投资管理人决定购买的对象、来源和价格，而托管人则负责签署支票。让一家机构同时发挥两个作用，即使不一定会导致不必要的后果，也削弱了针对意外风险的防范。

投资顾问的作用

随着合作养老金计划、建立在产业基础上的计划以及由托管人董事会予以监督的其他基金等变得日益重要，投资顾问们意识到他们在投资管理发展进程中的作用。

许多投资顾问的作用是向资金托管人和管理人建议如何管理基金的债务。他们的保险精算背景使得他们能够对基金资产期货承购的时机和数量做出规划。这些规划，连同关于投资收益率的预测，使得投资顾问对成员必要的贡献率提出建议，以便保持基金的良好运转。

随着投资管理人选择范围的扩大以及投资策略的联合选择，基金托管人和管理人希望得到咨询服务，以便在投资策略和产品之间做出抉择。由于熟悉基金的债务，并且熟悉基金对危机和该基金长期投资的容忍限度，所以投资顾问们也经常是能够在投资策略方面提供建议的唯一人选。

虽然很多投资顾问宁愿限制他们在债务管理和基金债务匹配方面提供建议的作用，但是另外一些顾问应基金托管人和管理人日益增长的需求，扩大了自己的业务范围，以便帮助实施最适当的投资策略，并且保证该策略符合预期目标。如果基金管理人感到自己条件不够，单靠自己的力量不足以做到这一点，那么这种作用就往往会扩大到为基金制定最佳的长期资产配置。通过提供关于投资策略的独立的专家咨询，投资顾问们帮助基金托管人免受令人失望的投资结果。

投资顾问的独立性和庞大数量也为他们对投资管理人的评估提供了便利条件，因此许多咨询公司研究并维护投资管理人的数据库、投资管理人所提供的系列产品、投资管理人的强项和弱项，以及投资管理人取得的收益率。就投资顾问来说，这是一项强度很大的调查研究工作，而对于选择投资管理人的养老基金管理人，它是非常具有价值的资源。有些投资顾问的工作做得非常细致，甚至具体到单个投资管理人，以便了解他们对投资管理进程的贡献。这可能具有重要意义，因为有些投资管理公司依赖于某个具体员工。重要员工的离职将会严重影响它们的服务质量，并且会影响其投资收益率的可靠性。

一旦投资顾问确定了自己在投资策略和选择投资管理人方面的作用，那么他就会继续下去，根据预期和基准，对投资策略的当前业绩进行监控和评估。因此，当判断一个策略是否有效，以及需要对其进行修订的时候，投资顾问的作用是非常重要的。

考虑到投资顾问对基金的成功具有潜在的重要性，因此了解他的目标是否正在得到实现是很有帮助的。当然，如果基金正在获得可以接受的或者高于预期收益率的收益，那么人们就可以认为投资顾问的目标得到了实现。但是实际上有可能是投资管理人的超常发挥导致基金的业绩优于所在市场的预期收益，或者是由于基金正在承受大于适当比例的风险。

令人遗憾的是，很难对咨询顾问的作用做出客观、明确的评估。有些基金公司通过独立投资分析家的服务进行过这方面的尝试，这种尝试可能会得出有趣的结论，但是经常进行这种活动并不切合实际。

大多数基金公司发现，即使是对投资顾问的服务和咨询质量感到不满，但是要更换投资顾问也非常困难。考虑到投资顾问贡献率的重要性，这一点也不令人感到惊讶。投资顾问的更换会引起投资策略的改变，也几乎肯定会导致投资管理人的更换。这可能会是一个代价很大的过程，而且对于更换的结果是否令人满意，根本没有任何保证。

很多投资顾问的收费依据是它们为每个客户工作时所花费的时间。这可能会导致一些意想不到的后果。例如，由于不可以直接向客户收取关于管理人和策略研究的费用，所以这些任务可能不会受到太多的重视，或者他们会被委派给资历较浅的咨询人员。如果投资顾问不愿意花费宝贵的时间去了解投资技术的最新进展、新投资工具的潜在益处和风险，那么他们就无法运用这些工具和技术对投资管理人进行评估，或者无法在最合适的投资上向投资者提供咨询意见，以便满足特殊的收益率和风险要求。

其他投资顾问根据所需的咨询服务收取固定的费用，这样一来，投资顾问当然不再遭受故意拉长收费时间的责难。但是由于投资顾问知道，不管他们的服务质量如何，都可以照样收取费用，于是就有可能失去对改革性投资方案进行探索的动机，从而固守着自己熟悉的方法，即使这个旧的方案不能完全令人满意。

共同管理

共同管理是为了确保公司是正在运作着的，并且符合在该公司中持有股份的那些投资者们的利益。20 世纪 90 年代，在上市公司中开展共同管理的运动获得了很大的发展，它的发起人之一是加利福尼亚州公务员退休服务中心。

此项运动开始于 20 世纪 80 年代后期，起因是上市公司内高级经理人和公司股东之间的利益存在分歧。其核心问题是经理们的报酬，甚至是在公司效益不好的时候，经理人员们的薪水还是居高不下。随之而来的问题是保护少数股东的权益。该运动还把注意力集中在高级经理人员们为了公司不被接管所做的努力上，由于公司不会被接管，这些经理人员因而维护了自己有利地位的连贯性，同时使得股东们没有机会以高于市价的价格出售公司并获得利润。共同管理运动获得了一些巨大的成就。例如，尽管公司上市所在的市场不做要求，但是现在许多公司都公布收入情况，包括董事和高级经理人员们以股份和优先认股权方式收到的报酬。到了 20 世纪 90 年代末，更多的董事有可能是独立的和非行政职务的，而不是像共同管理成为一股力量之前的那种情形。

在实践中，不管股东们的投资受到多么消极的管理，共同管理的运作都是通过鼓励股东们根据所持股份的数量行使表决权，目的是把高级管理层的利益和公司股东们的利益联系在一起。养老基金、互助基金和单位信托基金等一些机构，在许多成熟市场上共同拥有主要的上市资产，而且由于它们拥有的所有股份都有表决权，所以它们有能力影响上市公司经理人和董事们的很多行为。这个理论说的是，通过保证主要决策都是出自股东的利益，公司的价值就一定会得到提高，从而让所有股东受益。

表决权的实际行使并不像它看起来那样简单。从投资管理人的角度来看，首先需要向股东核实他们是不是准备表决。如果股东准备表决，那么这个表决是不是应当由投资管理人予以实施；如果投资者想让投资管理人进行表决，那么投票的时候拥护什么，反对什么，这又是一个需要解决的问题。行使表决权时需要全面了解公司的运转情况。人们当然希望投资管理人知道公司的投资组合都被投资到了哪个领域里，但是在指数化投资或者其他形式消极管理的情形中，却很难做到这一点，而相当数量的投资现在却又都是以消极型投资组合的形式持有的。

不仅如此，有时甚至是积极证券管理人也无法对其被投资公司的所有活动进行一一监控。由于认识到了这一点，于是人们建立了许多独立的服务机构，专门对上市公司的共同管理领域进行研究。投资者和投资管理人可以订购此类服务，而此类服务则对行动计划及其相应表决可能产生的影响提供客观的评价。

总而言之，共同管理运动的影响是巨大的，尤其是对投资者的总体利益，但是它也存在一些潜在的危险。这项运动企图通过改进一般性的管理活动，从而提高股东的地位。到目前为止，这种做法还是成功的。然而，当它伸入公司策略的领域中时，它的负面影响可能就会显现出来了。例如，现金收购另外一家公司的决定可能只是在简单地执行公司决策，而这种收购策略显然是公司管理的一个禁区。如果股票价格随后发生了暴跌，兼并之后经常发生这种情况，那么公司的管理层将会受到指责，因为他们的兼并活动让公司在潜在的兼并者那里变得不如从前那样富有吸引力了。这就是共同管理的问题。或者对最近股票收益率感到不满意的股东可能会坚持更换公司的领导层，不管这种做法会不会让事态得到明确的改善，它都有可能导致不确定性，从而进一步减少公司的市场价值。

旨在让管理层保持诚信的措施可能会发展成为扯皮和掣肘，从而形成越俎代庖的局面。

合规部工作人员的作用

随着投资管理人在数量和复杂程度上的增加，以及更加复杂的投资策略越来越多的使用，发生失误的概率也就越来越高了。托管人和投资管理人强烈地意识到了自己所承担的法律义务，不管是对投资者的财富，还是在更宽泛的意义上。在 20 世纪 90 年代，人们越来越强调，所有法律的精神、法规、合约义务以及证书在任何时间里都应当得到遵守。

在保证投资组合遵守所有相关的法律、法规和其他规定方面，现代计算方法的复杂性和灵活性都起到了巨大的帮助作用。在此基础上，大多数投资管理人又增加了以合规部工作人员的方式而进行的人工监督。合规部工作人员的工作是保证计算机系统得到正确的设定，对违反委托或者工作指南的任何可能性予以警告，并且保证一旦发现失误，就可以采取适当的后备措施予以支持。如果确有失误发生，那么就需要由合规部工作人员对相应的损害予以限制。

为了有效地做到这点，合规部工作人员需要接受难度很大的培训。这需要合规部工作人员充分理解法律条文，同时还应当熟悉应用于所有委托和经济学意义上的限制条件。更高的要求是，在财政学上具有较高的造诣，以便理解各种投资手段的风险与收益之间的关系。常识是必不可少的。合规部工作人员可能需要制定内部规则，以帮助减少违规的风险，因此他们需要拥有权威，目的是确保这些规则得到遵守。

所以，合规部工作人员通常是一个高级职员，他在该组织中的重要地位及其个人的能力反映了该公司对遵守规则的诚意。

当然，合规部工作人员开展工作的方式在很大程度上取决于个人风格。这种风格可能是正式的，也可能是非正式的，但是不管怎样，他们都经常和投资者保持着密切的交流。其中的一种方法是，要求投资管理人就具体投资组合的经营管理写出详细的报告，将其和一些目录进行对比，以便查看是否存在什么差异。此类方法严重依赖于所写的报告，但是它们也有一个优点，那就是它们能够确保报告涉及的所有项目得到永久性的记录。另一种方法是让负责投资的所有员工予以配合，并鼓励他们注意投资管理程序上和合规制度中潜在的缺陷。这种方法无法采用永久性记录，如果某个方面出现错误，那么这就成为此类方法的一个严重缺陷，但是它可以鼓励最有能力的员工及时帮助阻止错误的发生。

还有一种方法是把所有的规则汇编成一个文件，通常称为合规手册，并告诉大家每个人都必须阅读它，到目前为止，这是一个非常好的方法，但是除非有人对阅读、理解和遵守的情况进行检查，否则无法保证它的实施。假定规章只由一套规则构成，这本身就是一种规章风险。规则的经常改动会给人留下这样一种印象：合规部工作人员很忙，因此他的工作也很出色。但事实上，他只是减少了投资管理人员阅读和理解规则的可能性，并把问题汇集在一起，从而引起了人们的困惑。

令人遗憾的是，有些投资管理人口头上支持有力的合规职能，但是实际上却做不到这一点：他们或者雇用一个不具备资格的人来担任这个需要条件很高的职务，或者未能赋予合规部工作人员有效开展工作的职权。公司严肃对待规章的另一个标志是由谁承担违反规章的责任。很明显，造成违章的投资管理人员需要承担违章的责任。如果结果证明安全措施是无效的，那么为严肃工作纪律作风，合规部工作人员应该对此承担责任。

人与方法：投资管理功能的细分

过去人们经常询问投资经理们的履历及他们鉴别优胜股时的成功比例。履历较好的投资经理们会得到高薪位置，并且跻身于高级管理层中。雇用这些经理的公司经常发现，他们比没有这些明星投资经理的竞争对手更容易争取到新的客户。

但问题是这些明星投资经理们具有极大的不稳定性。当他们意识到自己的巨大价值时，就会要求改善工资待遇，如果不能满足要求，那么就会以辞职和为竞争对手工作相威胁。公司经常发现自己容易受到员工个人或者员工小集团的严重影响。咨询机构关于投资管理公司优缺点的研究表明，只有维持稳定的员工，公司才能有较好的业绩表现。

投资管理公司尝试解决此问题的一种方式是，让单个的投资经理附属于投资管理程序。公司在决定投资组合中应当包括哪些股票时，不再依赖于具有天赋的证券分析师，而是由首席投资管理人指挥一组经理，共同遵守一套选择股票的决策规则。规则成了一种程序，而单个的投资经理被安排负责其中的一部分。如果一两个人员离开公司，那么具有类似能力的其他人就能轻易地承担起离职者的职责，确保投资管理运行程序不会中断。除了首席投资管理人之外，其他人员对投资管理程序都不具有破坏能力。

大多数大型的投资管理公司已经发现了这种安排的好处，同时也得到了咨询机构的肯定，因为它既能确保投资管理每一阶段的纪律，也能确保业绩的连续性和服务的标准。

把人员安排到程序中去，这种思想最早出现在计量投资管理的有关文献中。在该理论中，纪律和连贯性是同等重要的。许多传统的管理人员按照自己的方式寻求类似的连续性和约束力，他们也为投资组合的创建和管理建立起了正式的程序，人在这种程序中只起到了次要的作用。

从理论上讲，这种方法似乎可以提高稳定性和连续性，但是如果高层人员发生变动，那么就可能会造成中断。一旦发生此类事件，其破坏将会是全面的。它还会窒息组织内部各个层面上的创造性与创新精神。大多数崇尚程序的公司都会拒绝这种做法，其理由是大多数工作都要求这样或者那样的熟练技巧，但是由这种程序予以界定的大多数工作却受到了过多的限制，结果无法让真正具有天赋的专业投资管理人员产生兴趣。除非诱以更高的职位或者更多的金钱，或者同时运用这两种方式，否则他们就会另外去寻找更具有挑战性也更具有创造性的职位，而接替其原来职位的人虽然也能胜任工作，却不大可能给整个程序带来额外的价值。

对投资管理职能的细分也会产生令人遗憾的结果，即一般的管理技巧无法得到发展，其结果是高级经理人员们的技术基础通常很狭隘，从而把善于经营的人们拒之门外。这可能会导致非常没有凝聚力的投资管理队伍、频繁的人员流动以及内部的不稳定性。

最危险的情况可能是，这个程序会变得僵化，对变化着的投资环境没有反应。投资程序中真正的工作纪律会变成显而易见不合时宜的刻板僵化，其结果往往是作为该制度核心内容的风险控制变成了它的附属品，并最终成为它的牺牲品。

另一种方法是聚集一批特别有才干的人，并且鼓励创新和个人主义。人们可能会认为它属于建设性无政府主义者的类型，运用这种方法而成功的组织为数不多。当这种方法确实发挥作用的时候，它的成功是非常令人瞩目的。尽管此类组织已经运作了 10 年，或者更长的时间，但是由于这种制度严重依赖于人才的奇异组合及其管理方式，所以它具有内在的不稳定性。

投资管理中加强工作纪律和连续性的趋势已经走得太远，难以回到明星当红的旧体制中，不过人们已经认识到两种方法各自的优势，并将其予以运用。

投资管理是一种复杂业务，投资环境中也存在固有的无政府状态，因此在投资管理的程序中给创造性留下一定的空间是有一定道理的。如果管理得当，这会有助于加强风险控制和纪律，而不仅限于许可证书。让了解投资管理程序机制的人们从事投资管理，并且让该程序适应市场机遇的变化以及投资者正在变化着的需求，这是合乎道理的。

由于投资管理中细分的生产程序与长久以来诸如制造产业中被发展起来的经典理论相矛盾，所以学习管理的学生们有时会被这种程序的应用搞得晕头转向。许多投资管理公司里发生的事情看起来像是奇怪的科学管理，程序的每个部分被分割成若干个最小的组成部分，而每个最小的组成部分又被不同的个人重复执行。结果证明，对于大多数职能来说，这样做不仅效率极低、非常残酷、容易出错，而且还导致个人会承担几乎超出其承受能力的职务责任。

如果说制造业属于这种情形，那么对于投资管理来说就更是如此。在投资管理中，公司的资产不是染料、模具和滑轮，而是在那里进行工作的人们。对投资管理的过度细分可能会导致公司无法在其员工中培养出一般性的管理技巧。而如果公司的员工得不到很好的管理，那么什么手段也发挥不了作用。

第二十一章 结论：传统与计量的对比

自 20 世纪 80 年代中期以来，计量投资技术变得越来越受欢迎。它们的成长反映出了其他方面的趋势，例如：

■ 由于硬件、软件和资料的具备，20 世纪 50~70 年代发展起来的金融理论被付诸实施。

■ 流动衍生工具市场的建立便利了综合资产和空头的创建。

■ 对被管理投资产品的投资更为广泛，这导致了投资产品种类选择余地的扩大和投资者的成熟。

■ 日益领悟到传统投资管理并未给所承担的风险带来足够的收益，也未给资金带来足够的价值。

■ 逐渐发现金融市场变得越来越不稳定，因此风险控制越来越重要。

计量投资提倡投资管理程序的纪律性和严格性，它连贯地运用预定的决策规则，提供定制的投资结果，如相对于基准的最小和最大方差、防止损失的保护制度，甚至是受到担保的最低利润率。

消极投资，如指数化，也同样大大减少了投资者在风险资产中的成本和不确定性。

计量投资技术的一个重要特征是，它鼓励将投资组合的创建和即时控制这两个方面都纳入风险管理机制。在投资组合的创建与分析过程中，它还要求假定的连续性。

计量技术可以应用到大多数形形色色的投资组合中，它的应用是从资产配置开始的。在这一步骤中，资产种类模型产生了收益率预测，该预测和均值—方差的优化一起得到运用，或者用于创建该投资组合，或者用于分析可能的风险或者收益率预测，或者同时兼用于两者。期权定价技术可以和该技术一起使用，从而制定一些投资组合策略，而该策略的目的则是根据明确的投资要求确定最低限度的收益率。

计量模型不但广泛应用于国内和国际证券市场，而且广泛应用于创建和分析定息投资组合和货币投资组合。它们最大的局限性很可能就是它们很难应用于不频繁交易的资产，如直接不动产、直接证券和风险资本。计量技术适合大多数商品与衍生工具市场。

由于投资管理人经常希望凭借自己高超的收益率预测技术在其竞争者中鹤立鸡

群，所以就有了许多种不同的预测方法，而每种方法都声称其是可计量的。这种说法并无不当。而且这些方法当中的大多数都建立在模型技术的基础之上。

几乎所有计量投资模型的基础都是资本资产定价模型，或者是布莱克—斯科尔斯期权定价理论，或是现在价值等于未来收入的原理。资本资产定价模型描述了单一资产风险与收益率之间的关系，以及它们对投资组合风险与收益率的贡献率。它使得一个投资组合相对于一个基准投资组合的分散化财产持有成为可能。布莱克—斯科尔斯期权定价模型为期权价值的评估和某些工具（由类似期权的收益率模式组成的）价值的评估提供了方便条件。这两种技术都需要相对复杂的计算能力。尤其是资本资产定价模型，这种技术需要大量的历史数据，对其协方差矩阵进行计算。这两种技术甚至到了 1980 年的时候还不曾在大学以外的地方出现过，然而时至今日，它们在投资管理中却已经无所不在了。这一事实表明投资管理变得复杂了。与之相对的是，当前的价值计算已经使用了好几十年，它所要求的计算也相当简单。

投资管理模型

许多日益成熟的投资管理都与用于设计和分析投资组合的模型有关。一个模型就是运用计量方式再现投资组合真实情况的一次尝试，它被用来识别和计量对投资组合风险和收益率的重要影响。一个铁路模型就是对真实铁路的一次简单模仿。在设计的时候，它的运作模式要和真的一样，并加入了一些简化了的设想。例如，不需要给它增加大量的煤，它也不会把你的起居室弄得满是煤烟，虽然它有时也会偏离轨道或发生其他的事件，但它永远不会罢工。一个投资组合模型的设计应当显示真实投资组合的绝大部分特征，应当足以像是真实的投资组合，但有必要删去一些实物细节，因为这些细节在缩小后的形式中无法具体化。大多数金融模型都包括一个随机错误条件，以便调解这些无法估量的事件。

投资管理中运用模型的好处在于它们能够：

■ 在整个投资管理过程中支持方法的连续性。

■ 通过促进敏感性分析，从而促成健康的投资组合创建。

■ 通过限制偶然性和固有的活动，从而加强约束。

■ 通过计量资产收益率和经济事件之间的关系，从而为风险管理提供条件。

与模型相关的风险在于它们：

■ 易于产生数据错误。

■ 有可能受到以往数据局限性的支配。

■ 有可能受到计算错误的干扰。

■ 有可能受到不正确设想的干扰。

■ 易于过度简单化。

- 受到模型错误或者模型选择错误的影响。
- 当以黑匣子形式运用模型时，导致无法进行检查的后果。
- 有可能导致一些难以解释的后果。

在投资组合的模拟中，最大的风险就是错误地选择模型。即使所选的模型是所有可利用模型中最合适的一个，但也可能存在其他风险。例如，人们已经认识到，所有的模型都会过于简化它们所模拟的问题。因此，被模型遗漏的内容经常会引发一些问题。创建这些模型的人们常常设想模型遗漏的事件将会抵消相互的影响，至少当所有的资产都计入投资组合时是这样。这种看法通常是正确的，但有时候，所有被忽略的事件都朝着同一方向发展，于是模型便会系统地错误估价投资组合的一些重要方面，如它的风险。

投资管理模型的另一个危险是，它们过于注重细节，这样就会需要太多的数据以便支持它们的运转。所需的数据越多，数据出错的概率也就越高，排除错误的困难当然也会越大。

投资管理模型像任何其他模型或者计算机程序一样，容易受到"无用输入，无用输出"原理的影响。

对于股票投资组合而言，大多数计量技术都混合了某种均值—方差优化技术，这种优化技术建立在某种风险模型的基础之上，而该风险模型则描述了最有可能解释投资组合方差的因素，以及每种因素与单一资产之间的关系。获得股票风险模型的方法有很多，每一种都有它自己的优势和劣势，它们适合不同种类的投资组合。

大部分中立的和空头多头投资策略都是以计量投资技术的某种应用为基础的，由于衍生工具的广泛应用，它可能会产生非常诱人的投资收益率。由于风险性大，所以它们通常被用作传统投资的一种补充。对于依靠基金的小型投资者来说，这种方法是可取的。

均值—方差优化和许多预测模型都依赖于以往的收益率数据。对于收益率预测来说，这是比较冒险的，因为资产收益率易于在不同的期限内发生巨大的变化。当开发收益率预测模型时，在实际试用之前，研发人员都要常规性地利用以往数据对模型进行检查。这样做的想法是，如果它能利用过去的数据正常工作，那么就能再做一次。这种方法有可能陷入被称为"数据地雷阵"的陷阱，它的意思是说，一个模型可以对选定的数据发挥作用，于是人们也就假定它可以一般性地发挥作用。

传统管理与计量管理

常见的误区是认为传统投资管理与计量投资管理的技术在一个投资组合内是无法相容的，因此投资者只能决定采用其中的一种，但有些更精明的投资策略却汲取了两者的优点。事实表明，如果把一个核心的指数化投资组合和一个进取型积极管理的传统投资组合结合在一起，就能给大型投资者带来良好的收益，否则由于规模的限制，这些投资组合就只能产生适度的收益。

作为对比，在同一家投资管理公司把传统与计量的投资管理结合使用可能会是比较困难的。投资管理公司很难发现并聘请到既同时受过这两方面培训又有才能的员工，其部分原因几乎总是存在着太大的文化差异。传统的管理人通常注重实用的证券分析和单一经济学，而在数学方面要求不高。而与之相反，计量管理人一般都是年轻人，他们通常具有在数学、物理和财政这三方面的造诣。年龄和背景的差异连同对投资组合管理采取的不同方法，通常导致在工作场所文化上产生明显的区别。传统管理人开会较多，无论是正式的还是非正式的，他们对自己什么时候购入或出售资产以及这些资产的数量谈论较多，他们偏向于同经纪人发展更为亲密的关系。计量管理人则较多地运用模型，并要求更加精确的计算机资源，因为他们做出的买与卖的决定是通过模型技术和决策规则系统做出的。计量管理人通常不和经纪人讨论他们的决策过程，只在有必要时商量一下关于定购的情况。

传统的管理人往往注重证券的当前收益以及证券的高收益率前景，像公司的产品简讯这样单一的事情能够激发许多活动。计量管理人则更关心有关合理价格或另一种资产价格的资产价格，而单一的事件只在投资组合的环境中是重要的。

在同一公司中最难实现的联合可能就是传统的积极管理与（计量）指数化管理之间的联合了。如果传统管理人的收益率令人失望，那么事情就会更为棘手。虽然任何积极管理人一定会有达不到目标收益率的时候，如果指数化投资组合产生了更高的收益率而传统管理人却没有，那么就可能令人沮丧了。

许多公司试图把传统与计量投资过程在同一屋檐下联合起来，结果发现这两支队伍的文化差异有时会产生对抗，这种对抗会妨碍它们之间的合作，甚至交流。为了解决这个问题，一些公司试图把两者放在一起工作并尽可能多地使用同一资产。这一做法经常不能奏效，因为和这两支队伍一同工作的人，如委托服务人员、工作情况测定人员和行政管理人员，往往发现这两种方式很不相同，甚至完全让人迷惑。例如，衍生工具手段的不同应用会把矛盾的指令输入行政管理和报告的系统之中；收益率和定性分析计算必须调解不同的手段，委托服务人员必须向委托人传达截然不同的，有时甚至是对立的结果。更糟糕的是，这两支敌对的团队有可能将自己的做事方式强加给对方。

投资公司还有可能面对更糟糕的局面，那就是它们期望传统的和计量的管理人们能够共享同一资源。除了会让那些与它们进行交易的交易商和经纪人迷惑不解之外，这两支团队的混合还会造成大量的怠工，甚至带来利益上的冲突。交易商关于重大交易的知识在这里有了用武之地，他们会在交易发生之前变换头寸，从而从频繁的价格波动中获利。由于传统投资组合的交易通常比较随意，而计量投资组合的交易却不那么随意，所以计量投资组合更有可能遭受损失。

灰色区

尽管传统和计量投资管理团队在文化上发生冲突，偶尔还会有感受上的差异，但是也存在许多交叉重叠的部分，它们身上各有值得对方学习的东西。

对于本书描述的许多技术，传统的和计量投资管理人都可以理直气壮地宣布，那就是他们自己的。

一些传统管理人通过逆向优化，对他们的预测能力加以辅助。这种做法没有对预测过程本身产生什么影响，却可以提高投资组合创建过程的连续性和健康性。风险值就是把计量方法应用到传统投资组合创建之中，并提供投资组合风险评估的一个实例。

计量投资管理在投资管理的过程中尽可能运用客观的决策标准，不过与此同时，它在许多阶段也需要进行判断。例如：

- 为收益率和风险预测确定最佳模型。
- 确定最可靠的数据。
- 确定协方差的最佳计算方法。
- 对结果进行解释。
- 确定一个模型需要升级或淘汰的时间。
- 确定风险管理的最佳方法。
- 确定货币管理的最佳方法。
- 确定如何制定并实施决策规则。

业绩测量和定性分析是传统投资组合管理中进行计量的两个例子。业绩测量的方式和投资组合的拆分方式都需要正确的判断。这些步骤一旦确定下来，那么整个过程就变成纯粹的计量了。计量投资管理根据收益率预测的结果、投资组合风险和收益率模型对投资组合进行创建和分析。就投资组合而言，需要重点指出的是，模型的选择及其运用方式纯粹是建立在判断的基础之上的。

第四部分

附　录

附录 1　利率证券的定价

利率证券大致可以分为两种类型：一种是贴现证券，另一种是债券。这两者之间的区别是债券定期支付息票，而贴现证券则在到期时一次性地支付利息。利率证券几乎总是被认为是证券的利率，有时候被称为到期收益。一个贴现证券的到期收益通常是用 100 减去利率乘 100，因此一个 5% 的收益就被说成 95.00。

要计算这种证券除去利率之后的结算价值，就有必要理解证券的到期。在债券的情形中，还需要知道息票的数额、何时支付以及多长时间支付一次。一旦掌握了这些细节，那么剩下的事情就是运用适当的定价公式了。

贴现证券的结算价值

计算贴现型有息证券的结算价值，需要应用式（A1-1）：

$$P = FV/(1+i \times d/365) \tag{A1-1}$$

其中，P 表示结算价值，FV 表示面值，i 表示利率，d 表示证券到期的天数。

有些贴现证券按照一年 360 天，而不是 365 天进行定价。这种办法简化了计算，但是在应用公式之前，有必要检查一下定价时运用的是哪一种惯例。

例如，1000000 美元面值的贴现证券，期限天数是 90 天，按每个历法年 360 天计算。该证券最近以 94.95 的价格进行交易，而利率是 5.05%（100-94.95）。因此这份证券的结算价值是这样的：

结算价值 = 1000000/[1+(100-94.95)/100×90/360]

　　　　= 987532（美元）

因此一个现在支付 987532 美元并在 90 天后收到 1000000 美元的投资者，将获得按年计算 5.05% 的收益率。

贴现证券的点价值

知道结算价值对人很有帮助，但是通常情况下投资者还有兴趣知道结算价值是怎样随着指定的利率变化而发生变化的。这个价值通常被称为**点价值**，它的计算过程为：首先计算利率比当前利率稍高或者稍低时的结算价值，然后从差额中得出一个平均值。点价值取决于证券的到期时间和当前利率。

为了计算点价值，运用定价公式时假定比当前市场高出和低出 0.01% 的利率。然后把由此得到的两个结算价值之间的差额进行等分，这样就得出了点价值，它的定价公式可以表述如下：

点价值 $=(P_1-P_2)/2$ (A1-2)

其中，P_1 表示利率减去 0.01% 时的结算价值，P_2 表示利率加上 0.01% 时的结算价值。

根据上文例子计算贴现证券的点价值：

结算价值 $=1000000/[1+(100-94.96)/100×90/360]$

        $=987557$（美元）

结算价值 $=1000000/[1+(100-94.94)/100×90/360]$

        $=987508$（美元）

点价值 $=(987557-987508)/2$

      $=24.50$（美元）

当利率上下波动时，短期证券的点价值会略有变化，如这个为期 90 天的案例。一般来说，利率证券作为期货合约的基础，其到期时间越长，当绝对利率升降时点价值发生的变化就会越大。

债券的结算价值

由于债券在其存续期间支付息票，债券价格的计算因而变得复杂。除了像贴现证券中一样需要贴现债券的面值之外，每次息票支付也需要以同样的方式进行计算。它的计算公式如下：

$P=c×(1+a)+100×v^n$ (A1-3)

其中，$v=1/(1+利率)$，$a=(1-v^n)/利率$，n 表示到期的年数乘以每年的息票数，c 表示每年的息票收入除以每年的息票数。

例如，一份债券拥有 1000000 美元的面值，到期年数为 10 年，每年的息率为 5%，每年支付两次息票。在利率为 5.85% 的情况下，这份债券的结算价值计算如下：

价格 $=50000/2×\{1+[1-1/(1+2.925\%)^{20}]\}+100×1/(1+2.925\%)^{20}$

    $=961330$（美元）

债券的点价值

如同贴现债券，债券的点价值随着利率的变化而变化。计算债券点价值的方法也完全相同，也就是说，在计算债券的点价值时，是用略高和略低的利率，然后用两者的差额二等分，从而得出一个平均值。这个价值还被称为一个点的美元价值和每个基点的投资组合价值。

例如，某份债券在利率为 5.84% 的情况下，其结算价值是 962050 美元，在利率为 5.86% 的情况下，其结算价值是 960611 美元。其间的成交额是 1439 美元，因此它的点价值是 720 美元。即：

点价值 =（962050－960611）/2

　　　　=720（美元）

附录 2　远期交易合约

理论

　　远期交易合约是所有衍生工具中最简单的一种，几乎可以应用于商业交易的所有类型。简单地说，一个远期交易合约就是按照某个同意的价格，在将来的某个时间买进或者卖出某个东西的一份协议。很多商品都仅以远期交易合约这种独特的方式进行买进和卖出。例如，如果你从裁缝那里订购一套新套装，那么你将预期在这套服装完工的那天为它支付一笔固定的资金。大多数家庭购物都把事先同意的价格与同一个结算日期联系在一起。这些就是远期交易合约的事例。

　　农业生产商、矿业公司和很多制造商都运用远期交易合约这种手段，以便保证他们能够获得足够的销售收益，补偿他们在下一个季度、生产周期或者会计周期里的生产成本。他们的顾客可能希望购买这些生产商将来的产品，为的是拥有持续的供应，以满足加工产业或者销售配给的需求。因此一个铁矿石的生产商可能会预先卖掉产品，以便补偿其提炼成本。而顾客，如一个炼钢的商人，会预先购买足够的铁矿石，目的是保证所有的鼓风炉都工作，并且拥有足够的钢铁以满足预期的或者合约规定的需求。

　　这种活动也被认为是一种对冲措施，因为它排除了这样的不确定性，即收入无法抵偿产生成本（对于初级生产商来说），或者原材料价格上涨太多，以至于终端产品的销售无法盈利（对于从事加工的和处于工序靠后的生产商们来说）。

　　远期交易合约的一个重要特征就是，你可以预先卖掉你当前尚未拥有的某种东西，或者换个说法，可以称之为卖空。当然，这种做法可能具有风险性：预先卖掉其产品的铁矿石生产商承担着预先卖掉的产品无法及时足额地生产出来的风险。如果出现这种事件，那么该生产商就需要从另外一个生产商那里，可能是他的竞争对手那里买进不足的数额。尽管存在这样的风险，但是卖空有时还是很有用处的。

　　如果实物商品可以通过这种方式进行卖出和买进，那么金融资产为什么就不能呢？因为不管怎样说，如果利率上涨得太多，以至于再也无法充裕地支付债务的话，那么初级和次级生产商都有可能遭受损失。类似地，如果他们的顾客或者供应商们是在另外一个国家，那么在汇率变化对他们不利的情况下，他们也有可能遭受损失。

这种广泛存在的需求说明了远期交易合约及其后代产品、期货、掉期和期权为什么会在日常商业中被运用了几个世纪，也说明了为什么今天它们被运用得如此广泛。

在投资管理的背景关系中，远期交易合约几乎总是被用于某种投资风险的对冲。它最经常的应用是对外币风险进行对冲。远期交易合约还可以被用于获得风险资产的直接风险承受，以期获得对投资组合的新的投资。它的用途是对该资产的价格在同一时期发生上涨的风险进行对冲。

定价

当结算日期比较久远时，结算价格会考虑到它不是一个即期或者"实物"交易这一事实。实物价格和远期价格之间的差异反映了卖方在结算日期之前未能获得销售收益的代价。它还包括实物商品的贮存与保险费用，并且对继续持有商品在金钱上的益处进行核算，如所收到的租金等。如果讨论中的商品是股票，那么买主期望就其实际拥有之前的被支付的任何红利求得补偿。

当前价格也被称为实物价格，和实际支付价格（结算价格）之间的差额被称为远期交易合约优先购买价。远期交易合约价值的结算公式如下：

$$P = s \times (1 + i + h - cf) \tag{A2-1}$$

其中，P 表示结算价值，s 表示实物价格，h 表示贮存、保险以及其他持有成本，cf 表示资产的现金流动，i 表示利率。

利率成本外加其他所有权成本减去从持有实物资产所获得的收益，统称为持有成本。

例如，一个农场主预期在 8 月底时收获 100000 蒲式耳小麦。现在是 2 月底，他刚刚播种完毕。他注意到，如果按照现在每蒲式耳 50 美元的价格卖出小麦，那么他会获得可观的利润，因此生产小麦的直接成本预计只有每蒲式耳 40 美元。如果小麦的价格上涨到每蒲式耳 55 美元，那么他的利润就会更大，但是如果价格下跌到每蒲式耳 40 美元，那么他这一年的期望就要落空了。需要注意的是，不管这位农场主生产出来的小麦是现在出售还是 6 个月以后出售，他的生产成本都是一样的。现在的利率是每年 5%，因此他可以预期 6 个月后从小麦上获得的价格是这样的：

$$P = 50 \times (1 + 5\% \times 6/12)$$
$$= 51.25（美元）$$

换一种方式来说，这位农场主正在获得 6 个月以后的 51.25 美元，而不是现在的 50.00 美元。这等于把利率看成是 2.50%[(51.25/50-1)×100%]，或者年利率是 5.00%。

再例如，一对临近退休的夫妇想买一套海边的公寓。他们找到自己中意的公寓，并且决心买下它。然而问题是他们还有一年半才能退休，而他们在退休之前，不能搬离目前的家。海滨公寓现在的业主不急着使用现金，但是他想利用这个机会卖掉这套公寓，因为他认为不动产价格可能会下跌。双方同意以 200000 美元的当前价格成交，当前的利率是每年 6%。公寓目前正在出租中，租金是每年 17000 美元（8.5%），定期维修费用是每年 2000 美元（1%）。它的远期交易合约价格可以被计算如下：

$$P = 200000 \times [1+(6\%-8.5\%+1\%) \times 18/12]$$
$$= 195500（美元）$$

因此卖主获得了这套公寓的当前价格，这个价格的得出是通过对相关收益和花费的核算，外加一个年利率为 6% 的收益。

需要注意的是，远期交易合约价格低于当前价格。这是因为持有这份资产的成本由利率成本外加维修费用组成，它小于该资产持有者以租金方式获得的收益数额。

远期交易合约定价的一个重要特征是，它不考虑任何这样的评估，即商品价格是否会上涨或者下跌。远期交易合约价格经常被称为合理的价格，因为在这个价格上，投资者对持有远期交易合约还是持有资产本身没有任何偏好。

外汇远期交易合约

对远期交易外汇合约的定价也遵循着同样的原则，即远期优先购买价等于持有远期交易合约和持有实物。于是，因为所持有的实物货币而获得收益，这类似于前面例子中所持有的现金；因为将来要购买的货币而要进行支付，这类似于前面例子中的红利租金。当应用于货币时，这两种利率进行复利计算，这意味着它们之间是相除而不是相减的关系。这给出了一个更加精确的价格，如下所示：

$$P=s \times (1+i_1 \times d/365)/(1+i_2 \times d/365) \quad\quad\quad (A2-2)$$

其中，s 表示当前或者即期的外汇比率，i_1 表示分子国家的利率，i_2 表示分母国家的利率。

如果当前的现汇比率是 0.65 英镑，英国的利率是 6.5%，而美国的利率是每年 5%。那么一个为期 90 天的远期交易合约的价格可以按照如下的方式进行计算：

$$P = 0.65 \times (1+6.5\% \times 90/365)/(1+5\% \times 90/365)$$
$$= 0.6524（英镑）$$

因此，远期交易外汇合约价格计算中的四项输入值就是现汇比率、远期交易合约的到期天数和两种货币在远期交易合约期限内的利率。在这个案例中，远期交易合约的兑换比率意味着 3 个月后英国先令会比它现在对美元的汇率更坚挺。其原因是英国的利率略高。

远期外汇利率的定价建立在利率比价理论的基础上。这个理论说的是，假如无法为预期的交易存续期对汇率风险进行对冲，那么一个投资者就会不再关注其所持资产属于哪个国家，如是英国的还是美国的。因此，对于一个美元投资者来说，持有一个 3 个月期美元国债所产生的结果同于购买英国先令，把它投资于 3 个月期的英国货币并出售 3 个月期的远期，如表 A2-1 所示。

表 A2-1　一份远期交易外汇合约的价值

持有美元资产		运用英镑资产创建综合的美元资产	买进与卖出（英镑）	资产（英镑）
	美元		美元	英镑
购买 3 个月期的国库券	−100	以 0.65 英镑的价位购买即期先令	−100	65.00
		购买 3 个月的先令		−65.00
3 个月期国库券的价值	101.23	出售 3 个月的先令		66.04
		以 0.6524 英镑的价位出售 3 个月的先令	101.23	−66.04

利率远期交易合约

包括债券等定息资产在内的有息证券代表了远期交易协议运用的一个重要方面。决定远期交易合约利率价格的是创建一个合成远期需要多大的成本。换句话说，当处于什么价格时，投资者会对持有远期交易合约和持有某种同等价值的实物资产采取淡然的态度？举例来说，一份 3 个月期的远期交易合约证券的价格——从 2 个月的时间开始——是建立在 2 个月期和 5 个月期证券的当前利率基础之上的。2 个月期的证券可以被当成即期，它类似于前面例子中的实物证券；5 个月期的证券则类似于远期交易合约；而把它们联系起来的 3 个月期远期交易合同则类似于远期交易合约优先购买价。换句话说，投资者投资于混合有 3 个月期远期合约的 2 个月期远期合约，其产生的结果完全等同于一个简单的 5 个月期投资。

显然，短期和长期的证券都应当有着同样的信贷资产质量。在实践中，这些协议的基础通常是由政府或者主要银行提供担保的证券。表 A2-2 通过实际例证说明了这一点。

表 A2-2　利率远期交易合约：2 个月期实物投资外加 3 个月

期远期合约等于 5 个月期实物投资

2 个月期实物投资外加 3 个月期远期合约	年利率（%）	天数（天）	结算值（美元）
投资 2 个月	4.50	61	9744702
补偿 2 个月			-9817988
投资 3 个月	7.36	92	9817988
补偿 3 个月			-10000000
5 个月收益（%）		2.62	
按年计算的利率（%）		6.25	
5 个月的实物	年利率（%）	天数（天）	结算值（美元）
投资 5 个月	6.25	153	9744702
补偿 5 个月			-10000000
5 个月收益（%）		2.62	
按年计算的利率（%）		6.25	

这个事例运用了贴现证券。因此，3 个月期远期交易合约 7.36% 的年利率，填补了年利率为 4.50% 的 2 个月期实物证券和年利率为 6.25% 的 5 个月期证券在最后结果上的差距。它的公式如下所示：

$$i_2 = [(1+i_3 \times d_3/365)/(1+i_1 \times d_1/365)-1] \times 365/(d_3-d_1) \tag{A2-3}$$

其中，i_2 表示即期证券的利率，i_3 表示远期证券的利率，d_3 表示远期证券的到期天数，i_1 表示近期证券的利率，d_1 表示近期证券的到期天数。

应用这个公式，我们就得到了：

$$i_2 = [(1+6.25\% \times 153/365)/(1+4.50\% \times 61/365)-1] \times 365/(153-61)$$

$$= (1.0261/1.0075-1) \times 365/92$$

$$= 7.36\%$$

从近期月份和即期月份的利率中得出远期月份的利率：

反过来推算，得：

$$i_3 = [(1+i_1 \times d_1/365) \times (1+i_2 \times d_2/365)-1] \times 365/(d_1+d_2)$$

$$= [(1+4.50\% \times 61/365) \times (1+7.36\% \times 92/365)-1] \times 365/(61+92)$$

$$= (1.0075 \times 1.0185-1) \times 365/153$$

$$= 6.25\% \tag{A2-4}$$

远期债券合约也适用同样的原理。复合有远期交易协议、约定日期的空头债券所产生的结果应当同于约定日期的多头债券。其间的差异是，对债券进行定价的公式既把投资所获得的利率考虑在内，也把息票支付的数量和时间考虑在内。一份债券远期就是在约定的日期按照约定的价格交割指定的债券。这意味着每份协议必须明确指出这样一些细节，如债券的发行人、到期时间、息票和利率。这些细节的要求，另外加上较为复杂的债券价格公式，意味着债券远期协议通常要比贴现证券的远期交易合约复杂。

实施

远期交易合约是买进和卖出外汇以及一些债券和掉期工具的并且在投资管理中经常会用到的。它的存续期限可以短到只有几天，也可以长达数月，但是通常不会太长。

举例来说，参加一个期货外汇合约和参加即期外汇合约没有太大的区别。在向经纪人下订单时，投资者提出想要卖出或者买进的数额、货币名称以及所要求的结算日期。外汇经销商的电脑系统几乎总是能够在几秒钟内给出精确的结算数额。

当在一个声誉很好的远期交易合约市场进行交易时，如在外汇交易所，频繁运用合约的金融机构和经纪人已经使得这些工具变得标准化。这意味着在这些交易中通常很少存在法律上的模糊性，尽管各个处理交易的经纪人或者机构在证件证明上可能会略有不同。

远期交易合约经常被标准化：它是一份交货合约还是一份现金结算合约。引起这种标准化的原因如果说不是基础资产的属性或者与其相应的远期交易合约市场有关的当前惯例，那么就是相关的经纪人或者机构。这一点可能是十分重要的。按照商议好的价格在商议好的日期购买公寓的那对夫妇所持有的是一份交货合约。为进行远期交割而购买外汇的一家银行很愿意以现金的方式获得（或者支付）已同意的远期利率和与该合约到期时间相关的实物汇率两者之间的差额。

如果该合约的目标是现金结算，那么该合约必须规定怎样确定基础资产的市场价格。不在交易所进行交易的金融机构通常由一个专门小组来确定这个价格。一个专门小组通常由市场中的5~6名职业经销商或者投资者组成。按照要求，每个人报出一个购买或者出售已同意数量基础工具的价格，通常有着固定的时间间隔，比如说半小时。然后，在这样得到的价格的基础上得出某种平均值，这就是结算价格。另一种办法是提出一个参考价格。这个价格是由某家独立的机构报出的，如数据服务中心或者一个新闻提供者。例如，一个参考价格可以是《金融时报》引述的指定日期和某个时间点的汇率。

当处理较少进行交易的或者涉及国外货币或国外证券的远期交易合约时，问题就变得复杂起来。这个不幸的结果是，有时候无法获得合理的价格，又有些时候根本就没有价格——尽管这种情况不是经常发生。之所以发生这种问题，是由于处理此类货币的银行通常以本金的方式买进或者卖出它们，这意思是说，它们运用自己的资金。这意味着直到它们能够发现另外可以卖出或者买进这笔货币的交易者之前，它们承担和它相关的所有收益和损失。在银行看来平衡头寸所花费的时间越长，价差就会越大——这里的价差指的是为对持有这种非流动资产时的风险进行补偿所需要的买进价格和卖出价格之间的差额。如果买进价格和卖出价格之间存在巨大的差异，那么就难以知道这项投资的"合理"价格是多少。

较少进行交易的货币或者证券之所以导致问题的复杂化，是出于这样一个事实，即一旦安排停当之后，远期交易合约一般就注定会保持那种状态，直到到期日或者结算日期。其解决方案通常是引入一个到期时间或者结算日与之相同的同等数额的相反交易。因此，两个远期交易合约的条款可以同时具备相同的条件。这样的话，它们将在共同的到期时间相互抵消。

远期交易通常不会引起显著的佣金和其他交易成本。它的成本是经纪人买进或者卖出同一个合约时价格之间的差额，即价差。这个价差反映出经纪人可以很轻松地找到进行这笔交易的另一方，并且反映出运用类似工具的其他经纪人和中间人的数量和竞争。因此，远期交易合约的交易成本难以计量，但是总的来说，它们小于基础实物资产的交易成本。不过，在进行这种概括时应当小心谨慎，原因是价差之间的差异可能会很大，特别是在波动的市场上和非流动性资产中。

即时控制

一旦安置停当，远期交易合约的维护通常就非常容易了。随着结算日期的临近，投资者必须做好准备，以便支付或者获得所要求的资金。大多数保管人和中间人都进行必要的提醒，这是他们服务内容的一部分。投资管理人通常设置有发挥同样职能的业务管理制度，所以至少存在一个自动防故障机制。不能如期结算时的罚金数额可能会非常巨大，通常由另一方和保管人以惩罚性利息和业务管理费用的方式予以进行。如果投资者不能或者不愿意对这笔交易的某一部分进行结算，那么另一方可以提起法律诉讼，以便获得所涉及的数额。

因此，远期交易合约最重要的方面之一是，它们可以带有重要的交易对手风险。这种风险指的是，当结算日期到来的时候，作为远期交易合约一方的投资者无法交割其债务。

为了处理这种风险，投资者运用了各种正式的或者非正式的制度，以便降低交易对手风险。通常情况下，这些制度依赖于信贷限额的概念。信贷限额指的是暴露给与之结算远期交易协议的每家银行或者其他金融机构的固定金额。此处提到的金额考虑到了投资者和信贷资产质量的全部风险承受，它通常表现为某个等级评定，而这种等级评定则是由一个得到公认的客户信贷分类代理商，如穆迪或者标准普尔等给出的。一般情况下，投资管理人为他们的每一笔客户资金单独或集体确定针对每一个交易对手的信贷限额。单独确定的限额当然是为了保护他们的每一个客户免于遭受交易对手不履行责任时的后果，而集体确定的限额则是为了保护投资管理公司：即使是它们自己的普通股没有任何风险，但是如果一家金融机构的不履行责任影响到他们的大量客户时，他们的业务也会遭受巨大的损失。

　　和实物资产的交易不同，远期交易不要求任何初始费用。当协议结束时，即当到达结算日期时，就可以进行结算。这意味着这个投资组合需要持有足够的短期性、流动性证券（现金），其数量至少同于期货合约的面值。如果不维持这个数量，那么这个投资组合就存在着过度投资的风险。从经济学的意义上讲，这无异于陷入债务，因此可以预见，这个投资组合损失的资金会多于它所获得的收益。如果这个投资组合签署了一份合约，要以 0.6524 英镑的价位购买 3 个月期的 1000000 美元，那么这个投资组合在这个合约的整个存续期间至少应当持有 652400 英镑的现金。这笔资金经常被称作"担保"。

业务管理

　　远期交易合约在投资组合中引起业务管理方面的三个问题：第一个是维持足够数额的现金担保；第二个是错过结算日期；第三个是重新估价。大多数投资管理人都拥有某种保障制度，目的是保证持有足够的担保，以便保障投资组合不会过度投资。这些系统并不复杂，它们只涉及几个非常简单的算法。对结算日期进行管理的途径是尽可能地改善有关现金流转的程序和途径。这通常意味着保证委托书签字的人员能够胜任工作，能够充分理解所运用的工具和某些部分由这些工具组成的策略。他们一般需要随叫随到，在相关的文件上签名。每种交易类型所要求的不同签名需要达到足够的数量，以免出现错误。

　　估价的问题有时可能很需要技巧，特别是如果所涉及的远期交易合约没有一个活跃市场的话。就主要货币而言，这通常不是一个难题，因为相关的远期交易合约市场非常具有流动性。次要货币以及一些债券合约的流动性可能差一些。在此类情形中，在估计远期交易合约的价值时需要根据类似工具当前的实物价格。显而易见的是，如果确切地了解这些东西，那么建立一个定价体系时就会相对容易一些。在计算远期交易合约的定价时，需要对一些输入值进行评估，如不动产的维护成本，而评估这些输入值的算法应当形式化。如果定价体系无法清楚地表明定价到底是怎样评估出来的，那么远期交易合约的估价就可能受到操纵，对投资组合的估价和对收益率的计算就可能出现不精确的结果。

　　有些会计制度在远期交易合约的问题上也存在一些难题。它们之所以出现混乱是由于一开始时不存在现金交易。因此，可能会出现似乎没有"资产"可以进行重新估价的现象。这些制度需要进行修改，以便它们能够对担保进行正确的配置，从而反映远期交易合约在经济上的风险承受。

　　现金结算和交付合约之间的差异对于业务管理的目的也很重要。如果远期交易合约是为实物交付而设的，那么就要保证可以在交付日期实际获得（就购买合约而言）或者交付（就出售合约而言）将要获得的或者交付的资产，这不失为一个好主意。如果做不到这一点，那么投资者就会面临着被迫买进或卖出资产的代价，或者对交易的另一方进行补偿。此外，还有法律诉讼的风险。类似地，就现金结算的交易而言，基金必须持有足够的现金，以便结算合约上任何未能实现的损失，或者面对不得不迅速清算其他资产以摆脱捉襟见肘的局面。此类迫切的现金需求可能是代价很大的，更不用说丢面子了！

附录 3　期货合约

理论

期货合约和远期交易合约之间的区别在于远期交易合约通常是交易对手和交易对手进行交易（即柜台交易），而期货合约则是在交易所进行交易（交易所交易）。在期货合约的交易中，交易所对于交易的双方来说都是合法的第三方。交易所交易工具的好处是，交易所把很多买主和卖主集中在一起，允许他们进行竞争，以便购买者和出售者都能获得最好的价格。交易所还扮演一种中立的第三方角色，以保证所有合约下的责任都得到交割。交易所交易的工具必须是标准化的，因此和远期交易合约相比，它们的弹性较小。这两种工具在理论上的含义是相同的，但是它们在实践中的区别却很大。和这些区别有关的是交易程序、业务管理程序、成本、即时控制、风险管理和业绩定性与分析。

定价

期货合约理论上的优先购买价，或者即期实物资产价格上的贴现，同于期货合约和远期交易合约。也就是说，它是基础证券的当前价格，这个价格根据该合约存续期间内的持有成本和现金流量进行过调整。和远期交易合约一样，期货合约可以进行现金结算，也可以进行交付。

应用

投资管理人主要把期货合约用于有关普通股、债券和短期有息的投资。它最经常的应用是管理流动性，并且影响短期资产分配决策。它们还可以用于建立复杂的投资结构，如综合性的掉期、市场中立基金和商品基金。

和远期交易合约一样，期货合约的主要吸引力在于它以很低的成本，或者不需要成本就能卖出的能力以及它推迟结算的能力。

期货合约的价值以及其他特征是由它进行交易的交易所予以决定的。举例来说，一份合约可以是一千克黄金，在这种情形中，交易所将指定黄金的精确级别、合约到期时用来评估合约的参考价格的来源、到期时间（到期时间里具体的到期日期），并且指定该合约是现金结算还是实物交割。当期货合约到期时，交割合约将要求买主获得以及卖主交割潜在商品或者证券的指定数量。对于现金结算的合约，买主将获得一笔现金，并且卖主必须支付这笔现金，它的数额大小同于基础资产的价格和期货合约进行交易的价格之间的差异（如果价格下跌的话，那么买主必须支付）。

期货合约另外一个重要的规定性特征是它的面值。这个面值也是由交易所予以确定的，它是对合约大小的计量：即每宗期货合约所代表的基础资产的数量。其面值表示一个明确规定的投资目标需要多少合约。它通常被表达为期货价格的倍数，显示随着期货价格的假定变化，会损失或者获得多少资金。

例如，一个标准普尔500指数期货合约的面值是该合约交易价格的500倍。因此一个850美元价格的标准普尔500指数的价格就把每份合约的面值显示为425000美元（500美元×850）。这意味着对于每份被购买的合约来说，标准普尔500指数价格一个百分点的增长会带来500美元未实现的利润。因此，500美元被当成是一份合约的点价值。如果一个人正在寻求4000000美元美国普通股票的风险机会，那么他就可以买进10个合约并且获得4250000美元的价值，或者买进9份合约并获得3825000美元的价值。其公式如下所示：

合约的数量＝FV/（pv×pf） (A3-1)

其中，FV表示投资的面值，pv表示期货合约的点价值，pf表示期货合约的价格。

通过这个公式，我们得出：

合约的数量＝4000000/（500×850）

＝9.41（美元）

当投资者准备投资实物现金时，他就卖掉期货合约并买进实物股票。如果市场在这同一时间内增值，那么延迟购买股票的"机会成本"就由持有期货的收益抵消了。

相反，如果投资管理人需要出售股票，那么他可以利用期货有效地减少风险。当实物股票被安置停当的时候，期货合约已被售出。在用售出期货合约的头寸抵消实物股票这个意义上，人们就说它是综合现金的一个头寸。从经济学的意义上讲，这同于持有短期的有息证券。

关于贴现证券的期货

关于贴现证券和债券的期货合约所遵循的原理同于股票价格指数期货，但是实际的计算方法却略有不同。这是由于在这些市场中正在进行交易的是利率。利率有一个令人烦恼的特征，那就是当它们上升到一定数值、对买进它们的投资者产生经济利益时，它就开始下降，反之亦然。为了适应这种特征，人们指称关于债券和贴现证券的期货合约时，是用 100 减去利率乘上 100。因此一个 8% 的利率被报价为 92，而一个 6.5% 的利率就变成了 93.5，如此等等。

交易所告诉你关于一份贴现证券的期货合约其面值是 1000000 美元，期限是 90 天，历法年度是 360 天一年。你了解到该合约最近以 94.95，即 5.05%［（100-94.94）/100］的利率进行过交易。运用贴现证券的公式对该期货合约的结算价格计算如下：

$$P = 1000000/\{1+[(100-94.95)/100]\times90/360\}$$

$$= 987532（美元）$$

因此，一个现在支付 987532 美元并在 90 天的时间内获得 1000000 美元的投资者将获得 5.05% 的年利率。

关于贴现证券的期货不存在任何结转成本。当该期货隐含的利率复合于和该期货同一天到期的证券时，该期货的利率应当和这样的证券保持一致，即该证券和该期货可以与之进行兑换的证券在同一天到期。举例来说，一个关于 92 天期证券的期货，如果是 61 天后到期，那么它就应当和一个 61 天期的证券复合，其结果完全同于一个 153 天（92+61）到期的证券。

表 A3-1 显示，3 个月期的期货合约 7.36% 的年利率填补了利率为 4.50% 的 2 个月期实物证券结束时和年利率为 6.25% 的 5 个月期实物证券之间的差距。

表 A3-1　利率期货：2 个月期实物投资外加 3 个月期远期合约

和 5 个月期实物投资的对比

2 个月期实物投资+3 个月期远期合约	年利率（%）	天数（天）	结算值（美元）
投资 2 个月	4.50	61	9744702
偿回 2 个月			-9817988
投资 3 个月	7.36	92	9817988
偿回 3 个月			-10000000
5 个月的收益（%）			2.62
按年计算的利率（%）			6.25
5 个月的实物	年利率（%）	天数（天）	结算值（美元）
投资 5 个月	6.25	153	9744702
偿回 5 个月			-10000000
5 个月收益（%）			2.62
按年计算的利息（%）			6.25

债券期货

复合的原理同样适用于债券期货，其区别只是它的价格必须考虑对债券所支付的息票。因此当一份 2 个月后到期的 3 年期债券期货必须和一份 2 个月期的证券进行复合时，所得出的利率必须等于 3 年 2 个月后到期的一份债券，如表 A3-2 所示。

表 A3-2　债券期货的定价

2 个月 +3 个月的实物远期	年利率（%）	天数（天）	结算值（美元）
债券息率	5		
每年的息票数	2		
投资 2 个月	4.50	61	−9826800
偿回 2 个月			−9900703
投资 3 年	6.2959	1095	9900703
偿回 3 年			10000000
5 个月的实物			
债券息率	5		
每年的息票数	2		
投资 3 年零 2 个月	6.50	1156	9826802
兑换 3 年零 2 个月			−1000000

债券期货的定价

债券期货的合理价格就是它的利率，该利率等于首期投资加上一份 2 个月期债券的偿回价值，然后再和一份 3 年期债券与 3 年 2 个月到期的债券进行复利计算。

实施

由于期货合约是在交易所进行交易的，所以它们是标准化的。因此，该合同主要的特征是潜在的资产和该合约到期的日期。当从讨论中的期货交易所买进或者向该期货交易所卖出此类合约的时候，参与此类合约的投资者根本不知道合约的另一方是谁。

期货合约和远期交易合约不同。在远期交易合约中，开始时没有任何资金的交换，而期货合约则需要原始押金，通常是在交易的当天，或者是在下一个交易日开始的时候。原始押金的数量是由相关的期货合约决定的，而且通常是根据合约的面值以及基础资产或者证券的波动性。其数值的范围从合约面值的 10% 到超过 50%。有些交易所对原始押金支付利息，而另外一些则不支付利息。有些交易所允许经纪人收集并且管理原始押金，在这种情形中，利息的支付可以在经纪人和顾客（投资者）之间进行谈判。如果对原始押金支付利息，那么其利率通常低于市场利率。

一旦买进或者卖出期货合约，那么投资者就有责任支付**价格变动保证金**。也就是说，随着价格的不利变动，必须在初始保证金数额之外追加保证金，而所追加的数额等于不利的价格浮动值。一个点价值为 500 美元的买入合约两个点的价格下降则需要 1000 美元的"追加"保证金。如果价格随后朝着有利于投资者的方向变化，那么这笔资金会得到偿还。价格变动保证金的目的是保证所有的交易都能得到兑现。

期货合约的交易通常不是一件复杂的业务。由于大多数期货市场的流动性都比实物资产市场快得多，因此它的执行通常都很迅速。正常情况下，投资管理人在极短时间内就会得到合同已被结算的价格通知。处理期货合约时最危险的事情是，通常由投资者通过电话向经纪人传递的指令可能会受到误解。由于很多价格在报价时都只报出价格的最后一位数字或者最后两位数字，而不是整个数字，所以"较大的数字"就有可能发生误解的危险。因此就有可能发生这样的事情，即在一个价格被表示为"3.4"的波动的市场中，某个人支付 2753.4 而不是 2743.4。如果合约的点价值是每点 100 美元，而指令是 200 份合约，那么其成本将会是 20000 美元。偶尔一个买进指令会被错当成卖出指令，或者反过来也是一样。出于这个原因，几乎所有的期货经纪人和很多投资管理人都安装了电话监听和记录系统，用录音磁带记录所有的电话谈话。当出现错误时，可以通过磁带对错误进行确认，并做出赔偿。

期货合约进行交易的成本通常非常低，但却很显著。交易所对每笔交易收取费用，通常每份合约不会超过几美元。由于合约的面值可以大到几十万甚至几百万美元，所以这个按照面值的百分比进行计算的费用可以忽略不计。经纪人一般收取佣金，通常也是每份合约几美元。期货交易的真正成本来自对付保证金和价格变动保证金两者利息收益的放弃。

当买进或者卖出一份期货合约时，投资者需要知道它是一个**开盘交易**还是一个**收盘交易**，这是明智的做法，因为它有可能减少价格变动保证金的成本。一个看涨空头可以和同一份合约里的看跌空头相互抵消，在这种情形下，两者将在该合约到期时相互抵偿对方的收益。但是当它们都处于未平仓的状态时，投资者必须对两者都支付价格变动保证金，除非经纪人和交易所之间有协议，同意在净持仓的状态下计算保证金。

大多数投资管理人做到这一点的方法都是和交易开盘时的同一个经纪人进行**收盘交易**。通过这种办法，经纪人可以马上看出买入量和卖出量可以在什么程度上相互抵消。

一旦安排停当，风险投资管理人的工作通常就是保证即将到期的期货合约头寸在一个适当的时刻向下一个到期月份**滚动**。头寸的滚动相当简单，它所涉及的内容是失去现有的头寸并用下一个到期月份的另外一个头寸去代替它。由于所持期货的数量计算是通过潜在实物资产的价格，而不是期货的价格，因此售出与买入合约（或者既买入也售出的）的数量在从一个期货合约到期月份滚动向下一个到期月份时是一样的，而其指令则是根据**价差**（两个到期月份之间的价格差异）来进行的。这样一来，剩下的工作就是计算哪一种价差是好的价差了。如同实物资产和期货之间的价格差异一样，两个期货合约到期月份之间的价格取决于结转成本。在实践中，这意味着把近期月份当成一个即期的实物工具。

如果被滚动的头寸是多头的（买入），那么交易就是最近一个月卖出并在下一个月买入（一个空头滚动）。在这种情形中，投资者愿意对少于 21.6 的价差进行交易。卖空头寸的情况则刚好相反（多头滚动）。在实践中，价差很少在完全合理的优先购买价上进行交易。但是通常情况下，它处在 ±1% 或者 ±2% 的范围内，这反映了构成指数的实物股票集总的交易成本。它是用实物资产替代期货或者用期货替代实物资产的能力，这种能力驱动着两种工具的相对价格，因此价差反映了对潜在实物证券进行交易的成本，如表 A3-3 所示。

表 A3-3　期货滚动的定价

潜在实物市场	2725.0
近期月份到期的天数（天）	53
近期月份的利率（%）	4.50
近期月份的红利收益（%）	1.20
远期月份到期的天数（天）	143
远期月份的利率（%）	4.75
远期月份的红利收益（%）	1.50
近期月份的期货价格（美元）	2738.1
远期月份的期货价格（美元）	2759.7
滚动的合理价格（美元）	21.6①

在实践中，大多数投资管理人在对他们的滚动技巧进行规划时，都会考虑各种各样的因素。但真实的情况是，尽管交易所和调节员尽到了最大的努力，但是很多市场（期货市场和实物资产市场）在交易的最后几天还是有可能受到大宗交易者们的操纵。对于关注长期投资状况的投资者们来说，这种短期的波动性让交易变得非常危险。如果投资者得到信息并且相信在某个日期将有一些较大的头寸被清算，而这场清算可能会推动着价差向一个方向或者另外一个方向发展，那么承担风险去持

---

① 2759.7-2738.1=21.6。

仓等待并且从中盈利或许是值得的。但是总的来说，波动性在最后时刻的趋向是很难预测的，而预测错误的代价将是高昂的。

即时控制

这里的主要问题是价格变动保证金的支付。有些保证金制度比其他保证金制度更复杂一些，但是所有的保证金制度都是为了保证期货合约的各方有能力在合约结束时履行自己的义务。交付合约和现金结算期货合约可能都需要支付保证金。保证金的作用是对期货价格中不利的变化进行补偿。在支付了初始保证金之后，投资者可能会看到价格的变化对他更加不利。在每天的交易结束时，交易所都对每份未平仓合约的未实现利润和损失进行计算，并且为每个账户进行合计。如果未实现损失的数额大于已经持有的保证金，那么投资者就会被要求投入更多的资金。

例如，在 2743.4 的指数水平上购买 200 份股票价格指数期货合约。该合约的点价值是 100 美元，因此面值是 54868000 美元。初始保证金是每份合约 3000 美元，因此投资者就存入了 600000 美元。在第一天结账时，合约的结算价格是 2802.0 美元，未实现利润是 1172000 美元［(2802.0-2743.4)×100×200］。第二天，合同的结算价格更低，只有 2725.5 美元。此时的未实现损失是 -358000 美元［(2725.5-2743.4)×100×200］。在这个价位上不需要催交价格变动保证金，因为初始保证金仍然能够补偿这个损失（有些交易所要求在初始保证金之外，始终持有价格变动保证金）。第三天，合约价格跌至 2705.0 美元，投资者接到催交适当数量保证金的通知。在实践中，投资者很可能在开始时就支付数额比较大的保证金，如 1000000 美元，其原因是这种合约波动性很强，而投资者准备持有它长达几个星期或者几个月的时间。支付超过最低要求数额的保证金，这种做法可以避免频繁的保证金追加，而频繁的保证金追加可能会浪费掉许多宝贵的交易时间。考虑这个时间成本时还必须考虑已支付过剩保证金的预定利率。

如果在第四天时，合约涨回 2750.0 美元，那么投资者就在交易所或者经纪人那里存有 132000[①] 美元多余的保证金，这是以价格变动保证金的形式已经支付的数额。由于现在的头寸显示的是账面利润（未实现利润），所以投资者有权利抽回这些保证金，只留下 600000 美元的初始保证金。

通过结算或者终止一个头寸而实现的利润，可以由经纪人持有头寸，以符合期货价格变动保证金的需要，或者可以由投资者予以抽回。

如果投资者未能在规定的时间内（通常是第二个交易日的中午）满足关于价格变动保证金的要求，那么交易所将会立即抛售该头寸。抛售这些头寸意味着"按照

---

①　(2750.0-2743.4)×100×200=132000

市价"对买入合约进行出售（不管报价是多少，不管价格有多低），而被出售的合同也按市价予以回购。然后交易所要求对损失进行补偿。如果这个损失没有得到补偿，那么交易所有权利把它们作为呆账进行处理，寻求适当的法律援助。除非期货交易所特别不称职，否则处于交易另一方的投资者将幸运地对所有这些一无所知：作为相对于交易双方的第三方，交易所将保证交易的这一方得以兑现。

业务管理

业务管理存在两个难题：一是对保证金进行管理；二是当要求交割的时候，可以有适当的资产以供交割。① 价格变动保证金的管理从理论上讲非常简单，但是在实践中却有可能很难实施。

保证金之所以需要细心的管理，是出于这样一个事实：并非所有的保证金都能带来利润，而那些确实经常能够产生利率的，其利率也比现行的市场利率低出很多。大多数期货经纪人在佣金很低的情况下还能够盈利，其原因就在于此。所以，投资管理人的工作就是为初始保证金与价格变动保证金的红利谈判最好的条件，从而保证留给经纪人的保证金结余处于最少的状态。

在实践中，要把价格变动保证金维持在零或者接近于零的水平上几乎是不可能的。因为要做到这一点，就需要频繁进行小额的交易，这会让处理此事的业务人员感到头疼。

如果催交价格变动保证金的是交易所而不是经纪人，那么投资者就可以安排价格变动保证金的净支付。这意味着不同的经纪人所进行的头寸抵消不触及他们各自的价格变动保证金，而是在交易日结束时对投资者的总体头寸进行估价，并且相应地催交保证金。这被称为**净保证金**。净保证金可以大大地简化业务管理，特别是当投资者正在通过多个不同的工具和多个不同的经纪人频繁交易时。

当涉及多种货币的时候，净保证金就变得更加有利可图了。只要投资者能够在主要货币账户中维持足够的结余，那么大多数大型的期货经纪人都有能力满足初始保证金和价格变动保证金的外汇需求。经纪人可以要求以所涉及的外汇购买—出售价差的形式考虑这项服务。就投资者而言，这既带来了业务管理上的便利，也减少了货币量不足以应付每项保证金催交通知的风险，因此这笔额外的成本可能是很值得的。

几乎所有的期货交易所都坚持为每个顾客保留一个独立的账户。这保证了投资

---

① 人们经常讲述这样一个故事：20世纪60年代，一个投机商在悉尼期货交易所买入了一份关于活牛的合约，他刚在合约到期那天庆贺完自己获得了一笔丰厚的利润，然而第二天，他就感到了不安，因为一万头母牛被圈在了他在悉尼金融区办公室前的大街上。

者的权益不至于发生混淆。它们也不会和经纪人自己账户上的头寸混淆在一起。换句话说，经纪人在和交易所进行净结算时，不能把自己顾客的投资合计在一起。大多数投资管理人在处理客户的投资时，都运用同样的原则，在每个经纪人那里为每个顾客托管和投资类型开立独立的账户。总体来说，人们接受这种做法，把它当成管理大量可能非常复杂的交易时最好的解决办法。有时候，当投资管理人需要告诉经纪人某一笔交易应当归于哪一个账户时，这种安全防范是以机密性为代价的。①有些管理人给他们的顾客编上代号，从而避免了这个问题。在顾客数量较少的情况下，投资管理人的这种办法一般能够很好地发挥作用。但是如果代码发生混淆，交易被错归到另外一个顾客的名下时，就会发生错误，甚至更为糟糕的是，投资管理人还发现不了这个错误。

业绩测量与定性分析

期货合约在业绩评估和定性分析方面的问题几乎和远期交易合约完全一样。它们之间的基本区别是，就期货合约而言，以初始保证金和价格变动保证金形式出现的一些现金在合约结算或者合约到期之前并不转手。因此，投资组合估价和业绩定性系统必须能够识别初始保证金支付和实物资产结算之间的差异。类似地，价格变动保证金和红利收入以及关于实物资产的资本看涨期权之间也应当存在明显的区别。

很多制度都把初始保证金当成期货的结算要求，因此暗示着它反映了投资组合对工具的风险暴露。

其中经常出现的错误是在这个估价中运用期货价格而不是基础实物资产的价格。为了计算期货合约的基础实物资产给投资组合带来的经济风险，必须把基础实物资产的价格乘以点价值和合约的份数。

由于可以像其他利润信息一样从同样的文件中得出期货的价格，因此有些管理人利用期货价格以求简化。但是出于多种原因，这种做法可能产生不利的后果。第一，期货合约的价格并不总是以接近于基础实物资产的价格或者相对于该资产较为合理的价格进行交易。这个差异不是无足轻重的。期货市场及其基础实物资产市场对类似事件的反应经常大相径庭，其结果是，即使实物资产的市场保持稳定，期货的价格也可能发生重要的变化，这样的结果是，投资组合将显示资产分配上的一个明显变化，而不对投资决策或者基础资产的价格变化做出反应。第二，当头寸从一个到期时间滚动向下一个到期时间时，向资产种类的明显暴露就会发生改变。

表 A3-4 显示了估价投资组合的三种办法，这个投资组合包含了本附录在前面假定的股票价格指数期货的头寸。它还说明了每种业绩定性方法的一些含义。方法

---

① 最好是在安排交割指令的时候，而不是在交割完成之后。

金融衍生工具与投资管理计量模型

1 根据当前的实物股票价格指数分配现金担保。方法 2 运用期货价格，而方法 3 根本不配置担保，而是把保证金的支付当成合约的全部结算。需要注意的是，这三种方法给人三种完全不同的印象，即投资组合是怎样进行投资的。

表 A3-4 买入期货合约的估价和定性分析

合约的点价值（美元）	100		
每份合约的初始保证金（美元）	3000		
买入合约的数量	200		
卖出合约的数量	0		
期货进行交易的价格（美元）	2743.4		
期货的当前价格（美元）	2750.0		
当前的实物资产指数	2693.9		
现金的利率（%）	4.50		
当前的投资组合价值（美元）	100000000		
明细估价值	正确方法 1（美元）	错误方法 2（美元）	错误方法 3（美元）
初始保证金	600000	600000	600000
价格变动保证金	132000	132000	132000
担保的应计收益	2288584	2336900	0
现金担保	53146000	54268000	0
普通股票	53878000	55000000	732000
应计收益	1986115	1937799	4274699
现金	46122000	45000000	99268000
全部	100000000	100000000	100000000

运用方法 1 的定性分析	投资组合/损失（美元）	所用的总和（美元）	对交易的收益率（%）	对投资组合收益率的影响（%）
期货的利润/损失	132000			
担保的利息	2288584			
股票期货的收益率	2420584	53878000	4.4927	2.4206
现金的收益率	1986115	46122000	4.5000	1.9861
全部收益率	4406699	100000000	4.4067	4.4067
三种方法定性分析总结	1（%）	2（%）	3（%）	
普通股票的收益率	2.4206	2.4689	0.1320	
现金的收益率	1.9861	1.9378	4.2747	
全部收益率	4.4067	4.4067	4.4067	

附录 4　掉期

理论

从经济学的意义上来讲，掉期与远期交易或者期货合约没有什么不同。它们都是为证券或者商品的价值变化而支付，并为其他某种商品或者证券的价值变化而获得的协议。两个投资者各持一种不同的资产，都希望获得对方所持资产的收益，因此都同意对他们各自资产的价值变化以及可能的收入流量进行互换。远期交易协议和期货合约本质上是掉期协议的特殊情形：投资者获得证券在价值上的变化，并且放弃现金担保在价值上的变动，而这种证券则是远期合约或者期货合约赖以进行的基础。

同远期合约一样，掉期合约是在场外进行交易的。几乎所有的掉期交易都由起草协议的中间人进行安排，中间人帮助商谈价格，并且安排结算。

掉期的主要好处是，它们几乎具有无限的弹性，允许任何数量的风险资产按照任何组合形式进行交易。参与掉期合约的投资者经常对国外证券的收益进行互换，因为这些证券如果以实物形式进行交易，那么它们的费用和风险可能会很高，而且也不存在可行的期货市场。掉期交易越是复杂，实施起来的费用就越是昂贵，而对于复杂程度不大于期货的掉期交易，其成本也和期货大致相同。

大多数掉期交易的发生都是因为负债或者货币的风险暴露，或者同时因为两者。如果一个借贷者能够以便宜的价格借来以美元记账的资产，但是他却需要以英镑记账的方式进行借贷，那么他就有可能进行典型的掉期交易，同意和一个需要以美元记账方式进行借贷、却不能以如此廉价的成本做成这件事情的英镑借贷者进行收益率债务的互换。通过安排掉期交易，双方可以减少他们的借贷成本，并对他们的货币风险进行对冲。

资产互换实际上是为关于投资的投资组合而定制的，现在它正得到越来越广泛，的应用，特别是在新的市场投资组合中。表 A4-1 说明了它是怎样运作的。

表 A4-1　资产的掉期交易

	投资者 A	投资者 B
所持实物资产的指数化投资组合的收益	+市场 A 上的收益率	+市场 B 上的收益率
互换的资产收益率	−对市场 A 的收益率	−对市场 B 的收益率
互换的资产收益率	+对市场 B 的收益率	+对市场 A 的收益率
所持实物资产的指数化投资组合的收益	+A 的推算课税扣除−利润	+A 的推算课税扣除−利润
	+对市场 B 的收益率	+对市场 A 的收益率
实际收益	+A 的推算课税扣除−利润	+A 的推算课税扣除−利润
	美元投资者	日元投资者
所持的实物资产	标准普尔 500	TOPIX
资产起始价格	1229.23	1086.99
资产终结价格	1388.91	1641.53
交易所收益率起始价格	1.00	112.80
交易所收益率终结价格	1.00	102.19
资产收益率（%）	12.99	51.02
红利收益（%）	2.50	0.25
课税扣除（%）	30.0	35.0
按当地货币记账的收益率（%）	15.49	51.27
实物资产按美元记账的收益率（%）	15.49	37.04
支付数额（%）	−15.49	−37.04
支付或者获得的数额（%）	37.04	15.49
税款扣除（%）	0.75	0.09
纯收益（%）	37.79	15.58

　　不妨设想美国正常税率下的一个美元投资基金。这个基金的一个投资组合持有以日元记账的股票，而该股票以 TOPIX 指数为基准，该基金将从这个投资组合中受益。与此同时，一个日本的投资组合试图进入美国的证券市场。两个投资者同意以美元记账的方式对它们各自投资组合的总体收益率进行掉期互换。其结果如表 A4-1 下半部所示。

　　TOPIX 在此期间业绩很好，按美元计算时尤其出色，因此美元投资者名义上持有最佳的收益结果。另外，他在红利的课税扣除方面做得也很好，而日元投资者的税款扣除则不高，因为日本资产在此阶段的红利收益很低。像这样的一个掉期交易通常出现在规模很大的投资组合中，在这种情形里，日本投资者将持有对方收益相当巨大的重要投资（至少按照日元计算是这样的），日本投资者的总体结果很可能会高于美元投资者。

　　在这个事例中，投资者同意对**总体收益率指数**进行互换。这意味着他们将不只是互换两个证券所有权的价格变化，而且还互换在此期间所增加的红利。很多资产掉期交易都不同于这个事例，因为它们只互换**价格指数**的变化，而把红利留给实物资产的持有者。这可以大大地简化业务管理和估价活动。

债券指数掉期交易的方式与此类似。债券指数忽略了息票的支付，因此对债券的风险承受进行掉期比对实物债券的收益率掉期要简单得多，后者的交易中通常包括息票的支付。

掉期交易的主要局限是它们的实施和管理可能会非常麻烦。由于投资者和中间人可能会花费很大的成本和很多的时间，而且正常情况下中间人的报酬是交易面值固定的百分比，因此小额掉期交易的收益很难抵得上它的成本。它经常把小额资金排除在掉期交易的受益范围之外（尽管文件证明的标准化在一定程度上已经弱化了这个问题）。

定价

对掉期交易进行定价的根据是，建立一个对冲或者一个复制的投资组合需要花费多大的成本。就一个简单的资产互换而言，中间人会利用他能够利用的最近日期的期货合约。如果交易的价格接近于合约的实际合理价格，那么它将提供一个透明的解决方案，如表 A4-2 所示。在其他一些情形中，可能会没有报价，或者期货合约不提供日期足够邻近的代用品。当所要求的互换日期是在期货合约正在进行交易日期的很久以后，那么就有可能发生这种情形。当掉期交易不在接近期货到期日时，或者当进行互换的资产和正在进行交易的现有资产没有相似之处时，也可能会缺乏适当的代用品。在此类情形中，中间人可能会直接根据实物资产，对掉期双方各自的远期价格进行评估。当评估掉期价差时，中间人会兼顾到双方红利的课税扣除数额。

表 A4-2 资产掉期的定价

	投资者 A	投资者 B
资产	标准普尔 500	TOPIX
现在的日期	1998-12-31	1998-12-30
掉期的结束日期	1999-11-30	1999-11-30
现在的资产价格	1229.23	1086.99
收益率（%）	4.50	1.50
红利收益率（%）	2.50	0.25
课税扣除（%）	30.00	35.00
即期交易所利率	1.0000	112.8000

续表

	投资者 A	投资者 B
远期交易所利率	1.0000	109.8259
期货价格	1251.73	1099.42
按当地货币记账的收益率（%）	1.83	1.14
按美元记账的收益率（%）	1.83	-1.52
课税扣除比例（%）	0.75	0.09
掉期价格（%）	3.35	-3.35

注：掉期价格-行数值，正值表示获得，负值表示支付。

实施

从投资者的角度来看，主要需要考虑的是掉期协议对投资策略和价格适应到何种程度。掉期交易通常都是定制的，目的是满足投资者的确切需要，但是有时候投资者的一笔小额浮动可以节省一大笔费用。举例来说，如果投资者出于外汇风险暴露的目的，对标准普尔 500 和日经 225 都感到满意，而不再需要美国和日本的摩根士丹利指数时，中间人的基础风险就会得以排除（因为可以利用期货合约对其进行对冲）。这将允许中间人大大降低掉期交易时所需的费用。

如同远期合约一样，从事掉期交易的投资者们也需要牢牢记住，掉期交易带有需要进行控制的交易对手风险。

随着国际掉期交易商协议的广泛接受，掉期协议的文件证明在上一个 10 年的时间里已经简单很多。这为掉期协议制定了一套标准化的语言，并且给任何异常的期货提供了适当的空间。对大多数掉期交易而言，国际掉期交易商协议把商谈和实施的时间减少了几个星期，对投资者来说，它提高了这种有用工具的潜在价值。

在大多数资产掉期交易中，货币管理相当简单。如果投资者要求对外汇进行对冲，那么可以把它并入掉期协议中，这样一来，其参考价格的基础就是被对冲的收益率，而不再是未进行对冲的收益率。表 A4-3 表明了进行过对冲的资产掉期。

表 A4-3　一个资产掉期交易的重新估价和重新安排

重新估价日期	1999-12-15
上一次重新安排的日期	1999-11-30
掉期交易的面值（美元）	100000000
投资者的支付	标准普尔 500 以美元记账的总体收益率
投资者的收益	金融时报 100 以美元记账的总体收益率

收益率（%）	标准普尔 500 以美元记账的总体收益率	1.8132
收益率（%）	金融时报 100 以美元记账的总体收益率	−0.2305
投资者的支付（美元）	1813213	
投资者的收益（美元）	−230479	
投资者的支付（美元）	2043692	
掉期交易重新安排的价值（美元）	97956308	

业务管理

由于交易对手风险，也由于掉期协议往往持续至少一年的时间，因此掉期交易在它们的存续期间内往往拥有多个结算日期。最流行的安排是按季度进行结算并重新安排掉期。因此，所有未实现的利润和损失都在三个月予以支付，不留下任何未付数额。这有助于防止交易对手风险发展到不可控制的地步。

正常情况下，中间人对结算值进行计算，并把简单计算出来的结果报给投资者，以供后者对它进行检查。然后把即将到来的现金流动通知给保管人和信托人。接下来，投资者支付资金或者获得收益，具体情况取决于掉期资产的价格变化。

与此同时，掉期交易的面值被重新安排，以反映掉期交易基础资产的价值变化。

对资产之间掉期交易的重新估价可能会是一件令人头疼的事情，特别是如果进行掉期的资产和债务不在熟悉的市场上进行交易的话。表 A4-3 所显示的就是如何对简单的股票掉期交易进行重新估价。

业绩定性分析

一旦解决了重新估价的问题，接下来就是业绩定性分析了。掉期交易的收益率是包括结算值在内的最终值除以它的原始值再减去一。简而言之，对一个基金的资产掉期交易业绩产生影响的因素和持有基础资产时没有任何区别，都是用所持有的价格减去对它进行安排的费用。

合成掉期交易

有时候掉期交易的安排不必通过中间人，因为掉期交易所要求的所有因素都已经在交易市场中存在了。这是一种不利用任何交易所交易工具的策略，它的各个组成部分类似于一个掉期交易，经常被称为"合成掉期交易"，如表 A4-4 所示。

表 A4-4　合成掉期交易的结构

掉期的详细情况	评估日期			1999-12-15		
	上一次重新安排的日期			1999-11-30		
掉期的面值（美元）	100000000					
投资者支付	标准普尔 500			只以美元记账的价格		
投资者获得	FT100			只以美元记账的价格		
投资组合的结构	1999-11-30			1999-12-15		
	面值（美元）	投资组合的百分比（%）	合约数量	面值（美元）	投资组合的百分比（%）	合约数量
基于标准普尔 500 的实物股票	90000000	90.00		91631891	91.87	
空头的标准普尔 500 期货	-90502767	-90.50	-130	-92084876	-92.33	-130
多头的 FT100 期货	100376103	100.38	381	100095439	100.36	381
长期证券	5742146	5.74		5752765	5.77	
标准普尔 500 初始保证金	2437500	2.44		2437500	2.44	
FT100 初始保证金	1820354	1.82		1776224	1.78	
标准普尔 500 价格变动保证金				-1582109	-1.59	
FT100 价格变动保证金				-280665	-0.28	
现金合计	10000000	10.00		8103715	8.13	
总计	100000000	100.00		99735607	100.00	

　　跟标准的资产掉期交易一样，投资者以国内证券的形式持有实物资产，并在这种实物资产中享有某种程度的益处。在这个事例中，投资者享有的是国内红利课税扣除的权益。掉期交易本质上受到卖出国内股票（所持有的实物资产）短期期货和在所需国外市场上买入期货的影响，在这个事例中是英国的市场。实物股票的投资组合几乎总是通过最具流动性的期货合约和股票价格指数挂起钩来，例如，美国标准普尔 500 指数。

　　就其结构和管理而言，合成掉期交易的结构正确的掉期交易略有不同，因为前者需要根据期货的头寸进行初始保证金和价格变动保证金的现金划拨。开始时的比例通常是 90% 的股票和 10% 的流动资金，但如果一个证券市场比另外一个证券市场的波动性好，那么可能需要更大比例的现金。大部分时间的流动资金管理都很简单，至少在证券的日常动向保持一致时是这样的。只要属于这种情形，那么关于短期国内期货头寸的价格变动保证金就会和长期海外期货头寸大致抵消。如果期货经纪人愿意在纯净基础上对全部投资组合催交价格变动保证金，那么这个问题就会被大大简单化，如表 A4-5 所示。

　　由于所有的实物资产都是国内证券，所以这个简单的资产掉期交易在结构上接近于一个被对冲的国际化投资组合。如果投资者愿意承担风险并渴望获得国外证券市场的收益，而对相关的货币风险与收益率不感兴趣，那么这就是好的。对于一个完全被对冲的收益率而言，投资管理人必须保证定期遭返国外市场上的期货利润，以便把不必要的货币暴露最小化。如果投资者要求一个未受对冲的收益率，那么管理人就必须通过买入远期外汇，对其在每个国家里所持资产的面值给予适当的货币暴露，以便不对该外汇合约的面值进行对冲。

表 A4-5　合成掉期交易的收益

	美元数额（美元）	百分比（%）
标准普尔 500 实物股票	1631891	1.63
空头标准普尔 500 期货	−1582109	−1.58
多头标准普尔 500 期货	−280665	−0.28
短期证券	10619	0.01
标准普尔 500 价格变动保证金	−1582109	−1.58
FT100 价格变动保证金	−280665	−0.28
全部现金	−1896285	−1.90
全部投资组合	−264393	−0.26

　　表 A4-5 说明了货币风险对 FT100 头寸的未实现利润所产生的影响。正是这种影响说明了合成掉期交易（暗中进行货币对冲）及其标准化的交易对手（通常不进行货币对冲）之间的差异。如果投资者以英镑记账的方式出售等于 FT100 头寸面值的远期合约，从而不对其合成掉期头寸进行对冲，那么该掉期交易的收益率将减少2.48%，其原因是投资者将于 11 月 30 日以 0.6279 英镑的远期汇率买入英镑，而不是在 12 月 15 日以 0.6435 英镑的汇率买入。

　　合成掉期交易的主要益处是，由于实物资产被投资在国内的证券市场上，它可以委托书投资者对其国际投资组合 90% 的部分享受红利课税扣除，这相当于红利收益的 25%。由于合成掉期交易只由交易所交易的工具组成，所以它的重新估价很容易进行，不需要对中间人支付任何费用。在这种意义上，它是低成本高效率的。当然，它也存在一些缺陷，它的实施和即时控制可能非常棘手。

　　流动资金的管理是至关重要的。管理人需要保证总有足够的现金，以便满足价格变动保证金的需求。与此同时，太多的可用现金意味着实物的投资组合将会投资不足，从而放弃了红利课税扣除的某些收益。虽然偶尔国内市场可能会急剧上涨，而大多数其他市场则急剧下跌，或者情况正好相反，从而让 10% 的现金供应显得吃紧，但是证券市场往往反复波动，短期和长期期货的净头寸基本上可以相互抵消。所以在大部分时间里，大约 10% 的流动资金足够使用。

掉期相对于期货和远期的长处和短处

掉期交易的优势是它们的弹性。投资者可以对资产和债务进行任意组合，以便调整他们对收益率的暴露和风险，从而完全符合他们的要求。掉期交易让投资者们能够在公认市场的限制之外进行风险投资，同时避开了通常让投资者们在国外投资市场上因非流动性风险和结算而产生的麻烦。此外，这种方法还可以在可以想象得到的时间里虚拟进行。结算和重新安排的日期不需要和传统的季度末或者月底相一致，但是可以符合投资者精确的时间范围。

可以在掉期协议里对货币加以规定，从而让货币的对冲自动化，这基本上排除了建立并且管理远期外汇头寸的需要。

资产的掉期交易提供了一种非常有效的方法，可以把红利课税扣除最大化，其途径是允许投资者以国内证券的形式持有实物资产，同时享受持有国际资产所提供的收益率与风险组合。

掉期交易的主要缺点是，如果掉期交易的面值较小或者掉期交易的种类比较复杂，那么它的创建成本可能会高得让人望而却步。类似地，对于一个复杂的掉期交易，特别是对于某些"总体收益率"的（相对于单纯的价格）证券掉期交易，可能难以找到足够数量适当的中间人来保证具有竞争力的出价，而且现行的估价可能会比较困难。

掉期交易和远期协议都是柜台交易，都受到交易对手风险的影响。由于期货合约属于交易所交易，交易所对每笔交易的完成提供了担保，因此不受交易对手风险的影响。

需要对交易对手风险进行控制。一方面，掉期交易在投资组合中所占的比例较小，很少对总体投资的质量产生严重的影响；另一方面，需要把掉期交易的交易对手风险并入投资组合，与债券、现金市场和外汇交易对手等的风险一起进行管理控制。

附录5　期权

远期、期货和掉期交易都要求买入者和售出者在固定的价格上进行交易，不管在到期时其价格相对于当时的市场价格有多么让人沮丧。而期权则与之相反，如果合同规定的价格在合同到期日时和市场价格相比处于劣势，那么它允许投资者放弃这笔交易。这是把期权与远期、期货和掉期交易区分开来的一个本质特征。

期权可以分为两个方面：购买选择权和出售选择权。如果基础资产增值，那么一个购买选择权的买入者就会从中受益，而出售购买选择权的人则会遭受损失。如果价格下跌，那么购买出售选择权的人就会从中受益，而看跌期权的出售者就会遭受损失。

为了摆脱已经变得不再具有吸引力的交易，期权的买入者必须支付一笔优先购买价。这可以当成一笔保险金。

不妨设想有这样一个人，他获悉自己在大约三个月后将要收到一笔数目很大的资金。他想把这笔资金投资到股票市场上，并且想在股票市场上留置几年的时间，让它增值。他想尽可能早地实现这个愿望，但是他对目前至他能够实际得到这笔资金这段时间内的市场动态持有保留态度。除非现金到位，否则他除了坐在那里干等，什么也做不了。如果市场在这段时间里增值了，那么他就会错过这个机会。作为选择，他可以购买期货。这将补偿市场上涨的危险，但是如果市场急剧下跌，那又如何是好呢？他将遭受资金的损失。另外一个解决方案是在股票市场上购买期权。通过购买股票期权，如果股票上涨，那么他可以交割自己的期权，在事先同意的价格上购买股票（交割价格）。如果市场下跌了，就像他所担心的那样，他可以放弃自己的期权，按照较低的市场价格购买股票。在这种情形中，他将丧失一开始时支付的保险金，但是不管怎样，他为自己上了保险，以防在他把自己的风险投资安排停当之前，市场增值太多。

定价

对期权的价值起到决定性作用的因素是基础资产。期权的价值不能超过资产。期权的交割价格也对期权的价值起到重要作用。购买选择权的价格不能低于基础资产当前价格和期权交割价格之间的价差，这又被称为期权的固有价值。资产价值和固有价值是计算期权价格时的上限和下限。为了进一步缩小它的范围，我们需要知道下述内容：

■ 期权到期的时间。

■ 收益率。

■ 基础资产的波动性。

这些因素决定着期权的时间价值，它和固有价值一起，组成了期权的价格。评估期权价格时最常用的方法是布莱克—斯科尔斯期权定价公式。对于一个实物资产的购买期权，它的公式如下：

$$pc = s \times N(d1) - pe \times N(d2) / e^{iy} \qquad (A5-1)$$

其中，pc 表示购买期权的价格，s 表示资产的当前价格，pe 表示期权的交割价格，vol 表示基础资产的波动性，y 表示按年计算的到期时限，e^{iy} 表示持续的复利收益率。

N(d1) 和 N(d2) 描述的是在股票价格波动足够大的情况下，期权到期时以高于购买当时价售出或者以低于售出当时价买进的可能性。它们的计算公式如下：

$$N(d1) = [\ln(pa/pe) + (I + vol^2/2) \times y] / vol \times y^{0.5} \qquad (A5-2)$$

$$N(d2) = N(d1) - vol \times y^{0.5} \qquad (A5-3)$$

期权的优先购买价反映了期权到期时以低于当时价买进或者以高于当时价卖出的可能性。如果资产价格大于购买期权的交割价格，或者小于一个出售期权的交割价格，那么一个期权就能以低于当时价买进或者以高于当时价卖出。一份波动的资产的期权到期时以低于当时价买进或者以高于当时价卖出的可能性大于一个相当稳定的资产，因此在其他条件相同的情况下，一个不稳定资产将配有更多的优先购买价。类似地，期权到期的期限越长，它以低于当时价买进或者以高于当时价卖出的时间就越长。收益率在期权价格中的作用同于在远期和期货价格中的作用，它受到这样一个事实的影响：尽管期权持有者已经获得了对基础资产价格变化的风险暴露，但是大多数结算仍是在期权到期时才得以进行的，期权定价的影响因素如表 A5-1 所示。

表 A5-1　期权定价的影响因素

增长的方面	看涨期权价格	看跌期权价格
基础投资的价值	升	降
交割价格	降	升
到期期限	升	升
无风险的收益率	升	升
基础投资的波动性	升	升

有一些期权可以在快到交割日期或者到期日期时的任何时间进行交割。美国期权可以在交割日期之前予以交割，而欧洲期权则不能。在实践中，它们之间很少存在什么区别：大多数在公认市场进行交易的都是美国期权，但是由于下述的各种理由，较早的交割并不经常发生，尽管是美国期权，但是它们当中的大部分都按照欧洲期权进行定价。

当较早地交割一份期权时，一个期权持有者就放弃了期权余下的时间价值。这并不是一件理智的做法。如果期权持有者希望兑现他在期权中获得的收益，那么出售这份期权或许更有意义一些。在这种出售活动中，余下的时间价值将被当成期权出售价格的一部分。有时候，期权被较早地交割；最经常进行交割的时间是期权的实物股票接近其除息日的时候。由于期权持有者没有权利获得红利，而股票持有者有权利获得红利，所以红利投资者获得的价值（包括课税扣除）完全有可能大于余下的时间价值，在这种情形下，投资者愿意放弃期权的时间价值，以换取红利的权益。

期货期权

很多期货合约都进行自身的期权交易，这些工具为实施短期资产分配的方法提供了重要的弹性。从概念上讲，关于期货的期权和关于实物资产的期权没有什么不同，但是它们的定价方式略有区别，其结算延时方面的问题已被考虑进期货合约的优先购买价里。一个关于期货合约的购买期权具有如下的定价公式：

$$pc = [s \times N(d1) - pe \times N(d2)] / e^{iy} \tag{A5-4}$$

在这里，

$$N(d1) = [\ln(s/pe) + vol^2 \times y] / vol \times t^{0.5} \tag{A5-5}$$

$$N(d2) = N(d1) - vol \times y^{0.5} \tag{A5-6}$$

图 A5-1 显示了一个购买期权价格的结构。基础资产的价值被显示为从零开始的一条斜线。需要注意的是，完全支付的股票可以被认为是一个交割价格为零的期权（股票价格不能小于零，因此购买者损失的不能多于他为此支付的）。另外一条斜线显示了期权的固有价值。它代表的是在期权到期时期权价格和基础资产之间的关系。交割价格是零，然后随着基础资产一对一地增值。基础资产的价值和固有价值之间的曲线是购买期权的价值。一个很长时间才到期的期权，其表现非常类似基础资产。当期权接近它的到期日期时，时间价值衰减，期权的价格朝着它的固有价值汇拢。注意当期权以低于当时价买进或者以高于当时价卖出的时候，也就是说，当资产价格和交割价格大致相当的时候，期权的时间价值总是最大，它反映了这样一个事实：正是在这个价格上，期权最后价值的不确定性才达到了最大值。

从理论上讲，期权购买者潜在的收益是没有限制的，特别是在购买期权的情形

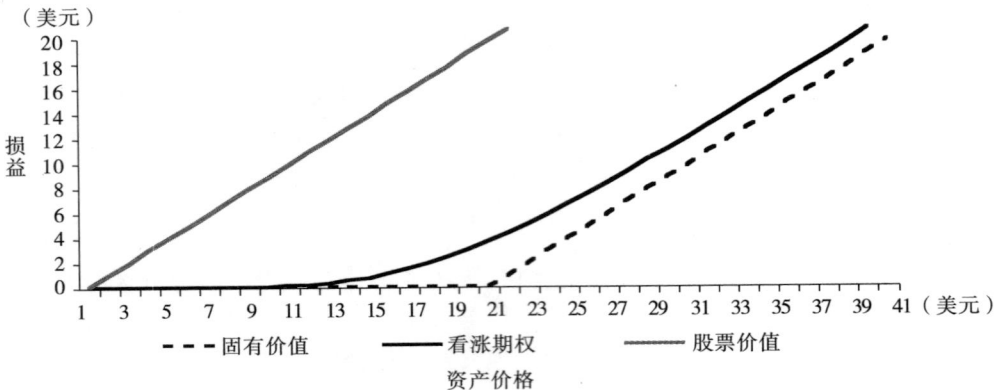

图 A5-1　看涨期权

下，而损失则被限制于为此期权所支付的优先购买价上。而对于期权的出售者来说，它的结果是相反的：一个预定的最大收益和潜在的无限损失，特别是在购买期权的情形中。

图 A5-2 显示当购买期权到期时它的持有者的收益。如果基础资产的价格上升，那么潜在利润就是不受限制的。如果下跌，那么期权购买者所受的损失不会超过所支付的优先购买价。期权持有者在这种情形中失去兴趣的点值是当资产价格等于交割价格减去已支付的优先购买价的时候。在这个事例中，是 16.29 美元（＝20.00 美元－3.71 美元）。

一般来说，如果基础资产增值，那么看涨期权的购买者会感到高兴，因为他的资产将变成减去已支付期权优先购买价的资产。如果资产价格下跌，那么购买期权的购买者就会失去已支付的优先购买价，但是可以避免因为持有实物资产而遭到的更大损失。但是如果资产价格停留在同样的水平上，那么会发生什么结果呢？期权购买者将失去期权的优先购买价，似乎什么也没有得到。所有的期权都遭受时间衰减（期权时间衰减）的损失，因为随着期权临近到期日，期权的时间价值化为乌有。当资产价格保持稳定时，时间衰减最为明显。

和远期、期货以及掉期的价格一样，期权价格不考虑基础证券可能的价格走势。

假说

期权的定价公式取决于关于基础资产价格行为的大量简单化假定。这些假定中最重要的一个是资产收益率以接近正态的方式受到配置（从对数正态的精确程度上来看，其差异是呈对数正态的价格不能低于零，而普通正态的价格则可以。这意味着积极的和消极的价格浮动具有相同的可能性）；并且该价格按照递增的方式变化，而不是突然激增。

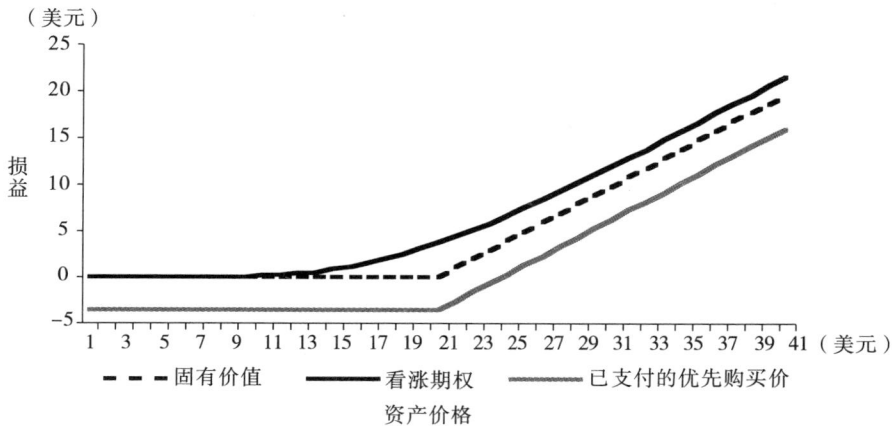

图 A5-2　期权优先购买价

期权价格理论中隐含着的其他一些假定是，基础资产的利率和波动性在期权的存续期间内保持稳定，市场具有完美的流动性，没有任何交易成本。在这些假定之中，最麻烦的就是关于稳定的波动性这一条假定。波动性是在一个给定的时间框架中对资产价格变化的快慢和大小的计量，而不管它的方向如何。资产价格波动性经常在多个长期的阶段内保持稳定，然后在没有任何预警的情况下突然发生重要变化。变动中的波动性对期权价格产生影响，对于离到期还有很长时间的平价期权，它的影响最为剧烈。

看跌期权—看涨期权比价

看跌期权—看涨期权比价是期权最受人喜欢的特征之一。它说的是可以利用看跌期权来构成看涨期权，并且反过来也一样可行。

图 A5-3 显示，同样交割价格上一个空头看跌期权和一个多头看涨期权的结合所产生的结果同于关于其基础资产的一个远期合同或者期货合约的结果。其间的关系用数学表达式表示如下：

$$pc-pp=pf-pe \tag{A5-7}$$

类似地，把一个空头看涨期权和一个多头看跌期权混合在一起，也能得到一个空头远期或者期货的结果（但是减去看涨期权等于交割量减去期货）。

它的含义是，持有一份风险资产的投资者可能相信，尽管从长远来看他的资产前景看好，但是短期内正在贬值。他不是卖出资产并买入一个购买期权，而是买入一个出售期权并继续持有这份实物资产，两者的结果是完全一样的。

在表 A5-2 中，投资者希望暂时减少投资组合中某个特定资产的风险。股票当前正以 11.50 美元的价格进行交易。他可以卖掉股票并买进购买期权，或者也可以

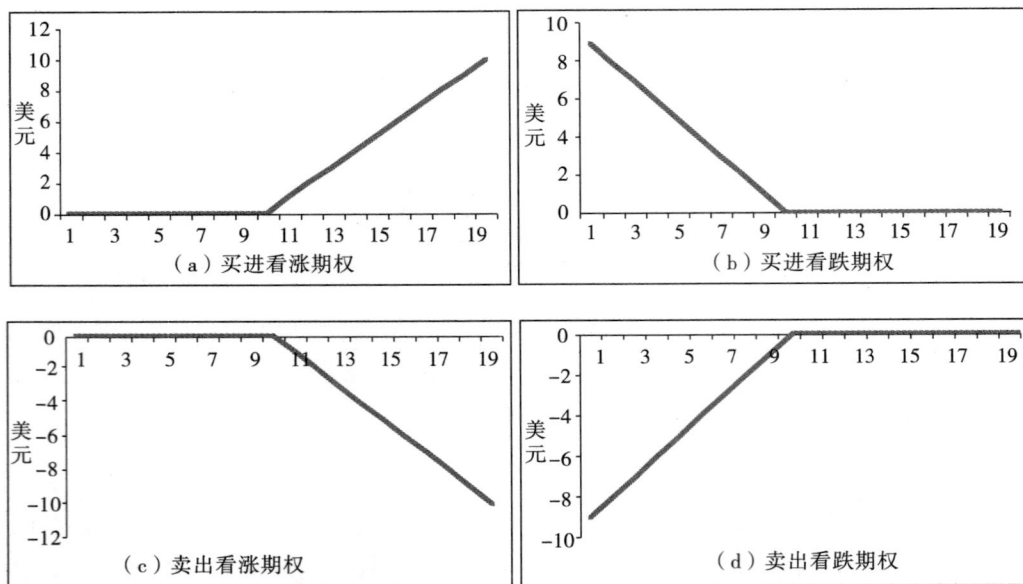

图 A5-3　看跌期权—看涨期权比价

持有股票并买进出售期权。两种期权的交割价格都是 10.00 美元，到期期限都是 90 天。看涨期权的交易价格是 1.66 美元，而看跌期权的交易价格则是 0.04 美元。

表 A5-2　卖掉股票并买进看涨期权与持有股票并买进看跌期权

股票价格（美元）	11.50×1000	
交割价格（美元）	10.00×1000	
购买优先购买价（美元）	1.66×1000	
出售优先购买价（美元）	0.04×1000	
收益率（%）	5	
波动性（%）	22	
到期的期限（天）	90	
交易成本（%）	0.50	
交易结果	策略 1 出售股票，购买看涨期权（美元）	策略 2 持有股票，购买看跌期权（美元）
出售 1000 份股票	11500.00	
购买 1000 份看涨期权	−1660.00	
购买 1000 份看跌期权		−40.00
股票销售所收款项的收益	121.32	
交易成本	−65.80	−0.20
结果 A：股票价格 =	15.00	
股票的利润/损失	−3500.00	
交割期权	5000.00	0.00
期权优先购买价	−1660.00	−40.00

交易结果	策略 1 出售股票，购买看涨期权（美元）	策略 2 持有股票，购买看跌期权（美元）
收益结果	121.32	
交易成本	−65.80	−0.20
纯收益	−104.48	−40.20
结果 B：股票价格 =	8.00	
股票的利润/损失	3500.00	
交割期权	0.00	2000.00
期权优先购买价	−1660.00	−40.00
收益结果	121.32	
交易成本	−65.80	−0.20
纯收益	1895.52	1959.80

在策略 1 中，投资者通过交割期权，从股票价格的增长中受益。看跌期权买进者受到保护，免于遭受股票价格下跌的损失，因为通过交割看跌期权，他能够在 10.00 美元的价位实际卖掉股票，所以他只遭受了 1.50 美元的损失。两种策略在结果上的差异总是 64.28 美元，这种差异极大程度上是由它们的交易成本引起的。这个余数是由于看涨期权价格和看跌期权价格两者同合理价格相差无几。

把看涨期权及其基础资产结合在一起，创建一个看跌期权，这种方法经常被称为创建一个合成看跌期权。合成期权的局限是，买入期权只能通过利用其他买入期权予以复制，反过来也一样。

还可以把现金和基础资产结合在一起创立期权。这被称为复制期权。图 A5-4 说明的就是这个问题，它显示了期权价格变化和基础资产价格变化之间的关系。横轴代表基础资产，曲线表示一个购买期权的价格。期权固有价值方向上的变化显示了交割价格所处的位置。当资产价格等于交割价格时，资产价格 1 上的变化导致购买期权沿着同一方向移动了 0.5。因此这个期权被说成是有一个 0.5 的变量值。当资产价格很低的时候，购买期权对资产价格的变化没有太大的反应，因此变量接近于零。另外，当资产价格远远高于交割价格时，期权的变量交汇于 1，而期权的变化跟基础资产一样。从数学的角度上讲，该变量是期权价格曲线的一条切线的斜率。

这种关系可以被用来构成一个复制的期权。为了做到这一点，投资者只需要简单地持有现金和基础资产的投资组合，这样一来，所持风险资产的百分比就会和要被复制的期权的变量发生呼应。为了复制一个多头的看涨期权头寸，于是当价格上升时，投资者渐次买进资产，当价格下跌时，投资者卖掉这些资产。

如果应用于期权定价中的所有假定都是真的，那么复制期权和实际期权的结果就会是一样的。不幸的是，价格的变化飘忽不定，不是这样跳动就是那样跳动。由于被复制的期权总是追寻着价格的变化，所以它会买入的价格太高并且卖出的价格

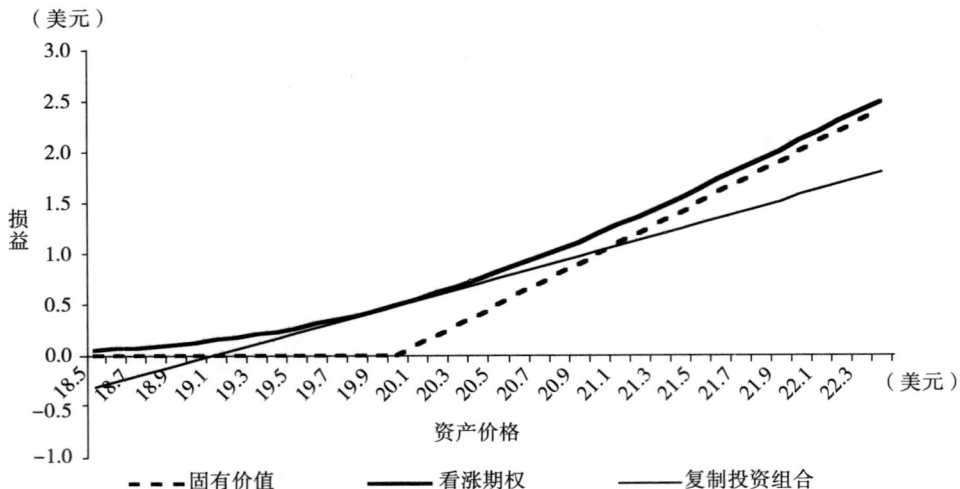

图 A5-4　复制期权

太低（复制的投资组合沿着直线运动，而实际的期权则沿着期权价格的曲线变化）。当基础资产的价格上下波动从而导致复制头寸的损失堆积起来时，这种缺点就变得显著了。类似地，如果资产比当初预计的稳定，那么复制期权的结果就会进一步恶化。由于复制期权时一路引起的交易成本，这种效果加剧了，它导致了复制期权和实际期权之间更大的差异。

表 A5-3 显示了这种效果。如果对复制的投资组合不做改动，那么当股票价格变动时，实际期权的价格就会脱离复制期权的价值。从表 A5-3 的第 4 列中可以看出这一点。此外，当基础资产的价格很不稳定时，对套期保值进行调查的成本可能会是惩罚性的。该表的第 7、第 8 和第 9 列证明了这一点。第 7 列反映了复制期权时买进和卖出股票的累积成本。第 8 列是这些股票的市场价格，而第 9 列则是前两者之间的差异，它是复制期权的有效成本。

如果市场不稳定，那么运用动态的套期保值复制买入期权可能会是代价很大的。反过来，同样的波动性也可以给持有买入期权并动态地运用基础资产对其进行套期保值的投资者带来益处。

表 A5-3　被复制的购买期权

原始资产价格（美元）	20.00
交割价格（美元）	20.00
到期的限期（月）	1
收益率（%）	5
隐含的波动性（%）	20
期权变量	0.5395
持续对冲	动态对冲

天数	股票价格（美元）	看涨期权的价值（美元）	复制看涨期权的价值（美元）	差异（美元）	期权变量	期权变量的变化（买入和卖出的股票）	买入和卖出股票的累积成本（美元）	投资组合的市场价格（美元）	动态对冲的累积成本（美元）
	1	2	3	4	5	6	7	8	9
1	20.00	0.50	0.50	0.00	0.5395	0.5395	10.79	10.79	0.00
2	22.30	2.39	1.74	-0.65	0.9780	0.4385	20.57	21.81	1.24
3	21.50	1.62	1.31	-0.31	0.9180	-0.0600	19.28	19.74	0.46
4	19.00	0.11	-0.04	-0.15	0.2000	-0.7180	5.64	3.80	-1.84
5	23.40	3.47	2.34	-1.13	0.9987	0.7987	24.33	23.37	-0.96
6	25.60	5.67	3.52	-2.15	1.0000	0.0013	24.36	25.60	1.24
7	22.00	2.08	1.58	-0.50	0.9733	-0.0267	23.77	21.41	-2.36
8	18.00	0.01	-0.58	-0.59	0.0231	-0.9501	6.67	0.42	-6.25
9	19.50	0.21	0.23	0.02	0.3352	0.3121	12.75	6.54	-6.21
10	21.50	1.58	1.31	-0.27	0.9425	0.6073	25.81	20.26	-5.55
11	23.00	3.05	2.12	-0.93	0.9988	0.0563	27.11	22.97	-4.14
12	22.00	2.06	1.58	-0.48	0.9840	-0.0148	26.78	21.65	-5.13

创建复制投资组合的做法又被称为"变量套期保值"。由于基础资产较大的不连续的价格变动，复制的投资组合存在着业绩差于实际期权的风险，这种风险被称为"暴涨风险"。

期权的波动性——对比系数

期权的对比系数反映了和时间价值衰减有关的风险，以及由于低估基础资产的波动性而导致损失的风险。对比系数是期权基础资产的价格发生微小变化时，期权变量发生变化的比例。

对比系数对所有买入的期权、看涨期权和看跌期权都是正值，而对所有卖出的期权都是负值。一个庞大而且无条件的期权系数说明，正在相当迅速地发生时间衰减，并且期权变量也很可能就要发生非常迅速的变化。一个正值的对比系数意味着投资组合可能会在一个波动的市场中表现出很好的业绩，但是在一个静态的市场中将遭受损失。而一个负值的对比系数则表示相反的意思。

表 A5-4 中的期权全都是关于单一基础资产的，股票价格是 20.00 美元，评估得到的波动性是 25%。其变量是 0.3194，而这个投资组合的对比系数是 0.0652。基础资产 10% 的价格增长产生了 0.5275 的变量增长，这使得期权对基础资产价格变化的敏感度大大加强。

当股票价格上涨到 24 美元时，合计变量增长到 0.6912，但是对比系数减少到

0.0250。这是因为 3 月份 20 美元价位上的巨大头寸已经进一步呈现出以低于股票交易当时的价格买进或者以高于股票交易当时的价格卖出的态势，其对比系数则发生相应的减少。由于相对于整体投资组合所有权的规模，这种对比系数对投资组合的合计变量和对比系数产生了强烈的影响。其效果甚至更加具有动态性，基础资产的价格进一步变化了 25%，在此之后，合计变量增长到 0.9089，对比系数减少到 0.0076。

当分析一个投资组合的对比系数时，尽管大多数管理人都有可能对关联性很强的资产进行对比系数的总体计量，但是他们一般都不试图把不同资产的期权合计在一起。

表 A5-4　一个期权投资组合的变量和对比系数

当前日期							2000-01-01					
股票价格（美元）							20.00					
收益率（%）							5					
波动性（%）							25					
买入和卖出的数额	交割价格（美元）	交割日期	看涨期权/看跌期权	期权价格（美元）	期权变量	期权系数	期权价格（美元）	期权变量	期权系数	期权价格（美元）	期权变量	期权系数
				股票价格 20.00 美元			股票价格 22.00 美元			股票价格 24.00 美元		
310000	20.00	2000-03-31	看涨期权	1.73	0.5632	0.0557	2.96	0.8230	0.0243	4.50	0.9482	0.0084
-40000	25.00	2000-03-31	看涨期权	0.05	0.0507	0.1760	0.77	0.1919	0.1180	1.65	0.4326	0.0733
200000	22.50	2000-03-31	看涨期权	0.29	0.2148	0.1124	1.69	0.4912	0.0651	2.83	0.7514	0.0329
-150000	27.50	2000-03-31	看涨期权	0.01	0.0081	0.2417	0.25	0.0507	0.1760	0.78	0.1742	0.1227
180000	21.50	2000-06-30	看涨期权	1.00	0.4265	0.0522	2.53	0.6391	0.0328	3.89	0.8024	0.0191
500000	27.50	2000-06-30	看涨期权	0.08	0.0567	0.1188	0.57	0.1487	0.0907	1.18	0.2919	0.0675
1000000					0.3194	0.0652		0.5275	0.0407		0.6912	0.0250

隐含的波动性

对期权价格、波动性和对比系数的精确或者有效的评估取决于正确预测基础资产的波动性。由于资产的波动性可能会突然地发生变化，从而改变整个期权投资组合的风险形象，因此要做到这一点可能是非常困难的。其对比系数为负值的投资者（卖出的期权多于买进的期权）可能会由于波动性的增加而遭受损失，而它的下跌则会损害买进期权、期望基础资产出现重大波动性的投资者。

在决定期权价格的所有因素中，只有波动性无法预先确定。这意味着在给定期权价格的情况下，可以轻易并且精确地指导出该期权价格所隐含的基础资产的波动性。所以，当对比期权和实物资产的价格时，或者当对比一系列不同期权的价格时，很多投资管理人都对期权价格所隐含的波动性进行计算。计算一份期权所隐含的波动性就是按照期权价格公式试着对波动性进行不同的评估，直到计算出来的价格与所报的价格相符。

实施

买进以及卖出期权的原理很大程度上和其他衍生工具相同。交易所交易的期权按照和期货合约一样的方式进行办理，而柜台交易的期权则类似于远期交易或者掉期交易。

不只是单一股票，而且大多数主要股票价格指数期货，关于债券、票据、货币和商品期货等利率工具的期货等，都提供交易所交易的期权。正常情况下，期权优先购买价的报价单位同于基础资产或者衍生工具合同，它们的交割日期与期货的到期日期相呼应。设定交易所交易期权的交割价格时，通常让至少一个期权以低于股票交易当时的价格买进或者以高于股票交易当时的价格卖出，而另一个则以高于股票交易当时的价格买进或者低于股票当时的价格卖出。当期货价格上下波动时，新的交割价格序列就被附加上去，以便保证足够的选择。并非所有的期权都具备可以进行交易的流动性，大多数交易都发生在近似货币的那些序列里。

如同期货合约，期权可以作为差额点进行交易，在这种情况中，交割单被当作是两个期权序列价格之间的差异。除了两个到期月份之间的差额点之外，投资者还可以在同一个到期月份内两个交割价格之间的差额点上进行交易。

实物证券期权

关于实物证券的期权交易和关于期货的期权交易并没有太多的区别，两个之间的主要差异是大多数实物证券期权市场不像期货合约那样具有流动性，特别是在出售期权方面。这是因为对出售期权的套期保值要求具备卖空基础资产的能力，而这种做法在某些市场上对实物证券来说是代价很大的，而在另外一些市场上则是不可能的。

柜台交易

柜台交易期权的实施类似于掉期合约的实施，两者都有类似的局限性：它们的文件证明和实施可能会非常昂贵，对于小面值来说尤其如此，而且一旦被安排停当，逆转它们时可能会花费很大的代价。大多数柜台交易期权协议都至少是一年的期限，并且经常运用掉期交易的国际掉期交易商协议标准合同。

从理论上讲，适用于柜台交易期权的优先购买价同于交易所交易的种类。因为套期保值的成本驱动着期权的价格，而一份期权协议相对来说是标准化的，所以所报的价格会接近于具有可比性的交易所交易期权。如果期权具备一些不同寻常的特征，那么所报的价格会高一些。

在其他条件相同的情况下，让柜台交易期权价格偏低的标准特征包括下述方面：

- 一份容易进行交易的基础资产。
- 一个接近期货合约到期日期的交割日期，这份期货合约是有关类似资产的。
- 以主要货币记账。
- 合理的标准化交割规定。

任何一份难以进行对冲的期权都很可能是花费很大的，这是一个规律。

像掉期一样，柜台交易期权的主要优点是它的弹性。投资者可以实施所需的精确的资产暴露，以满足特定的投资目标，例如，可能是应用异常的期权。异常期权是一些交割规定非标准化的期权，如在期权到期日而不是一开始时就予以明确规定的交割价格。作为一种选择，异常期权可以被指定为基础资产在一个给定期限的平均价格（这个期限可以是也可以不是期权本身的期限），或者可以通过在一个给定的时间间隔内指定资产的最高价格或者最低价格进行交割。

异常期权和其他柜台交易的期权的主要缺点是：一旦安排停当，那么期权协议就可能难以结算，而且由于期权的价格是不透明的，所以难以保证所报的价格合情合理。对于专用性很强的期权协议来说，这个问题就更加严重，其原因是，由于期权和异常期权进行对冲时的困难，能有办法进行报价的中介机构就更少了。

即时控制

一旦安排停当，根据期权是交易所交易还是柜台交易，或者根据期权是买入的还是卖出的，对期权管理的要求存在着很大的差别。交易所交易期权的管理要求同于期货合约的业务管理要求，唯一的例外是买入期权的价格变动保证金被限制在期权优先购买价的数额上。有些交易所要求当购买期权时支付这笔资金，而另外一些则在支付全部优先购买价时才要求保证金的款项。

在以低于或者高于股票交易的当前价格买进或者卖出的期权快要到期时，大多数经纪人都会提醒他们的客户，以避免放弃有价值的资产，但是最终是投资者有责任告知交易所或者期权卖出者，他有交割的意向。

柜台交易期权的管理在很大程度上和掉期交易一样，同样地，它也有一个例外：一旦期权优先购买价得到支付，那么如果季度结算到期的话，该季度结算应当只由期权的卖出者向期权的买入者进行支付。

业务管理

期权的业务管理不需要太复杂，至少对交易所交易的期权是这样的。尽管有些交易所引进了保证金贴水的制度，通过这种制度，贴水按照和价格变动保证金一样的方式进行收取，但是通常情况下，贴水是在购买的时候支付的。期货合约期权的卖出者通常支付价格变动保证金，就像为期货头寸支付费用那样。实物股票期权的卖方可能会被要求对股票进行对冲或者在交易所存入款项，以便保证交割的进行。

柜台交易期权要复杂一些，这主要是因为它们的估价更加困难。对柜台交易期权的估价是通过评估期权所隐含的波动性，而这种期权又可以产生于某种资产或者交易所交易的、类似于基础资产的资产集总。

一旦评估的问题得到解决，那么期权的业务管理就和掉期协议所遵循的原则没有什么区别了。

业绩测量与定性分析

有效的定性取决于现金担保的正确处理。它的问题类似于期货的问题，只是需要额外考虑期权变量，如表 A5-5 所示。

表 A5-5　期货合约买入购买期权的估价与定性分析

点价值（美元）	100
每份期货合约的初始保证金（美元）	3000
买入合约的数量	200
卖出合约的数量	0
进行交易的期权优先购买价	311.0
当前的期权优先购买价	302.5
期权的交割价格	2500.0
购买时的期权变量	0.74
当前的期权变量	0.77
购买期权时的期货价格	2743.4

续表

当前的期货价格		2750.0		
当前的实物指数		2693.9		
现金的利率（%）		4.50		
当前的投资组合价值（美元）		100000000		
估价明细	正确方法1（美元）	错误方法2（美元）	错误方法3（美元）	错误方法4（美元）
期权优先购买价	6220000	6220000	6220000	6220000
价格变动保证金（只限售出期权）	0	0	0	0
保证金的应计利息	1518634	1555837	0	2052258
现金担保	35266060	36130000	0	47658000
普通股票	41486060	42350000	6220000	53878000
现金上增加的收益	2519739	2482536	4038373	1986115
现金	58513940	57650000	93780000	46122000
总和	100000000	100000000	100000000	100000000
运用方法1的定性分析	投资组合/损失（美元）	所有的总和（美元）	对交易的收益率（%）	对投资组合收益率的影响（%）
期权损益	-170000			
保证金的应计收益率	1518634			
普通股票的收益率	1348634	41486060	3.2508	1.3486
现金的收益率	2519739	58513940	4.5000	2.5197
全部收益率	3868373	100000000	3.8684	3.8684
普通股票的收益率	1.3486	1.3858	-0.1700	1.8823
现金的收益率	2.5197	2.4825	4.0384	1.9861
全部收益率	3.8684	3.8684	3.8684	3.8684

　　同期货一样，对普通股票的正确分配需要考虑基础实物的价值，而不是考虑期货的价格。然后，期权的当前变量对此加以调整，以便反映期权像基础资产种类那样的进展程度。

　　方法2的错误是运用了期货价格而不是基础实物来评估等量的证券风险机会；方法3的错误是只把优先购买价的数额分配给普通股票；方法4的错误则是走到了另外一个极端，它忽略了对变量的调整，因此把期权当成一个期货头寸进行处理。

　　业绩定性如表A5-5所示。

　　如果期权交易的目的是修正实物资产投资中的风险，那么可以通过比较期权的结果和实物资产的结果，对期权进行估价。另外，如果期权交易的目的只是提高投资组合的收益率，而不考虑投资组合对其他资产种类的风险机会，那么最好的办法是只把期权活动的总体结果和在短期流动资产上投资的数量进行比较。

　　表A5-5最后3行给出了运用同样的分析方式对4种方法进行分析的结果。

附录6　可兑换票据和可转换债券

可兑换票据又被称为**复合证券**，通常由上市公司发行，由一份债券和一个或者多个期权构成。可兑换票据最简单的种类是，一种在指定的日期把这份债券兑换成发行公司普通股票的权益的债券。

它们之所以被称为复合证券，是因为它们既不完全属于债券的范畴，也不完全属于普通股票的范畴。当普通股票市场在较低的收益价格比率时，公司发行这些可兑换票据。在此类条件下，发行普通股票可能会代价更大，而市场又可能正在对该公司的债券提出过高的收益要求，使得简单的债券发行具有吸引力。可兑换票据似乎能够很好地在这两个矛盾之间搭起一座桥梁。

理论

从理论上讲，可兑换票据是某种附加期权协议的债券。它最简单的形式是欧洲的一种购买期权，这种期权可以在债券到期日或者接近到期日时，按照类似于债券交割价格的价格进行交割。如果在债券的到期日或者期权的到期日，公司普通股票的价格高于债券的面值，那么投资者将交割期权，或者在其投资组合中持有该普通股票，或者按照市价出售该期权以实现利润。如果普通股票的交易价格低于债券的面值，那么投资者将会简单地把债券兑换成现金。

很多可兑换票据有着非常复杂的限制条件。最普通的是用期权替代远期协议。在此类情形中，投资者有义务在债券到期时接受普通股票，不管他是否乐意。这些证券被更精确地称为可转换债券。

定价

由于任何复合证券的定价都依赖于证券的精确条件，所以这里只谈简单的可兑换票据和可转换债券。对于更加复杂的债券来说，对合理价格的评估依赖于正确地鉴别工具的所有组成部分。有时候这种事情说起来容易做起来难，并且需要对相关的发行文件进行认真仔细的审查。有些规定模糊不清或者根本找不到相关的规定。不过，值得高兴的是，有时候这些证券可以在它们的合理价格之上或者之下进行交易，对于有足够耐心进行所要求的研究和审查的投资者们来说，这代表了无风险利润的机会。如果存在空头的看跌期权头寸，那么看跌期权—看涨期权比价的规则就意味着把债务工具转换成证券的权益变成了一种债务，它对资产分配和风险管理的意义是大不相同的。

可兑换票据

可兑换票据就是一份债券加上一份期权。债券部分的定价运用标准化的债券定价公式：

$$P = c \times (1+a) + 100 \times v^n \qquad (A6-1)$$

其中，v 表示 $1/(1+利率)$，a 表示 $(1-v^n)/利率$，n 表示到期年限乘以每年的息票数，c 表示每年的息票收入除以每年的息票数。

期权部分的定价运用实物股票的购买期权公式，但是对其略加修改：

$$看涨期权（Call） = s \times N(d1) - pe \times N(d2)/e^{iy} \qquad (A6-2)$$

其中，s 表示资产的当前价格，pe 表示期权的交割价格，i 表示无风险的利率，vol 表示基础资产的波动性，y 表示按年计数的到期期限，e^{iy} 表示连续以复利计算利率的利率。

$N(d1)$ 和 $N(d2)$ 描述的是在股票价格波动大的情况下，期权到期时以高于购买时价售出或者以低于售出时价买进的可能性。它们的计算公式如下所示：

$$N(d1) = [\ln(s/pe) + (i+vol^2/2) \times y]/vol \times y^{0.5} \qquad (A6-3)$$

$$N(d2) = N(d1) - vol \times y^{0.5} \qquad (A6-4)$$

之所以对上述公式进行修改，是由于发行这些期权的是公司。这些修改非常重要，因为它意味着当期权被交割的时候，公司的某些债务被普通股票所替代，因此减少了现有股票持有者的收益并把债务转变成了产权率，从而改变公司本身及其股票的价值。

在表 A6-1 中，债券被当作正常债券予以估价，它的到期日期与息票方式同于可兑换票据本身。评估债券时输入公式的利率是当前具有类似成熟日期的无风险利率，外加无风险利率的收益，正常情况下，该公司的债券会在这种利率上进行交易。

表 A6-1 一份简单的可兑换票据

当前日期	2000-01-01
利率（%）	5.00
可兑换票据的详细情况	
每份可兑换票据的面值（美元）	1000.00
兑换率	1 份债券 = 20 股股票

续表

债券的到期日期	2009-12-31
债券的年息票利率（％）	8.50
每年的息票数	2
下一个息票日期	2000-03-01
已发行可兑换票据的数量	50000
兑换期限	每个息票日期之前一个月加上债券成熟日期之前一个月

普通股票详细情况

股票当前价格（美元）	55.00
年红利收益（％）	2.50
每年的红利	2
下一个红利日期	2000-02-01
债券的等级评定（％）	3.75
股票价格波动性（％）	28
已发行股票的数量	500000000

　　定价期权时最直接的方法是运用布莱克-斯科尔斯公式进行一些折算。首先是折算带有红利的当前股票价格，这种红利是普通股票才有的，可兑换票据的持有者们不享有这种红利。为了做到这一点，需要对红利的当前价值进行计算并把它从当前的股票价格中扣除，具体如下所示：

　　经过折算的股票价格＝当前的股票价格-红利的当前价值

$$=35.00-7.02$$

$$=27.98（美元）$$

　　其次是对**稀释因子**的折算。稀释因子反映了当期权进行交割时所发行的新股票的数量。具体如下所示：

　　稀释因子＝可兑换票据成熟时的面值/（可兑换票据的面值+股票当前的价值）

$$=50000×1000/（50000×1000+500000000×35）$$

$$=0.2849\%$$
（A6-5）

　　期权定价公式中所运用的股票价格用公式表示如下：

　　股票价格＝经过折算的股票价格/（1+稀释因子）

$$=27.98/（1+0.2849\%）$$

$$=27.90（美元）$$

　　期权的交割价格是每份可兑换票据在到期时兑换成股票的价值。它的计算方法是每份可兑换票据的面值（1000美元）除以它被兑换成的股票数（20股），从而得出50.00美元的交割价格。

　　除非可兑换票据在发行时另有文件规定，否则期权的到期日期就是可兑换票据的成熟日期。通常可以在预定的较早日期进行兑换，但是在成熟期之前兑换将放弃期权余下的时间价值。

为了得出可兑换票据可以和其面值进行比较的价格，可以对期权价值进行核算，以反映交割时获得的股票股数。

可兑换票据价格的计算如表 A6-2 所示。

表 A6-2　一份简单的可兑换票据

债券的价值（美元）	1011.68
股票红利的当前价值（美元）	11.04
稀释因子（%）	0.1818
购买期权的价值（美元）	20.30
可兑换票据的价值（美元）	1031.98

可转换债券

一份可转换债券是一份债券加上一份远期合约。有时候这份远期合约很简单，但是更多的时候它采取的形式是一份卖出看跌期权加上一份买入看涨期权（见附录 5 中关于看跌期权—看涨期权比价的部分）。往更复杂处说，看跌期权的实际交割价格和/或日期有时候异于看涨期权。出于这个原因，定价和风险分析可能会变得非常复杂，并且容易出错。

表 A6-3 显示的是一份简单的可转换债券。债券的详细情况和前面的内容一样，但是它的兑换是托管式的，而在表 A6-1 中，兑换是任选的。由于隐含的空头看跌期权是以低于股票交易当时的价格买进或者是以高于股票交易当时的价格卖出的，所以它很有价值，它的入选让工具的价值发生了重要的改变。

表 A6-3　一份简单的可转换债券

债券的价值（美元）	1011.68
股票红利的当前价值（美元）	11.04
稀释因子（%）	0.1818
远期合同的价值（美元）	25.92
可转换债券的价值（美元）	1037.80

在这个事例中，股票远期合约的价值被计算为：

为稀释因子而核算的当前股票价格；

减去兑换价格的当前价值；

减去普通股票红利当前的价值。

可转换债券的价值是债券价值和所有远期合约价值的总和，该债券被兑换成的股票数额对它来说很重要。

和可兑换票据一样，可转换债券也可以在债券到期之前进行兑换。债券票据通常明确指定可以进行兑换的日期，这些日期被称为兑换期限。

应用

可兑换票据和可转换债券通常是由解决债务问题时不希望从银行贷款的公司发行的。它们把普通股票的成分并入债券，所提供的息票略低于从银行借款的利率，从而希望减少自己的成本。这种方法的唯一问题是，市场经常过低地评估股票的价值，所以公司这样做虽然明显地减少了借贷成本，同时它也付出了代价，即廉价地出让自己的股票。投资者们有多种理由购买复合证券：

■ 他们发现这种证券的收益很有吸引力，因而愿意在适当的时候把它兑换成普通股票。

■ 他们发现这种证券的收益很有吸引力，可以在收益下降过大时卖掉这些证券。

■ 他们把这种证券看成是廉价购买普通股票的一种手段。

■ 他们打算把债券从股票构成中剥离出来，对两者进行独立出售，以获得短期收益。

特别是最后一组人可以在兑换期限内或者接近兑换期限时进行交易。如果所要求的交易可以在成本较低的情况下进行，那么这种活动可能是很有利的。一个经常出现的错误是，买进可兑换票据并以一个类似的交割价格卖空一个交易所交易的期权。实际上，这等于是在市场上售出注明日期较短的期权，以便兑换复合证券中包含的注明日期较长的看涨期权。这个策略有这样的风险：空头期权进行了交割，这迫使投资者或者兑换复合证券以便履行期权债务，或者按照市价购买普通股票。不管是哪种方式，投资者都放弃了该证券所包含的一些时间价值。后一种做法的代价可能会消耗掉该复合证券策略所期待的利润。出售注明日期更短的期权可以减少这种风险，并且允许投资者从较大数量的时间延迟中受益。

实施

复合证券随着普通股票的发行，在大多数股票市场上进行交易，因此适用于普通股票的交易规则也同样适用于它。

非流动性是几乎所有复合证券的局限性。除非当收益分配或者兑换期限临近的时候，否则复合证券的交易活动经常是不规则的。除了不规则的交易活动之外，复合证券还经常存在一个麻烦，那就是递盘发盘之间的价差。它可能会导致大量的问题，但主要表现在估价方面。

即时控制

对于持有复合证券并将其作为长期投资的投资基金来说，即时控制和持有股票并没有太大的区别。最重要的问题是估价这些工具，并且评估它们对投资组合风险的影响。

复合证券的长期持有者通常每年有一次或两次机会可以把他们的定息投资兑换成普通股票。除非到了最后的兑换日期，否则很少有人会这样做，其原因是较早的兑换与较早的期权交割一样：它放弃了期权余下的时间价值，因此不能从该投资工具中产生全额的经济收益。

业务管理

和远期、掉期和柜台交易期权协议等柜台交易衍生工具连在一起，估价是业务管理上的一个重要障碍，因为这些工具的弱流动性经常意味着交易所报出的价格或者和它的经济价值存在很大差异，或者与它实际售出的价格存在很大差异。

一旦估价的问题得到解决，或者至少得到认同，那么复合证券工具的业务管理就在很大程度上类同于普通股票资产所遵循的程序；它的例外情况是，当该债券被兑换成普通股票时，基金的资产配置会有一个变化，而这个变化发生时没有明显的预兆性决策。这份资产会从投资组合公报关于普通股票的部分中消失，奇迹般地变成了债券。除非是以杂类账目的形式，否则它不会出现在相关的交易公报中。

业绩测量与定性分析

复合证券为业绩测量和定性分析提出了一些有趣的问题，因为它们横跨在定息和普通股票之间的分界线上。最普通的办法是把它们当作纯粹的普通股票。因为不管怎么说，它们毕竟是在普通股票交易所进行交易的。这种方法对可转换债券（债券外加远期）具有足够的敏感度，但是可兑换票据（债券外加期权）所代表的经济价值基本上就是一种债券，特别是当期权以低于股票交易当时的价格卖出或者以高于股票交易当时的价格买进的时候。

对债券的价值和复合证券中普通股票的成分进行鉴别并把它们区分开来，这不只是在定性分析中才具有重要意义。根据运用普通股票价格、信用等级评定和利息率等的变化，对债券和普通股票两者的价值变化进行计量，这还会让资产的配置变得较为容易。因此，如果基础股票的价格下跌严重，那么复合证券中的股票成分就会向零靠拢，而债券成分就会增加，以反映出公司已经改变的信用等级。当最后的兑换阶段到来时，该工具实际上已经全部变成了债券，因此也就不需要进行明显的折算了。另外，如果该工具一直被当成普通股票看待，并且没有进行过兑换，那么就会发生突如其来的变化，而资产配置委员会或者基金的信托人对这个变化的原因不明就里。

对这个资产配置问题的一个解决方案是，把复合证券放入一个资产种类中。这个主意的好处在于它的简单，但是会对一些相当重要的事项产生不利影响。把它们当成一个独立的资产种类，这意味着它们本质上有异于其他资产种类。但是问题在于它们并不存在这种差异：它们是债券和普通股票的结合，具有两种资产种类的部分特征。计量它们对投资组合业绩表现以及风险的真正影响，就意味着评估该工具中两种成分分别对投资组合中债券和股票业绩的贡献率。这包括把所获得的收益当作所获得的息票，并且当定息被兑换成股票时，把红利当成是股票的红利。

在实践中，这种做法可能会令人生厌。由于该工具中独立的成分没有交易价格，所以它们必须像柜台交易的工具那样受到估价。因此，一个彻底的重新估价和业绩评估就意味着，为基础股票的波动性找到一个客观的测量方法，并且把它应用到该工具的期权成分中。

如表 A6-4 所示，在方法 1 中，从可兑换票据的持有中所产生的普通股票暴露被计算如下：

所持有的可兑换票据的数量乘以兑换率，再乘以当前的股票价格，最后再乘以当前的期权变量：

$8000 \times 20 \times 35 \times 0.63 = 1388900$（美元）

而债券的暴露则是所持有的可兑换票据的数量乘以当前债券的价值：

$8000 \times 1011.68 = 8093440$（美元）

方法 3 所犯的错误是，它只把优先购买价的金额配置给了普通股票。方法 2 则走向了另外一个极端，它忽略了变量的调整，因此把该期权当成了一个期货头寸。

表 A6-4　一份简单的可兑换票据的估价与定性分析

当前日期	2000-01-01
利率（%）	5.00
投资组合的价值（美元）	100000000
可兑换票据的详细情况	
所持有债券的数量	8000

兑换率	20		
当前价格（美元）	1168.48		
购买价格（美元）	1084.22		
购买日期	1999-07-01		
债券的详细情况			
当前价格（美元）	1011.68		
购买价格（美元）	968.82		
期权的详细情况			
当前股票价格（美元）	35.00		
购买股票价格（美元）	28.00		
当前价格（美元）	7.84		
购买价格（美元）	5.77		
当前期权变量	0.61		
估价明细表	正确方法1（美元）	错误方法2（美元）	错误方法3（美元）
期权优先购买价	1254400	1254400	1254400
保证金的应计利息率	54484	109533	0
现金担保	2161600	4345600	0
普通股票	3470484	5709533	1254400
债券	9347840	9347840	9347840
现金	87181676	84942627	89397760
总计	100000000	100000000	100000000

方法1的定性分析	投资组合的利润/损失	所用的总和	对交易的收益率（%）	对投资组合收益率的贡献（%）
期权的利润/损失	331200			
保证金的应计利息率	54484			
普通股票的收益率	385684	3470484	11.1133	0.3857
债券的收益率	342880	9347840	3.6680	0.3429
可兑换票据的收益率	728564	12818324	5.6838	0.7286
现金的收益率	2143430	87181676	2.4586	2.1434
全部收益率	2871994	100000000	2.8720	2.8720
概要	1（%）	2（%）	3（%）	
普通股票的收益率	0.3857	0.4407	0.3312	
债券的收益率	0.3429	0.3429	0.3429	
可兑换票据的收益率	0.7286	0.7836	0.6741	
现金的收益率	2.1434	2.0884	2.1979	
全部收益率	2.8720	2.8720	2.8720	

术语词汇表

格林尼治标准时 16：00 （16：00 Greenwich Mean Time）	一天中被广泛使用的对外币重新估价的时刻
应计项目 （Accrual）	一项会计记录，对即将生效的交易协议加以确认
累积指数 （Accumulation Index）	与再投资红利有关的一项股票价格指数合约。参见价格指数，总收益指数
积极加权 （Active Weight）	一种证券的组合加权低于基准加权
美国存托凭证 （ADR）	在美国交易所上市交易的一种投资工具，由非美国交易所上市的股票组成
代理交易 （Agency Trading）	代表另一方买卖证券的业务
进取型投资组合 （Aggressive Portfolio）	与组合基准完全不同的组合。参见保守型组合
AIMR （Association for Investment Management and Research）	投资管理与研究协会
α 值 （Alpha）	资产或组合错误估价后的收益率成分。准确的 α 值代表无风险收益率
另类投资 （Alternative Investments）	具有非常规收益率特征或投资结构的资产或资产类别
美国期权 （American Option）	一种在预购日之前可以预购的期权，参见欧洲期权
套利 （Arbitrage）	在不同市场同时买卖两种相同的金融工具或资产以获取零风险利润
套利定价理论 （Arbitrage Pricing Theory）	股票估值理论，等于资产价值加上该资产额外收益的估计总值
算术关联 （Arithmetic Link）	连续投资区间的增加收益。参见几何关联
资产调换 （Assets Swap）	两个投资者之间的交易，交换彼此所持有的已变化的计值资产值
平价期权 （At the Money）	资产价格等于购买价格
定性分析 （Attribution Analysis）	对单一投资区间或连续投资区间的投资收益进行分析，判定投资收益与基准收益的差异点和差异度
平衡的投资组合 （Balanced Portfolios）	对几个资产类别同时投资的组合。均衡的投资组合把资产配置和资产类别中的证券选择联系在一起加以考虑
基础风险 （Basis Risk）	衍生头寸无法抵补被规避的实物资产所带来的风险
大宗交易 （Basket or Block Trades）	大量买卖交易的总和
基准 （Benchmark）	与实际组合相对照的参考组合

续表

β 值（Beta）	资产或组合与另一项资产或组合的相互关系。一个 β 值表示一个直接的关系
买卖差价（Bid-ask Spread）	一种证券或合约在买入、卖出时价格上的差价
黑箱（Black Box）	不允许使用者检查运算过程或执行合理检测的资产配置或股票选择模型
布莱克-斯科尔斯（Black-Scholes）	布莱克和斯科尔斯创立了布莱克-斯科尔斯期权定价模型，该技术以他们的名字命名并被广泛使用
大宗交易（Block Trades）	参见 Basket Trades
债券的波动性（Bond Volatility）	0.01%的利率变化会引起债券交割的价值发生变化。参见（涨落）一点的美元价值和不稳定的债券
红股发行（Bonus Issue）	发行大量新股代替现有股票的行为
自下而上的管理（Bottom-up Management）	在不考虑部门风险的情况下，根据某一公司的详细资料对股票进行定价
小型投资管理人（Boutique Managers）	专注于某一特定资产类别或投资策略的投资管理公司
看涨期权（Call Option）	在确定的时间以确定的价格买入资产或期货合约的权利（不是义务）
CALPERS	加利福尼亚州公务员退休服务中心
资本担保（Capital Guarantee）	投资管理人的承诺，保证在给定的投资期限内组合收益率不低于名义条款规定的零收益率
资本化加权指数（Capitalization Weighted Index）	股票或其他资产价格的指数，由有构成资产的市场价值决定。参见价格加权指数
现金（Cash）	短期的、低收益的流动性投资工具，通常得到大银行的担保
现金结算合约（Cash Settled Contract）	一种衍生合约，反映现金结算交易价格和合约最终价格之间的差价
图表分析（Charting）	一种分析方法，通过核对历史价格曲线确认价格走势中明显的重复出现的特点。参见技术分析
CIO（Chief Investment Officer）	首席投资官
清算代理（Clearer）	可能是一家银行、金融机构或国际财团，充当投资双方的中介，对资产或其他投资工具进行交换交易。通过参与交换交易，清算代理要保证交换交易的业绩。参见清算所
清算所（Clearing House）	某一公司通过参与交换交易，保证交换交易的业绩。参见清算代理
收市交易（Close Trade）	卖出买入的衍生合约的交易或买进已卖出的衍生合约的交易
封闭式基金（Closed Funds）	封闭式基金最初不使用新发行的信托单位认购。投资者希望通过转让基金能够找到购买信托单位的买家。封闭式基金通常在股票交易所交易，可能有也可能没有提前设定的终止日期
抵押品（Collateral）	一种持有资产或担保资产，对交易的业绩进行担保

联合（Comingled）	有多个权属的组合。每个投资者在组合中都拥有股份。每个股份或单位与资本的盈亏和组合的收益都有关系
复利（Compound Interest）	本期利息加上前一阶段累积的利息计算得出的利息
按复利计算终值（Compounding）	根据复利计算支付利息的计算过程
保守型投资组合（Conservative Portfolio）	与基准相似的组合，组合风险较低
限制手段（Constraints）	对组合可采取的配置特点和交易进行限制的手段
投资顾问（Consultant）	对投资者投资的类型、结构和管理提供独立建议的个人或公司
连续复利（Continuously Compounded Interest）	在前一阶段累积利息的基础上连续计算的利息
可转换对冲（Convertible Hedge）	一种把可转换投资工具或其他衍生工具联系在一起的投资策略，目的是消除多余的风险
可兑换票据（Convertible Notes）	将债券和股票的看涨期权结合在一起的一种金融工具
可转换债券（Converting Bonds）	将股票的债券、看涨期权和看跌期权结合在一起的金融工具。有时也把债券和远期货合约结合在一起
核心投资组合（Core Portfolio）	以高风险从属组合为补充的低风险组合
核心—外围投资组合（Core-Satellite）	低风险核心组合与高风险属从组合的组合结构
法人行为（Corporate Action）	上市公司采取的行动，通过某些途径改变资本基础或结构的行动
法人治理（Corporate Governance）	股东行使的权利，如股东会议的投票权，大股东对共同管理政策的建议权等
息票（Coupon）	按时向债券持有人支付的票据
协方差（Covariance）	资产或组合收益彼此相似的程度，协方差有可能是负值（抵消后的收益率），零值（彼此没有关系）或正值（相似的收益率）
信用风险（Credit Risk）	借贷方无法承兑所有借贷条款的风险
货币对冲策略（Currency Hedge）	一种衍生合约，目的是调整或延缓以外币形式持有的实物资产的风险
货币中立策略（Currency Neutral）	以外币形式持有的资产或组合与资产或组合的价值相等
净权重（Deadweight）	与持有组合相等的基准权重
股票债务比率（Debt to Equity）	所有股票市值占整个债务的比率。可以表示为 D/E
折扣经纪人（Discount Brokers）	只提供交易服务的经纪人
红利（Dividend）	公司向股东支付的作为投资收益的金额
股利收益率（Dividend Yield）	根据证券市场价格按年度支付的红利率
持续期（Duration）	固定利率金融工具的现金流到期和持续的时间
动态对冲（Dynamic Hedge）	持续调整资产或者投资组合的对冲比率的技术。最常用于期权头寸的复制和投资组合的保护计划
收益比率（Earnings Yield）	按证券市场价格计算的每股年收益比率
EBIT（Earnings Before Interest and Tax）	税前收益

有效率的投资组合（Efficient Portfolio）	在给定期望收益的前提下可能承负最低风险的组合或给定风险水平享有最大收益的组合
股本稀释（Equity Dilution）	由新发股引起的股票价值的变化
股票风险溢价（Equity Risk Premium）	股票和长期债券之间因不同风险产生的收益差异
欧洲期权（European Option）	购买日之前不能购买的期权
面值（Face Value）	证券发行的价值
因素模型（Factor Models）	一种方案，用提前确定的因素建立协方差矩阵，对股票组合的组合构建和风险分析起到辅助作用
因素（Factors）	影响资产或组合价格的成分
合理价格（Fair Price）	资产的预期收益率精确反映其预期风险时的价格
远期合约（Forward Contract）	在期货规定期限内买卖固定资产或证券的协议
GIGO（Garbage in，Garbage out）	无用输入，无用输出原则
成长型股票（Growth Stocks）	高价格账面比率的股票
赫斯塔特风险（Herstatt Risk）	该风险与时区差异有关。它指的是一家银行在一方的外汇交易结算之后、另一方的外汇交易结算之前，不能履行合约的风险
混合工具（Hybrids）	一种工具，它或者包含关于一种股票的债券和看涨期权，或者债券、看涨期权和看跌期权，或者债券和远期协议
隐含的波动性（Implied Volatility）	资产价格变动的标准偏差，它是通过该资产期权的价格表现出来的
信息比率（Information Ratio）	相对于基准的收益率方差除以循迹误差。另见夏普比率
原样（In Specie）	把资产从一个投资管理人移交给另外一个投资管理人，而不对资产进行任何改变
首期保证金（Initial Margin）	创建一个衍生工具头寸时支付的一笔资金，其用途是为合约中不利的价格变动提供担保
利息保障倍数（Interest Cover）	在同一期限内总收益（通常是税前收益）和应付收益之间的比率
利率平价（Interest Rate Parity）	一种汇率均衡理论。根据这种理论，决定汇率的是两个货币区域利率之间的差异
固有价值（Intrinsic Value）	资产价格减去看涨期权的交割价格。交割价格减去看跌期权的资产价格。总期权价格减去时间价值
投资管理人（Investment Manager）	受到基金管理人的雇用对投资进行日常管理的公司
投资者（Investor）	被投资资金的所有权人
暴跌风险（Jump Risk）	资产或者投资组合的市场价值发生重要的、不连续变化的风险
λ 系数（Lambda）	对投资组合风险和预期收益率之间关系的一种量度
流动性资产（Liquid Assets）	短期低产出的投资工具，通常由大银行担保

均值（Mean）	平均值
均值—方差效率（Mean-variance Efficiency）	期望收益与风险的最佳关联度
MSCI（Morgan Stanley Capital International）	摩根士丹利国际股票指数——国际股票指数提供商之一
最优投资组合（Optimal Portfolio）	在给定风险水平的前提下，组合权重能达到最高的组合收益率的组合或给定组合期望收益率承负的风险最小的组合
优化（Optimization）	利用期望收益和协方差选择组合权重的技术，目的是在给定风险水平的前提下最大限度地获取组合收益，或者给定期望收益承负最小的风险
票面价值（Par Value）	证券发行的价值
溢价（Premium）	期权可支付的价格
价格指数（Price Index）	与再投资红利无关的股票价格指数合约
价格加权指数（Price-weighted Index）	股票或其他资产的价格指数，主要由组成资产的市场价格构成
看跌期权（Put Option）	在规定时间以规定价格出售资产或期货合约的权利（不是义务）
报价驱动（Quote-driven）	一种交易所交易的制度，依赖于未上市股票指定经纪人所报的价格
实时（Real Time）	连续地。通常指市场信息的传播
追偿比率（Recovery Rate）	借方违约后可以偿付的贷款价值的比例
参考价格（Reference Price）	由独立的官方或者半官方来源所报的资产或商品价格
重新投资风险（Reinvestment Risk）	收益率在债券和息票分配之间转换时的风险
相对价值（Relative Value）	一种证券相对于另外一种证券的市场价值或者合理价值
复制期权（Replicated Options）	通过利用流动性证券和基础资产或者合约而创建的期权
储备金（Reserve）	被当作一个"缓冲"的一笔资金，其用途是在投资收益率低于预期或者基金对流动资金的需要高于预期的时候以满足债务的需要
残余风险（Residual Risk）	对某种资产或者投资组合风险的一种量度，该风险无法通过因素分析或者市场暴露予以分析。它是残余方差的平方根
残余方差（Residual Variance）	对某种资产或者投资组合风险的一种量度，该风险无法通过因素分析或者市场暴露予以分析。它是残余风险的平方值
股本回报率（Return to Equity）	一个公司的全部利润除以其股票的全部价值
收益率方差（Return Variation）	投资组合收益率减去基准收益率

逆向优化（Reverse Optimization）	计算单个资产预期收益率的技术，单个资产是隐含在特定投资组合配置中的
增股（Rights Issue）	一个公司关于认股权的销售，通常用来替代新的股票发行
经过风险调整的收益率（Risk-adjusted Return）	投资组合收益率减去基准收益率乘以投资组合的 β 值
风险模型（Risk Model）	模拟一个投资组合风险和收益率的程序
风险偏好（Risk Preference）	对风险的欲望，或者对损失的容忍限度
无风险资产（Risk-free Asset）	短期的低收益率流动性工具，通常受到主要银行的担保
风险资产（Risky Asset）	风险性比短期低收益率流动性工具更高的资产
滚动（Roll）	价差交易的一种特殊情形，在这种情形中，近期结算月份的衍生工具头寸被交换成较远月份同样数额的头寸
外围投资组合（Satellite Portfolio）	一种高风险的投资组合，用以补助低风险的"核心"投资组合
事态分析（Scenario Analysis）	对投资组合收益率的计算，该收益率是资产收益率不同系列的结果
票据租借（Scrip Lending）	长期投资者在较短的期限内从或向其他投资者借出票据证书，并根据讨论中票据的面值支付租金作为收益率
法定托存收据（SDR）	在美国交易所登记注册的一种工具，受到在美国以外交易所上市的股票的支付
结算日期（Settlement Date）	为资产或者证券的购买进行支付的日期
结算价格（Settlement Price）	为资产或者证券实际支付的价格
股份回购（Share Buy-backs）	一家公司从市场上购买自己股票的行为
夏普比率（Sharpe Ratio）	预测积极收益率除以预期循迹误差
卖空（Short Selling）	出售当前并不拥有的证券或者衍生工具
空头挤压（Short Squeeze）	在一个增值的市场迅速买回已被卖空的证券的需要
短期资产配置（Short-term Asset Allocation）	充分利用投资者关于近期宏观经济形势的见解而进行的资产配置
单利（Simple Interest）	在一个单一期限内支付的利率
软美元（Soft Dollar）	是投资者通过佣金收入的方式向经纪商（交易商）或第三方支付的钱款
即时外汇交易（Spot Foreign Exchange）	一种外汇交易，在进行交易的两天内予以结算
即时价格（Spot Price）	实物资产或者证券的当前价格
价差交易（Spread Trade）	一种交易，其构成是同时购买和出售非常近似的工具，如只在结算月里有所不同的期货
标准普尔（Standard & Poor's）	一家发布债务质量等级的公司
标准偏差（Standard Deviation）	与一种平均数的差距，该平均数描述的是 32% 的概率。平均数任何一边的一个标准偏差都反映了概率为 68% 的所有可能性。任何一边的两个标准偏差则反映了 95% 的可能性

统计独立性（Statistical Independence）	数值为零的关联。资产价格互不发生关联的变动
股票租借（Stock Lending）	长期投资者在较短的期限内从或向其他投资者借出股票证书，并根据讨论中股票的面值支付租金作为收益率
股票分割（Stock Split）	用较大数量的新股票替代现有的股票
战略基准（Strategic Benchmark）	一种资产组合，其设计目的是在一个基金的整个存续期限内提供所需的收益率。被用作短期和战术资产组合的对比
压力测试（Stress Test）	对一些投资组合收益率的计算，该收益率是一组副资产收益的结果
类型管理人（Style Managers）	对一个类型指数，如增长或者价值等，进行经营管理的投资管理人
掉期重设（Swap Reset）	对掉期合约面值的重新设定，通常应和掉期数额的定期结算相符
合成现金（Synthetic Cash）	由同时购买实物资产并出售在其期货合约、远期合约或者掉期上的因精确面值所产生的经济头寸
交易日两天后（T Plus Two）	交易日后两天
战术资产配置（Tactical Asset Allocation）	充分利用投资者关于近期宏观经济形势的见解而进行的短期资产配置
技术分析（Takeover Premium）	详细审查历史价格图表以便识别价格变动中可见的重复模式
交易呆滞的市场（Thin Market）	一个流动性很差的市场
时间价值（Time Value）	期权价格的一部分，它是资产波动性、距到期时间的函数。等于期权总价格减去固有价值
时间加权的现金流动（Time-weighted Cash Flow）	对中期现金流动的处理。在这种处理中，根据现金流动在此期限中出现的早晚对现金流动进行配置
自上而下的管理（Top-down Management）	以整个部门的管理为背景的投资组合创建
总利率指数（Total Return Index）	一种股票价格指数合约，它包括进行再投资的红利
循迹误差（Tracking Error）	一种投资组合业绩很可能有异于某个已知的基准投资组合的数额量度
趋势分析（Trend Analysis）	对资产价格变化方向的分析，目的是帮助预测未来的价格
合营的（Unitized）	一个有着多个物主的投资组合。每个投资者购买该投资组合的一个份额。每个份额都参与该投资组合的资本收益和损失
清理（Unwind）	逆转或者结算一个头寸，特别是由多个交易组成的
价值股票（Value Stocks）	账面价值比率较低的股票
方差（Variance）	一种投资组合业绩很可能有异于某个已知的基准投资组合的数额量度。它是在一个指定期限内投资组合收益率和基准收益率之间差额的总和。也是标准偏差的平方

价格变动保证金（Variation Margin）	创建一个衍生工具头寸之后支付的一笔资金，其目的是补偿现有的未兑现损失，以便为合约中不利的价格变动提供担保
波动性（Volatility）	绝对收益平方值的标准偏差。在68%的时间里预期收益率下跌的范围
债券波动性（Volatility of Bonds）	与利率0.01%的变动相应的债券结算价格的变动
双重损失（Whipsawing）	在一个变动频繁的市场上由变量对冲招致的损失
利率曲线（Yield Curve）	一种曲线，它描述的是定息工具利率和到期时间之间的关系
到期收益率（Yield to Maturity）	债券的结算价值所隐含的利率
零息票曲线（Zero Coupon Curve）	一种理论上的利率曲线，它描述的是各种到期时间的纯利率，不包括风险和息票支付的影响

参考文献

［1］Bodie, Z. , Kane, A. and Marcus A. J. , *Investments*, Burr Ridge: Irwin, 1993.

［2］Braudel, F. , *Capitalism and Material Life* 1400− 1800, London: Collins, 1981.

［3］Chiang, A. C. , *Fundamental Methods of Mathematical Economics*, New York: Mc−Graw−Hill, 1974.

［4］Clarke, R. and Tullis, M. , How Much International Exposure is Advantageous in a Domestic Portfolio? *Journal of Portfolio Management*, 1999, Vol. 25, No. 2.

［5］Das, S. , *Swap Financing*, Sydney: The Law Book Company, 1989.

［6］Das, S. , *Risk Management and Financial Derivatives*, *A Guide to the Mathematics*, Sydney: The Law Book Company, 1997.

［7］Kritzman, M. *The Portable Financial Analyst*, Chicago, IL: Probus, 1995.

［8］Lakonishok, J. , Schleifer, A. and Vishny, R. W. , *Study of the US Equity Money Manager Performance*, Brookings Institute Study, 1992.

［9］Mackay, C. , *Extraordinary Popular Delusions and the Madness of Crowds*, New York: John Wiley & Sons, 1996.

［10］Manchero, J. G. , *A Fully Geometric Approach to Performance Attribution*, Vestek Pre Publication Article, 2000.

［11］Markowitz, H. M. , *Portfolio Selection : Efficient Diversification of Investment*, *Cowles Foundation Monograph* 16, New Haven, CT: Yale University Press, 1959.

［12］Rosenberg, B. , Extra Market Components of Covariance in Security Returns, *Journal of Financial and Quantitative Analysis*, 1974, pp. 263−274.

［13］Rudd, A. , Optimal Selection of Passive Portfolios, *Financial Management*, 1980, pp. 57−65.

［14］Rudd, A. and Clasing, H. K. Jr, *Modern Portfolio Theory*, *2nd edn*, Orinda, CA: Andrew Rudd, 1988.

［15］Sharpe, W. F. , Capital Asset Prices: A Theory of Market Equilibrium Under Con−ditions of Risk, *Journal of Finance*, 1970, Vol. 19, No. 3, pp. 425−442.

［16］Sharpe, W. F. , *Portfolio Theory and Capital Markets*, New York: McGraw−Hill, 1970.

[17] Schneeweis, T. , The Myths of Traditional and Alternative Investment, Paper delivered to ICBI Fund Forum, Junan-les-Pins: June 2000.

[18] The Spaulding Group, *Performance Presentaion Standards Surveys Detail Results*, Somerset, NJ: September 2000.

[19] Taylor, M. P. , *Technical Analysis*, *Warwick Business School and Centre for Economic Policy Research*, Warwick: October 2000.

[20] Van Tuyll, H. -W. , Fund of Funds and Hedge. Funds: Alternative Investments in Italy.

[21] Paper delivered to IIR, *Conference Fund Management Opportunities in Italy*, Milan, March 2000.